JN440663

대명률직해 4

한상권 구덕회 심희기 박진호 장경준 김세봉 김백철 조윤선 옮김

한국고전번역원

일러두기

1. 이 책은 명(明)의 법률서인《대명률(大明律)》을 조선에서 이두(吏讀)로 번역하여 1395년(태조4)에 간행한《대명률직해(大明律直解)》를 역주한 것이다.
2. 이 책의 번역 대본은《교감표점(校勘標點) 대명률직해(大明律直解)》(한국고전번역원, 2018)이다.
3. 《교감표점 대명률직해》의 저본은 고려대학교 만송문고(晩松文庫) 소장본(만송 B7-A118B 1-5)이다.
4. 《대명률》 조문의 연혁과 성격에 대한 이해를 돕기 위해 7율과 30편의 첫머리에 해설을 붙이고, 460개의 조 중 필요한 경우 율문 이해에 도움을 주기 위한 해설을 덧붙였다. 자세한 설명이 필요한 경우 보충 해설을 추가하였다.
5. 《대명률직해》는 한문으로 작성된 율문(律文)과 율주(律註), 그리고 이두로 작성된 직해문(直解文)으로 구성되어 있다. 한문과 이두 각각의 문체와 특성을 충실히 살려 번역하고, 원문에 없는 표현이지만 내용 이해에 꼭 필요한 요소는 보충 번역하였다.
6. 법전이라는 특성을 살려 법률이나 제도와 관련된 용어는 그대로 사용하고, 설명이 필요한 부분은 주석으로 처리하였다. 가능한 한 명대(明代) 주석서를 역주(譯註)에 반영하되, 명률 주석서에 참고할 만한 것이 없으면《당률소의(唐律疏議)》 등 명대 이전에 발간된 주석서와 명대 이후에 발간된《대청률집주(大淸律輯註)》 등의 주석서를 참조하였다. 해석이 주석서 사이에서 엇갈릴 경우에는 상이한 점만 기술하였다.
7. 조문의 시제는 현재형으로 번역하는 것을 원칙으로 하였다.
8. '범(凡)', '약(若)', '기(其)'는 항(項)을 나누거나 항 안에서 율문을 구분하는 역할로 쓰였을 경우 번역하지 않았다.
9. 딸·손녀·오빠의 개념이 같이 포함되어 있는 자(子)·손(孫)·형(兄) 등은 41조 칭기친조부모(稱期親祖父母)에 따라 남자를 대표로 하여 번역하였다.
10. 한자는 각 조의 번역문과 각주에서 처음 나오는 곳에 넣는 것을 원칙으로 하였다. 통용자의 경우(예 : 准과 準) 교감표점서에서는 저본의 글자(准)를 반영하고 역주서에서는 현대에 주로 쓰는 글자(準)를 반영하였다.
11. 각주의 전거(典據)는 자주 인용되는 문헌은 〈인용 문헌 약어표〉에 따랐고, 일반

사전류일 때는 밝히지 않았다. 사전은 단국대학교 동양학연구소 편《한한대사전(漢韓大辭典)》을 주로 참조하였다.

12. 대명률 조문에 대한 참조 주석은 책 권수, 조문 번호, 조문명으로 처리하였다. (예 : ① 93 別籍異財)

13. 독자의 편의를 위해 부록으로《대명률집해부례(大明律集解附例)》에 있는 육장도(六臟圖), 오복에 관한 도해, 복제,《대명률》의 서문과 본 역주팀에서 작성한〈명률 조문별 일련번호〉,〈명률과 당률의 비교〉,〈대명률직해 판본 목록〉,〈보충 해설 목록〉을 실었다.

15. 이 책에서 사용한 부호는 다음과 같다.

( ) : 번역어의 원어를 묶는다.

〔 〕 : 번역문의 원문을 묶는다.

" " : 인용문을 묶는다.

' ' : " " 안의 재인용 또는 강조 부분을 묶는다.

「 」 : ' ' 안의 재인용을 묶는다.

《 》 : 책명 및 각주의 전거를 묶는다.

〈 〉 : 책의 편명 및 작품의 제목을 묶는다.

…… : 각주 표제어와 각주 인용 원문에서 생략되는 말을 표시한다.

\- : 조문 번호에서 조문의 내용을 구분한 항을 표시한다. (예 : 123-1)

○ : 율문과 직해문의 항 구분을 표시한다.

(○) : 율문은 항을 나누었으나 직해문은 항을 나누지 않은 경우를 표시한다.

\- - : 율주의 시작과 끝을 표시한다.

【 】 : 각주에서 인용한 원문의 소주(小註)를 표시한다.

{ } : 각주에서 인용한 원문에 오류가 있을 경우 바로잡아야 할 글자와 보충한 내용을 묶어 표시한다. (예 : 而依仍{仍依}原定者)

爲旀 : 이두(吏讀)를 나타내는 데 쓴다.

인용 문헌 약어표

서명	인용 문헌 약어	
	약칭	표기
《譯註 唐律疏議》	《당률》	《당률 ○조 조문명》
《律解辨疑》	《변의》	《변의 ○쪽》
《律條疏議》	《소의》	《소의(상)/(하) ○쪽》
《大明律講解》	《강해》	《강해 ○쪽》
《大明律釋義》	《석의》	《석의 권○ ○장》
《讀律瑣言》	《쇄언》	《쇄언 ○쪽》
《大明律附例》	《부례》	《부례(상)/(하) ○쪽》
《大明律附例注解》	《주해》	《주해 ○쪽》
《大明律集說附例》	《집설》	《집설 권○ ○장》
《大明律集解附例》	《집해》	《집해 ○쪽》
《大明律附例箋釋》	《전석》	《전석 권○ ○장》
《大明律例諺解》	《언해》	《언해 권○ ○장》
《大明律例譯義》	《역의》	《역의 ○쪽》
《律例對照定本明律國字解》	《국자해》	《국자해 ○쪽》
《大明律直引》	《직인》	《직인 ○쪽》
《唐明律合編》	《합편》	《합편 ○쪽》
《大明會典》	《회전》	《회전 권○ 조문명》
《六部成語註解》	《육부》	《육부 ○쪽》
《大清律例》	《청률》	《청률 조문명》
《大清律輯註(上)(下)》	《집주》	《집주(상)/(하) ○쪽》
《大清律例彙輯便覽》	《휘집》	《휘집 권○ ○장》
《增輯訓點清律彙纂》	《휘찬》	《휘찬 권○ ○쪽》
《讀例存疑重刊本》	《존의》	《존의 조문명》
《The Great Ming Code》	《GMC》	《GMC ○쪽》
《The Great Qing Code》	《GQC》	《GQC ○쪽》
《吏文輯覽》	《이문》	《이문 문서 번호》
《唐令拾遺》	《습유》	《습유 ○쪽》
《譯註 日本律令5・6・7・8》	《율연》	《율연○ ○쪽》

인용 문헌 약어표 서지 사항

- 《唐律疏議》:〔唐〕長孫無忌 撰, 653, 《譯註 唐律疏議》 名例編・各則(上)・各則(下), 金鐸敏・任大熙 主編, 한국법제연구원, 1994・1997・1998.
- 《律解辨疑》:〔明〕何廣 撰, 1386, 楊一凡・田濤 主編, 中國珍稀法律典籍續編 第4冊, 黑龍江人民出版社, 2002.
- 《律條疏議》:〔明〕張楷 撰, 1467, 楊一凡 整理, 中國律學文獻 第1輯 第2冊・第3冊, 黑龍江人民出版社, 2004.
- 《大明律講解》: 未詳, 15세기 중엽, 서울대학교 규장각한국학연구원 영인, 2001.
- 《大明律釋義》:〔明〕應檟 撰, 1543(嘉靖28年 刻本), 楊一凡 整理, 中國律學文獻 第2輯, 藏日本尊經閣文庫, 黑龍江人民出版社, 2005.
- 《讀律瑣言》:〔明〕雷夢麟 撰, 1557, 懷效鋒・李俊 點校, 中國律學叢刊, 法律出版社, 2000.
- 《大明律附例》:〔明〕舒化 撰, 未詳(1585 이후), 서울대학교 규장각한국학연구원 영인, 2001.
- 《大明律附例注解》:〔明〕姚思仁 撰, 1585, 北京大學校出版社, 1993.
- 《大明律集說附例》:〔明〕馮孜 撰, 劉大文 輯, 1591, 東京大學校 東洋文化硏究所 所藏.
- 《大明律集解附例》:〔明〕衷貞吉・高擧 等撰, 1597, 臺灣學生書局, 明代史籍彙刊 第2輯 所收, 中華民國 75年 再版.
- 《大明律附例箋釋》:〔明〕王樵 私箋, 王肯堂 集釋, 1612, 東京大學校 東洋文化硏究所 所藏.
- 《大明律例諺解》: 榊原篁洲, 1694, 日本 國立國會圖書館 デジタルコレクション.
- 《大明律例譯義》: 高瀨喜樸, 1720, 小林宏・高鹽博 共編, 創文社, 1989.
- 《律例對照定本明律國字解》: 荻生徂徠 外 2人, 未詳(1720 이후), 創文社, 1966.
- 《大明律直引》:〔明〕未詳, 1526(嘉靖5年 刊本), 楊一凡 整理, 中國律學文獻 第1輯 第1冊, 黑龍江人民出版社, 2004.
- 《唐明律合編》: 薛允升 輯, 1901, 懷效鋒・李鳴 點校, 中國律學叢刊, 法律出版社, 1999.
- 《大明會典》:〔明〕李東陽 等纂, 1587(萬曆15) 重修.
- 《六部成語註解》: 未詳, 清朝末葉, 內藤乾吉 校, 大安出版社, 1962.

- 《大淸律輯註(上)(下)》：〔淸〕沈之奇 註, 1715, 懷效鋒・李俊 點校, 中國律學叢刊, 法律出版社, 2000.
- 《大淸律例》：〔淸〕未詳, 1740, 田濤・鄭秦 點校,《中華傳世法典：大淸律例》, 法律出版社, 1999.
- 《大淸律例彙輯便覽》：傳善成堂, 1872, 日本 國立國會圖書館 デジタルコレクション.
- 《增輯訓點淸律彙纂》：沈書城, 1874, 日本 國立國會圖書館 デジタルコレクション.
- 《讀例存疑重刊本》：薛允升 元著(1905), 黃靜嘉 點校(1911), 中文硏究資料中心硏究資料叢書, 成文出版社, 1970(民國59).
- 《The Great Ming Code》：translated by JIANG YONGLIN, University of Washington Press, 2005.
- 《The Great Qing Code》：translated by William C. Jones, Cheng Tianguan, Jiang Yonglin, Clarendon Press, 1994.
- 《吏文輯覽》：박재연 교주, 선문대학교 중한번역연구소, 2001.
- 《唐令拾遺》：仁井田陞, 東方文化學院, 1933.
- 《譯註 日本律令5・6・7・8》：律令硏究會 編, 東京堂出版, 1979~1996.

차례

제21권 형률 刑律

매리 罵詈

제22권 형률 刑律

소송 訴訟

제23권 형률 刑律

수장 受贓

제24권 형률 刑律

사위 詐僞

제25권 형률 刑律

범간 犯姦

제26권 형률 刑律

잡범 雜犯

제27권 형률 刑律

포망 捕亡

제28권 형률 刑律

단옥 斷獄

제29권 공률 工律

영조 營造

제30권 공률 工律

하방 河防

부록 附錄

대명률직해

제21권 형률刑律 매리罵詈

매리 罵詈[1]

진(秦)・한(漢)・진(晉)・수(隋)에서는 모두 〈매리〉가 없었다.

당(唐)의 〈투송(鬪訟)〉에는 326조 첩구리부(妾毆詈夫), 329조 구리조부모부모(毆詈祖父母父母), 330조 처첩구리부부모(妻妾毆詈夫父母), 331조 처첩구리고부부모(妻妾毆詈故夫父母), 334조 구리부기친존장(毆詈夫期親尊長), 337조 부곡노비이구구주(部曲奴婢詈毆舊主) 여섯 조가 있었으나 모두 구(毆)와 병칭하여 혼잡하고 체계가 없었다.

명(明)에서 〈투구〉와 〈매리〉 두 편목(篇目)으로 나누었고, 내용이 〈매리〉에 속하면서 〈투구〉와 〈소송〉 사이에 혼재되어 있는 점을 검토하여 재편하였다. 미비한 점을 살펴 347조 매인(罵人), 348조 매제사급본관장관(罵制使及本管長官), 349조 좌직통속매장관(佐職統屬罵長官) 세 조를 추가하였고, 이를 묶어 〈매리〉라 명명하였다. 모두 8조이다.

1 매리(罵詈) : 《변의》에서는 악한 말로 능욕하는 것을 매(罵), 더러운 말로 해하고 서로 헐뜯는 것을 이(詈)라고 하였고, 《직인》에서는 바로 앞에서 배척하는 것을 매, 곁에서 말하여 그의 귀에 들리는 것을 이라고 하였다.〔辨疑曰 惡言凌辱曰罵 穢害相訕曰詈 直引曰 正斥爲罵 旁及爲詈〕《부례(하) 101쪽》

347
타인을 욕함
罵人

타인을 욕하면 태 10이다.[1] 서로 욕하면 각각 태 10이다.[2]

직해 다른 사람을 욕하면 태 10이다. 서로 욕한 자들은 각각 태 10이다.

해설

다른 사람을 욕하는 행위에 대한 처벌 규정이다. 당률에서는 구리(毆詈)라는 명칭이 여러 군데 등장하나, 때리는 것은 무겁고 욕하는 것은 가벼우므로 명률에서는 이 둘을 별개의 편으로 나누었다.

1 타인을……10이다 : 욕한 뒤에는 고칠 수 없기 때문에 매인(罵人)의 죄는 자수해도 자수로 인정되지 않는다는 견해가 있으나 《전석》과 《집주》에서는 이를 비판하고 있다. 〈명례율(名例律)〉에서는 "타인에게 손상을 입히면 자수의 범위에 들지 않는다."(① 24 犯罪自首)라고 하였는데 타인을 욕하는 것은 능욕하는 것일 따름이며 손상이 있는 것은 아니므로 욕한 후에 스스로 뉘우쳐 진실을 털어놓고 사과하면 죄가 되지 않는다고 하였다. 조부나 가장 및 여러 존장 친속을 욕하면 윤리상 죄가 무거우므로 그 법이 엄하다. 그러나 "친고(親告)해야만 처벌한다."(④ 351 罵尊長)라고 하였으므로 은의(恩義)로 덮고 너그러운 마음으로 참고 용서하여 고발하지 않으면 또한 이를 들어주며, 피해자가 아닌 다른 사람이 고발해도 처벌하지 않는다.〔或謂 罵人者不準首 謂已罵不可改也 然名例但云 損傷于人 不在自首之限 罵人者辱之耳 豈有損傷乎 罵後自悔 輸情謝過 更何罪之有 其罵祖父家長及諸尊長親屬 則倫理爲重 故其法嚴 然曰親告乃坐 設爲恩義所掩 容忍而不告 亦卽聽之 他人告且不坐 乃不準自首也 被罵不告 必無自首之事 而論其義如此耳〕《집주(하) 788쪽》

2 서로……10이다 : 325조 투구(鬪毆)에서는 누가 정당한지, 누가 먼저 때렸는지를 구분하지만 서로 욕하는 것은 선후를 논하지 않는다.〔按 鬪毆律有理直及先後下手之分 此罵人則不言曲直 相罵亦不論先後也〕《집주(하) 788쪽》

•••

매리와 모욕죄의 다른 점과 비슷한 점

명대 이전에는 매리(罵詈)를 폭행〔毆〕과 구분하지 않았는데, 명률은 폭행과 구별되는 〈매리〉를 설치하고 여덟 조를 배치하였다. '정면으로 비난하는 것〔正斥爲罵〕' 혹은 '나쁜 말로 능욕하는 것〔惡言凌辱〕'을 매(罵), '빗대어 비난하는 것〔旁及爲詈〕' 혹은 '더러운 말로 꾸짖는 것〔穢言相詬〕'을 이(詈)라고 구분하기도 하지만 상호 비슷한 말이므로 굳이 구분할 필요는 없다.

〈매리〉에서 가장 기본이 되는 행위는 347조 매인(罵人)으로 형량은 태10이다. 이와 비교되는 현행 한국 형법의 구성 요건은 제311조의 모욕죄이고 법정형은 1년 이하의 징역이나 금고 또는 200만 원 이하의 벌금이다. 현행 형법 제307조~312조의 공연히 사실을 적시하여 사람의 명예를 훼손하는 행위도 매리에 포함될 수 있다. 매리 행위와 명예 훼손・모욕 행위의 가장 큰 차이점은 명예 훼손・모욕 행위는 공연히 행해져야 하는 데 비하여 매리 행위에서는 공연성(公然性)이 요건이 아니라는 점이다. 예를 들어 타인을 욕하였는데 그 타인만 들을 수 있는 장소에서 행해졌다면 명이나 조선에서는 태 10의 형벌이 가능하였지만 현대 한국에서는 범죄가 아니다.

그러나 양자 사이에는 다음과 같은 유사한 점도 엿보인다. 첫째, 명예 훼손・모욕의 다음과 같은 정의는 매리 개념에서도 크게 다를 것 같지 않다. 명예 훼손이란 사실을 적시하여 사람의 사회적 평가를 낮출 위험을 발생시키는 것으로 족하고 현실로 사람의 사회적 평가를 해함을 요하지 않는다.(대법원 2007. 10. 25. 선고 2007도5077 판결) 모욕이란 사실을 적시하지 않고 사람의 사회적 평가를 저하시킬 만한 추상적 판단이나 경멸적 감정을 표현하는 것이다.(대법원 2003. 11. 28. 선고 2003도3972 판결) 둘째, 현대 한국의 명예 훼손죄의 일부는 반의사불벌죄(反意思不罰罪), 모욕죄는 친고죄(親告罪)인데 〈매리〉에 열거된 구성 요건 중 일부에서도 이와 유사한 조건이 부가되어 있다. 예를 들어 348조 매제사급본관장관(罵制使及本管長官), 349조 좌직통속매장관(佐職統屬罵長官)은 직접 들어야 처벌이 가능하고, 350조 노비매가장(奴婢罵家長), 351조 매존장(罵尊長), 352조 매

조부모부모(罵祖父母父母), 353조 처첩매부기친존장(妻妾罵夫期親尊長)은 직접 고소해야만 처벌할 수 있다. 셋째, 명대 이전에는 매리를 폭행과 구분하지 않았다고 하는데 현대 한국에서도 공연성이 없는 욕설은 폭행으로 포섭될 수 있다.

348
황제의 명을 받든 사신이나 자신을 관할하는 장관을 욕함
罵制使及本管長官

황제의 명을 받들어 지방에 사신으로 나갔는데 소재지의 관리가 욕하거나,[1] 부민(部民)이 자신이 속한 곳의 지부(知府)·지주(知州)·지현(知縣)을 욕하거나, 군사(軍士)가 자신을 관할하는 지휘(指揮)·천호(千戶)·백호(百戶)를 욕하거나,[2] 이졸(吏卒)이 자신이 속한 부(部)의 5품 이상 장관을 욕하면[3] 장 100이다. 이졸이 6품 이하의 장관을 욕하면 각각 3등급을 줄이고,[4] 좌이관(佐貳官)이나 수령관(首領官)을 욕하면 또 각각 차례로 1등급을 줄인다.[5] 모두 직접 들어야 처벌한다.[6]

1 황제의……욕하거나 : 왕명을 중히 여기는 뜻에서 제사(制使)의 품급(品級)을 따지지 않고 제사를 욕하면 바로 장 100이다.〔制使 重王命 不論品級 罵卽杖百〕《부례(하) 320쪽》

2 부민(部民)이……욕하거나 : 부민이 자신이 속한 곳의 지부·지주·지현을 욕하면 관등의 높고 낮음을 따지지 않고 장 100인데, 지부·지주·지현은 부민에 대해 똑같이 부모의 의리가 있기 때문이다. 군사가 자신을 관할하는 지휘·천호·백호를 욕하면 관등의 높고 낮음을 따지지 않는데 그들은 대를 이어 통할하는 관원이기 때문이다.〔部民於本屬知府知州知縣 不論官之崇卑 以其均有父母之義也 軍士於本管指揮千百戶 不論官之崇卑 以其世爲統轄之官也〕《전석 권20 8장》

3 부민(部民)이……욕하면 : 소속 관장이나 지휘관 또는 관서에 대해, 부민은 본속(本屬), 군사는 본관(本管), 이졸은 본부(本部)라 칭하였다. 속(屬)은 부속된다는 뜻인데 부·주·현관에게는 백성을 다스리는 책임이 있고, 부민은 부·주·현관에게 부속되므로 본속이라 하였고, 군관은 오직 군사만을 관속하고, 부관은 이졸을 사역할 뿐이므로 본관, 본부라 하였다.〔部民曰本屬 軍士曰本管 吏卒本部何也 蓋屬者有附屬之意 府州縣官以牧民爲責 爲斯民所附屬者 故曰本屬 若軍官止管束軍士 部官止使卒者也 義各不同耳〕《집해 1470쪽》

4 이졸이……줄이고 : 이졸이 6품 이하 아문의 장관을 욕하면 5품 이상 장관을 욕한 죄에서 3등급을 줄인 장 70이다.〔吏卒罵六品以下衙門長官者 減罵五品以上長官之罪三等 則杖七十〕《전석 권21 2장》

5 좌이관(佐貳官)이나……줄인다 : 5품 이상의 좌이관을 욕하면 5품 이상 장관을 욕한 죄인 장 100에서 1등급을 줄인 장 90, 5품 이상 수령관을 욕하면 또 좌이관에서 1등급을 줄인 장 80, 6품 이하 좌이관을 욕하면 6품 이하 장관을 욕한 죄인 장 70에서 1등급을 줄인 장

직해 왕명을 받들어 사신으로 나간 관원을 관리가 욕하거나, 관할 지역 내 백성이 자신을 관할하는 목사(牧使)·지관(知官)·현령(縣令)·감무원(監務員)을 욕하거나, 군사가 자신을 관할하는 병마사·부사·천호·백호 등을 욕하거나, 이졸이 자신을 관할하는 5품 이상의 장관을 욕하면 장 100이다. 6품 이하의 장관을 욕하면 각각 3등급을 줄인다. 지차(之次) 관원이나 낭청(郎廳) 관원을 욕하면 또 각각 차례로 1등급을 줄인다. 모두 직접 들어야 처벌한다.

해설

지방의 관리가 제사(制使)를 상대로 욕하는 행위, 부민이나 군사나 이졸이 자신을 관할하는 관원이나 군관을 상대로 욕하는 행위를 문제 삼은 규정이다. 329조 구제사급본관장관(毆制使及本管長官)에서는 대체로 5등급을 감등하는 것으로 처벌하였다. 329조 구제사급본관장관, 306조 모살제사급본관장관(謀殺制使及本管長官)과 함께 고찰할 필요가 있다.

60, 수령관은 또 1등급을 줄인 태 50이다.〔罵佐貳官首領官 又各遞減一等 如罵五品以上佐貳官 減罵五品以上長官一等 杖九十 罵五品以上首領官 又減佐貳官一等 杖八十 罵六品以下佐貳官 減罵六品以下長官罪一等 杖六十 首領官又減一等 笞五十〕《소의(하) 419쪽》

6 모두……처벌한다 : 전항(前項)의 관원은 모두 군민(軍民)을 통솔하는 사람이다. 다른 사람이 전하는 말에 의거하여 증거로 삼으면 악담으로 남을 모함하는 말이 날로 생기고 서로 욕하고 꾸짖는 근원을 열게 되므로 반드시 욕하는 소리를 관리가 직접 들어야만 비로소 처벌한다.〔蓋前項官員 皆軍民之所統率 苟不以親聞爲坐 而據人傳說爲證 卽讒譖之言日生 交詬之源啓矣 故必親聞纔坐罪也〕《소의(하) 419쪽》

349
좌직이나 통속관이 장관을 욕함
佐職統屬罵長官

수령관(首領官)이나 통속관(統屬官)[1]이 5품 이상의 장관을 욕하면 장 80이다.[2] 6품 이하의 장관을 욕하면 3등급을 줄인다.[3] 좌이관(佐貳官)이 장관을 욕하면 또 2등급을 줄인다.[4] 모두 직접 들어야 처벌한다.

직해 낭청(郎廳) 및 통속(統屬)된 관원이 5품 이상의 장관을 욕하면 장 80이다. 6품 이하의 장관을 욕하면 3등급을 줄인다. 지차(之次) 관원이 장관을 욕하면 또 2등급을 줄인다. 모두 직접 들어야 처벌한다.

1 수령관(首領官)이나 통속관(統屬官) : ③ 330 佐職統屬毆長官

2 수령관(首領官)이나……80이다 : 5품 이상 장관은 지위가 높으므로 장 80이다.〔五品以上長官 尊也 故杖八十〕《석의 권21 2장》 하위자가 상위자를 범하는 조짐이기에 장 80이다.〔是以卑犯尊之漸 故杖八十〕《집설 권7 47장》

3 6품……줄인다 : 6품 이하 장관은 지위가 낮으므로 3등급을 줄인다.〔六品以下長官 卑也 故減三等〕《석의 권21 2장》 역시 하위자가 상위자를 범하는 것이지만 5품 이상을 욕하는 것에 비교하면 조금 차이가 있으므로 3등급을 줄인 태 50에 그친다.〔雖亦以卑犯尊 而較之五品以上者 稍有間 故減三等罪之 止笞五十〕《집설 권7 47장》

4 좌이관(佐貳官)이……줄인다 : 좌이관이 장관을 욕하면 총 5등급을 줄인다는 견해, 즉 장관이 5품 이상이든 6품 이하이든 좌이관이 장관을 욕하면, 또 각각 6품 이하 장관을 욕하면 3등급을 줄인 죄에서 2등급을 줄인 태 30이라는 견해가 있고,〔佐貳官罵長官者 又各減二等者 謂五品以上六品以下 佐貳官罵長官者 又各減罵六品以下長官罪二等 笞三十〕《강해 408쪽》 5품 이상을 욕하였을 경우 2등급, 6품 이하이면 5등급을 줄인다는 견해가 있다. 즉 비록 버금가는 자리에 있는 관원이 우두머리가 되는 관원을 범하는 것이기는 하나 수령관이나 통속되는 관원에 비교하면 또한 똑같지 않으므로 각각 2등급을 줄여 좌이관이 5품 이상의 장관을 욕하면 장 60, 6품 이하 장관을 욕하면 태 30이라는 주장이다.〔其以佐貳官而罵長官者 是雖以副犯正 而較之首領統屬 又爲不同 故各減二等 如罵五品以上長官杖六十 罵六品以下長官笞五十{三十}〕《집설 권7 47장》

《석의》, 《소의》, 《집해》, 《전석》, 《집주》도 《집설》과 같은 견해이다.

해설

좌직(佐職)이나 속관(屬官)이 장관을 욕하는 것을 막기 위해 마련한 조문이다. 좌직인 수령관이나 좌이관은 막료로서 장관을 받들어야 관직 체계가 질서 정연하고 관리들의 기강이 엄숙해진다. 각 아문의 수령관이나 통속되는 관원이 장관을 욕하면 하위자가 상위자를 범하는 조짐이며, 좌이관이 장관을 욕하면 버금가는 자리에 있는 관원이 우두머리가 되는 관원을 범하는 조짐이므로, 각각 처벌한다. 그러나 반드시 장관이 직접 들은 후에 처벌하도록 하여 참소(讒訴)를 막았다.

350
노비가 가장을 욕함
奴婢罵家長

노비가 가장(家長)을 욕하면 교형, 가장의 기친(期親)이나 외조부모를 욕하면 장 80 도 2년, 대공(大功)이면 장 80, 소공(小功)이면 장 70, 시마(緦麻)이면 장 60이다.[1] 고공인(雇工人)이 가장을 욕하면 장 80 도 2년, 가장의 기친이나 외조부모를 욕하면 장 100, 대공이면 장 60, 소공이면 태 50, 시마이면 태 40이다.[2] 모두 직접 고발해야만 처벌한다.

직해 노비가 가장을 욕하면 교형으로 죽인다. 가장의 기복친이나 외조부모를 욕하면 장 80 도 2년이다. 대공친이면 장 80이고, 소공친이면 장 70이고, 시마친이면 장 60이다. 고용하여 부리는 사람이 가장을 욕하면 장 80 도 2년이다. 가장의 기복친이나 외조부모를 욕하면 장 100이다. 대공친이면 장 60이고, 소공친이면 태 50이고, 시마친이면 태 40이다. 모두 직접 고발해야 처벌한다.

1 노비가……60이다 : 노비가 가장을 한 번이라도 때리면 참형,(③ 337 奴婢毆家長) 한 번이라도 욕하면 교형이고, 가장의 기친이나 외조부모를 때리면 교형, 상해하면 참형(③ 337)이다. 가장의 기친이나 외조부모를 욕하면 장 80 도 2년인데 이는 사죄(死罪)에서 4등급을 줄인 것이다. 대공은 기친에서 또 5등급을 줄인 장 80이고, 소공은 6등급을 줄인 장 70, 시마는 7등급을 줄인 장 60이다.〔奴婢於家長 一毆卽斬 一罵卽絞 家長之期親及外祖父母 毆絞傷斬 罵則杖八十徒二年 是減四等矣 大功又減期親五等 小功減六等 緦麻減七等〕《전석 권21 3장》

2 고공인(雇工人)이……40이다 : 고공인이 가장 및 가장의 기친이나 외조부모를 때리면 장 100 도 3년(③ 337 奴婢毆家長)인데 가장을 욕하면 장 80 도 2년으로 2등급을 줄일 뿐이다. 가장의 기친이나 외조부모를 욕하면 장 100으로 또 가장의 경우에서 3등급을 줄인다. 대공은 기친의 경우에서 또 4등급을 줄인 장 60이고, 소공은 5등급을 줄인 태 50, 시마는 6등급을 줄인 태 40이다.〔雇工人於家長及家長之期親外祖父母 毆則杖一百徒三年 而罵家長 亦杖八十徒二年 止減二等而已 罵家長之期親外祖父母 則杖一百 又減家長三等 大功又減期親四等 小功五等 緦麻六等〕《전석 권21 3장》

해설

노비나 고공인이 주인이나 가장 및 가장의 친속을 욕하는 데 대한 처벌을 규정한 것으로, 가장의 친속은 본종(本宗)과 외친(外親) 및 인친(姻親)의 존장(尊長)과 비유(卑幼)를 모두 아우른다. 욕을 당한 당사자가 직접 고소해야만 처벌한다.

351
존장을 욕함
罵尊長

시마친(緦麻親)인 형이나 누나를 욕하면 태 50, 소공(小功)이면 장 60, 대공(大功)이면 장 70이다.[1] 존속(尊屬)은 각각 1등급을 더한다.[2] 형이나 누나를 욕하면 장 100이고, 백부・백모・숙부・숙모나 고모나 외조부모이면 각각 1등급을 더한다.[3] 모두 직접 고발해야만 처벌한다.

직해 어떤 사람이 시마친인 형이나 누나를 욕하면 태 50이다. 소공친이면 장 60이고, 대공친이면 장 70이다. 친속[4]이면 각각 1등급을 더한다. 친형이나 친누나를 욕하면 장 100이다. 삼촌인 백숙 부모나 아버지의 여자 형제나 외조부모를 욕하면 각각 1등급을 더한다. 모두 직접 고발해야 처벌한다.

1 시마친(緦麻親)인……70이다 : 본종(本宗)이나 외인(外姻)의 시마친 형이나 누나를 때리면 장 100, 욕하면 태 50, 소공친인 형이나 누나를 때리면 장 60 도 1년, 욕하면 장 60, 대공친인 형이나 누나를 때리면 장 70 도 1년 반,(③ 340 毆大功以下尊長) 욕하면 장 70이다. 대개 욕한 것은 때린 경우에서 모두 5등급을 줄인 것이다.〔毆本宗外姻緦麻兄姊杖一百而罵者笞五十 毆小功兄姊杖六十徒一年而罵者杖六十 毆大功兄姊杖七十徒一年半而罵者杖七十 蓋皆減五等〕《전석 권21 3장》

2 존속(尊屬)은……더한다 : 모욕당한 존속은 부모와 같은 항렬의 사람으로서 같은 당내의 백숙 부모나 고모, 외삼촌, 이모 등이며 아버지의 출가한 자매 역시 이에 해당한다. 각기 1등급을 더하여 시마친 존속이면 장 60, 소공친 존속이면 장 70, 대공친 존속이면 장 80이다.〔凡卑幼罵本宗及外姻緦麻兄姊者 笞五十 小功 杖六十 大功 杖七十 其罵尊屬與父母同輩 如同堂伯叔父母 姑 及母舅母姨之類 及父之出嫁姊妹 亦是 則各一等 緦麻 杖六十 小功 杖七十 大功 杖八十〕《집해 1646쪽》

3 형이나……더한다 : 기친을 욕하는 데 이르면 형이나 누나의 경우는 장 100이며, 존속인 백숙 부모나 고모나 외조부모의 경우는 각각 1등급을 더한 장 60 도 1년이다.〔至罵期親者 兄姊 杖一百 伯叔父母 姑 外祖父母 各加一等 則杖六十徒一年〕《집주(하) 792쪽》

4 친속 : 율문에는 존속으로 되어 있다. 친속 중에서 항렬이 높은 존속을 가리킨다.

해설

존장(尊長)과 비유(卑幼)의 관계를 전제로 가중 처벌하는 규정 중 하나이다. 당률에서는 가중 처벌의 대상이 구타와 고소였지만 명률은 이에 덧붙여 매리(罵詈)도 가중 처벌의 대상으로 삼았다.

352
조부모나 부모를 욕함
罵祖父母父母

조부모나 부모를 욕하거나, 처나 첩[1]이 남편의 조부모나 부모를 욕하면 모두[2] 교형이다.[3] 직접 고발해야만 처벌한다.[4]

직해 조부모나 부모를 욕하거나 처·첩이 남편의 조부모나 부모를 욕하면 모두 교형으로 죽인다. 직접 고발해야 처벌한다.

해설

아들이나 며느리가 존속(尊屬)을 욕하는 것 때문에 만든 규정이다. 욕을 당한 자가 직접 고소해야 처벌하도록 하였는데 타인이 무고하여 친속을 이간질할까 염려해서이다.

1 처나 첩 : 아들이나 손자의 처나 첩을 겸하여 말한 것이다.〔妻妾者 兼子孫之妻妾言〕《부례(하) 323쪽》

2 모두 : 아들이나 손자, 처나 첩 둘 모두를 가리킨다.〔竝絞竝字 從及字來 指子孫與妻妾兩項也〕《집주(하) 793쪽》

3 모두 교형이다 : 342조 구조부모부모(毆祖父母父母)에서는 조부모나 부모를 때린 것과 상해한 것을 구분하지 않고 모두 처벌하기 때문에 개참(皆斬)이라고 하였다. 사람을 욕하는 데는 본래 수종(首從)이 없기 때문에 여기서는 개(皆)라고 말하지 않았다.〔毆祖父母父母律云皆斬 此不言皆者 罵人本無首從 若毆則不分毆者傷者 皆與焉 故云皆也〕《전석 권21 4장》

4 직접 고발해야만 처벌한다 : 욕하는 것은 증빙할 만한 것이 없으므로 반드시 직접 고발해야 한다. 혹은 조부모나 부모가 은의(恩義)로 덮어 주어 용은(容隱)하고 고발하지 않으면 들어주며, 이에 대해 타인은 고발할 수 없다. 직접 고발하여도 반드시 사실을 확인해야 한다.〔此條罵祖父母父母 與前後罵尊長親屬家長各條 皆曰親告乃坐 蓋罵無憑證 必須親告 或爲恩義所掩而容隱不告 則亦聽之 謂非他人所得告耳 至于親告 亦必得實〕《집주(하) 793쪽》

353
처나 첩이 남편의 기친 존장을 욕함

妻妾罵夫期親尊長

처나 첩이 남편의 기친(期親) 이하, 시마(緦麻) 이상의 존장(尊長)을 욕하면 남편이 욕한 죄[1]와 같다. 첩이 남편을 욕하면 장 80이다.[2] 첩이 처를 욕하면 죄가 또한 같다. 처의 부모를 욕하면[3] 장 60이다. 모두 직접 고발해야만 처벌한다.

직해 처나 첩이 남편의 기복친 이하나 시마친 이상의 웃어른을 욕하면, 남편이 앞 건의 웃어른을 욕한 죄와 같다. 첩이 남편을 욕하면 장 80이다. 첩이 처를 욕하면 죄가 같다. 처의 부모를 욕하면 장 60이다. 모두 직접 고발해야 처벌한다.

1 남편이 욕한 죄 : ④ 351 罵尊長

2 첩이……80이다 : 처가 남편을 욕한 것에 대한 조문이 없다. 이에 대해《소의》에서는 규문 내의 분쟁에 대해 죄를 정해 놓으면 원수가 될 것이므로 율을 만들지 않고 인정에 통하게 한 것이라고 보았다.〔問曰 本條 止載妾罵夫 不言妻罵夫 何也 答曰 閨門之內 未免分爭 若定其罪 致成讎敵 所以不設其律 通人情也〕《소의(하) 425쪽》그리고《전석》에서는 처가 남편을 욕하면 다만 불응위(不應爲)의 태죄로 의단(擬斷)하되, 법에 용은(容隱)할 수 있는 경우(① 31 親屬相爲容隱)에 준하는 것으로 처리하여 서로 고발해도 과죄를 면해 준다고 하였다.〔律無妻罵夫之條 其有犯者 但擬不應笞罪 仍準於法得容隱者 相告免科〕《전석 권21 5장》

3 처의 부모를 욕하면 :《GMC》는 주체를 첩으로 보았으나《소의》,《전석》,《언해》,《집주》등 대부분의 주석서에서는 사위가 처의 부모를 욕한 경우로 보았다. 만약 첩이 남편의 정처의 부모를 욕하면 남편이 시마친 존장을 욕한 죄(④ 351 罵尊長)인 장 60이다.〔女壻罵妻父母 杖六十 若妾罵者 亦與夫罵緦麻尊長罪同〕《전석 권21 5장》구율(毆律)(③ 338 妻妾毆夫)에서 처의 부모를 때린 죄가 장 100이라고 하였는데 시마친 존속을 때린 죄(③ 340 毆大功以下尊長)인 장 60 도 1년보다 가볍다. 그런데 이 매율(罵律)의 죄에서는 351조의 시마친 존속을 욕한 죄와 353조의 처의 부모를 욕한 죄가 장 60으로 서로 같다. 만약 첩이 정처의 부모를 욕하면 구율에 비추어 남편과 같이 장 60으로 과죄한다.〔妻之父母 緦麻服也 前罵尊長條內 功緦兄姊尊屬 兼本宗外姻言 而外姻皆母黨 妻之父母 不在外姻尊屬之內 故載于此條按 毆律內 亦另言其罪 輕于緦麻尊屬 此罵律之罪 則相同也 若妾罵正妻父母 亦當與夫同科杖六十 蓋比照毆律也〕《집주(하) 794쪽》

해설

처·첩이 남편의 존장을 욕하는 행위, 첩이 남편이나 정처를 욕하는 행위, 사위가 처의 부모를 욕하는 행위에 대한 처벌 규정이다. 당률은 326조 처구리부(妻毆詈夫), 334조 구리부기친존장(毆詈夫期親尊長)에서 때리는 것과 욕하는 것을 함께 다루었는데, 명률에서는 이 둘을 나누었다. 때리는 경우는 343조 처첩여부친속상구(妻妾與夫親屬相毆)에서, 욕하는 경우는 이 조문에서 다루고 있다.

354
처나 첩이 죽은 남편의 부모를 욕함
妻妾罵故夫父母

처나 첩이 남편이 죽어서 개가하였는데, 죽은 남편[1]의 조부모나 부모를 욕하면 모두 시부모를 욕한 죄와 같다.[2] 노비가 옛 가장(家長)을 욕하면 일반인으로 논한다.[3]

직해 처나 첩이 남편이 죽고 개가하였는데 죽은 남편의 조부모나 부모를 욕하면, 모두 남편의 부모를 욕한 죄와 같다. 노비가 옛 가장을 욕하면 일반인의 예로 논죄하지만, 우리나라 법에서는 노비가 본주인을 욕한 경우 일반인의 예로 논할 일이 아니므로, 가장을 욕하여 교형에 처하는 죄에서 2등급을 줄인다.[4]

해설

처나 첩이 죽은 남편의 부모를 욕하는 행위에 대한 처벌 규정이다. 개가한 처나 첩이 죽은 남편의 조부모나 부모를 욕하면, 당률은 현재 모시는 시부모를 욕한 죄에서 2등급을 줄이는 반면 명률은 동일하게 처벌한다. 함께

1 죽은 남편 : 원문의 고부(故夫)는 남편이 죽은 후 개가한 것이고, 쫓겨나거나 합의하여 이혼한 것을 이르는 것이 아니다.〔議曰 故夫 謂夫亡改嫁者 其被出及和離者 非〕《당률 331조 妻妾毆詈故夫父母》

2 처나……같다 : 현재 모시는 시부모를 욕한 죄(④ 352 罵祖父母父母)와 같아 모두 교형이다.〔凡妻妾夫亡改嫁 而罵故夫之祖父母父母者 與罵見奉舅姑罪同 竝絞〕《집해 1650쪽》

3 노비가……논한다 : 주인이 노비를 타인에게 팔아넘기면 주인과 그 의리가 끊어지므로 옛 가장을 욕하면 일반인을 욕한 죄(④ 347 罵人)로 논하여 태 10이다.〔若奴婢轉賣與人 其義已絶 而罵舊日家長 以凡人論 笞一十〕《집해 1651쪽》

4 우리나라……줄인다 : 이 부분은 율문에 없는 내용이다.

고찰할 필요가 있는 조문은 342조 구조부모부모(毆祖父母父母), 345조 처첩구고부부모(妻妾毆故夫父母)이다. 명률은 노비가 옛 가장을 욕하면 일반인을 욕한 죄로 논하는 반면 조선에서는 옛 명분을 중시하여 명률보다 무겁게 처벌하였다.

대명률직해

제22권 형률刑律 소송訴訟

소송 訴訟

진(秦)·한(漢)에서는 소송에 관한 편목이 없었으나, 위(魏)의 《신율(新律)》에 처음으로 〈고핵(告劾)〉과 〈수율(囚律)〉이 제정되었다. 진(晉)에서는 〈고핵계신(告劾繫訊)〉을 두었는데 양(梁)에서도 따랐고, 북제(北齊)는 다투는 일을 〈투송(鬪訟)〉이라 하였으며, 북주(北周)는 〈고언(告言)〉으로 바꾸었다. 수(隋)는 북제를 따라 또다시 〈투송〉이라 하였는데, 당(唐)에서도 바꾸지 않았다.

명대(明代)에 투구(鬪毆)의 일이 많아 소송과 함께 다루기 어려워 〈투구〉와 〈소송〉 두 편으로 나누었다. 당률 342조 무고반좌(誣告反坐), 343조 고소사허(告小事虛), 344조 무고인유죄이하인허(誣告人流罪以下引虛) 등을 합하여 359조 무고(誣告)로, 당률 345조 고조부모부모(告祖父母父母), 346조 고기친존장(告期親尊長), 347조 고시마비유(告緦麻卑幼), 349조 부곡노비고주(部曲奴婢告主) 등을 합하여 361조 간명범의(干名犯義)로, 당률 356조 위인작사첩가장(爲人作辭牒加狀), 357조 교령인고사허(教令人告事虛) 등을 합하여 364조 교사사송(教唆詞訟)으로 하였다. 그 밖에 355조 월소(越訴), 356조 투익명문서고인죄(投匿名文書告人罪), 363조 현수금부득고거타사(見囚禁不得告擧他事), 362조 자손위범교령(子孫違犯教令) 등은 당률을 따랐다. 미비한 점을 살펴 357조 고장불수리(告狀不受理), 358조 청송회피(聽訟回避), 365조 관리사송가인소(官吏詞訟家人訴) 등을 추가하였고, 이를 묶어 〈소송〉이라 명명하였다. 모두 12조이다.

355
관할하는 관사를 뛰어넘어 상급 관사에 호소함
越訴

군인(軍人)이나 민인(民人)의 사송(詞訟)은 모두 반드시 아래로부터 위로 진고(陳告)한다.[1] 자신을 관할하는 관사[2]를 뛰어넘어 멋대로 상급 관사에 나아가 호소하면[3] 태 50이다.[4] 황제의 행차를 맞이하거나[5] 등문고(登聞鼓)

1 아래로부터 위로 진고(陳告)한다 : 군인은 본인의 백호소(百戶所)로부터 천호소(千戶所)에, 천호소에서 위(衛)에 이르며, 민간인은 이로(里老)로부터 현에, 현에서 부에 이르러 차례로 그 일을 진술하여 고하는 것이다.〔自下而上者 軍自本百戶所至千戶所 以達於衛 民則自里老以至縣 自縣以達於府 轉陳其事而告之〕《소의(하) 428쪽》

2 자신을 관할하는 관사 : 민인은 부·주·현, 군인은 위·소 따위이다.〔如民於府州縣 軍於衛所之類〕《집설 권7 51장》〔軍統于衛所 民統于州縣 乃其本管官司也〕《집주(하) 798쪽》

3 자신을……호소하면 : 원문의 월소(越訴)는 군인이 소(所)나 위(衛)를 경유하지 않고 도지휘사나 오군도독부로 직접 가는 것, 민간인이 주나 현을 경유하지 않고 부나 형부로 직접 가는 것이다.〔越訴 謂軍不由所衛 民不由州縣 而之府部司府也〕《석의 권22 1장》 자신을 관할하는 관사에 고소하였는데 수리(受理)하지 않거나, 수리는 하였으나 억울하여 승복하지 않고 상급 관사에 나아가 고소하는 것, 혹은 군인이나 민인이 자신의 대오(隊伍)나 전량(錢糧) 등의 일로 상급 관사에 나아가 분명히 아뢰어 정리해야 하는 것 등은 월소의 범위에 들지 않는다.〔若曾在本管官司陳告而不受理 或受理而虧枉不服 方赴上司陳告者 則不在越訴之限〕《전석 권22 1~2장》〔若曾赴本管官司 告而不受 方赴上告者 或軍民自己軍伍錢糧等事 應赴上司 告明分豁者 竝不在此限〕《부례(하) 327쪽》

4 자신을……50이다 : 억울하다고 일컫고 소송하는 것은 소송을 좋아하고 법을 대수롭게 여기지 않는 것이므로 호소한 것이 사실이라도 태 50으로써 억제한다.〔稱冤訴理者 其健訟藐法見矣 卽如所訴是實 亦笞五十以抑之〕《집설 권7 51장》 위·소나 주·현은 친히 백성을 다스리는 관으로 실정을 쉽게 알 수 있다. 멋대로 상급 관사에 나아가 호소하는 것은 관할하는 관사를 경시하는 것으로 관사를 설치한 뜻이 아니기에 비록 호소한 내용이 사실일지라도 태 50으로 처벌하며, 만약 사실이 아니면 359조 무고(誣告)로 처벌한다.〔輒赴上訴 是輕視本管 非設官之義 故雖得實 亦坐 以若自不實 自依誣告〕《부례(하) 327쪽》〔衛所州縣 親民之官 易於得情 故越訴笞五十〕《석의 권22 1장》

5 황제의 행차를 맞이하거나 : 거가(車駕)가 출입할 때 이를 맞이하여 호소하는 것이다.〔迎車駕 謂於車駕出入之時 迎而訴之也〕《석의 권22 1장》

를 쳐서 호소하였는데 사실이 아니면 장 100이다.[6] 사안이 무거우면 무거운 쪽으로 논한다.[7] 사실이면 죄를 면해 준다.[8]

직해 군인이나 백성이 쟁송을 할 때 반드시 하급 관사에 먼저 고한 후에야 상급 관사에 고소한다. 본래 속한 관사에서 차례를 뛰어넘어 상급 관사에 곧바로 소장을 올려 고소하면 태 50이다. 임금을 모신 어가 앞에서 고소하거나 등문고를 쳐서 호소할 때, 고한 내용이 사실이 아니면 장 100이며, 중한 일이면 죄가 무거운 쪽으로 논하고, 사실이면 죄를 면해 준다. 소속 관사에서 소장을 접수하고 처리하지 않을 경우 상급 관사에 고소하면 관원도 아울러 논죄한다.[9]

해설

관할하는 관사를 뛰어넘어 상급 관사에 소를 제기하는 월소(越訴)의 잘못을 바로잡으려는 취지에서 마련된 규정이다. 군민(軍民)이 자신을 관할하는 관사를 뛰어넘어 상급 관사에 월소하면, 호소한 내용이 사실일지라도

6 사실이……100이다 : 여기서 말하는 장 100은 의장(儀仗) 밖에서 엎드려 황제에게 아뢴 경우이고, 의장 안으로 갑자기 뛰어들어 사실이 아닌 일을 호소하면 교형,(③ 214 衝突儀仗) 황제에게 아뢴 일이 사실이 아니고 거짓이면 장 100 도 3년(④ 380 對制上書詐不以實)이다.〔衝仗而訴事不實者 絞 奏事而詐不以實者 杖一百徒三年 皆曷爲不與此同 蓋衝突儀仗 罪本坐死 何況軍民訴事不實者乎 此所謂杖一百者 謂其於仗外俯伏以聽者耳〕《전석 권22 2장》

7 사안이……논한다 : 사안이 장 100보다 무거운 경우이다. 사정이 중대하여 참형, 교형, 유형, 도형을 받아야 할 죄이면 당연히 무거운 쪽으로 논하며, 장 100의 율을 적용하지 않는다.〔若其事情重大 該得斬絞流徒之罪 自從重論 不在杖一百之律〕《석의 권22 2장》

8 사실이면……준다 : 황제의 행차를 맞이하는 것과 등문고를 치는 것을 받아 말한 것이다.〔得實一句 專承迎駕擊鼓而言〕《집설 권7 51장》 억울한 죄를 뒤집어썼다면 법에 호소하거나 황제에게 아뢰어야 한다. 황제에게 아뢴 것이 사실이면 죄를 면해 주는 것은 백성들의 고통이 황제에게 이르도록 하려는 까닭이다.〔以情屬含冤 法應控奏 而非捏情以越訴者比故耳〕《집설 권7 51장》〔蓋迎車駕及擊登聞鼓申訴 亦承越本管官司而言 是亦有罪矣 夫越訴得實而猶坐者 所以明體統也 奏訴得實而免罪者 所以達民隱也〕《전석 권22 2장》

9 소속……논죄한다 : 이 부분은 율문에 없는 내용이다.

처벌하고, 군민이 거가(車駕)를 맞이하여 호소하거나 등문고를 두드려, 내용이 사실이면 처벌하지 않는다는 두 가지 내용으로 되어 있다. 다음 조문인 357조 고장불수리(告狀不受理)와 서로 참조하여 살펴볼 필요가 있다.

•••

등문고

《주례(周禮)》에 "태복(太僕)이 노고(路鼓)를 정전(正殿) 문 밖에 세우고 그 일을 관장하는데, 원통한 사정을 알리는 자를 기다리다가 북소리를 들으면 속히 어복(御僕)에게 아뢴다." 하였다. 424년에 위(魏)의 태무제(太武帝)가 조서(詔書)를 내려 대궐 왼쪽에 등문고(登聞鼓)를 설치하여 원통한 일이 있는 사람이 황제에게 알리도록 하였고, 779년에는 천하에 조서를 내려 원통한 일이 있는 자는 등문고를 치도록 하였다. 1007년에는 조서를 내려, 고사(鼓司)를 등문고원(登聞鼓院)으로 바꾸고 만백성의 사정을 아뢰도록 하였는데, 소식(蘇軾)이 역임한 판등문고원(判登聞鼓院)과 정이(程頤)가 역임한 겸판등문고원(兼判登聞鼓院)이라는 것이 모두 등문고원의 관직이었다. 명대에도 역시 송대의 예를 따랐다.

1368년(홍무1)에 등문고를 오문(午門) 밖에 설치하고 매일 감찰 어사(監察御史) 1인이 감독하도록 하였다. 매일 돌아가며 등문고에 직숙하는 급사중(給事中) 1원이 입구에서 억울한 사연이 적힌 소장을 접수하면 즉시 그 문서와 함께 주문(奏聞)하였다. 모든 민간의 사송(詞訟)은 반드시 아래로부터 위로 올라가야 하는데, 혹 부 · 주 · 현 · 성의 관원이나 안찰사 관원이 신리(伸理)하지 않거나, 억울한 일이 있거나, 중요한 기밀이면 등문고를 치도록 허락하고, 감찰 어사는 즉시 아뢰도록 하였다. 《전석 권22 2장》《석의 권22 1~2장》《부례(하) 327쪽》

356
익명 문서를 투서하여 타인의 죄를 고발함
投匿名文書告人罪

자신의 이름을 은닉한 문서[1]를 투서하여 타인의 죄를 고발하면 교형이다.[2] 익명 문서를 보면 즉시 불태우거나 찢어 버린다. 관사에 들여보내면 장 80이다. 관사에서 접수하여 처리하면 장 100이다. 고발당한 사람은 처벌하지 않는다.[3] 문서와 함께 작성자를 잡아서 관에 보내면[4] 관에서 은(銀) 10냥을 상으로 지급한다.[5]

1 자신의……문서 : 자신의 이름을 숨기거나 혹은 남의 이름을 몰래 써서 타인의 은밀하고 사사로운 일을 들추어내거나, 혹은 타인이 한 말의 정황을 관부에 붙이거나 도로변에 써 붙이는 따위로, 모두 익명이기 때문에 말한 바가 비록 사실이더라도 역시 교형이고, 고발당한 사람은 처벌하지 않는다. 타인의 잘못을 들추어내는 싹을 막으려는 것이다.〔匿己姓名 或詭寫他人名 以訐人之陰私 或他人詞情 技揭官府 粘帖道路之類 皆是匿名 故所言雖實 亦絞 被告人 不坐者 所以杜訐萌也〕《부례(하) 338쪽》 이름을 숨기는 것은 법이 무거우므로 반드시 그 자리에서 잡아야 하고 확실한 증거가 있어야만 처벌한다.〔匿名法重 必須當時拏獲 確有證據方坐〕《집주(하) 803쪽》

2 자신의……교형이다 : 자신의 이름을 은닉한 문서를 몰래 보내어 타인의 죄를 고발할 경우, 문서를 아문이나 도로에 버려두거나 펼쳐 걸어 두는 것을 불문하고 범하기만 하면 바로 교형으로 처벌한다.〔凡密投隱匿在己姓名之文書 以告言人罪者 不問衙門道路棄置張懸 但有犯者 卽以絞坐之〕《집설 권8 56장》 존장이 익명 문서를 보내어 비유(卑幼)를 해치면 410조 불응위(不應爲)에 따라 장 80에 그치고, 비유가 익명 문서를 보내어 존장을 해치면 이 율에 따라 교형이다.〔尊投害卑 止不應杖 卑投害尊 依此律矣〕《부례(하) 338쪽》

3 고발당한……않는다 : 투서한 문서 내용이 모두 사실이라도 고발당한 사람은 처벌하지 않는다.〔雖所投文書內之事 皆有指實 而被告言之人 不坐〕《집주(하) 802쪽》

4 문서와……보내면 : 아직 투서하지 않은 문서를 몸에 휴대하고 있으면서,〔此所云連文書 乃其身携帶未投之文書也〕《전석 권22 8장》 문서를 보낼까 말까 하는 사이에 그 사람을 붙잡아 문서와 함께 보내는 것이다.〔若于將投未投之間 有能連人與文書 一同捉獲解官者〕《집주(하) 803쪽》

5 상으로 지급한다 : 익명으로 남을 고발하는 것은 그 일이 가장 간사스럽고 비밀스러워서 각찰(覺察)하기 어렵고 법망을 벗어나기는 쉽기 때문에 잡은 사람에게 상을 주는 것이다.〔蓋匿名告人者 其事最詭譎秘密 難于覺察 易于漏網 故捉獲者有給賞之法〕《집주(하) 803쪽》 고

직해 이름 없는 문서로 다른 사람의 죄를 고소하면 교형으로 죽인다. 이름 없는 문서를 본 사람은 즉시 불태우거나 찢어 버려야 한다. 위의 문서를 관사에 보내어 들이면 장 80이다. 관사에서 문서를 접수하여 추고하면 장 100이다. 고발당한 사람은 처벌하지 않는다. 이름 없는 문서와 그것을 만든 사람을 함께 붙잡아 관에 넘기면 관사에서 상으로 은 10냥을 준다.

해설

익명으로 다른 사람을 고발하여 죄에 빠뜨리는 경우에 대한 규정이다. 익명 문서를 관부에 보내어 다른 사람을 고발하는 것, 익명 문서를 보고 바로 태워 버리지 않고 관사에 보내는 것, 이를 관사에서 수리하는 것 등을 금지하였다. 익명 문서로 고발당한 사람은 처벌하지 않고, 아직 투서하지 않은 익명 문서를 가진 사람을 문서와 함께 잡으면 상을 주도록 하였다.

발당한 사람이 직접 잡으면 상을 주지 않는다.〔被告人 自獲者 不賞〕《부례(하) 338쪽》

357
고소장을 수리하지 않음
告狀不受理

357-1 모반(謀反), 모대역(謀大逆), 모반(謀叛)[1]을 고발하였는데 관사에서 즉시 수리(受理)하여 바로 체포하지 않으면 장 100 도 3년이다.[2] 그 때문에 무리를 모아 반란을 일으켜 성을 공격하여 함락하거나 인민을 위협하여 노략질을 하게 되면 참형이다. 악역(惡逆)[3]을 고발하였는데 수리하지 않으면 장 100이다. 살인이나 강도를 고발하였는데 수리하지 않으면 장 80이다.[4] 투구(鬪毆), 혼인(婚姻), 전택(田宅) 등의 일을 수리하지 않으면 각각 범인의 죄에서 2등급을 줄인다. 모두 죄는 장 80에 그친다.[5] 재물을 받으면 장(贓)을 계산하여 왕법(枉法)[6]으로 보되, 무거운 쪽으로 논한다.
357-2 사송(詞訟)의 원고와 피고가 각자의 주(州)·현(縣)에 있으면 원고가 피고의 소속 관사에 나아가 고소하고 처리하여 마무리 짓게 한다. 핑계를 대고 수리하지 않으면 죄가 또한 같다.

1 모반(謀反), 모대역(謀大逆), 모반(謀叛) : ③ 277 謀反大逆 ③ 278 謀叛

2 모반(謀反)……3년이다 : 모반, 모반(謀叛), 모역(謀逆)의 기밀한 사정을 고발하는 것은 천하의 큰 변란인데 관사에서 즉시 수리하여 계책을 세워 잡지 않는다면 이것은 난이 일어나도록 내버려 두는 것이니 비록 일이 잘못되지 않았더라도 장 100 도 3년이다.〔故凡軍民人等 有告謀反叛逆機密事情 此天下莫大之變也 而官司不卽受理設計掩襲而捕者 是從亂矣 雖不失事 亦杖一百徒三年〕《집설 권7 57장》

3 악역(惡逆) : ① 2 十惡

4 악역(惡逆)을……80이다 : 악역 이하의 죄를 수리하지 않는 것은 단지 태만하여 직무를 폐한 것일 뿐이므로 장형이다.〔反逆重事 不理 恐成莫測 雖未失誤 亦坐滿徒 惡逆以下 不受理 止是怠廢職業耳 故杖〕《부례(하) 341쪽》

5 모반(謀反)……그친다 : 이상은 모두 게으름을 피워 일을 하지 않거나 실수한 것을 가리켜 말한 것이다.〔以上 皆怠廢遺誤者言也〕《집주(하) 805쪽》

6 왕법(枉法) : 왕법장(枉法贓)으로 보는 것이다. ④ 367 官吏受財

357-3 도독부(都督府)나 각 부(部),[7] 감찰 어사(監察御史)[8]와 안찰사(按察司) 및 분사(分司)[9]가 순력(巡歷)하는 곳에는 으레 사송이 있기 마련인데,[10] 자신을 관할하는 관사에 진고(陳告)하는 절차를 거치지 않았거나, 본건의 사안[11]이 아직 처리되지 않은 경우[12]는 모두 장부에 기록하고 시한을 정해서 해당 관사에 보내어 추문(追問)[13]하도록 하고, 마무리 지은 내역을 보고받은 뒤에 기록을 지운다.[14] 지체나 착오[15]가 있는데도 즉시 적발하여 바로잡지 않으면 해당 관리와 더불어 같은 죄이다.[16] 자신을 관할하는 관사

7 각 부(部) : 《전석》은 명 초에 오군도독부와 육부의 관리가 모두 명을 받들어 순찰하였다고 설명하였다.〔國初五府六部官 皆奉命出巡〕《전석 권22 10장》 또한 《언해》도 이부, 호부, 예부, 병부, 형부, 공부 등 육부로 풀이하였다.〔吏部戶部禮部兵部刑部工部ノ六衙門ヲ指ス〕《언해 권24 37장》

8 감찰 어사(監察御史) : 오군도독부와 육부가 군정과 민정의 영역을 담당한 데 반하여, 감찰 어사는 안찰사와 더불어 별도의 형정(刑政) 권한을 행사하였다. 《언해 권24 37장》《張晉藩, 中國官制通史, 中國人民大學出版社, 1992, 555～557쪽》

9 분사(分司) : ① 5 職官有犯

10 도독부(都督府)나……마련인데 : 《전석》을 비롯한 여러 해설에서는 월소(越訴)로 보았다. 《전석 권21 10장》 그러나 《집주》에서는, 순시하는 관은 본래 민은(民隱)을 살피고 하정(下情)을 상달해야 하므로 순력하는 곳에는 반드시 고하는 것을 허용해야 해서 응유사송(應有詞訟)이라 표현한 것이라고 하여 월소가 아니라고 보았다.〔諸解謂未經本管官陳告……是越訴 似是而實非 蓋出巡之官 原爲察民隱而達下情 巡歷去處 必行放告 故曰應有詞訟〕《집주(하) 806～807쪽》

11 본건의 사안 : 처음 관사에 제출된 문권에 실린 사송 사안이다. 《언해 권24 37장》

12 본건의……경우 : 비록 관할하는 관사를 거쳐 진고하여 수리한 것이라도 현재 추문(推問) 중인 본종 문권의 사건이 아직 결말이 나지 않은 것이다.〔雖經陳告受理 而見問本宗文卷 尙未結絶者〕《집설 권7 57장》

13 추문(追問) : 사안을 깊이 따지고 자세히 묻는 것이다.〔謂事應追究而問者〕《吏學指南》

14 기록을 지운다 : 사건의 종결을 의미한다. 《GMC 194쪽》 원문의 구소(勾銷)는 붓으로 점을 찍어서 장부의 면(面)을 지우는 것이다. 《언해 권24 37장》

15 지체나 착오 : 원문의 지(遲)는 기한을 어기는 것이고 착(錯)은 고의나 실수로 형량을 가볍게 하거나 무겁게 하는 것이다. 58조 천구속관(擅勾屬官), 72조 조쇄문권(照刷文卷), 73조 마감권종(磨勘卷宗)의 각 조문에서 지와 착의 구분이 분명하다. 지는 기한을 맞추지 못하는 것이고 착은 고의나 과실로 출입이 있는 것이다.〔遲錯是兩義 吏律擅勾屬官 及照刷磨勘各條內分別甚明 遲是違誤日期 錯是故失出入〕《집주(하) 807쪽》

에 진고하였는데도 수리하지 않거나, 본건의 사안이 마무리되었는데도 판결이 부당하다고 억울함을 호소하면 각 아문[17]에서 즉시 소환하여 추문한다.[18] 핑계를 대고 수리하지 않거나 다른 유사에게 떠넘기거나 혹은 원래 추문한 관사에 보내 사건을 거두어 추문하게 하면 고장불수리(告狀不受理) 본율에 따라 논죄한다. 사송을 추문하는 일이나 크고 작은 사건[19]은 반드시 본 아문에서 마무리 지어야 하고 떠넘기지 못한다. 어기면 사리의 경중에 따라 그 죄를 처벌한다.

직해 모반(謀反), 모대역(謀大逆), 모반(謀叛)을 직접 고하였는데 관사에서 즉시 문서를 접수하여 체포하지 않으면 장 100 도 3년이다. 앞에 언급한 악당이 무리를 이루어 난을 일으켜 성곽을 함락하거나 인민을 위협하고 노략질하게 하면 참형이다. 불충, 불효 등의 악역 사건을 직접 고하였는데 문서를 접수하여 추고하지 않으면 장 100이다. 살인, 강도 사건을 직접 고하였는데 문서를 접수하여 추고하지 않으면 장 80이다. 쟁투구타(爭鬪毆打), 혼인, 전택 등의 사건을 직접 고하였는데 문서를 접수하여 추고하지 않으

16 적발하여……죄이다 : 기한을 어기거나 착오로 형량을 무겁게 하거나 가볍게 하면 해당 관사에는 각각 그에 상응하는 죄가 있는데, 순력(巡歷) 등의 관원이 곧바로 그 지체를 적발하고 착오를 바로잡지 못하면 순력관 등도 해당 관리와 죄가 같다.〔若有遲誤限期 失錯出入 則當該官司 各有應得之罪 而巡歷等官不卽擧行其遲改正其錯者 巡歷等官與當該官吏同罪〕《집주(하) 806쪽》

17 각 아문 : 순력관이다.〔各衙門【巡歷官】〕《부례(하) 340쪽》 조선 초중반에는 관찰사가 상주하는 감영(監營)이 없었다. 관찰사는 군현을 순력하면서 수령의 직무 수행을 감독하였다. 관찰사가 어느 군현에 머무를 때 수령의 처분에 불복하는 민인은 관찰사에게 호소할 수 있었다. 이 경우의 관찰사가 순력관이다.

18 소환하여 추문한다 : 원문의 구문(句問)은 단지 불러다 그 사정을 묻는 것이지 잡아다 죄를 묻는 것이 아니다.〔句問者 但句取問其事情 非句拘問罪也〕《집설 권2 23장》

19 사송을……사건 : 원문은 약추문사송급대소공사(若推問詞訟及大小公事)이다. 이 구문은 사송을 추문하는 일이나 크고 작은 공사, 사송이나 크고 작은 공사를 추문하는 일 등 두 가지로 해석할 수 있으나, 《집주》·《전석》·《국자해》·《GMC》 등 다수의 주석서에 따라 전자로 번역하였다. 《전석》은 군민의 사송을 추문하는 일과 전량·군오·공작 등의 크고 작은 공사라고 부연 설명하였다.〔各處有司衛所衙門 推問君民詞訟 及承告一應錢糧軍伍工作等項大小公事〕《전석 권22 10장》

면 범인의 죄에서 2등급을 줄이되, 장 80을 한도로 한다. 재물을 받고 추고하지 않으면, 장물을 계산하여 왕법의 예로 보되, 무거운 쪽으로 논죄한다. (○) 쟁송 사건에서 원고인과 피고인이 두 곳에 각각 거주하면 원고인이 피고인의 소재 관사에 나아가 고소하여 대결한다. 관원이 핑계를 대며 문서를 접수하여 추고하지 않으면 죄가 같다.

(○) 도평의사사(都評議使司), 사헌부(司憲府), 육조(六曹) 및 각 도의 안렴사(按廉使)가 각각 순행하다가 다다른 곳에 있는 쟁송 사건에 대해 법례에 따라 소속 관사에 먼저 고소하지 않거나, 이미 문서를 접수한 사건에 대해 아직 결말짓지 않은 것이 있으면 모두 문서 장부에 사유를 기록하며 기일을 정하여 담당 관사에 발송하고, 다시 추고하여 결말을 지은 내용을 보고하는 문서를 받고 문서 장부에서 지워 버린다. 만약 지체하면서 즉시 추고하여 분별해서 바로잡지 않는 관원은 담당 관리의 죄와 같이 처벌한다. 처음에 소속 관사에 직접 고하였는데 문서를 접수하여 추고하지 않거나, 직접 고한 사건을 이미 처결하였으나 잘못 처결한 바로 인하여 억울함을 호소하면, 각처의 관원이 즉시 나아가 추문한다. 다른 핑계를 대며 추고하지 않거나 다른 관사에 이리저리 넘기거나, 원래 고소한 관사에 되돌려보내 추문하게 하면 고소장을 수리하지 않은 데 대한 율에 준하여 논죄한다. ○ 쟁송에서 추문하는 일과 크고 작은 사건들은 반드시 본 관사에서 일을 진행하여 일정하게 결단한다. 법례를 어기고 중간에 다른 사람에게 전하여 맡겨서 결단하면 고소한 사건의 경중을 따져 처벌한다.

-예컨대 고발된 사건이 장죄(杖罪)에 합당하면 장죄로 처벌하고,[20] 태죄(笞罪)에 합당하면 태죄로 처벌하고, 사죄(死罪)로 이미 형을 집행하였으면[21] 같은 죄이고, 아직 형을 집행하지 않았으면 형량의 등급을 줄이고, 도형(徒刑)이나 유형(流刑)은 도형이

20 처벌하고 : 자신이 맡은 고발 사건을 다른 관원에게 떠넘긴 자를 처벌하는 것이다.

21 형을 집행하였으면 : 원문은 결방(決放)이다. 결방의 다른 용례는 11조 범죄득누감(犯罪得累減), 29조 공사실착(公事失錯) 참조.

나 유형에 상응하는 처벌을 하는 것을 이른다.-

직해 고소가 접수된 사건이 장죄이면 장죄로 처벌하며, 태죄이면 태죄로 처벌하는 것을 이른다.

해설

백성의 억울한 사정을 호소할 수 있게 한 규정으로, 모반(謀反), 모대역(謀大逆), 모반(謀叛), 악역, 살인 및 강도, 투구, 혼인, 전택 등에 관한 호소를 접수하도록 명문화하였다. 356조 투익명문서고인죄(投匿名文書告人罪)에서 문서를 접수한 관사를 처벌하는 것과 이 조문에서 소유(所由)에게 죄 주는 방식이 유사하다.

•••

신문고

신문고(申聞鼓) 규정은 멀리는 《주례》에 연원을 두지만 직접적으로는 당률・명률의 등문고(登聞鼓) 운영과 연관이 있다. 당률 358조 요거가과고소사(邀車駕撾鼓訴事) 및 359조 월소(越訴)에서는 등문고와 거가신소(車駕申訴)를 하나의 범주로 설정하였다. 명률에서는 355조 월소와 214~216조 충돌의장(衝突儀仗)으로 구분하였다. 조선에서도 가전신소(駕前申訴)의 범람 이후 신문고가 제도화하여 소원(訴冤) 제도로 정비되었는데 그 과정이 흡사한 측면이 있다.

358
소송의 심리를 회피함
聽訟回避

관리가 소송인 중에 유복친(有服親)[1]이나 혼인한 집안,[2] 또는 수업사(受業師)나 예전에 원한이 있는 사람과 관련되어 있으면, 모두 이문(移文)하여 회피하게 한다. 어기면 태 40이다. 죄를 늘리거나 줄이는 일이 있으면 고의로 타인의 죄를 가볍게 하거나 무겁게 한 죄[3]로 논한다.[4]

직해 관리가 쟁송의 당사자 중에 복제(服制)가 있는 친족, 혼인으로 맺어진 친족, 수업사, 이전에 원수진 일로 원한이 있는 사람 등과 관련되면, 모두 다른 관사에 이송한다. 이를 어겨 범하면 태 40이고, 죄상을 더하거나 줄이면 고의로 다른 사람의 죄를 줄이거나 다른 사람의 죄를 더한 예로 논죄한다.

해설
소송하는 사람과 송사를 심리하는 관리 사이에 혐의가 있으면, 송관(訟官)으로 하여금 소송을 회피하도록 하여 다른 관리에게 재판을 받을 수 있게 한 규정이다. 송사를 심리할 적에 사정(私情)을 따르는 것을 금하고 시비

1 유복친(有服親) : 본종(本宗)과 외인(外姻)을 겸하여 말한 것이다. 며느리 아버지 측에서 말하면 혼가(婚家)이고, 사위 아버지 측에서 말하면 인가(姻家)이다.〔有服親屬 兼本宗外姻言 自婦父言曰婚家 自壻父言曰姻家〕《집설 권7 59장》

2 혼인한 집안 : 혼인한 집안이면 비록 무복친이라도 청송(聽訟)을 회피한다.〔婚姻之家 雖無服親 亦是〕《부례(하) 342쪽》

3 고의로……죄 : ④ 433 官司出入人罪

4 죄를 늘리거나……논한다 : 원한으로 인하여 죄를 늘리면 고의로 다른 사람의 죄를 무겁게 한 죄로 논하고, 친척 관계로 인하여 죄를 줄이면 고의로 다른 사람의 죄를 가볍게 한 죄로 논한다.〔因讎嫌而罪有增 以故入人罪論 因親故以罪有減 以故出人罪論〕《전석 권22 11장》

(是非)를 공정하게 하기 위한 조처이다.

•••

기피와 회피

소송에서 공정한 심리와 재판을 보장하기 위해서는 법관의 공정성이 확보되어야 한다. 이를 위해 현대의 소송법은 제척(除斥), 기피(忌避), 회피(回避) 제도를 두었는데, 대명률에는 회피만 명시되어 있다. 현대 소송법의 제척은 구체적인 사건의 심판에 있어서 법관이 불공정한 재판을 할 우려가 현저한 것으로 법률에 유형적으로 규정되어 있는 사유에 해당하는 때에 그 법관을 직무 집행에서 자동으로 배제하는 제도를 말한다. 제척의 원인은 법관이 피해자인 때, 법관이 피고인 또는 피해자와 개인적으로 밀접한 관련이 있을 때, 법관이 이미 해당 사건에 관여하였을 때 등이다. 제척의 효과는 법률에 의하여 당연히 발생한다. 제척 사유에 해당하는 법관은 해당 사건의 직무 집행에서 당연히 배제되는 것이다.

기피는 법관이 제척 사유가 있는데도 재판에 관여하거나 기타 불공정한 재판을 할 염려가 있을 때 재판 당사자의 신청에 의하여 그 법관을 직무 집행에서 강제로 탈퇴하게 하는 제도이다. 제척의 원인이 유형적으로 제한되어 있는 데 반하여 기피의 원인은 비유형적·비제한적이고, 제척의 효과가 법률의 규정에 의하여 당연히 발생하지만 기피의 효과는 당사자가 신청한 경우에 법원의 결정에 의하여 발생한다는 점에서 제척과 구별된다. 회피는 법관이 스스로 기피의 원인이 있다고 판단한 때에 자발적으로 직무 집행에서 탈퇴하는 제도이다. 명률은 회피를, 관리가 제척 사유가 있으면 스스로 해당 소송을 맡지 말아야 한다는 의미로 사용하고, 그 사유로 친속 관계, 혼인 관계, 사제 관계, 원한 관계 등을 열거하였다. 조선에서는 회피를 피혐(避嫌), 기피를 귀구(歸咎)라 하였다.

359
무고
誣告

359-1 타인을 태죄(笞罪)로 무고하면 무고한 죄에 2등급을 더하고, 유죄(流罪)·도죄(徒罪)·장죄(杖罪)로 무고하면 무고한 죄에 3등급을 더한다.[1] 각각 죄는 장 100 유 3000리에 그친다. 무고를 당한 도죄인(徒罪人)이 이미 역소(役所)에 갔거나 유죄인(流罪人)이 이미 배소(配所)에 갔으면,[2] 비록 바로잡아 풀려나 돌아왔더라도 날수를 계산해서[3] 사용한 노비(路費)[4]

1 타인을……더한다 : 이미 결배(決配)되었는지 아직 결배되지 않았는지를 따지지 않고 모두 등급을 더한다.〔不論已決配未決配 皆加等也〕《전석 권22 12장》 결배는 태죄나 장죄의 경우 태나 장을 집행하는 것을 의미하고, 도죄의 경우 역소(役所)로, 유죄의 경우 배소(配所)로 보내는 것을 의미한다.〔決配笞杖ノ罪ヲ決打シ徒流ノ罪ヲ配當スル也〕《언해 권29 55장》

2 무고를……갔으면 : 원문의 이역(已役), 이배(已配)가 정확히 무엇을 의미하는지가 문제이다. 도죄의 경우 역소에, 유죄의 경우 배소에 도착하는 것을 의미하는지, 아니면 역소·배소를 향해 출발하는 것을 의미하는지가 분명하지 않다. 《전석 권22 12장》에서는 이에 대해 이착역(已着役), 이발배(已發配)로 풀이하였고 《집주(하) 810쪽》에서도 이착역, 이견배(已遣配)로 풀이하였다. 즉 도죄의 경우 역소에 도착한 것이나 역에 복무한 것을, 유죄의 경우 배소를 향해 출발한 것을 의미하는 것으로 본 듯하다. 반면 《언해》에서는 도죄인(徒罪人)은 이미 가서 역에 임하고, 유죄인(流罪人)은 이미 유배된 배지(配地)에 이른 이후라고 보았다.〔徒罪ノ人ハ已ニ行テ役ニ就キ流罪ノ人ハ已所流ノ配地ニ到リテ以後ニ〕《언해 권24 45장》

3 날수를 계산해서 : 무고당한 사람이 관아에 도착한 날부터 풀려나 돌아가 완결된 날까지를 계산하는 것이고, 역소에 도착하거나 발배된 날부터 계산하는 것이 아니다.〔驗日 謂驗其被誣到官以至放回完結之日 非驗其着役發配之日也〕《집주(하) 819쪽》〔必須計驗自被逮以至放回日數多寡〕《전석 권22 12장》 무고당한 자가 쓴 액수를 관에서 절충하여 추징해야 하는데 날수를 계산한다는 것은 그 구근(久近)을 계산한다는 뜻이며, 반드시 날수를 따져서 계산한다는 것은 아니다.〔當審其所費之數 官爲折衷追之 所謂驗日者 不過計其久近之意 非必按日而算也〕《집주(하) 819쪽》

4 노비(路費) : 체포된 뒤 쓴 비용이 모두 이에 해당하며, 배소나 역소에 갈 때 든 비용만을 이르는 것이 아니다. 노비만 말한 것은 중요한 것을 대표적으로 들어 말한 것이다.〔路費凡被逮之後所費皆是 非但配役在途之費 獨言路費者 擧其重者言之也〕《집주(하) 819쪽》

를 범인에게서 추징하여 돌려준다. 토지나 집을 전당 잡히거나 팔았으면[5] 범인에게 책임을 지워[6] 값을 마련하여 되찾게 한다.[7] 이로 인하여 수행(隨行)[8]한 유복 친속(有服親屬) 한 사람이 죽게 되면[9] 교형이다. 범인 재산의

5 토지나……팔았으면 : ② 101 典賣田宅

6 범인에게 책임을 지워 : 원문의 착락(着落)은 범인에게 분부하여 매듭을 짓게 한다는 뜻이다.〔着落ハ犯人ニ仰セツケテラチヲアケサセルノ意也〕《언해 권24 44장》

7 토지나……한다 : 노비(路費)를 배상하는데 또 전당 잡힌 전택(田宅)을 되찾는 것을 말한 것은 전택을 전(典)·매(賣)하는 이유가 곧 노비 마련을 위해서이기 때문이다. 전택을 전·매하지 않았으면 노비만 추징하고, 전택을 전·매하였으면 전택을 되찾게 한다. 다만 노비로 쓴 바가 많아서 전택을 전·매하여 충당하면 둘 다 추징한다.〔旣已備償路費 又言取贖田宅者 互言之也 未典賣田宅 則止追路費 已典賣田宅 則令取贖田宅 蓋典賣田宅 卽以爲路費 非兩項也 但路費所用者多 而典賣田宅以補用者 則應兩追之耳〕《집주(하) 819쪽》〔典賣田宅 須是作路費方合律 大抵備償路費 取贖田宅 二者統說 若典賣田宅爲路費 則但取贖田宅便是不必又追給路費 其理可知〕《전석 권22 12장》 ② 101 典賣田宅

8 수행(隨行) : 따라가서 배소에 이르러 함께 사는 것만이 아니라, 잠시 음식을 제공하거나 전송하는 것도 이에 해당한다.〔隨行 不止謂隨至配所同住者 卽暫時供送者 亦是〕《전석 권22 12장》

9 수행(隨行)한……되면 : 유복 친속에 대해 15조 유수가속(流囚家屬)에서는 "유죄를 범한 경우 처나 첩이 따라가고 아버지, 할아버지, 아들, 손자로서 따라가기를 원하면 들어준다."라고 하였는데 이는 오로지 따라가서 함께 사는 자만을 가리켜 말한 것이다. 율에서는 할아버지, 아버지, 아들, 손자 외에도 유복친이면 모두 수행인에 해당한다. 한편 유복친 관계가 아닌 사람이 수행하다가 죽은 경우에 대해 《전석》과 《집주》는 무복친(無服親)은 수행하는 의리가 없는데 스스로 따라간다면 율로 금하지는 않으나 죽었을 때 유복친과 같이 무고인을 처벌할 수는 없다고 하였다.〔有服親屬 所該者廣 別律所稱 犯流者 妻妾從之 父祖子孫欲隨者聽 則專指隨之同住者而言 或者因此遂言 除祖父子孫之外 皆非應該隨行之人 雖致死不坐 則非矣 謂之有服 則但有服者 皆是 惟無服之人 無隨行之義 其中願隨行者 雖非律之所禁 而致死 則非律之所坐也〕《전석 권22 12장》〔無服之親 分已疏遠 自無隨行之義 或有情願隨行者 雖非律之所禁 而致死 則不得與有服者同坐也 其致死隨行奴婢雇工人者 亦不坐〕《집주(하) 820쪽》 반면 《소의》는 무복친이 유복친과 친소는 다르지만 수행한 의리와 죽게 된 정상은 같으므로 무고인을 역시 교죄로 처벌하고 가산을 지급해야 한다고 하였다.〔問曰 無服平人 隨行累死者 何斷 答曰 平人與有服 親疎雖異 而隨行之義 累死之情 則同 擧類而推 亦必坐以絞罪 斷給家産〕《소의(하) 442쪽》 율문에서 따라가던 유복친이 죽음에 이른 경우 무고인의 죄는 말하였으나, 무고당한 사람이 죽음에 이른 경우 무고인의 죄는 말하지 않았는데, 이에 대해서는 조례가 있다.〔律言致死隨行有服親屬之罪 而不言致死被誣人之罪 今有例〕《전석 권22 12장》 만약 타인을 사죄로 무고해서 논죄하여 처결하기 전에 압송하여 왕래할 때, 친속이 수행하여 시중들다가 이로 말미암아 죽으면, 도죄의 역소나 유죄의 배소에 수

절반을 무고당한 사람에게 떼어 준다.[10]

직해 다른 사람의 태죄를 거짓 고발하면 무고죄에서 2등급을 더한다. 유죄·도죄·장죄를 무고하면 3등급을 더하되, 장 100을 한도로 하고 먼 곳으로 유배 보낸다. 고발당한 도죄인이 이미 도역(徒役)에 처해졌거나 유죄인이 이미 유배지에 보내졌다가 비록 역의 기한이 차서 바로잡아 돌아왔어도, 오간 거리와 일정을 계산하여 그 사람이 오갈 때 쓴 비용과 물자를 무고한 사람에게서 추징하여 돌려준다. 또 그 사람의 토지나 집까지 팔았으면 무고한 사람에게서 그 값을 액수대로 추징하여 돌려준다. 이로 인하여 무고당한 사람의 유복 친속이 따라가다가 한 사람이라도 죽게 되면, 무고한 사람을 교형으로 죽이고 그의 재산 중 절반을 무고당한 사람에게 준다.

-무고당한 사람의 친속 한 사람이 죽게 되면 범인을 비록 교형에 처하더라도 그에 더하여 노비(路費)를 배상하게 하고, 팔거나 전당 잡힌 토지나 집을 되찾게 한다. 또 재산의 절반을 무고당한 사람에게 떼어 주어 먹고살게 한다.-[11]

사죄(死罪)에 이르러서 무고당한 사람이 이미 처결되었으면 사죄로 반좌(反坐)[12]한다.

행하는 친속과 대등한 듯하나, 다만 율에 정문(正文)이 없으니 정상을 참작해야 한다.〔若誣人死罪 未決之前 解審往來 有親屬隨行服侍 因而致死者 似與徒流役配隨行之親屬相同 但律無正文 當爲酌情〕《집주(하) 820쪽》

10 범인……준다 : 위세로 타인을 핍박하여 죽게 하면(③ 322 威逼人致死) 장 100에 매장은(埋葬銀) 10냥을 떼어 주는 데 그친다. 그러나 무고하여 수행하던 친속이 죽게 되면 범인은 교형으로 처벌하고, 노비(路費)와 팔거나 전당 잡힌 재산을 배상하는 외에 또 재산의 절반을 떼어 주도록 하였으니, 무고에 대한 처벌이 이처럼 엄하다.〔按 威逼人致死者 止杖一百 斷埋葬銀一十兩 今誣告致死隨行親屬 犯人坐絞 償費贖產之外 復斷財產 不同埋葬之數而同養贍之例 誣告之嚴如此〕《집주(하) 820쪽》

11 무고당한 사람의……한다 : 이 부분은 직해하지 않았다.

12 반좌(反坐) : 타인을 어떤 죄로 무고하면 그 죄를 무고한 사람에게 과단(科斷)하는 것이다.〔誣告人何罪 卽以其罪科誣告之人 曰反坐〕《집주(하) 810쪽》 무고당한 사람이 교형으로 죽었으면 무고한 사람에게 교형을 반좌하고, 참형으로 죽었으면 참형을 반좌한다.

직해 무고당한 사람이 사죄에 이르러 이미 처결되었으면, 무고한 사람을 사죄로 반좌시킨다.

-무고당한 사람이 이미 처결되었으면, 범인을 비록 사죄로 처벌하더라도 또한 노비(路費)를 배상하게 하고, 팔거나 전당 잡힌 토지나 집을 되찾게 하며, 재산의 절반을 떼어 주어 무고당한 사람의 가구가 먹고살게 한다.-[13]

아직 처결되지 않았으면 장 100 유 3000리이고, 가역(加役) 3년이다.[14]
직해 무고당한 사람을 아직 처결하지 않았으면, 무고한 사람을 장 100에 먼 곳으로 유배 보내며 역 3년을 더한다.

범인이 만약 실제로 가난하여 노비(路費)를 배상하거나, 팔거나 전당 잡힌 토지나 집을 되찾아 줄 수 없고, 또한 떼어 줄 재산이 없으면[15] 그 죄만 과

13 무고당한 사람이……한다 : 이 부분은 직해하지 않았다.

14 아직……3년이다 : 상리(常理)와 법을 어기고 죄 없는 사람을 죽음에 빠뜨린 정상이 극히 무거우나 무고당한 사람이 아직 처결되지 않았기 때문에 사죄로 처벌하지 않는 것이다. 비록 유 3000리라 할지라도 여전히 징계하기에 부족하므로 배소에서 역 3년을 더한다. 가역유형(加役流刑)은 당(唐)의 제도를 따른 것이다.〔蓋此人 違理罔法 屈陷平人於死 情犯極重 但未處決 故不坐死 雖流三千里 猶不足戒 故於配所加役三年 加役流 仍唐制也〕《소의(하) 441쪽》 가역유형은 구법(舊法)에는 사형이었던 것을 무덕(武德) 연간(618~626)에 발뒤꿈치를 자르는 단지형(斷趾刑)으로 바꾸었다. 이 형벌을 받은 자는 잘린 발뒤꿈치를 다시 이을 수 없으므로, 사죄를 범한 자를 되도록 살리고 인정을 베푸는 차원에서 632년(정관6)에 제서(制書)를 받들어 가역유형으로 바꾼 것이다.〔加役流者 舊是死刑 武德年中改爲斷趾 國家惟刑是恤 恩弘博愛 以刑者不可復屬 死者務欲生之 情軫向隅 恩覃祝網 以貞觀六年 奉制改爲加役流〕《당률 11조 應議請減贖章》
　가역유형은 정상에 긍휼히 여길 만한 것이 있어 차마 사형에 처할 수 없기 때문에 먼 곳에 유배 보내고 역 3년을 더하는 것이다.〔加役流者 古之死刑 蓋情有可矜 不忍置之死辟 故流於遠 就彼拘役三年〕《소의(하) 442쪽》 타인을 과실살(過失殺)로 무고하면 역시 타인을 사죄로 무고하였는데 아직 논죄하여 처결하지 않은 것으로 의단한다. 그대로 과실살의 본법을 다 적용하여 율문에 따라 속전(贖錢)을 받는다.〔誣告人過失殺者 亦擬誣告人死罪未決 詰減後云 仍盡過失殺本法 依律收贖〕《전석 권22 12장》

15 또한……없으면 : 이 부분은 직해하지 않았다.

단(科斷)한다. 무고당한 사람이 사실이 아닌 것으로 속여 도리어 범인을 무고하면 역시 무고한 죄를 받는다. 범인은 본죄(本罪)를 반좌하는 데 그친다.

직해 무고한 사람이 실제로 가난하여 오갈 때 든 비용이나 물자, 토지나 집을 판 값을 추징할 수 없는 지경이면 오직 죄를 결단하기만 한다. 무고당한 사람도 거짓 일로 범인을 맞고소하면, 범인의 무고죄를 반좌시키고 범인은 오직 본래의 죄로 결단한다.

-이를테면 다음과 같다. 무고당한 사람이 본래 죽지 않은 친속을 거짓으로 죽었다고 하거나 또는 타인의 시신을 거짓으로 친속으로 꾸며 범인을 무함하여 죄를 뒤집어씌우면[16] 역시 사죄(死罪)인 교형으로 처벌한다.[17] 범인은 무고한 본죄를 반좌하는 데 그치고, 형량의 등급을 더하거나, 노비(路費)를 배상하거나, 팔거나 전당 잡힌 토지나 집을 되찾게 하거나, 재산의 절반을 떼어 주는 규정[18]을 적용하지 않는다.[19]-

16 범인을……뒤집어씌우면 : 원문의 무뢰(誣賴)는 317조 살자손급노비도뢰인(殺子孫及奴婢圖賴人)의 도뢰(圖賴)와 뜻이 같다. 무함하여 죄를 타인에게 뒤집어씌우기를 꾀하는 것이다.〔誣賴人命律ノ圖賴ノ義ト同ジ誣テ罪ヲ人ニカブセ陷レント謀ル也〕《언해 권24 47장》

17 무고당한……처벌한다 : 역시 타인을 무함하여 수행한 유복친이 죽게 만든 죄를 무뢰인(誣賴人)에게 그대로 적용한다. 이미 논죄하여 처결하였으면 교형이고, 아직 논죄하여 처결하지 않았으면 장 100 유 3000리이다.〔亦抵誣人致死隨行有服親屬之罪 已決者 絞 未決者 杖一百流三千里〕《전석 권22 13장》

18 재산의……규정 : 이 부분은 직해하지 않았다.

19 범인은……않는다 : 무고당한 이의 친속이 죽음에 이르지 않았는데 속여서 죽음에 이르렀다고 하는 따위로, 도리어 무고인이 무함을 당하였기 때문에 무고인을 관대히 처벌하는 것이다.〔以其被詐冒反誣而寬之也〕《집주(하) 821쪽》 만약 을이 갑에 대해 도망한 호(戶)를 숨겨 주었다고 무고하여 장 100에 해당하고, 갑이 또한 도리어 을에 대해 관(關)·진(津)을 월도(越渡)하였다고 무함하여 장 90이면 이는 모두 다른 일이므로 갑은 을을 무고한 장 90의 죄를 돌려받고, 을도 갑을 무고한 장 100의 죄로 처벌하는 데 그치며 모두 등급을 더하지 않는다. 피차 각각 무함하였으나 을이 먼저 무고하였고, 갑 역시 을을 무함한 죄가 있으므로 각각 본죄만 갚게 하고 모두 등급을 더하지 않는다.〔問曰 假如乙誣告甲 窩藏逃戶 該杖一百 而甲亦反誣乙 越渡關津 杖九十 亦得以反誣抵罪論否 答曰 反誣犯人者 謂不曾致死親屬 詐作致死之類 今乙誣告甲 甲亦誣告乙 俱係他事 甲合抵誣告乙杖九十 乙亦止坐誣告甲杖一百 俱不加等 蓋以彼此雖各有誣 若兩加之 則乙終係先告 若止加乙 則甲亦誣乙罪 故各止抵

직해 무고당한 사람이 본래 자기의 친속이 죽지 않았지만 거짓으로 죽었다고 하거나, 혹은 다른 사람의 시체를 거짓으로 친속의 시체라고 하여 범인을 무함하여 농간하면, 교형죄로 처벌하고, 범인은 오직 무고한 죄를 반좌시키되, 오갈 때 든 비용이나 물자, 토지나 집을 판 값은 추징하여 돌려주지 않는다.

두 가지 이상의 일을 고발하였는데, 죄가 무거운 일은 사실대로 고발하고 가벼운 일은 거짓으로 꾸며 진술하거나, 죄가 같은 여러 가지 일 가운데 하나의 일이라도 사실대로 고발하면 모두 죄를 면해 준다.[20]

359-2 두 가지 이상의 일을 고발하였는데, 죄가 가벼운 일은 사실대로 고발하고 무거운 일은 거짓으로 꾸며 진술하거나, 혹은 하나의 일을 고발하였는데 죄가 가벼운 일을 무함하여 무겁게 만들면 모두 잉죄(剩罪)[21]를 반

本罪 而俱不加等〕《소의(하) 444쪽》

20 두 가지……준다 : 〈명례율〉 25조 이죄구발이중론(二罪俱發以重論)에서 "두 죄가 한꺼번에 발각되면 그중 무거운 것으로써 논한다. 죄가 각각 대등하면 그중 한 건에 따라 과단(科斷)한다."라고 하였다. 즉, 타인의 두 가지 이상의 일을 고발하였는데 무거운 일을 사실대로 고하였으면 고발당한 사람은 무거운 죄를 받고, 거짓 진술한 가벼운 일에 대해선 죄를 더하지 않는다. 타인의 몇 가지 일을 고발하였는데 그 죄가 대등하면 그 일들이 모두 사실이라도 여전히 한 건에 따라 과단하며, 한 가지 일이라도 사실이면 고발당한 사람은 죄가 충분히 성립된다. 고발한 무거운 죄나 대등한 죄가 사실이라면 고발한 사람에게는 반좌하는 죄가 없다.〔告人二事以上 重事告實 則所告人應得重罪 雖輕事招虛 而無所加於人之罪也 告人數事罪等 使其皆實 則在罪人 猶當從一科斷 況今一事得實 則已足以成人之罪 而餘事之虛 固亦不足以加人之罪 此所以皆免誣告之罪也〕《전석 권22 13장》〔蓋重事告實 其人已得重罪 輕事固弗論矣 相等之罪 一事得實 其罪已無可加 餘事亦弗論矣 于事雖有所誣 于罪實無所增 已無剩罪可以反坐 故皆得免 此言不全誣而重若等者得實 無反坐之罪也〕《집주(하) 811쪽》

타인의 한 가지 일을 고발하였는데 그것이 사실이 아니더라도 처벌받지 않을 수 있다. 《당률 343조 告小事虛》《전석 권22 13장》《집주(하) 821쪽》 예를 들면, 갑이 을의 A라는 행위를 관에 고발하였는데, 관에서 조사해 보니 을이 A 행위는 하지 않았으나 B라는 범죄 행위가 사실임이 밝혀진 경우이다. 이때 B가 A와 같은 종류의 행위이고 더 무겁거나 대등한 죄이면 고발자 갑은 면죄받고, B가 A와 다른 종류의 행위이면 갑은 무고죄로 처벌한다. 즉, 을이 나귀를 훔쳤다고 갑이 고발하였는데, 조사해 보니 을이 나귀는 훔치지 않았으나 그보다 비싸거나 값이 대등한 말을 훔쳤다면 갑은 무고죄로 처벌받지 않는다. 반면에 을이 말을 훔쳤다고 갑이 고발하였는데 을이 말을 훔치지는 않았고 사사로이 주전(鑄錢)한 죄는 있다면 갑은 무고죄로 처벌한다.

좌한다. 이미 논죄하여 처결하였으면[22] 잉죄를 온전히 받으며,[23] 논죄하여 처결하지 않았으면 태죄(笞罪)나 장죄(杖罪)는 속전을 받고, 도죄(徒罪)나 유죄(流罪)는 장 100에 그치고, 여죄(餘罪)는 또한 속전을 받도록 한다.[24]

직해 두 가지 일을 고소하였는데 무거운 일이 사실이고 가벼운 일이 거짓이거나, 고소한 몇 가지 일이 하나의 일만이라도 사실이면, 모두 죄를 면해

21 잉죄(剩罪) : 잉(剩) 자와 여(餘) 자는 뜻이 서로 비슷하지만 잉죄와 여죄(餘罪)는 뜻이 같지 않다. 잉죄는 원래 정해진 수가 없는데 경중과 허실을 비교하고 상쇄하여 본죄를 공제한 나머지 죄이다. 여죄는 장 100과 같이 먼저 정해진 수가 있는데 얻은 죄를 이것과 비교하고 계산하여 정해진 수보다 넘치는 것이다.〔剩與餘字義相近 而此剩罪餘罪之義則不同 原無定數 將輕重虛實 折除計算 扣抵本罪之外者 曰剩罪 先有定數 將所得之罪 按此計算 溢于額數之外者 曰餘罪 其杖一百卽定數也〕《집주(하) 822쪽》 만약 장죄 이상이면 공제한 잉죄의 수가 10이나 20이라도 모두 장으로 치고 태로 치지 않는다.〔若杖罪以上 則扣抵所剩之罪 數一十二十 皆是杖 不作笞矣〕《집주(하) 822쪽》

22 이미 논죄하여 처결하였으면 : 태죄나 장죄는 집행하는 것, 유죄는 장을 치고 배소로 보내는 것이다. 도죄는 연한의 차이가 있을 수 있다. 예컨대 본래 장 100의 죄를 범하였는데 장 100 도 3년의 죄로 무함을 당하였을 경우, 비록 이미 논죄하여 처결해서 1년을 복역하였는데 시비를 가려 바로잡혔다면 노역 3년을 마치지 않았더라도 논죄하여 처결한 것으로 보아 원래 고발한 이는 그대로 온전히 잉죄를 져야 한다. 왜냐하면 역(役)의 연한이 비록 차지 않았어도 죄를 이미 논죄하여 처결하였으면 아직 논죄하여 처결하지 않았을 경우의 법과 같이 장 100으로 처리할 수 없기 때문이다.〔已論決者 笞杖的決 流罪杖遣 則論決已畢矣 而徒罪則有年限不同 如本犯杖一百 被誣杖一百徒三年 雖已論決 而止着役一年 卽得辨理改正 而原告仍全抵剩罪 蓋役雖未滿 而罪已論決 卽不得如未論決之法也〕《집주(하) 823쪽》

23 잉죄를 온전히 받으며 : 장(杖)으로 절산(折算)하거나 속전(贖錢)을 받는 규정을 적용하지 않는다.〔不在折杖收贖之限〕《전석 권22 15장》 예컨대 장 70의 죄를 장 100 도 3년의 죄라고 무고하면, 잉죄인 장 30 도 3년을 온전히 고발인에게 적용한다. 가령 논죄하여 처결하지 않았으면, 죄가 가벼운 일을 무함하여 무겁게 하여 도죄나 유죄에 이르게 하면 도형 1등급마다 장 20으로 절산하는데, 이에 따라 도 3년은 도형 5등급이므로 장 100으로 절산하고 여기에 장 30을 더해 장 130으로 환산하여, 장 100은 집행하고 여죄(餘罪) 장 30은 속전으로 보초(寶鈔) 1관 800문을 받도록 하는데, 이미 논죄하여 처결하였으므로 이 규정을 적용하지 않는다는 것이다.〔如犯杖七十 誣告作杖一百徒三年 該剩杖三十徒三年 則以此罪全坐告人 不得在折杖一百三十 的決一百 贖鈔一十八貫之例 餘可類推〕《소의(하) 447쪽》

24 논죄하여 처결하지……한다 : 아직 논죄하여 처결하지 않았으면 무함당한 사람이 형을 받지 않았으므로, 태죄나 장죄는 전부 속전을 받고, 도죄나 유죄는 장으로 환산하여 장 100을 치고 여죄는 속전을 받는다.〔若未論決 則雖有所誣 而其人未蒙其刑 故笞杖則全許其收贖 徒流則杖一百而許贖其餘〕《전석 권22 15장》

준다.

(○) 두 가지 일을 고소하였는데 가벼운 일이 사실이고 무거운 일이 거짓이거나, 또는 하나의 일을 고소하였는데 가벼운 죄를 무거운 죄로 무고하였으면, 잉여(剩餘)의 수를 계산하여 죄를 반좌한다. 무고당한 사람을 이미 논죄하여 처결하였으면 잉여죄를 온전히 반좌하고, 아직 논죄하여 처결하지 않았으면 태죄·장죄는 모두 속전을 받는다. 도죄·유죄이면 장 100을 한도로 하고, 나머지 죄는 속전을 받는다.

-이를테면 다음과 같다. 가벼운 죄를 무거운 죄로 무고하여 도죄나 유죄에 이르게 하면 도형 1등급마다 장 20으로 절산(折算)한다.[25] 도죄를 유죄로 하면 세 가지 유형(流刑) 모두 도 4년에 준하므로 모두 1년을 잉죄로 삼아 장 40으로 절산한다.[26] 가까운 곳으로 유배 보낼 죄를 먼 곳으로 유배 보내는 죄로 하면, 유형 1등급마다 도형 반년에 준하여 잉죄로 삼아 역시 각각 장 20으로 절산한다.[27] 속전을 받는다는 것은 이를

25 가벼운……절산(折算)한다 : 태죄를 범한 사람에 대해 도죄를 범하였다고 무고한 경우〔從笞入徒〕와 장죄를 범한 사람에 대해 유죄를 범하였다고 무고한 경우〔從杖入流〕 도형 5등급의 절산 방식에 대한 설명이다. 예컨대 장 60 도 1년은 장으로 절산하면 통틀어 장 120이 된다. 장 100에 1등급을 더하면 장 60 도 1년이므로 장으로 절산하면 120에 해당하는 것이다. 장 70 도 1년 반은 장 140, 장 80 도 2년은 장 160, 장 90 도 2년 반은 장 180, 장 100 도 3년은 장 200으로 절산한다.〔如杖六十徒一年 折杖通計一百二十 蓋杖一百上加一等 卽徒一年 故折杖當一百二十也 徒一年半 折杖一百四十 徒二年 折杖一百六十 徒二年半 折杖一百八十 徒三年 折杖二百〕《전석 권22 15장》

26 도죄를……절산한다 : 도죄를 범한 사람에 대해 유죄를 범하였다고 무고한 경우〔從徒入流〕의 절산 방식에 대한 설명이다. 이 경우 유죄 3등급을 구분하지 않고 하나로 본다. 3등급의 유죄는 모두 도 4년에 준한다. 모두 1년을 잉죄로 보아 장 40으로 절산한다. 유죄 3등급은 모두 장 100을 포함한다. 장 100 도 3년은 장 200으로 절산하므로 유죄는 통산하면 장 240으로 절산한다.〔三流準徒四年 皆以一年爲所剩罪 折杖四十 流三等 皆包杖一百 徒三年 折杖二百 通計折杖二百四十〕《전석 권22 15장》

27 가까운……절산한다 : 가까운 곳으로 유배 보내는 죄를 범한 사람에 대해 먼 곳으로 유배 보내는 죄를 범하였다고 무고한 경우〔從近流入至遠流〕의 절산 방식에 대한 설명이다. 이 경우 유죄 3등급을 구분한다. 유죄 3등급은 모두 다섯 가지 도형, 장으로 환산하면 장 200을 포함한다. 왜냐하면 도 3년에 1등급을 더하면 유 2000리이므로 장으로 환산하면 220에 해당한다. 유 2500리는 장 240으로, 유 3000리는 장 260으로 절산한다.〔又流三等 皆包五徒

테면 다음과 같다.[28] 한 사람의 두 가지 일을 고발한 경우, 하나의 일이 태 50에 해당하는데 거짓이고 하나의 일이 태 30에 해당하는데 사실이면, 태 50에서 사실대로 고발한 태 30을 제하고 그 나머지 거짓을 고발한 죄 태 20에 해당하는 동전 1관 200문을 속(贖)으로 받는다. 혹은 한 사람을 고발한 경우 하나의 일이 장 100에 해당하는데 거짓이고 하나의 일이 장 60에 해당하는데 사실이면, 장 100에서 사실대로 고발한 장

折杖二百 蓋徒三年上加一等 卽流二千里 故折杖當二百二十也 流二千五百里 折杖二百四十 流三千里 折杖二百六十〕《전석 권22 15장》 도죄나 유죄나 모두 장죄이다. 원래 법을 세운 뜻은 장 100을 넘으면 사람이 다시 장을 맞을 수 없기에 5등급의 도죄를 정하여 차례로 더한 것이다. 다섯 가지 도죄로도 다 징벌할 수 없으나 그 죄가 또 죽음에 이를 정도는 아닌 경우 다시 3등급의 유죄를 정한 것이다. 장 100 다음에 도죄가 되므로 다섯 가지 도죄는 모두 장 100을 포함하며 도 1등급은 장 20으로 절산한다. 도죄 5등급 다음에 유죄가 되므로 세 가지 유죄는 모두 다섯 가지 도형의 장 200을 포함한다. 세 가지 유죄는 원근을 나누지 않고 모두 도 4년에 준한다. 반년은 장 20으로 절산하고 1년은 장 40으로 절산하므로 세 가지 유죄 모두 장 240으로 절산해야 한다. 오직 근류(近流)로부터 원류(遠流)에 들어가는 경우에만 유죄 1등급은 도 반년에 준하여 장 20으로 절산한다. 대개 도죄나 유죄를 장으로 환산할 수 없으면, 사실로 확인된 죄의 형량만큼 공제하고 잉죄(剩罪)로 되갚게 하는 법이 없다. 이 때문에 근류로부터 원류에 들어간 경우도 1년을 잉죄로 삼는 것이 아니라, 그대로 3등급을 나누는 것이다. 예컨대 어떤 사람이 유 2000리의 죄를 범하였는데, 다른 사람이 유 3000리의 죄로 무함하여 합계 장 260으로 절산하는 경우, 사실로 확인된 유 2000리의 죄에 해당하는 장 220을 제하고 나머지 장 40을 반좌해야 한다. 만약 세 가지 유죄 모두 1년을 잉죄로 삼으면, 공제하고 계산할 수 없게 된다.〔蓋徒流 皆杖罪也 原立法之意 杖一百之外 人不堪再受 定爲五等徒 以遞加之 五徒不足以盡其辜 其罪又不應至死 乃復定爲三等流 今將流歸徒 而幷作杖算 所謂入徒復杖之法也 杖一百之後 始入徒罪 故五徒 皆包杖一百 徒一等 折杖二十……徒五等之後 始入流罪 故三流 皆包五徒之二百杖 三流不分遠近 皆準徒四年 除徒五等三年 尙剩一年爲流罪 照徒等折杖 半年折杖二十 一年折杖四十 則三流皆應折杖二百四十 惟從近流入遠流者 一流準徒半年 折杖二十……蓋徒流不還折爲杖 則無扣抵之法 而近流入遠流 不以一年爲剩罪 而仍分三等者 如人犯流二千里之罪 而誣爲流三千里 共應折杖二百六十 除二千里得實二百二十杖外 應反坐剩杖四十 若將三流 皆以一年爲剩罪 則不可扣算矣 其餘註內引證已明 可以類推〕《집주(하) 812쪽》

28 속전을……같다 : 가벼운 죄를 무함하여 무겁게 하여 아직 논죄하여 처결하지 않았으면 태죄·장죄는 속전을 받고 도죄·유죄는 장 100만 집행하고 여죄는 역시 수속(收贖)을 허락한다. 노유폐질(老幼廢疾)에게 속전을 받는 경우(① 21 老小癈疾收贖) 도죄·유죄는 모두 직접 도 연한에 비추어 속전을 받으나, 가벼운 죄를 무함하여 무겁게 한 경우 도죄·유죄는 모두 장으로 환산하여 속전을 받으니, 이것이 그 차이이다.〔誣輕爲重未論決者 笞杖收贖 徒流 止杖一百 餘罪亦聽收贖 老幼癈疾 徒流 皆直照徒年限收贖 誣輕爲重 徒流 皆折杖 照杖數收贖 此其異也〕《전석 권22 15장》

60을 제하고 그 나머지 거짓을 고발한 죄 장 40에 해당하는 동전 2관 400문을 속으로 받는다. 또는 한 사람을 고발한 경우 하나의 일이 장 100 도 3년에 해당하는데 거짓이고 하나의 일이 장 80에 해당하는데 사실이면, 장 100 도 3년에서 사실대로 고발한 장 80을 제하고 그 나머지 거짓을 고발한 죄는 장 20 도 3년에 해당한다. 그런데 도형 5등급은 절산하면 장 100에 해당하므로 통틀어 장 120으로 계산하여 원고인에게 장 100을 반좌하고, 나머지 장 20에 해당하는 동전 1관 200문을 속으로 받는다. 또 가령 한 사람의 하나의 일을 고발하여 장 100 유 3000리에 해당하는데, 그 가운데 추문하여 얻은 것이 단지 장 100에 해당하는 경우, 세 가지 유형 모두 도 4년에 준하므로 통틀어 계산해서 장 140으로 절산하여 원고인에게 장 100을 반좌하고, 나머지 장 40은 동전 2관 400문을 속으로 받는 따위이다.[29] 이미 논죄하여 처결하였으면, 모두 잉죄는 전과(全科)[30]하고, 속전을 받는 규정을 적용하지 않는다.-[31]

사죄(死罪)에 이르렀는데 무고당한 사람이 이미 처결되었으면 사죄를 반좌

29 속전을……따위이다 : 《집주》 권수(卷首)에는 노소폐질(老少廢疾) 등 속전을 받는 여러 경우를 정리한 표가 실려 있는데 여기에 〈무경위중수속도(誣輕爲重收贖圖)〉도 실려 있다. 〈무경위중수속도〉와 이 율주의 절산 방식이 다른 듯이 보이나 결과는 마찬가지이다.〔按律首收贖圖與此註算法不同 指歸則一〕《집주(하) 809쪽》 율주에서 잉죄(剩罪)를 수속하는 예에 대해 인증(引證)한 것이 매우 명확하나, 다만 속죄(贖罪)가 장 100을 넘는 경우에 대한 언급이 없다. 예컨대 어떤 사람을 장 100 유 3000리의 죄로 고발하여 장 240으로 절산하는데 태 20만큼만 사실이면, 나머지 장 220 중에서 장 100을 제하고 장 120만큼을 수속해야 하지만 이런 경우에 대한 언급이 없다. 이럴 때는 장 60 도 1년에 비추어 속전을 받아야 할 듯하다.〔註內引證收贖剩罪之例甚明 惟無贖罪至杖一百外者 如告人杖一百流三千里 應折杖二百四十 止有笞二十是實 則餘杖二百二十 除杖一百外 應收贖一百二十杖 按杖罪贖法 至一百而上 無於一百之外加二十笞以贖之例 似應照杖六十徒一年收贖〕《집주(하) 824쪽》

30 전과(全科) : 율문에서 '이(以)~'라 할 경우, 사죄에 이르면 사형에 처하고 부가형(附加刑)도 가하는데, 이처럼 율문에 정해진 형량대로 온전히 과죄하는 것을 전과(全科)라 한다. 율문에서 이왕법론(以枉法論), 이도론(以盜論)이라 일컫는 따위는 그 일이 서로 동등하고 실정이 아울러 중하기 때문에, 그 죄를 모두 진범과 똑같이 하여 자자・교형・참형을 모두 본율에 따라 과단(科斷)하는데, 이것이 전과의 뜻이다.〔若稱以枉法論及以盜論之類 迺其事之相等 而情則竝重 故其罪 皆與眞犯同 刺字絞斬 皆依本律科斷 卽上文全科意也〕《집설 권1 66장》

31 이를테면……않는다 : 이 부분은 직해하지 않았다.

하고, 아직 처결되지 않았으면 장 100 유 3000리에 그친다.[32] 율문이 죄가 어디에 그친다는 것[33]에 해당하면, 무고한 일이 비록 많더라도 반좌하지 않는다.[34]

직해 무고당한 사람을 사죄로 이미 처결하였으면 무고한 사람을 사죄로 반좌시킨다. 아직 처결하지 않았으면 장 100에 먼 곳으로 유배 보낸다. 율에서 '죄가 어디에 그친다.'라고 칭한 것은, 무고한 일이 비록 많아도 반좌하지 않는다.

-이를테면 다음과 같다. 타인의 불왕법장(不枉法贓)[35] 200관을 고발하였는데 120관은 사실이고 80관은 거짓이면, 율에 따라 불왕법장 120관 이상은 죄가 장 100 유 3000리

32 사죄(死罪)에……그친다 : 1항에 나온 내용과 중복되는 듯이 보이나 사실은 좀 다르다. 1항에서는 죄가 전혀 없는 사람을 무고하여 사죄에 이른 경우를 말하였고, 여기서는 가벼운 죄가 있으나 사죄는 아닌 사람을 무고하여 사죄에 빠지게 한 경우를 말하였다. 무고당한 사람의 사죄가 이미 집행된 경우, 1항에서는 사죄를 반좌(反坐)하는 외에 노비(路費) 배상, 전(典)·매(賣)한 전택(田宅) 되찾아 주기, 유복친이 따라가다가 죽은 경우 재산 절반 배상 등의 추가 조치가 취해지고, 아직 집행되지 않은 경우 1항에서는 장 100 유 3000리에 역 3년을 더하는 추가 조치가 취해지나, 여기서는 그런 추가 조치가 없다. 역을 더한다고 말하지 않은 것은, 무함을 받은 사람이 죄가 없는 평인(平人)이 아니라 단지 무거운 죄를 받아서는 안 될 따름이기 때문이다. 1항 같은 경우는 완전히 죄 없는 사람을 무함하여 죽음에 빠뜨리는 것이니 반드시 역을 더하여 가혹하게 다스려야 한다.〔不言加役者 以被誣之人 不是無罪平人 但不當得重罪耳 若上文 則全將平人 誣入於死 必加役 以深治之〕《소의(하) 449쪽》

33 율문이……것 : 약율해죄지자(若律該罪止者)의 지(止) 자는 죄지(罪止)의 지(止)가 아니다. 가역(加役)하거나 노비(路費)를 배상하거나 재산을 되찾게 하거나 재산 절반을 떼어 주어 먹고살게 하지 않기 때문에 지라고 하였을 따름이다.〔此止字 非罪止之止 以不加役及償費贖產斷附養贍 故言止耳〕《전석 권22 16장》

34 율문이……않는다 : 가령 어떤 사람이 300관을 절도하였다고 고발하였는데, 신문해 보니 150관만 사실일 경우, 절도율에서 120관은 죄가 장 100 유 3000리에 그치므로 비록 150관만큼 무고하였으나 무고당한 사람의 형량을 증가시킬 수 없다. 따라서 원래 고발한 사람 역시 반좌하지 않는다.〔假如告人竊盜三百貫 止問得一百五十貫是實 竊盜律一百二十貫 罪止杖一百流三千里 今雖誣告一百五十貫 被告之人 不得加增罪名 故原告亦不反坐〕《소의(하) 449쪽》

35 불왕법장(不枉法贓) : ④ 367 官吏受財

에 그치므로 곧 그 죄를 면해 준다.-[36]

직해 이를테면 다른 사람의 뇌물 받은 일을 고소할 때, 받은 장물이 200관으로 120관은 사실이고 80관은 거짓이면, 율문에서 칭한 '120관으로 장 100에 먼 곳으로 유배 보내는 데 그친다.'라고 한 것에 따라 그에 준하고 무고한 사람은 반좌하지 않는다.

두 사람 이상을 고발하였는데 한 사람이라도 사실이 아니면,[37] 죄가 비록 가벼워도[38] 여전히 무고로 논한다.

직해 두 사람을 무고할 때, 한 사람이 사실이 아니면, 죄가 비록 가벼워도 여전히 무고로 논죄한다.

-이를테면 다음과 같다. 어떤 사람이 세 사람을 고발하였는데 두 사람의 도죄(徒罪)는 사실이고 한 사람의 태죄(笞罪)는 거짓이면, 그대로 한 사람의 태죄에 2등급을 더한 것을 원고에게 반좌하는 따위이다.-

직해 이를테면 세 사람의 죄를 고소할 때, 두 사람의 도죄는 사실이고 한 사람의 태죄

36 이를테면……준다 : 무고한 것이 비록 많아도 잉죄(剩罪)가 없으므로 무고인을 처벌하지 않는다. 장(贓)이 많은 경우만이 아니고, 고발한 일이 한 가지인 경우만도 아니다. 가령 어떤 사람의 두 가지 일을 고발하였는데, 하나는 절도(③ 292 竊盜)로서 장이 130냥인데 사실로 확인되었고, 하나는 상인도창고전량(③ 288 常人盜倉庫錢糧)으로서 장이 200냥인데 거짓으로 판명되었다. 120냥 이상을 절도하면 이미 교형죄에 해당하므로, 무함한 상인도(常人盜)는 비록 장이 많으나 잉죄가 없다.〔誣告雖多 無有剩罪 故不坐 註以贓多一事爲例釋者遂謂專指贓多 且謂止言一事 竊謂不然 如告人二事 一是竊盜贓一百三十兩得實 一是常人盜倉庫錢糧二百兩招虛 而竊盜一百二十兩以上 已得絞罪 所誣常人盜雖多 已無剩罪矣〕《집주(하) 824~825쪽》

37 한 사람이라도……아니면 : 죄가 전혀 없는 사람을 무함한 경우와 무함하여 가벼운 죄를 무겁게 한 경우를 겸하여 말한 것이다.〔但有一人不實者 兼全誣與重者言〕《집주(하) 825쪽》 모반·모대역 같은 중대한 일을 고발하여 10인 이상을 온전히 무함하는 것에 대해서는 조례가 있다. 변방의 위(衛)에 보내어 충군하는 죄를 묻는다.〔若告叛逆重情 全誣十人以上者有例 問發邊衛充軍〕《전석 권22 17장》

38 죄가 비록 가벼워도 : 죄가 가벼운 것을 들어 무거운 것도 포괄하는 것이다. 아래 율주에서 다만 가벼운 태죄를 전무(全誣)의 예로 삼았는데 여기에 얽매이면 안 된다.〔云罪雖輕者 擧輕以該重也 註但以全誣笞罪之輕者爲例耳 不可泥〕《집주(하) 825쪽》

는 거짓이면, 죄가 비록 가벼워도 태죄에다 2등급을 더하여 원고에게 죄를 반좌한다.

각 아문의 관원이 밀봉 문서를 올려서[39] 타인을 무고하거나, 풍헌관(風憲官)[40]이 사사로운 마음을 품고 어떤 일을 탄핵하였는데 사실이 아닌 것이 있으면 죄가 역시 같다.[41] 반좌(反坐)[42]하거나 죄를 더한 것[43]이 가벼우면[44] 상서(上書)할 때 사실대로 하지 않은 죄[45]로 논한다.[46]

39 밀봉 문서를 올려서 : 천하의 관사가 중요한 기밀을 아뢸 때에는 주본(奏本)을 실봉(實封)하여 문서 체송 체계에 넣어 숙차(宿次), 즉 역(驛)을 차례로 지나면서 인마(人馬)를 교체하여 보내는 방법으로 통정사에 보내어 곧바로 어전(御前)에 이르게 한다.〔進呈實封ハ天下ノ官司機密ノ重事ヲ奏スルハ奏本ヲ實封シテ遞ニ入レ宿次ヲ以テ通政司ニ送テ直ニ御前ニ達スルヲ云ナリ〕《언해 권24 55장》

40 풍헌관(風憲官) : ④ 373 風憲官吏犯贓

41 죄가 역시 같다 : 위 문장 각 조의 타인을 무고한 죄와 같다는 것이다.〔罪亦如之者 謂竝如上文各條誣告人之罪〕《강해 422쪽》 위 문장에서, 타인을 태죄·장죄·도죄·유죄·사죄로 전무(全誣)하거나, 가벼운 일은 사실대로 고하고 무거운 일을 거짓으로 진술하는 따위의 경우에, 혹은 2~3등급을 더하고 혹은 잉죄를 반좌(反坐)하고 혹은 사죄를 온전히 처벌하고 혹은 감등하여 가역류(加役流)로 의단하는 것이다. 그러므로 죄가 또한 같다고 한 것이다.〔亦如上文誣告人笞杖徒流死罪 及輕事告實重事招虛之類 或加二等三等 或反坐所剩 或全抵死罪 或減等加役流擬斷 故曰罪亦如之〕《소의(하) 450쪽》

42 반좌(反坐) : 무중(誣重), 즉 가벼운 죄를 무함하여 무겁게 한 것이면 잉죄를 반좌한다.

43 죄를 더한 것 : 전무(全誣), 즉 죄가 전혀 없는데 무함한 것이면 2~3등급을 가죄(加罪)한다.

44 가벼우면 : 가볍다는 것은 상서할 때 사실대로 하지 않은 죄인 장 100 도 3년보다 가볍다는 것이다.〔輕 是輕於上憲{書}詐不實〕《부례(하) 353쪽》

45 상서(上書)할……죄 : ④ 380 對制上書詐不以實

46 상서(上書)할……논한다 : 장 100 도 3년에 처한다.〔仍坐杖百徒三年〕《부례(하) 353쪽》 백성이 황제의 거가(車駕)를 맞이하거나 등문고를 쳐서 호소할 때 사실대로 하지 않으면 장 100(④ 355 越訴)인데, 관원이 밀봉 문서를 올려 타인을 무고하거나 풍헌관이 사사로운 마음을 품고 탄핵할 때 사실대로 하지 않는 경우 무고의 형량이 장 100 도 3년 이상이면 무고와 같이 처벌하고, 무고의 형량이 장 100 도 3년보다 가벼우면 380조 대제상서사불이실(對制上書詐不以實)을 적용하여 장 100 도 3년으로 처벌하므로, 전자와 후자 어느 쪽이든 백성보다 더 무겁게 처벌한다. 백성이 거짓으로 호소하는 것은 뜻이 자기 죄를 벗는 데 있으므로 가볍게 처벌하고, 관원이 거짓으로 상주(上奏)하는 것은 뜻이 남에게 죄를 씌우는 데 있으므로 무겁게 처벌하는 것이다.〔夫迎車駕 擊登聞鼓 申訴不實者 杖一百 官進呈實封誣告人 及風憲挾私彈事不實 則罪亦如誣告 在民則輕之 在官反重之 何也 蓋妄訴者 意在脫

359-3 옥수(獄囚)[47]가 이미 진술하고 죄에 승복하여 본래 억울함이 없는데, 옥수의 친속이 터무니없이 호소하면, 옥수의 죄에서 3등급을 줄이되 죄는 장 100에 그친다.[48]

359-4 옥수가 이미 결배(決配)되었는데 자신이 터무니없이 억울함을 호소하여 원래 신문한 관리에게 잘못을 돌리면, 무고한 죄에 3등급을 더하되 죄는 장 100 유 3000리에 그친다.[49]

직해 각 관사의 관원이 밀봉하여 무고하거나, 풍헌관이 사사로움을 품고 어떤 일을 탄핵하였는데 사실이 아니면 죄가 같다.

(○) 옥수가 이미 진술하고 승복하여 본래 억울함이 없는데 친속이 거짓으로 고하면, 옥수의 죄에서 3등급을 줄이되 장 100을 한도로 한다.

(○) 수인(囚人)이 이미 처결되어 유배된 뒤 원한을 품고 애초에 추문한 관리를 무고하면, 무고한 죄에 3등급을 더하여 논죄하되 장 100에 먼 곳으로 유배 보내는 데 그친다.

己之罪 故從輕 妄奏者 意在陷人之罪 故從重〕《전석 권22 17장》

47 옥수(獄囚) : 기결수를 이른다. 죄를 자복하여 쇠사슬이나 수갑을 차고 구금된 자이다.〔已招服罪 而鎖杻拘禁者 曰獄囚〕《집해 1353쪽》

48 옥수(獄囚)가……그친다 : 뜻이 친속의 죄를 벗기려는 것일 뿐이고 무고하여 타인을 해하는 것에 비할 바가 아니므로 죄가 장 100에 그친다.〔其意止欲脫其所親之罪 非誣告害人之比 故罪止杖一百也〕《집주(하) 814쪽》 친속은 서로 용은(容隱)하는 의리가 있으므로(① 31 親屬相爲容隱) 거짓으로 호소하는 죄가 장 100에 그치는 것이다.〔親屬有相容隱之義 故妄訴之罪 止杖一百〕《집주(하) 825쪽》 옥수에게 억울함이 없다는 정상을 잘 알면서도 도리어 그를 대신하여 허황되게 호소하는 것이다. 만약 친속이 사정을 알지 못하고 그저 범인의 소장(訴狀)을 가지고 가서 대신 호소하면 이치상 죄를 논하지 않는 것이 합당하다. 혹은 불응위(不應爲)로 처벌하되 무거운 쪽을 따라 장 80으로 다스린다.〔本條稱囚之親屬妄訴 謂其明知囚無冤枉之情 却替人妄訴……令親屬不知情 止齎犯人之狀代訴 於理合得勿論 或坐不應從重〕《소의(하) 451쪽》

49 옥수가……그친다 : 도역(徒役) 연한 내에 거짓으로 호소하면, 이미 도역을 지고 있는데 또 도죄를 범한 경우에 대한 율문인 20조 도류인우범죄(徒流人又犯罪)에 따라 과단한다.〔若在役限之內妄訴者 當從已徒而又犯徒律科之〕《전석 권22 17장》

해설

타인을 무고(誣告)하는 행위에 대한 처벌 규정으로 죄가 전혀 없는 사람을 무고하는 전무(全誣), 가벼운 죄가 있는 사람을 무거운 죄가 있다고 무고하는 무경위중(誣輕爲重) 등을 다루었다. 전무는 죄를 장으로 환산하는 절장(折杖)을 하지 않는 반면 무경위중은 장으로 환산하며, 무고당한 사람에 대한 형 집행이 이미 이루어졌는지 여부에 따라서도 형량이 달라진다. 사죄(死罪)라고 전무하였는데 아직 논죄하여 처결하지 않았으면 장으로 환산하지 않고 가역(加役)하며, 무경위중하여 사죄에 이르렀는데 아직 논죄하여 처결하지 않았으면 장으로 환산하지 않고 가역도 하지 않는다. 433조 관사출입인죄(官司出入人罪)와 서로 참조해서 볼 필요가 있다.

360
군과 민이 회동하여 사송을 처리함
軍民約會詞訟

군관이나 군인이 인명(人命)[1] 범죄를 범하면 군을 관할하는 아문은 유사(有司)[2]와 회동하여 검험(檢驗)한 다음 귀문(歸問)[3]한다. 간도(姦盜), 사위(詐僞), 호혼(戶婚), 전토(田土), 투구(鬪毆) 등 민(民)과 관련되는 일이면 반드시 군을 관할하는 아문과 민을 관할하는 유사가 함께 회동하여 추문하고, 민과 관련되지 않은 일이면 본래 군직(軍職)을 관할하는 아문에서 자체적으로 추문한다.[4] 군을 관할하는 아문에서 잡아 두고 내주려 하지

1 인명(人命) : 중국에서 인명이라 칭하는 것이 우리나라에서는 살인이다.〔中國稱人命 猶吾東之稱殺人也〕《欽欽新書 卷2 批詳雋抄》 305조 모살인(謀殺人)부터 324조 동행지유모해(同行知有謀害)까지가 인명 범죄이다.

2 유사(有司) : ① 6 軍官有犯

3 귀문(歸問) : 검험은 약회(約會)하여 공동으로 행하되, 범죄의 사실이나 원인을 심문하여 죄형(罪刑)을 헤아려 결정하는 문의(問擬)는 유사(有司)에게 넘기는 것이다. 유사와 약회하여 검험한 뒤에 이어 군을 관할하는 아문에서 추문하여 결안(結案)하는 것이라는 견해도 있으나 《집주》에서는 이를 잘못이라고 보았다. 군관이나 군인이 인명 범죄를 범하면 민과 관련이 있는 사건인지 여부와 상관없이 모두 유사가 처리하며, 간도(姦盜), 사위(詐僞), 호혼(戶婚), 전토(田土), 투구(鬪毆) 등 민과 관련이 있는 사건이면 반드시 유사와 약회하여 추문한다고 하였다.〔歸問者 謂檢驗則應約會 問擬則歸有司也 或謂約會有司檢驗之後 仍歸管軍衙門問結 非也 軍官軍人犯人命 則不問有無與民相干 皆歸有司 姦盜等事 亦蒙軍官軍人有犯而言 但與民相干 必須約問 律意全在有司一邊〕《집주(하) 844~845쪽》

4 군관이나……추문한다 : 군관이나 군인이 사죄(死罪)에 해당하는 죄를 범하면 사정이 중대하기 때문에 민인(民人)과 상관이 없더라도 군을 관할하는 아문은 반드시 유사와 약회하여 검험을 명백히 한 후에 이어서 원래 추문해야 할 아문이 마무리 짓는다. 만약 군관이나 군인이 간도, 사위, 호혼, 전토, 투구 등의 죄를 범하였는데 사정이 다소 가볍고 민인과 상관이 있으면 반드시 유사와 함께 약회하여 추문하고 심리한다. 민인과 상관이 없으면 굳이 유사와 약회할 필요 없이 본래 군직을 관할하는 아문에서 자체적으로 추문한다.〔蓋言軍官軍人有犯該死罪 事情重大 雖與民人無相關涉 其管軍衙門 必須約會有司 檢驗明白仍於原問衙門歸結 若軍官軍人犯該姦與盜及詐僞戶口婚姻田土鬪毆等項 其事情稍輕與民人相干涉者 必須一體約會有司問理 其與民不相干涉者 聽從本管軍職衙門自行追問 不必約會〕《집해 1735쪽》

않으면[5] 수령관(首領官)과 이전(吏典)은 각각 태 50이다. 군을 관할하는 관원이 본분을 벗어나 멋대로 민의 소송을 수리하면 죄가 또한 같다.[6]

직해 군관이나 군인이 인명을 살해하는 일을 범하면, 군을 관할하는 관원이 민을 관할하는 관원과 함께 모여 시신을 검험하고 실상을 조사하며 한 곳에서 추문한다. 행간(行姦), 도적, 사위(詐僞), 인호(人戶), 혼인(婚姻), 전지(田地), 쟁투구타(爭鬪毆打) 등의 일로 민과 관련되면 반드시 위와 같이 함께 모여 심리한다. 민과 관련이 없는 일은 본래 군을 관할하는 아문이 자체적으로 조사하여 심리한다. 그 가운데에 자기들이 잡아 두고 넘겨주지 않으면, 낭청관과 아전은 각각 태 50이다. 군을 관할하는 관원이 자신이 맡은 업무 외의 민간 쟁송 사건에 대해 문서를 접수하여 추고하면 죄가 같다.

해설

군직을 관할하는 아문과 민을 관할하는 유사는 관할권이 달라 상호 통속(統屬)하는 관계가 아니지만 인명 사건은 중대한 일이므로, 인명 사건에 군직이 관련되지 않으면 전적으로 유사가 처리하고 군직이 관련되면 반드시 관군 아문과 유사가 공동으로 추문하도록 하되 다만 마무리는 유사가 하게 하였다. 간도, 사위, 호혼, 전토, 투구 사건이 군직 사이에서만 관련되고 민과 전혀 관련되지 않으면 군직을 관할하는 아문에서 스스로 추문하도록 허용하였는데 이는 현대의 법제에서도 낯설지 않은 처리 방식이다.

5 잡아……않으면 : 군관과 민관의 수령관과 이전을 겸하여 말한 것이다.〔占吝不發 兼軍民官言〕《집해 1735~1736쪽》

6 군을 관할하는 관원이……같다 : 점린지율(占吝之律)과 같이 태 50이다. 서로 관련되는 사건이면 약회하여 공동으로 추문하고, 신병을 비호하고 내놓지 않을 경우 태죄로 처벌하면 피차 잘 처리할 것이고 편파적으로 보호하는 일이 생기지 않는다. 군관에 관할권이 있는 사건은 관군 아문에서 추문하도록 하고 민관에 관할권이 있는 사건은 관군 아문이 멋대로 수리하는 것을 금지하면 질서가 생겨 군·민이 동요하지 않게 된다.〔若管軍官有踰越本等職分 輒受民人一應詞訟者 其罪亦如占吝之律 笞五十 故曰罪亦如之 夫相干者約會 占吝者笞罪 則彼此相濟而偏護不生 屬軍者許其追問 屬民者禁其輒受 則事歸一而軍民不擾 此法之至精者也〕《집해 1736쪽》

361
명분과 은의를 범함
干名犯義

361-1 아들이나 손자가 조부모나 부모를 고발하거나, 처나 첩이 남편이나 남편의 조부모나 부모를 고발하면 장 100 도 3년이다.[1] 무고(誣告)하면 교형이다.[2] 기친 존장(期親尊長)이나 외조부모를 고발하면 비록 사실일지라도 장 100이고,[3] 대공(大功)이면 장 90, 소공(小功)이면 장 80, 시마(緦麻)이면 장 70이다.[4] 그 고발당한 기친 존장이나 대공 존장, 외조부모, 처의 부모는 모두 자수한 것과 같이 보아 죄를 면해 준다.[5] 소공 존장이나 시

1 아들이나……3년이다 : 비록 사실을 고발하더라도 처벌한다.〔雖告實 亦坐〕《부례(하) 357쪽》 아들은 아버지에 대해, 손자는 할아버지에 대해, 부인은 남편 및 시부모에 대해 명분과 은의(恩義)가 두텁다. 불행히 변고에 처하더라도 오로지 자신에게 허물을 돌려야 할 뿐이므로 사실을 고발하더라도 역시 장 100 도 3년이다.〔子之于親 孫之于祖 婦之于夫若舅姑 名義森然 卽不幸處其變 亦惟引咎自責焉 豈可以干犯之乎 故凡子孫而告祖父母父母 妻妾而告夫及夫之祖父母父母 其干名犯義極矣 雖得實 亦杖一百徒三年〕《집설 권7 69장》

2 무고(誣告)하면 교형이다 : 감히 무고하여 모함하면 명분과 은의가 끊어진 것이므로 교형으로 처벌한다.〔況敢誣告以忍陷之 則名義絶矣 故以絞坐之〕《집설 권7 69장》 무고만 해도 교형이므로 가벼운 죄를 무고하여 무거운 죄로 만들면 역시 교형이다.〔但誣告者絞 則誣輕爲重者 亦絞矣〕《석의 권22 12장》

3 기친 존장(期親尊長)이나……100이고 : 외조부모는 소공 존장(小功尊長)이지만 은의가 무거우므로 비록 고발한 내용이 사실일지라도 명분과 은의를 범한 것이 되어 기친 존장과 마찬가지로 장 100으로 처벌한다. 외조부모를 기친과 같이 보는 것은 은의가 복제(服制)보다 무겁기 때문이다.〔若告期親尊長及外祖父母者 則自父祖以下 其名義惟此爲最切 雖得實 亦已干犯矣 杖一百 外祖父母等于期親者 義重於服也〕《집설 권7 69장》

4 대공(大功)이면……70이다 : 역시 사실을 고발한 것을 가리켜 말한 것이다.〔亦指告實而言〕《소의(하) 454쪽》 복제가 점점 가벼워지기 때문에 고발한 죄도 역시 차례로 줄인다.〔因其服漸輕 而罪亦遞減之也〕《집설 권7 69장》

5 고발당한……준다 : 자수하면 면죄하는 것은 그들이 법에서도 서로 용은(容隱)하는 관계이기 때문이다. 처의 부모는 본래 시마 존장인데 기친 존장과 똑같이 면죄해 주는 것은 은의가 복제보다 중하기 때문이다. 조부모나 부모, 남편의 조부모나 부모는 법에서 서로 용은

마 존장은 본죄에서 3등급을 줄인다.[6] 무고한 죄가 무거우면, 각각 무고한 죄에 3등급을 더한다.[7]

직해 아들이나 손자가 조부모나 부모의 일을 고소하거나, 처나 첩이 남편이나 남편의 조부모나 부모의 일을 고소하면 장 100 도 3년이다. 거짓으로 고하면 교형으로 죽인다. 기복친 웃어른 및 외조부모의 일을 고소하면 비록 사실이라도 장 100이다. 대공친이면 장 90이고, 소공친이면 장 80이고, 시마친이면 장 70이다. 고소당한 기복친 · 대공친 웃어른이나 외조부모 및 처의 부모는 모두 자수의 예로 죄를 면해 준다. 소공친 · 시마친 웃어른이면 본죄에서 3등급을 줄인다. 무고한 일이 중한 일이면 무고한 죄에서 3등급을 더하여 과죄한다.

할 수 있으므로 자수하면 면죄하는 것이다.〔自首免罪 以其於法亦相容隱耳 妻之父母 本緦麻尊長 得免罪者 義重於服也 若祖父母父母及夫之祖父母父母 其於法得相容隱 又不必言矣〕《집설 권7 69장》 ① 24 犯罪自首 ① 31 親屬相爲容隱

6 소공……줄인다 : 소공 존장이나 시마 존장은 복제는 비록 점차 줄어도 명분과 은의는 여전히 있으므로 마땅히 처벌할 본죄에서 3등급을 줄인다. 여기서 무복친(無服親)을 말하지 않았으나, 〈명례율〉 24조 범죄자수(犯罪自首)에 따라 1등급을 줄인다. 다만 다른 사람이나 물건에 손상을 입혀 배상할 수 없거나, 일이 발각되어 도망 중이거나, 관문(關門)이나 나루터를 사도(私渡) · 월도(越渡)하거나, 간음하거나, 아울러 사사로이 천문을 익히면 모두 범죄자수조에서 자수의 율을 적용하지 않으므로, 모두 죄를 감면한다는 율문을 적용하지 않는다.〔其小功緦麻尊長 服雖漸殺 而名義猶存 亦得減應坐本罪三等 此不言無服之親者 依名利{例}減一等 惟其損傷於人於物 不可陪償 事發在逃 若私越關津及姦 竝私習大{天}文者 皆係不準自首 竝不在免減之限〕《집설 권7 69장》

7 무고한 죄가……더한다 : 죄가 무겁다는 것은 간명범의(干名犯義)의 죄인 장 100보다 무겁다는 것이다. 가령 무고한 일이 간명범의 장 100보다 가벼우면 간명범의로 처벌하며, 무고한 죄가 간명범의 장 100보다 무거우면 무고죄에 3등급을 더한다.〔問曰誣告重者 加誣三等 所謂重者 何指歟 答曰重者 指重於干名犯義之罪者也 謂如誣告事輕於干名犯義杖一百者 坐干名犯義 若誣告之罪 重於干名犯義者 則加誣三等〕《소의(하) 455쪽》 기친 존장을 무고한 것이 장 60 도 1년에 해당하면, 이는 장 100보다 무거우므로 무고한 죄 장 60 도 1년에 3등급을 더하여 장 90 도 2년 반인 따위이다.〔如告期親尊長 該杖六十徒一年 是重於杖一百 則於所誣杖六十徒一年上加三等 該杖九十徒二年半之類〕《전석 권22 24장》 3등급을 더하는 것은 일반인이 무고하여 장죄 이상이면 3등급을 더한다는 359조 무고에 비추어 과단하는 것이다.〔照凡人誣告杖罪以上加三等之律 科之〕《집주(하) 831쪽》

-죄를 더하여도 사죄(死罪)에 이르지는 않는다.[8] 무고를 당한 존장이 도죄(徒罪)로 이미 역소(役所)에 갔거나 유죄(流罪)로 이미 배소(配所)에 갔으면, 비록 바로잡아 풀려나 돌아왔더라도, 타인을 무고한 데 대한 율[9]에 따라 날수를 계산하여 사용한 노비(路費)를 범인에게서 추징하여 돌려준다. 토지나 집을 전당 잡히거나 팔았으면 범인에게 책임 지워 값을 마련하여 되찾게 한다. 이로 인하여 수행(隨行)한 유복 친속(有服親屬) 한 사람이 죽게 되면 교형이다. 그에 더하여 노비를 배상하게 하고, 팔거나 전당 잡힌 토지나 집을 되찾게 하며, 또한 범인의 재산 절반을 무고당한 사람에게 떼어 주어 먹고살게 한다. 사죄(死罪)에 이르러 무고당한 사람이 이미 처결되었으면 사형에 처한다. 또한 노비를 배상하게 하고, 팔거나 전당 잡힌 토지나 집을 되찾게 하며, 재산의 절반을 떼어 주어 무고당한 사람의 가구가 먹고살게 한다. 아직 처결되지 않았으면 장 100 유 3000리이고, 가역(加役) 3년이다.-[10]

모반(謀反)·모대역(謀大逆)·모반(謀叛)이나 첩자를 숨겨 준 것,[11] 적모(嫡母)·계모(繼母)·자모(慈母)[12]·생모(生母)가 나의 아버지를 죽인 것,[13] 양부모가 소생부모(所生父母)를 죽인 것,[14] 기친 이하의 존장이 재산을 침

8 죄를……않는다 : 장 100 유 3000리에 그친다.〔亦罪止杖一百流三千里而已〕《석의 권22 13장》

9 타인을……율 : ④ 359 誣告

10 죄를……3년이다 : 이 부분은 직해하지 않았다.

11 모반(謀反)……것 : 고발한 자가 비록 비유(卑幼)라 하더라도 존장의 죄를 조율(照律)하며, 고발당한 존장은 모두 감면할 수 없다.〔告者雖卑幼 亦照罪律 被告尊長 皆不得減免〕《부례(하) 358쪽》 국가에 관련되어 은혜가 의리를 덮을 수 없으므로 친속을 위해 숨겨서는 안 되는 것이다.〔干係國家 恩不可以掩義 不得爲親者諱〕《집주(하) 831쪽》〔事關宗社 君爲重而親爲輕矣〕《집설 권7 70장》

12 적모(嫡母)·계모(繼母)·자모(慈母) : ① 41 稱期親祖父母

13 적모(嫡母)……것 : 적모, 계모, 자모는 비록 똑같이 삼년복이지만 자신을 낳은 것은 아니므로, 이들이 소생부모를 살해하면 고발하여 심리할 수 있도록 해 준다. 소생모(所生母)가 소생부(所生父)를 살해하면 역시 고발하여 심리할 수 있도록 해 주는 것은 하늘은 높고 땅은 낮으니 아버지가 더욱 중하기 때문이다.〔嫡繼慈母 雖同三年之服 而非其所生也 故殺其所生父母 聽其告理 以所生母殺所生父 亦聽告理者 天尊地卑 而父尤重也〕《집주(하) 831쪽》

14 양부모가……것 : 낳아 준 것은 명분과 은의가 무겁고, 기른 것은 가볍다.〔所生者重 而所養

탈하거나 혹은 자신을 상해하여[15] 응당 이치상 고발할 만한 것을 고발하면 모두 고발을 들어주고, 간명범의(干名犯義) 규정을 적용하지 않는다.[16]

361-2 비유(卑幼)를 고발한 내용이 사실이면 기친이나 대공, 사위는 역시 자수와 같이 보아 죄를 면해 주고,[17] 소공이나 시마 역시 본죄에서 3등급을 줄인다.[18] 무고(誣告)이면 기친은 무고한 죄에서 3등급을 줄이고, 대공은 2등급을 줄이고 소공이나 시마는 1등급을 줄인다.[19] 남편이 처를 무고하거나 처가 첩을 무고하면 역시 무고한 죄에서 3등급을 줄인다.[20] 노비가 가

者輕矣〕《집설 권7 70장》

15 모반(謀反)……상해하여 : 모두 부득이한 사정이 있는 것이므로 관에 나아가 진고(陳告)하도록 하며 간범명의죄(干犯名義罪)로 처벌하지 않는다.〔又皆有不得已之情 故竝聽赴官陳告 不以干犯名義之罪 罪之〕《석의 권22 13장》

16 모반(謀反)……않는다 : 고발당한 일은 각각 본율에 따라 과단하며, 용은할 수 있는 사람이 고발하면 모두 자수와 동일하게 보아 면죄하는 율문인 24조 범죄자수(犯罪自首)를 적용하지 않는다.〔其被告之事 各依本律科斷 不用容隱之人告言竝同自首免罪之律〕《전석 권22 25장》

17 기친이나……주고 : 고발당한 비유가 기친이나 대공 및 사위라면 매우 가까운 내외 친속에 속하기에 역시 자수한 것과 같이 보아 면죄한다.〔其卑幼係期親大功及女壻者 屬內外至親 亦同自首免罪〕《집설 권7 70장》 사위의 복제는 시마이지만 은의는 시마와 다르다. 처의 부모가 고발한 내용이 사실이면 자수와 같이 보는 것은 역시 은의가 복제보다 중하기 때문이다.〔若女壻之義 殊於緦麻 故告得實同自首者 亦義重於服也〕《집설 권7 70장》 여기서 자손, 처첩, 외손 및 무복친은 말하지 않았으나 〈명례율〉 24조 범죄자수(犯罪自首)의 자수와 같이 보아 감면하는 법을 따른다.〔此不言子孫妻妾外孫及無服之親 依名例得同自首免減之法〕《전석 권22 25장》

18 소공이나……줄인다 : 소공이나 시마 역시 모두 본종의 복을 입는 친속이므로 본죄에서 3등급을 줄인다. 외생손(外甥孫)을 언급하지 않은 것은 시마에 이미 포함되기 때문이다.〔係小功緦麻者 亦皆本宗服屬 得減本罪三等 不言外甥孫者 緦麻已該之矣〕《집설 권7 70장》

19 무고(誣告)이면……줄인다 : 무고는 죄가 없는 사람을 무함한 전무(全誣)와 가벼운 죄를 무겁게 한 무경위중(誣輕爲重)을 모두 포함한다. 존장이 비유를 무고하여 반좌(反坐)해야 하는 경우, 실정은 비록 허물이 있으나 명분이 실이면 죄를 줄여야 한다.〔其誣告卑幼應反坐者 情雖有尤 分實當殺 不分全誣〕《집설 권7 70장》 만약 존장이 비유를 무고하여 반좌해야 하는 경우, 모두 무고한 본죄에서 줄이는데, 복제의 경중으로 차등을 둔다.〔若尊長誣告卑幼應反坐者 均得減所誣本罪 以服之輕重爲差〕《집주(하) 832쪽》

20 남편이……줄인다 : 남편이 처를 위해 복을 입고 첩이 정처를 위해 복을 입는 것이 모두 1년이므로 무고한 죄도 기친 존장(期親尊長)과 동일하다. 만약 첩이 정처를 무고하면 기친

장(家長)이나[21] 가장의 시마 이상의 친속을 고발하면 아들·손자나 비유와 죄가 같다.[22] 고공인(雇工人)이 가장이나 가장의 친속을 고발하면 노비의 죄에서 각각 1등급을 줄인다.[23] 무고이면 줄이지 않는다.[24] [25]

361-3 조부모·부모·외조부모가 아들·손자나 외손, 아들·손자의 아내나 첩을 무고하거나, 남편이 자신의 첩을, 가장이 노비나 고공인을 무고하면 각각 죄를 논하지 않는다.[26]

존장을 무고한 데 대한 율에 해당되므로 별도로 율을 마련하지 않았다.〔蓋夫服妻 妾服妻 俱一年 故其誣告罪 亦與期親同 若妾誣妻 自在誣期親尊長之律 故不特設也〕《석의 권22 13~14장》

21 가장(家長)이나 : 가장의 처도 마찬가지이다.〔家長妻同〕《부례(하) 359쪽》

22 노비가……같다 : 노비와 가장의 관계는 아들·손자와 부모·조부모의 관계와 같고, 고공인(雇工人)은 한 등급 아래이다. 그러므로 노비가 가장이나 가장의 시마 이상의 존비 친속을 고발하면, 아들·손자나 비유가 고발한 것과 죄가 같다. 가령 가장을 고발하여 사실이면 장 100 도 3년이고, 무고이면 교형이다. 가장의 대공이면 장 90, 소공이면 장 80, 시마이면 장 70이다. 무고가 장 100보다 무거우면 각각 무고죄에 3등급을 더한다.〔若奴婢之於家長 猶子孫之於父祖也 而雇工人次之 故奴婢告家長及家長緦麻以上尊卑親者 與子孫卑幼罪同 如告家長得實者杖一百徒三年 但誣告者絞 大功杖九十 小功杖八十 緦麻杖七十 若誣告 重者 各加所誣罪三等〕《집설 권7 71장》 친속은 존장과 비유를 겸하여 말한 것이다. 노비의 입장에서 볼 때 비유도 존장이므로, 역시 아들이나 손자가 조부모나 부모를 고발하고 비유가 존장을 고발한 것으로 처벌한다. 그래서 죄가 같다고 말한 것이다.〔親蓋兼尊卑而言 蓋自奴婢視之 則卑幼亦尊長也 亦以子孫告祖父母父母 卑幼告尊長之罪 坐之 故曰罪同〕《석의 권22 14장》 죄가 같으므로 사죄에 이르더라도 감하지 않는다.〔至死不減〕《부례(하) 358쪽》

23 고공인(雇工人)이……줄인다 : 고공인은 은의(恩義)가 노비보다 조금 가볍다.〔其義稍輕也〕《집설 권7 71장》 고공인은 이성(異姓)이지만 노비와는 차이가 있으므로, 고공인이 가장이나 가장의 시마 이상 친속을 고발하여 사실이면 노비의 죄에서 각각 1등급을 줄인다.〔若雇工人終係異姓 與奴婢爲有間矣 故告家長及家長緦麻以上親 得實者 各減奴婢罪一等〕《집해 1722쪽》

24 무고이면 줄이지 않는다 : 고공인이 가장을 무고하면 교형이며, 기복친 이하의 존장을 무고하여 죄가 무거우면 각각 무고한 죄에 3등급을 더한다.〔誣告者不減 謂誣告家長者絞 誣告期親以下尊長 重者 各加所誣罪三等〕《강해 426쪽》

25 노비가……않는다 : 노비나 고공인이 고발당한 내용이 사실이면 죄를 면해 주지 않는데, 31조 친속상위용은(親屬相爲容隱)에 따르면 노비나 고공인을 위해서는 용은할 수 없기 때문이다.〔又奴婢雇工人被告得實 不得免罪 以名例不得爲容隱故也〕《집주(하) 830쪽》

26 조부모……않는다 : 명분과 은의가 높고 무겁기 때문에 반좌(反坐)의 죄를 논의할 수 없는

361-4 사위가 처부모와 실제로 의절(義絶)할 만한 상황이 있으면 서로 고발하는 것을 허용하고, 각각 일반인으로 논한다.[27]

직해 모반(謀反)·모대역(謀大逆)·모반(謀叛)을 꾀하거나, 적국의 간첩인을 몰래 숨기거나, 적모·계모·양모[28]·친모가 나의 아버지를 살해하거나, 길러 준 부모가 친부모를 살해하거나, 기복친 이하 웃어른이 재산을 침탈하거나 정당한 이유 없이 때려서 상해하였을 때 고소하면, 모두 고소를 허락하여 시행하고 간명범의의 제한 규정을 적용하지 않는다.

(◯) 웃어른이 아랫사람이 잘못한 일을 고소함으로써 사실을 조사하는 경우에, 아랫사람이 죄를 범한 것이 분명하더라도 웃어른의 고소로 드러난 것이므로 기복친·대공친 및 사위의 죄는 자수의 예로 보아 죄를 면해 준다. 소공친·시마친이면 본죄에서 3등급을 줄인다. 무고이면 기복친은 무고한 죄에서 3등급을 줄이고, 대공친이면 무고한 죄에서 2등급을 줄이고, 소공친·시마친이면 무고한 죄에서 1등급을 줄인다. 남편이 부인을 무고하거나 처가 첩을 무고하면 각각 무고한 죄에서 3등급을 줄인다. 노비가 집주인이나 집주인의 시마친 이상 친족의 일을 고소하면 자손이나 비유(卑幼)가 부모나 웃어른을 고소한 죄와 같다. 용역인이 집주인이나 집주인의 친족의 일을 고소하면 노비가 주인을 고소한 죄에서 1등급을 줄이고, 무고이면 줄이지 않는다.

것이다.〔以名義尊重 不得議其反坐之罪也〕《집주(하) 832쪽》 처의 부모가 사위를 무고하는 것을 말하지 않은 것은 사위는 시마친에 포함되기 때문이다.〔不言妻之父母誣女壻者 在緦麻親中矣〕《전석 권22 26장》

27 사위가……논한다 : 남편과 아내는 은의로 합한 관계이므로 은의가 끊어지면 남남이다. 그러므로 사위가 아내의 부모와 의절하면 서로 고발하는 것을 허용하며 각각 일반인의 관계로 논하고, 자수하면 면죄하거나 시마를 고발하면 장 70이라는 규정을 적용하지 않는다.〔夫妻以義而合 義絶則凡人矣 故女壻於妻之父母義絶者 許相告言 各以凡人論 不在自首免罪及杖七十之限也〕《석의 권22 14장》

28 양모 : 율문의 자모(慈母)를 양모(養母)로 직해하였다. 생모가 아니면서 삼년복을 입는 범위에 드는 여자는 법적으로 적모, 계모, 자모, 양모의 네 가지이다. 이 중 자모와 양모는 법적으로 분명히 구분되는 개념이지만, 관습적으로는 그 구분이 엄격하지 않았던 듯하다.

(○) 조부모·부모·외조부모 등이 자손이나 외손이나 자손의 처첩에 대해, 또는 어떤 사람이 자신의 첩이나 노비 및 용역인의 일에 대해 거짓으로 고하면 논죄하지 않는다.
○ 사위가 처부모와 더불어 대의가 이미 끊어졌으면, 서로 고소하는 것을 허용하고 각각 일반인의 예에 따라 논죄한다.

–의절할 만한 상황이란 다음을 이른다. 가령 사위가 먼 지방에 있는데 처부모가 처를 개가시키거나, 혹은 사위를 집에서 쫓아내고 거듭 다른 사위를 맞거나, 외부인을 집에 머물게 하여 딸과 통간(通姦)하게 하거나, 또는 사위 자신이 처를 구타하여 절상(折傷)에 이르게 하거나, 억지로 처를 통간하게 하거나, 처가 있으면서 처가 없다고 사칭하고 다시 처를 맞아들이거나, 처를 첩으로 삼거나, 재물을 받고 처나 첩을 전고(典雇)[29]하거나 누이라고 속여 타인에게 시집보내는 따위이다.–[30]

해설

명분과 은의를 유지하기 위해 친속 간에 함부로 고소하거나 무고하지 못하도록 한 규정이다. 친속은 서로 용은(容隱)할 수 있으며 또 자수에 준하여 죄를 면해 주는데 그럼에도 불구하고 고소하면 법의 이름을 빌려 친속을 해치려는 것이므로 간명범의(干名犯義)가 된다. 그러나 모반(謀反)·모대역(謀大逆)·모반(謀叛) 등의 국사범, 부모가 피해를 입어 원수를 갚는 일, 재산을 침탈당하는 일, 구타당하여 질병이 생기는 일 등은 모두 고소를 허락하며 간명범의 율문을 적용하지 않는데, 실정이 중대하여 용은해서는

29 전고(典雇) : 돈을 준비하여 전당 잡힌 물건을 되찾는 것을 전(典)이라 하고, 날짜를 계산하여 값을 받는 것을 고(雇)라고 한다.〔典雇二字有分別 備價取贖曰典 驗日取値曰雇〕《집해 650쪽》 108조 전고처첩(典雇妻妾)에서, 전은 처나 첩을 일정 기간 남에게 빌려주고 돈을 받아 쓴 다음 나중에 돈을 되돌려 주고 찾아오는 것이고, 고는 처나 첩을 남에게 고용시키고 매일 돈을 받는 것이라고 하였다.

30 의절할……따위이다 : 이 부분은 직해하지 않았다.

안 되기 때문이다. 24조 범죄자수(犯罪自首), 31조 친속상위용은(親屬相爲容隱), 359조 무고(誣告) 등의 조문과 서로 참조해서 살펴볼 필요가 있다.

362
자손이 명령을 어김
子孫違犯教令

자손이 조부모나 부모의 명령을 어기거나 봉양하는 데 모자람이 있으면[1] 장 100이다.[2]

직해 자손이 조부모나 부모의 명령을 어기고 따르지 않거나 봉양하는 데 모자람이 있으면 장 100이다.

-명령을 따를 수 있는데도 고의로 어기거나 집안 살림의 형편이 봉양할 만한데도 일부러 모자라게 하는 것을 말한다. 반드시 조부모나 부모가 직접 고소해야만 처벌한다.-

직해 부모의 이치에 합당한 명령을 고의로 따르지 않거나 자손이 넉넉하게 살면서도 부모를 봉양하지 않으면, 조부모나 부모가 직접 고소하여야 처벌한다.

해설

부모의 명령을 따르고 힘써 봉양해야 하는 자손의 의무에 대해 규정한 조문으로, 이를 어길 경우 2조 십악(十惡)의 불효에 해당한다. 조부모나 부모가 직접 고발해야 하는 친고죄(親告罪)이므로 〈소송〉에 들어 있다.

1 봉양하는……있으면 : 《예기(禮記)》에 "부모의 나이가 70세에 이르면 맛 좋은 반찬 두 가지를 올리고, 80세에 이르면 항상 진미(珍味)로 봉양해야 한다."라고 한 따위를 이른다. 집안 형편이 감당할 만한데도 고의로 모자람이 있게 하면 각각 도 2년이다.〔禮云 七十 二膳 八十 常珍之類 家道堪供而故有闕者 各徒二年〕《당률 348조 子孫違犯教令》

2 자손이……100이다 : 명령이 이치에 맞지 않아 따를 수 없거나 몹시 가난하여 봉양할 수 없다면 반드시 인정(人情)을 따라야 하며 일률적으로 다스려서는 안 된다.〔若教令非理而不可從 貧乏切身而不能備 則必順人之情 不可以一概治〕《석의 권22 14장》

363
간혀 있으면서 다른 사건을 고발할 수 없음
見囚禁不得告擧他事

363-1 간혀 있으면서 다른 사건[1]을 고발할 수 없다.[2] 단, 옥관(獄官)이나 옥졸(獄卒)[3]에게 도리에 어긋나게 능멸이나 학대를 당하면[4] 고발하도록 한다. 수금(囚禁)되어 추문(推問)당한 것으로 인하여 다시 별도의 일[5]을 자수하였는데 그것에 관련된 사람[6]이 있으면 자수로 간주하는 것이 합당하며, 관련된 사람은 법에 따라 추문하여 과죄(科罪)한다.

363-2 80세 이상이나 10세 이하 및 독질(篤疾)의 상태이거나 부녀자인 경우, 모반(謀反)・모대역(謀大逆)・모반(謀叛)이나, 자손이 불효하거나,

1 다른 사건 : 타인이 범한 일로 자신과는 무관한 것이다.〔他事 謂他人之所犯之事 與己無涉者也〕《집주(하) 839쪽》

2 간혀……없다 : 예컨대 사죄를 저지른 자는 어차피 죽을 목숨이므로 얼마든지 남을 무고할 수 있다. 그러므로 다른 일을 고발하지 못하게 한 것이다. 죄는 이중으로 과단할 수 없으므로 이미 죄를 저질러 간혀 있으면 설사 고발한 것이 사실이 아닐지라도 무고로 반좌하는 죄를 가할 수 없다.〔凡犯罪之人 現被囚禁 未經論決之時 不得告擧他人不干己之事 蓋罪無重科 已經犯罪在禁 縱所告不實 不得加以誣告反坐之罪〕《집주(하) 839쪽》

3 옥관(獄官)이나 옥졸(獄卒) : 옥리(獄吏)도 해당한다.〔獄吏亦是〕《부례(하) 364쪽》

4 도리에……당하면 : 침범하는 것을 능(凌), 학대하는 것을 학(虐)이라 한다.〔有所侵犯曰凌 有所殘害曰虐〕《집주(하) 993쪽》 칼을 채워서는 안 되는데 칼을 채우거나, 수갑을 채워서는 안 되는데 채우거나, 옷을 줄이거나 음식을 빼앗는 따위이다.〔不當枷而枷 不當押而押 殺其衣 奪其食之類〕《부례(하) 364쪽》 때려서 몸을 상해하거나 혹은 의복이나 식량을 가로채거나 재물을 요구하는 것 등은 모두 해당 관사에 고소하도록 한다.〔如毆傷其身 或剋減衣糧 及需索財物 皆是聽於所司陳告施行〕《전석 권22 27장》 ④ 422 陵虐罪囚 ④ 425 獄囚衣糧

5 별도의 일 : 자신이 범한 일로 타인과 관련된 것이다.〔別事 謂自己所犯之事 與人干連者也〕《집주(하) 839쪽》 다른 일은 타인의 일이고, 별도의 일은 자기의 일이다.〔他事是他人之事 別事是自己之事〕《전석 권22 27장》

6 관련된 사람 : 비록 직접 범행하지는 않았지만 정황상 깊이 관련된 것을 간련(干連)이라 한다.〔雖無手犯 情迹緊重爲干連〕《檢考 定色目》

혹은 자신이나 동거하는 친속이 타인에게 도둑이나 사기를 당하거나 재산을 침탈당하거나 살상(殺傷)을 당한 따위[7]로 고발하도록 하는 것 외에, 나머지는 모두 고발할 수 없다.[8] 관사에서 접수하여 처리하면 태 50이다.[9]

직해 옥에 갇혀 있는 사람인 경우에 다른 나머지 일을 난잡하게 고소하면 안 된다. 옥관과 옥졸이 이치에 맞지 않게 괴롭힌 일을 고소하는 것은 들어주어 추고한다. 옥에 갇힌 사람이 문초를 받을 때 다시 다른 일을 자수하여 관련된 사람이 있으면, 고한 사람은 자수한 것에 준하고, 관련된 사람은 법례에 따라 추문하여 과죄한다.

(○) 80세 이상 노인이나 10세 이하 아이나 독질인 자나 부녀자 등은 모반(謀反)·모대역(謀大逆)·모반(謀叛)이나, 자손이 불효한 일이나, 자신 및 동거인들이 도둑을 맞거나 집안 재산을 빼앗기거나 인명이 살해되는 등의 일을 직접 고하면 들어주어 문서를 접수하여 추고하고, 그 나머지 일은

7 모반(謀反)……따위 : 모두 사정이 중대하고 해악의 염려가 절박하므로 고발하여 다스리도록 한다.〔此皆事情重大 患害迫切 聽其告理〕《전석 권22 27장》

8 80세……없다 : 대명령(大明令)에 따르면 연로하거나 독질이나 잔질인 사람은 모반(謀反), 모반(謀叛), 모대역(謀大逆)이나 자손이 불효하여 자신이 관에 나와서 진고(陳告)하도록 하는 경우 외에, 그 나머지 공사(公事)는 동거하는 친속으로서 고발하는 사안의 내용을 정확히 알고 있는 사람이 대신 고발할 수 있다. 무고하면 대신 고발한 사람을 처벌한다.〔大明令 凡年老及篤疾殘疾之人 除告謀反叛逆及子孫不孝 聽自赴官陳告外 其餘公事 許令同居親屬通知所告事理的實之人代告 誣告者 罪坐代告之人〕《전석 권22 27장》 이는 노인이나 장애인이 형벌 감면 특권을 악용하여 고발을 남발하는 경우를 예방하기 위한 것이다.

9 관사에서……50이다 : 1·2항을 모두 받는 말이다. 갇혀 있는 사람이나 노유(老幼) 및 독질, 부녀자가 고발해서는 안 되는 사정을 관사에서 받아들여서 추문하여 처리하면 태 50이다. 〈명례율〉에 "노유·독질이 살인죄를 범하여 사형에 해당하면 황제에게 아뢰어 재가를 받으며, 도둑질하거나 타인을 상해하면 속전을 받게 하고 그 밖의 죄는 논하지 않는다."(① 21 老小廢疾收贖)라고 하였으며, 또한 "부인은 장 100에 그치고 나머지 죄는 속전을 받는다."(① 19 工樂戶及婦人犯罪)라고 하였다. 이들에게 고발하도록 하면 그 죄가 가벼운 것을 믿고 무함하기 쉬워 간사함을 조장하는 것이기 때문에 이 율문을 만들어 그러한 사태를 방지한 것이다.〔若官司有將禁囚及老幼篤疾婦人 不應首告事情 準受而問理者 笞五十 是何也 名例律云 犯罪已發而又犯罪 從重科斷 日見被囚禁 是犯罪已發之人也 又云老幼篤疾 犯殺人應死者 奏請上裁 盜及傷人收贖 餘竝勿論 又云婦人止杖一百 餘罪收贖 此等之人 若聽其告首 則恃其罪輕 易於誣陷 是長姦也 故設此律以防之〕《집해 1728~1729쪽》

직접 고하지 못하도록 금지하되 관사에서 문서를 접수하여 추고하면 태 50이다.

해설

갇혀 있는 자에게 고발을 허락하면 간악함을 장려하게 될 것을 우려하여 이를 금지한 규정이다. 갇혀 있는 죄수의 경우, 이미 잡힌 상태에서 무고(誣告)해도 다시 처벌하기가 어려우므로 무고할 가능성이 높기 때문에 이를 금하였으나 옥에서 능욕을 당하면 억울함을 호소할 수 있도록 하고, 추문 과정에서 자신의 다른 범죄에 대해서도 자수를 허락하였다. 감형을 받는 노인, 어린이, 장애인, 부인 등 네 가지 부류의 사람이 옥에 갇혀 있을 때에는 모반(謀反), 모대역(謀大逆), 모반(謀叛), 자손 불효, 재산 침탈, 살상 등에 대해서만 고발할 수 있고 나머지 죄는 불허하였는데, 감형 조치를 믿고 무고할 가능성이 높기 때문이다. 19조 공악호급부인범죄(工樂戶及婦人犯罪), 21조 노소폐질수속(老小癈疾收贖), 422조 능학죄수(陵虐罪囚), 425조 옥수의량(獄囚衣糧) 등과 직접 연동된다.

364
사송을 교사함
敎唆詞訟

사송을 교사(敎唆)[1]하거나, 타인을 위해 소송 문서를 작성하면서 실정이나 죄상을 더하거나 줄여 타인을 무고하면, 범인과 더불어 같은 죄이다.[2] 고용되어 타인을 무고하면 자신이 무고한 것과 같다.[3] 재물을 받으면[4] 장(贓)을 계산하여 왕법(枉法)으로 보되 무거운 쪽으로 논한다.[5] 어떤 사람이 어리석어 원통함을 하소연하지 못하는 것을 보고 사실을 밝히게 하거나, 타인을 위해 소송 문서를 썼으나 죄를 늘리거나 줄인 것이 없으면 논하지 않는다.[6]

직해 쟁송하는 일을 꾀어 시키거나, 다른 사람의 소지(所志)를 만들어 주되 실정이나 죄상을 더하거나 줄여 다른 사람을 무고하면, 범인과 죄가 같다. 남의 일을 재물을 받고 대신 무고한 사람은 스스로 무고한 것에 준하여

1 교사(敎唆) : 교(敎)는 고소할 수 없거나 고소할 줄 모르는 사람을 가르쳐서 고소하게 하는 것이고, 사(唆)는 고소하고 싶어 하지 않는 사람을 부추겨 고소하게 하는 것이다.〔敎是人不能告而敎令之 唆是人不欲告而唆使之〕《부례(하) 366쪽》〔敎者 導引之意 謂人本不知告而敎令之也 唆者 哄誘之意 謂人本不欲告而唆使之也〕《집주(하) 841쪽》

2 같은 죄이다 : 사죄(死罪)에 이르면 1등급을 줄인다.〔至死者 減一等〕《집주(하) 841쪽》

3 고용되어……같다 : 사죄에 이르러도 감등하지 않는다.〔至死者 不減等〕《집주(하) 841쪽》

4 재물을 받으면 : 앞의 모든 경우에 해당한다.

5 무거운 쪽으로 논한다 : 장(贓)이 무거우면 장을 따르고, 무고한 것이 무거우면 무고한 것을 따른다.〔贓重從贓 誣重從誣〕《부례(하) 366쪽》

6 어떤……않는다 : 어떤 사람이 억울함이 있어도 스스로 하소연하지 못하는 경우에 고소하도록 하여 그 진실을 잃지 않게 하거나, 어떤 사람이 말로는 소송할 수 있지만 스스로 소장을 쓰지 못하는 경우에 대신 써 주되 그 실정을 고치지 않으면 그 죄를 논하지 않는다. 그것은 기망하는 것이 아니기 때문이다.〔人有冤抑 不能自伸 敎令而不失其眞 人有口詞 不能自書 代寫而不改其實 則勿論其罪 以其非欺罔也〕《석의 권22 16장》

논죄하고, 재물을 받으면 장물을 계산하여 왕법의 예로 보되 무거운 쪽으로 논죄한다. 다른 사람이 어리석은 까닭으로 억울한 일을 진고(陳告)하지 못하는 것을 실제 사정으로써 쟁송할 수 있게 지휘하거나, 남의 소지 안에 일의 뜻을 더하거나 빼지 않고 써 준 경우는 논죄하지 않는다.

해설

타인을 교사하여 사정을 날조하거나 남을 대신하여 무고하는 것을 금지함으로써 무고의 근원을 막고자 한 규정이다. 다만 피해자가 어리석어 원통함을 하소연하지 못하여 소송을 제기할 수 있도록 가르치는 경우, 또는 말로는 표현하되 소장(訴狀)을 쓰지 못하여 대신 써 주면서 사실을 더하거나 빼지 않을 경우는 죄를 논하지 않도록 하였다.

365
관리의 사송은 가인이 고소하게 함
官吏詞訟家人訴

관리가 혼인, 금전, 토지 등의 일[1]로 다툴 것이 있으면 가인(家人)[2]을 시켜 관에 고소하여 법정에서 대질하게 하고, 공문(公文)을 행이(行移)하는 것은 허락하지 않는다.[3] 어기면 태 40이다.[4]

직해 관리가 혼인, 금전, 토지 등의 일에 대해 고소장을 올릴 일이 있으면 집안 사람을 시켜 진고(陳告)하여 추고하게 하고, 공문을 보내는 것은 허락하지 않는다. 이를 어기면 태 40이다.

해설

관리에게 송사(訟事)가 있을 때 관리의 직권을 이용하여 송사를 유리하게 이끄는 것을 금지한 규정이다. 관리가 공문을 행이하는 것을 금하고, 가인이 대신 소송하도록 하였다.

1 혼인……일 : 혼인 등만 말한 것은 가벼운 사안을 들어 말한 것이니 무거운 것도 이에 해당됨을 알 수 있다.〔此止言婚姻等 擧輕也 而重者可知矣〕《전석 권22 31장》

2 가인(家人) : 가인은 한집안의 사람으로, 예를 들어 형이나 아우, 아들이나 손자, 노복 따위가 모두 이에 해당한다.〔家人是一家之人 如兄弟子孫奴僕之類 皆是〕《집해 1777쪽》

3 관리가……않는다 : 공문에 의탁하여 행이하면 관에 기대어 위세를 부리는 것을 면치 못하여 옳고 그름을 대질 심문 할 수 없으므로 태형으로 처벌하여 그 방자함을 꾸짖는 것이다.〔若托公文以行移 未免倚官而挾勢 則枉直無從對理 逆順何所推詳 坐以笞刑 責其自肆〕《소의(하) 470쪽》 가인에게 고소하게 하는 것은 관리의 체통을 보존하기 위한 것이고, 공문의 행이를 금하는 것은 관리의 사사로움을 억제하기 위한 것이다.〔聽家人告理 所以存其體 禁公文行移 所以抑其私也〕《집주(하) 846쪽》

4 관리가……40이다 : 관원과 이전(吏典) 사이에 쟁론할 일이 있어도 역시 공문을 행이하는 것을 허락하지 않는다.〔官與吏 有事爭論 亦不許公文行移〕《부례(하) 371쪽》 또한 《언해 권24 87장》에 인용된 《회해(會解)》에도 같은 내용이 있다.

366
충군이나 천사로 무고함
誣告充軍及遷徙

충군(充軍)으로 무고할 경우,[1] 민인(民人)이 무고하면 해당 군역에 충당하고, 군인이 무고하면 변방 먼 곳으로 보내 충군한다. 관리가 고의로 죄 없는 사람[2]을 타인의 군역에 대체하면[3] 타인의 유죄(流罪)를 고의로 가볍게 하거나 무겁게 한 죄[4]로 논하여 장 100 유 3000리이다. 타인을 세사과전(說事過錢)[5]하였다고 무고하면, 유형에 견주어 반을 줄인 도 2년에 준하는 천사형(遷徙刑)[6]에 무고한 죄 3등급을 더하고, 받아야 할 태·장을 합하여 통

1 충군(充軍)으로 무고할 경우 : 고발 내용이 사실이라면 법정형이 충군인 경우, 즉 88조 은폐차역(隱蔽差役), 221조 천조관군(擅調官軍), 375조 사수공후재물(私受公侯財物) 등을 말한다. 전무(全誣)는 물론이고 가벼운 죄를 무함하여 무겁게 하는 무중(誣重)을 모두 가리킨다는 견해가 있지만,〔或謂 此誣告不分全誣及誣重 皆一體抵罪 非也 觀誣告遷徙 明云加所誣罪三等 則實指全誣言之〕《전석 권22 31장》 그 견해를 잘못이라고 하면서 반드시 죄가 전혀 없는 사람을 무함하는 전무(④ 359 誣告)일 때에만 충군으로 처벌해야 한다는 견해도 있다.〔首節充軍只是律上充軍者 引例充軍者不抵 然必全誣乃坐〕《집해 1740쪽》〔觀誣告遷徙明云加所誣罪三等 則實指全誣言之〕《전석 권22 31장》 또한 《집주》도 이 입장이다. 《집주(하) 846쪽》

2 죄 없는 사람 : 원문의 평인(平人)은 죄가 없는 백성이다.〔此平人 則無罪之民耳〕《집해 1943쪽》

3 타인의 군역에 대체하면 : 원래 충군에 해당하는 사람이 있는데 죄 없는 사람을 무고하여 대체하는 것이므로, 충군에서 벗어나는 자는 출역(出役)하는 것이고 충군에 대체된 자는 입역(入役)하는 것이다.〔頂替他人軍役 是原有人該充軍而將此人頂替之 故脫軍者爲出 替軍者爲入也〕《집해 1740쪽》

4 타인의 유죄(流罪)를……죄 : ④ 433 官司出入人罪

5 세사과전(說事過錢) : ④ 367 官吏受財

6 천사형(遷徙刑) : 고향 땅으로부터 1000리 밖으로 옮기는 것을 말한다.〔遷徙 謂遷離鄕土一千里外〕 ① 오형명의(五刑名義) 52조 남설관리(濫設官吏), 127조 수량위한(收糧違限), 367조 관리수재(官吏受財) 등에서도 천사형을 규정하고 있다.

틀어 논한다.[7]

직해 충군할 양으로 거짓으로 고소하면, 민이 거짓으로 고소한 경우는 충군하여 역을 지우고, 군이 거짓으로 고소한 경우는 먼 변방으로 보내 충군한다. 관리가 고의로 죄 없는 사람에게 다른 사람의 군역을 고쳐 정하면, 고의로 다른 사람의 유죄(流罪)를 가볍게 하거나 무겁게 한 죄로 논하여 장 100에 먼 곳으로 유배 보낸다. 다른 사람이 양쪽의 사정을 서로 전하고 통하여 재물을 받고 천사죄를 유죄에 견주어 반으로 줄이며 도 2년에 준하는 것으로 올릴 것을 무고하였으면 무고한 죄에서 3등급을 더하며, 받아야 할 태죄·장죄를 아울러 통틀어 논한다.

7 받아야……논한다 : 예를 들어 무록인(無祿人) 을이 유록인(有祿人) 병의 왕법장(枉法贓) 행위에 개입하여 세사(說事)하고 과전(過錢) 1관(貫)을 받았다고 갑이 무고한 경우, 갑의 고발이 사실이라면 을이 받을 형량은 장 100 천사(遷徙)(④ 367 官吏受財)이다. 그러나 갑의 고발은 무고이므로 갑에게 부과할 형량을 어떻게 산정할 것인가의 문제가 생긴다. 무고죄의 형량은 고발 내용이 사실일 경우 피고발자가 받아야 할 형량에 3등급을 더하는 것(④ 359 誣告)이다. 세사과전 행위의 형량은 장 100 천사인데 여기에 3등급 더하는 것을 어떻게 할 것인가는 쉬운 문제가 아니다. 왜냐하면 천사형은 오형 밖에 있는 이례적인 형벌이므로 3등급을 어떻게 더할 것인지 애매하고, 신체형인 장 100에 대하여도 3등급을 더할 것인지 여부, 가죄(加罪)한다면 어떻게 가죄할 것인지도 문제이다. 그런데 《대명률직해》에는 세사과전 행위의 형량이 장 100에 그친다고 기재되었지만 《강해》, 《소의》, 《부례》 등에는 장 100 천사에 그친다고 기재되었다. 본 역주서에서는 세사과전 행위의 형량이 장 100 천사에 그치는 것으로 보았다. 《전석》에 의하면 천사형에 3등급을 더하는 문제는 명대(明代)에 다음과 같이 낙착되었다. 첫째, 천사에 가형(加刑)할 때는 천사를 도 2년에 준하는 것으로 환산한다. 천사는 유형보다는 가볍지만 도형보다는 무거우므로, 대략 도 4년을 가상하여 설정한 후 절반으로 줄인다는 발상으로 보인다. 3등급을 더하면 유 2000리가 된다. 둘째, 신체형 부분은 과전의 양을 고려하되 "유록인은 돈을 받은 사람의 죄에서 1등급을 줄이고, 무록인은 2등급을 줄인다.", "장 100에 그친다."라는 율문(④ 367 官吏受財)을 존중하면 된다. 유록인 병이 1관을 받으면 장 70인데 갑은 무록인 을이 그 일에 관여하여 1관을 받았다고 무고하였으므로 2등급을 줄이면 신체형 부분에 대하여 갑이 받아야 할 형량은 태 50이다. 결론적으로 갑이 받아야 할 형량은 유 2000리 태 50이다. 율문의 소득태장통론(所得笞杖通論)이란 신체형 부분에 대하여는 "태죄로 무고하면 2등급을 더하고 유죄, 도죄, 장죄로 무고하면 3등급을 더한다.〔凡誣告人笞罪者 加所誣罪二等 流徒杖罪 加所誣罪三等〕"라는 359조 무고죄 규정을 적용하지 않고 이 조문의 특별 규정을 따르라는 취지로 해석된다. 《전석 권22 31~32장》《집주(하) 846~847쪽》

해설

359조 무고(誣告)에서는 법정형이 충군과 천사 이외의 형벌인 범죄로 무고하는 행위를 규정하였고, 충군이나 천사로 무고하는 범죄에 대하여는 이 조문에서 규정하였다. 장형, 도형, 유형에 해당하는 범죄를 무고하면 3등급을 더하는데 충군과 천사에는 등급이 없어 어떻게 3등급을 더할지 애매하다. 천사는 유형보다는 가볍지만 도형보다는 무거운 형벌이다. 천사에 등급을 더할 때는 유형을 도형으로 환산할 때 도형 4년으로 환산하는 것에서 절반에 해당하는 도형 2년으로 계산한 다음 여기에 3등급을 더하되 태·장을 합하여 통론(通論)한다.

대명률직해

제23권 형률刑律 수장受贓

수장 受贓

전국 시대 이회(李悝, 기원전 455～기원전 395)가《법경(法經)》6편을 지을 때 〈불렴(不廉)〉을 〈잡률(雜律)〉에 수록하였고, 한(漢)에서《구장률(九章律)》을 제정할 때 비록 그 제도는 없었으나, 기원전 149년(경제1)에 조서를 내려 관리가 감림(監臨)하는 지역 내에서 재물을 수취하면 관작을 회수하는 처벌을 내린다고 하였다. 진(晉)은 이회의 〈잡률〉을 나누어 〈청구(請求)〉라 하였고, 양(梁)은 〈수구(受賕)〉로 하였으며, 후위(後魏)와 북제(北齊)는 모두 이 편목을 없앴다. 북주(北周)에서 다시 〈청구〉라 하였으나, 수(隋)에서 그 일이 〈직제(職制)〉와 관련된다고 보아 또다시 없앴고, 당(唐)에서도 이를 그대로 따랐다.

명대(明代)에 이르러 장(贓)이 국정을 파괴하는 원인으로 지목되어 별도로 편목을 세우고, 무록(無祿)과 유록(有祿), 왕법(枉法)과 불왕법(不枉法)의 경우를 나누어 상세하고 정밀하게 규제하였다. 이것은 당률 137조 유사이재행구(有事以財行求), 139조 유사선불허재(有事先不許財), 141조 인사수송견(因使受送遣), 145조 솔렴감림재물(率斂監臨財物), 148조 인관협세걸색(因官挾勢乞索) 등을 취한 것이었다. 또 미비한 점을 살펴 373조 풍헌관리범장(風憲官吏犯贓), 376조 극류도장(剋留盜贓) 등을 추가하였고 이를 묶어 〈수장〉이라 명명하였다. 모두 11조이다.

367
관원이나 이전이 재물을 받음
官吏受財

관원이나 이전(吏典)[1]이 재물을 받으면[2] 장(贓)[3]을 계산하여 과단(科斷)한다. 무록인(無祿人)[4]은 각각[5] 1등급을 줄인다.[6] 관원은 관직과 작위를 빼앗고 관원 명부에서 이름을 삭제하며,[7] 이전은 직역(職役)을 파한다. 모두 서

1 관원이나 이전(吏典) : 유록인(有祿人)으로서 현재 직임이 있거나 직역을 맡고 있는 자이다.〔正係有祿人 見任見役者〕《집설 권7 82장》

2 재물을 받으면 : 어떤 일이 있는 사람이 자신의 재물을 가지고 청탁하면 그 재물은 재(財)이다. 그러므로 관리가 받는 것을 수재(受財)라고 한다.〔字書曰……有事人行求者 財也 故官吏受之曰受財〕《집주(하) 852쪽》 재물을 받는 것은 같으나 왕법수재(枉法受財)와 불왕법수재(不枉法受財)는 처벌이 다르다.〔受財雖同 而枉法不枉法則異〕《석의 권23 83장》

3 장(贓) : 무릇 비리로 남의 재물을 취하는 것이 장이다. 그러므로 도둑질한 것과 관리가 재물을 받는 것을 모두 장이라 한다.〔字書曰 凡非理取人財賄謂之贓 故盜與官吏受財 皆曰贓〕《집주(하) 852쪽》

4 무록인(無祿人) : 관원과 이전 외에 지인(知印), 승차(承差), 음양(陰陽), 의생(醫生), 이로(里老), 기교(旗校), 사여(舍餘), 군인, 민인 등이 모두 이에 해당한다. 대체로 녹봉이 1석 이상에 이르는 자부터 유록인이며, 1석에 미치지 못하면 무록인이다.〔所謂無祿人者 自官吏而外 如知印承差陰陽醫生里老旗校舍餘軍民人等 皆是 大率自俸至一石以上者爲有祿人 不及一石者爲無祿人也〕《집설 권7 82~83장》

5 각각 : 왕법, 불왕법을 가리켜 말한 것이다.〔各字 指枉法不枉法而言〕《소의(하) 478쪽》

6 무록인(無祿人)은……줄인다 : 이전이 지급받는 녹봉이 1석에 미치지 못하면 모두 무록인이다. 그 직책이 유록인과 차이가 있으므로 1등급을 줄인다.〔凡吏有支俸不及一石者 皆無祿人也 其責與有祿者異 故減其一等〕《석의 권22 3장》 이미 녹(祿)을 받고 있는데도 탐하면 이는 염치없는 것이므로 유록은 무록에 비해 1등급을 가중한다. 무록이면서 탐하면 또한 염치를 잃는 것이므로 유록에 비해 1등급을 감경한다.〔旣祿而貪 是無厭也 故比無祿加重 無祿而貪 亦失廉矣 故比有祿減輕〕《소의(하) 482쪽》

7 관원은……삭제하며 : 원문의 추탈제명(追奪除名)은 관직과 작위의 임명장인 고명(誥命), 칙명(勅命)을 빼앗고, 관원의 명부에서 이름을 지우는 것이다.〔追奪除名 謂追去誥勅 削去仕籍姓名〕《부례(하) 253쪽》 5품 이상에게는 고명을, 6품 이하에게는 칙명을 내려 임명하였다.

용(敍用)하지 않는다.[8] 세사과전(說事過錢)[9]하면 유록인(有祿人)은 돈을 받은 사람의 죄에서 1등급을 줄이고, 무록인은 2등급을 줄이며 죄는 장 100에 그친다.[10] 장이 있으면 장을 계산하되, 무거운 쪽으로 논한다.[11]

8 관원은……않는다 : 8조 문무관범사죄(文武官犯私罪)에 문관이 사죄(私罪)로 장 100이면 파직불서(罷職不敍)라 하였는데, 장죄(贓罪)는 범하기만 하면 비록 1관 이하라도 역시 파직한다.〔名例 文官私罪杖一百者 罷職不敍 惟犯贓 則雖一貫以下 亦罷職〕《전석 권23 2장》

9 세사과전(說事過錢) : 서리 따위의 사람들이 몰래 자기의 소속 관원에게 다른 사람, 즉 뇌물 공여자를 대신하여 말로써 정리나 안면을 내세우고 아울러 뇌물을 전달하는 것이다.〔胥吏人等 暗中向本官 代他人 說合情面 竝通送賄賂 曰說事過錢〕《육부 28쪽》 세사과전하면 명대에는 천사하여 도 2년에 준하였는데 청대에는 도 2년으로 정하였다. 5등급의 도(徒)는 장(杖)과 함께 증감하는데, 세사과전 범죄에서는 장은 증감이 있으나 도는 모두 2년이어서, 비록 1냥 이하를 과전(過錢)하여 태죄에 불과하여도 형량은 도 2년이다. 과전인(過錢人)의 죄는 돈을 받은 사람인 수전인(受錢人)에 비추어 줄여 과죄하므로 죄에 경중의 구분이 있으나 도는 2년으로 일정하다. 통상의 도형이 장과 함께 증감하는 5등급의 도형인 점과 다르다. 왕법 30냥 이하, 불왕법 70냥 이하를 수재(受財)하는 경우 수전인의 형량은 장 70 도 1년 반이다. 이를 세사과전하면, 과전인은 유록인이면 수전인에서 1등급을 줄인 장 60 도 2년, 무록인이면 2등급을 줄인 장 50 도 2년으로, 수전인의 죄 장 70 도 1년 반보다 무겁다. 청탁하기 위해 뇌물을 주는 문호를 열어 재물을 탐내도록 이끄는 것에 착안하여 수전인보다 무겁게 처벌하는 것이다. 다른 한편 수전을 많이 한 관리의 형량은 사죄(死罪)에 이르나, 과전한 관리의 형량은 장 100 천사에 그친다. 세사과전한 자는 자기 몫으로 챙긴 장이 없기 때문이다.〔按 說事過錢者 舊有遷徙準徒之法 今定爲徒二年 五等徒與杖同增減 此則杖有增減 徒俱二年 雖過錢一兩以下 減至笞罪 亦徒二年 其罪照受錢人減科 故有輕重之分 而徒則一定之法 所以代其遷徙 非五等徒之例也 但說事過錢 則徒二年 如枉法三十兩以下 不枉法七十兩以下 反重於受錢人之罪 惡其開賄賂之門 爲貪饕之導也 然受錢多者 罪至於死 而過錢罪止杖一百 猶無入己之贓也〕《집주(하) 850쪽》 세사과전은 한국 현행 형법 제132조 알선수뢰죄의 알선(斡旋) 행위에 가깝다.

10 세사과전(說事過錢)하면……그친다 : 《강해》·《부례》 등의 주석서에는 '장일백(杖一百)'에 이어 '각천사(各遷徙)'가 부기되어 있다. 즉 다른 사람의 청탁을 받고 뇌물을 전달하는 사람은 뇌물 액수와 상관없이 모두 천사한다는 것이다. 그런데 천사죄로 무고하면 3등급을 더하고 또 태죄·장죄는 속전을 받게 되어 있으므로 유죄와 도죄를 상호 환산하고 태죄·장죄와 도죄를 상호 환산하는 규정이 필요했다. 따라서 유형을 도형으로 환산할 때는 도 4년인데 천사는 유형보다 가벼운 형벌이므로 그 절반인 도 2년으로 환산한다.〔各遷徙者 謂說事過錢人 不限所犯笞杖罪名 竝遷徙 準徒二年〕《강해 431쪽》〔仍各遷徙 比流減半準徒二年 惡其爲貪饕之導也〕《집설 권7 82장》 또 무록인이 왕법장(枉法贓) 5관을 유록인에게 과전하면, 수전인(受錢人)은 장 80에 해당하는데, 과전인이 무록이면 2등급을 줄여 장 60에 천사한다. 만약 불왕법장(不枉法贓) 15관을 유록인에게 과전하면 유록수전인(有祿受錢人)은 장 70에 해당하는데, 과전인이 유록이면 1등급을 줄여 장 60에 역시 천사한다. 왕법장 40

직해 관원이나 아전이 남의 재물을 받으면, 장물의 수를 계산하여 법례에 따라 죄를 처결한다. 녹봉을 받지 않는 사람이면 1등급을 줄이고, 관직이 있는 사람이면 사첩(謝貼)을 거두고 이름을 지운다. 아전이면 직역을 빼앗는다. 모두 서용하지 않는다. 남의 청탁으로 관리를 꾀어 설득하여 뇌물을 전달해 준 사람은, 녹봉을 받는 사람이면 관리가 돈을 받은 예에서 1등급을 줄이고, 녹봉을 받지 않는 사람이면 2등급을 줄인다. 장 100을 한도로 하되, 장물이 드러나면 장물을 계산하고 무거운 쪽으로 논한다.

유록인이 왕법장(枉法贓)[12]이면 각 관련자들이 준 재물을 통틀어 계산하여 전과(全科)[13]한다.

관을 유록인에게 과전하면 유록인은 장 100 도 3년에 해당하는데, 과전인은 무록이면 죄가 장 100에 그치며 역시 천사한다. 왕법장 55관을 과전하면 유록수전인은 장 100 유 3000리에 해당하는데, 과전인은 유록·무록 모두 죄는 장 100에 그치고 천사한다. 그러므로 각각 천사한다고 말한 것이다.〔假如無祿人過枉法贓五貫與有祿人 受錢人該杖八十 過錢人無祿減二等杖六十遷徙 若過不枉法贓一十五貫與有祿人 該杖七十 過錢人有祿 減一等杖六十亦遷徙 又如過枉法贓四十貫與有祿人 該杖一百徒三年 過錢人無祿 罪止杖一百亦遷徙 過枉法贓五十五貫 受錢人有祿 該杖一百流三千里 過錢人有祿無祿 俱罪止杖一百遷徙 故曰各遷徙〕《소의(하) 479~480쪽》

11 장이……논한다 : 다른 사람의 재물을 받고 세사과전하여, 수전인이 왕법하도록 하였으면 그 받은 장(贓)을 계산하여 세사과전인을 왕법으로 논하고, 수전인이 불왕법하였으면 세사과전인을 불왕법으로 논하는 것이다.〔有贓者 計贓從重論 謂受人財 爲其說事過錢 得枉法者 計贓 以枉法論 不枉法者 以不枉法論〕《강해 431쪽》 세사과전인이 자기 몫으로 챙긴 장을 계산하여 왕법이나 불왕법한 바로써 각각 무거운 쪽으로 논한다. 장이 무거우면 장에 따르고, 장이 가벼우면 천사에 따른다.〔計所入己之贓 以所枉法不枉法 各從重論 贓重者 從贓 贓輕者 從遷徙也〕《집해 1752쪽》

12 왕법장(枉法贓) : 왕법장은 두 가지 죄로, 이미 장(贓)을 받고 또 왕법한 것이다. 법에 기대어 간사함을 행하였으므로 그 죄가 무겁다.〔枉法贓是兩層罪 旣受贓 又枉法 倚法爲姦 故其罪重〕《집주(하) 855쪽》 왕법장은 현행 형법 제131조 수뢰 후 부정처사죄에 해당한다.

13 전과(全科) : 율문에서 '이(以)~'라 할 경우, 사죄(死罪)에 이르면 사형에 처하고 자자(刺字)와 같은 부가형(附加刑)도 가하는데, 이처럼 율문에 정해진 형량대로 온전히 과죄하는 것이다. 율문에서 이왕법론(以枉法論), 이도론(以盜論)이라 일컫는 따위는 그 일이 서로 동등하고 실정이 아울러 중하기 때문에, 그 죄를 모두 진범과 똑같이 하여 자자·교형·참형을 모두 본율에 따라 과단하는데, 이것이 전과의 뜻이다.〔若稱以枉法論及以盜論之類 迺

직해 왕법(枉法)으로 장물을 받으면 각 관련자들이 준 것을 통틀어 계산하여 전과로 논죄한다.

-처리할 일이 있는 사람에게서 재물을 받고 법을 굽혀 처리하였을 경우, 만약 10인에게서 재물을 받은 일이 동시에 발각되면 통틀어 하나로 계산하여 그 죄를 전과하는 것을 이른다.-

직해 일이 있는 사람의 재물을 받고 법을 굽혀 결단하였는데, 그 받은 10인의 재물이 동시에 드러나면 통틀어 계산하여 한 사안으로 보아 전과로 논죄한다.

1관 이하는 장 70, 1관 이상 5관까지는 장 80,[14] 10관은 장 90, 15관은 장 100, 20관은 장 60 도 1년, 25관은 장 70 도 1년 반, 30관은 장 80 도 2년, 35관은 장 90 도 2년 반, 40관은 장 100 도 3년, 45관은 장 100 유 2000리, 50관은 장 100 유 2500리, 55관은 장 100 유 3000리, 80관은 교형이다.

불왕법장(不枉法贓)[15]이면 각 관련자가 준 재물을 통틀어 계산하여 절반으로 과죄한다.

직해 불왕법(不枉法)으로 장물을 받으면, 각 관련자가 준 것을 통틀어 계산하여 그 절반으로 과죄한다.

-비록 처리할 일이 있는 사람에게서 재물을 받았더라도 판단하는 데 법을 굽히지 않

其事之相等 而情則竝重 故其罪皆與眞犯同 刺字絞斬 皆依本律科斷 卽上文全科意也〕《집설 권1 66장》

14 1관 이상……80 : 1관 이상은 5관마다 1등급을 더한다.〔一貫之上 每五貫加一等〕《집해 1753쪽》 10관부터 장 90이므로, 6관 이상 10관 미만도 장 80이다.

15 불왕법장(不枉法贓) : 타인에게서 재물을 받았지만 법에 따라 공정하게 처리하는 것이 불왕법장이다.〔雖受人財 而按本法秉公斷理者 爲不枉法贓〕《집주(하) 855쪽》 왕법장·불왕법장은 전적으로 관리에 대해 말한 것이다. 관리가 아닌 사람에게는 왕법·불왕법이 없다.〔枉法不枉法贓 專爲官吏言之 若非官吏……無所謂枉不枉也〕《집주(하) 851~852쪽》 불왕법장은 현행 형법 제129조 수뢰죄에 해당한다.

았을 경우, 만약 10인에게서 재물을 받은 일이 동시에 발각되면 통틀어 하나로 계산하여 절반으로 과죄하는 것을 이른다.-[16]

직해 일이 있는 사람의 재물을 받고 결단하였는데 왕법에 해당하지 않을 경우, 10인에게서 재물을 받은 사실이 동시에 드러나면 통틀어 계산하여 그 절반으로 과죄한다.

1관 이하는 장 60, 1관 이상 10관까지는 장 70,[17] 20관은 장 80, 30관은 장 90, 40관은 장 100, 50관은 장 60 도 1년, 60관은 장 70 도 1년 반, 70관은 장 80 도 2년, 80관은 장 90 도 2년 반, 90관은 장 100 도 3년, 100관은 장 100 유 2000리, 110관은 장 100 유 2500리, 120관은 죄가 장 100 유 3000리에 그친다.

무록인은 왕법이 120관이면 교형,[18] 불왕법이 120관 이상이면 죄가 장 100 유 3000리에 그친다.[19]

16 비록……이른다 : 만약 한 사람에게서 장을 받았으면 절반으로 환산하는 규정을 적용하지 않고 모두 전과한다.〔若受一主之贓 不在折半之限 竝全科〕《강해 432~433쪽》 불왕법장은 비록 한 사람에게서 받았더라도 전량을 과죄하고, 각각에게서 받았으면 통틀어 합산하여 절반으로 환산해서 과죄한다.〔不枉法贓 雖一主者全科 而各主者 通算折半〕《석의 권23 3장》

17 1관 이상……70 : 1관 이상은 10관마다 1등급을 더한다.〔一貫之上 每十貫加一等〕《집해 1753쪽》 20관부터 장 80이므로 11관 이상 20관 미만도 장 70이다.

18 왕법이 120관이면 교형 : 무록인이 왕법장을 받으면 1관 이하 장 60에서부터 기산(起算)하여 모두 유록인 왕법장에서 1등급을 줄인다. 80관 이상은 비록 119관이어도 역시 80관인 율에 따라 감등하여 장 100 유 3000리이다. 다만 120관이 꽉 차야 비로소 교죄로 처벌한다.〔若無祿人受枉法贓 一貫以下杖六十起 竝減有祿人一等 八十貫之上 雖一百一十九貫 亦依八十貫律減等杖一百流三千里 直至一百二十貫滿 方坐絞罪〕《집해 1753~1754쪽》

19 불왕법이……그친다 : 무록인이 불왕법장을 받으면 1관 이하 태 50에서부터 기산하여 모두 유록인 불왕법에서 1등급을 줄인다. 비록 120관이어도 역시 110관의 죄로 처벌하여 장 100 유 2500리이고, 120관 이상에 이르러야 비로소 처벌이 장 100 유 3000리에 이른다.〔若受不枉法贓 自一貫以下笞五十起 竝減有祿人不枉法一等 雖一百二十貫 亦坐一百一十貫之罪杖一百流二千五百里 直至一百二十貫之上 方坐止杖一百流三千里〕《집해 1754쪽》

해설

관리 자신이 뇌물을 받는 수장자(受贓者)와 다른 사람 대신 뇌물을 받아 주고 이익을 챙기는 과전자(過錢者)의 죄를 정해, 법을 경시하고 사사로운 이득을 꾀하는 풍조를 막기 위해 마련된 규정이다. 관리들은 봉공수법(奉公守法)해야 하며, 재물을 받아서는 안 되기 때문이다. 관원이나 이전(吏典)이 수전(受錢)하는 경우, 부탁을 받고 중간에서 돈을 건네준 세사과전인(說事過錢人) 등에 대한 처벌이 실려 있다. 수전인(受錢人)의 유록·무록과 판단의 왕법·불왕법에 따른 구체적인 처벌 내용을 정리하면 다음 표와 같다.

수전인의 유록·무록과 왕법·불왕법에 따른 처벌

<table>
<tr><th>판단
수전인</th><th colspan="2">왕법</th><th colspan="2">불왕법</th></tr>
<tr><td rowspan="3">유록인</td><td rowspan="3">통산 전과</td><td>1관 이하, 장 70부터 기산</td><td rowspan="3">통산 절반 과죄</td><td>1관 이하, 장 60부터 기산</td></tr>
<tr><td>5관마다 1등급을 더함</td><td>10관마다 1등급을 더함</td></tr>
<tr><td>최고 80관, 교형</td><td>최고 120관, 장 100 유 3000리</td></tr>
<tr><td>무록인</td><td colspan="2">유록인에서 1등급을 줄이며, 120관이면 교형</td><td colspan="2">유록인에서 1등급을 줄이며, 120관 이상이면 장 100 유 3000리</td></tr>
</table>

368 좌장으로 죄를 지음

坐贓致罪

관리나 일반인들[1]이 일과 관련 없이 재물을 받으면[2] 좌장(坐贓)으로 죄를 지은 것이다.[3] 각 관련자로부터 받은 재물을 통틀어 계산하여 절반으로 과죄한다.[4] 재물을 준 사람은 5등급을 줄인다.[5]

직해 관리나 일반인 등이 정당한 이유 없이 재물을 받아 장물로써 죄를 범하면, 각각의 사람이 준 재물을 통틀어 계산하여 절반으로 환산해서 과죄하고, 준 사람은 받은 사람의 죄에서 5등급을 줄인다.

1 관리나 일반인들 : 이 조문은 유록관과 무록관을 나누지 않는다. '일반인들〔人等〕'에는 일체의 사람들이 모두 포함된다.〔此條不分有祿無祿 觀人等二字 則一應人皆在內矣〕《집주(하) 861쪽》

2 재물을 받으면 : 자기 것으로 삼는 것이다.〔受財者 入己之稱〕《집해 1760쪽》 관리의 좌장(坐贓)은 만약 자기 것으로 삼지 않으면 원래 직역으로 돌려보내는 것으로 의의(擬議)한다.〔官吏坐贓 若不入己者 擬還職役〕《집해 1762쪽》

3 좌장(坐贓)으로……것이다 : 좌장이란 감림 주사(監臨主司)가 일과 관련하여 재물을 받은 것은 아니나 죄가 이 장(贓)으로 말미암은 것이기 때문에 좌장치죄(坐贓致罪)라고 한 것이다.〔然坐贓者 謂非監臨主司 因事受財 而罪由此贓 故名坐贓致罪〕《당률 389조 坐贓致罪》 좌장이란 본래 장을 받은 것이 없으나 장으로 처벌하는 것이다. 그러므로 세금을 그릇되게 징수하거나 면제하는 것에 대해 과죄하는 것을 인용하였다. 세금을 징수하거나 면제하는 것은 모두 허장(虛贓)이다.〔坐贓者 本無受贓 而以贓坐之 故引以科枉徵免之罪 徵者免者 皆虛贓贓也〕《집주(상) 227쪽》

4 절반으로 과죄한다 : 일로 인하지 않고 한 사람의 장물을 받거나 각 조문 내에서 관물을 손실하였다고 일컫는 따위에 좌장으로 배상하게 되면 모두 절반으로 환산해서 과죄하는 규정을 적용하지 않고 전체로 과죄하는 것이 합당하다.〔若非因事受一主之贓 及各條內稱損失官物之類 坐贓賠償者 竝不在折半之限 合全科〕《강해 434쪽》

5 5등급을 줄인다 : 트집을 잡아 지체하거나 강제로 일을 꾸미거나 핍박·억압하여 받은 것(④ 370 有事以財求請)이 아니라 서로 합의하여 주고받았기 때문이다.〔蓋以其不係刁蹬 用强生事 逼抑取受 而和同取予故也〕《집해 1761쪽》

-이를테면 다음과 같다. 타인에게 재물을 도둑맞거나 혹은 맞아서 상해를 입었는데 만약 배상금 및 치료비 외에 그로 인해 재물을 받는 따위의 경우에는 각 관련자로부터 받은 재물을 모두 통틀어 계산하여 절반으로 과죄한다. 쌍방이 서로 합의하여 주고받았기 때문에 돈을 준 사람은 돈을 받은 사람의 죄에서 5등급을 줄인다.[6] 또 함부로 부과하여 재물을 거두어들이거나[7] 혹은 적게 거두어야 할 전량(錢糧)을 많이 거두었으되[8] 자기 것으로 삼지 않는 경우,[9] 혹은 물건을 만드는 데 노동력이나 재료를 허비하는[10] 따위와 같이, 죄가 이 장(贓)으로 말미암으면 모두 이름하여 좌장으로 죄를 지었다고 한다.-[11]

6 돈을 준……줄인다 : 돈을 준 사람이 규피(規避)하는 것이 있어 사안이 중대하면 무거운 쪽으로 논한다.〔出錢人 有規避事重者 從重論〕《집해 1762쪽》

7 함부로……거두어들이거나 : ④ 374 因公擅科斂

8 적게……거두었으되 : ② 128 多收稅糧斛面

9 자기……경우 : 공무를 핑계 삼아 함부로 거두어들여 자기 것으로 삼으면 모두 장을 계산하여 왕법(枉法)으로 논하고(④ 374 因公擅科斂) 창관(倉官)이나 두급(斗級)이 세량을 규정 외에 더 많이 징수하여(② 128 多收稅糧斛面) 자기 것으로 삼으면 감수자도(③ 287 監守自盜倉庫錢糧)로 논한다.〔倉官斗級入己者 以監守自盜論〕《전석 권7 6장》 그러므로 이들을 좌장치죄로 처리하는 것은 자기 것으로 삼지 않은 경우이다.

10 물건을……허비하는 : ④ 449 虛費功力採取不堪用

11 이를테면……한다 : 율문에서는 일과 관련 없이 재물을 받는 것을 총괄하여 말하였지만 율주에서는 두 가지 사항으로 나누었다. 율주의 전반부에서 인용한, 타인에게 재물을 도둑맞거나 맞아서 상해를 입었을 때 배상금이나 치료비 외에 이를 계기로 재물을 받는 것은 오로지 일반인을 가리켜 말한 것이고 관리는 언급하지 않았다. 관리가 일과 관련하여 재물을 받지 않는 것으로, 예컨대 궤송(饋送)이나 경하(慶賀) 따위의 일은 명백히 쉽게 알 수 있기 때문에 언급할 필요가 없다. 율주의 후반부에 인용한, 재물을 과렴(科斂)한 것 이하의 자기 것으로 삼지 않는 여러 항목과 공력이나 재료를 허비하는 따위는 오로지 관리만을 가리켜 말한 것이지만 모두 허장(虛贓)이다. 전반부는 실제로 자기 것으로 삼은 장이 있으므로 좌장치죄가 마땅하다. 후반부는 모두 관리가 자기 것으로 삼은 장이 없는데 역시 좌장치죄인 까닭은 그것이 백성을 침탈하여 많이 취하고 노동력을 허비하고 재물을 낭비하는 것이기 때문에 그 죄가 마찬가지이다. 그러나 관리가 자기 것으로 삼으면 직역을 파하고, 자기 것으로 삼지 않으면 본래의 직역으로 돌려보내는 것으로 의죄(擬罪)하므로 역시 같지 않은 점이 있다.〔本文只統言非因事受財 而註內引證者 各有所指 分兩項看 前引被人盜財 毆傷 於賠償 醫藥之外 因而受財之類 是專指凡人言 不及官吏 以官吏非因事受財 如饋送慶賀等類 明白易見 不必言也 後引科斂財物以下不入己諸項 與虛費工料之類 則專指官吏言 然皆虛贓也 前實有入己之贓 固宜坐贓致罪 後竝無入己之贓 亦坐贓致罪者 以其剝民多取 虛費傷財 故其罪同 然入己者 卽罷職後{役} 不入己者 擬還職役 亦有不同也〕《집주(하) 860쪽》

직해 다른 사람에게 재물을 도둑질당하고 재물을 도로 받아 내거나 혹은 다른 사람에게 맞아 상해가 있어 약을 이미 받아 냈지만 이로 인하여 정당한 액수 외의 다른 재물을 받아 쓰면, 각 관련자가 준 액수를 통틀어 계산하여 절반으로 환산해서 과죄한다. 양쪽이 서로 합의하여 준 것을 받은 것이므로, 돈이나 물건을 준 사람을 돈이나 물건을 받은 사람의 죄에서 5등급을 줄여 논한다. 또 제멋대로 재물을 부과하여 거두되 혹 적게 거둘 것을 많이 거두거나, 사적인 용도로 쓰지는 않았어도 돈을 들여 제조하는[12] 일로 말미암아 사람의 공력, 돈, 물건을 허비하면 모두 좌장(坐贓)으로 일컫는다.

1관 이하이면 태 20, 1관에서 10관이면 태 30, 20관이면 태 40, 30관이면 태 50, 40관이면 장 60, 50관이면 장 70, 60관이면 장 80, 70관이면 장 90, 80관이면 장 100, 100관이면 장 60 도 1년, 200관이면 장 70 도 1년 반, 300관이면 장 80 도 2년, 400관이면 장 90 도 2년 반, 500관 이상이면 죄가 장 100 도 3년에 그친다.

해설

유록(有祿)・무록(無祿)의 관리나 일반인이 일과 관계없이 재물을 받았을 때의 처벌 규정이다. 여러 사람에게서 받은 재물을 전부 합산하여 그 절반을 과죄하며, 재물을 준 사람은 받은 사람의 죄에서 5등급을 줄인다. 감수도(監守盜), 상인도(常人盜), 절도(竊盜)는 모두 병장(倂贓)으로 논죄하고, 왕법장(枉法贓)은 장(贓)을 통산하여 전과(全科)하지만, 좌장(坐贓)은 통산하여 절반을 과죄하는데, 재물을 과렴(科斂)하여 자기 것으로 삼지 않았기 때문이다.

12 돈을 들여 제조하는 : 율문에 없는 표현인 범전(凡錢)이 직해에 들어가 있다. 정확히 어떤 의미인지 파악하기 어렵다. 여기서는 잠정적으로 범전조작(凡錢造作)을 돈을 들여 제조하는 것이란 의미로 파악하였다.

369
일이 끝난 뒤에 재물을 받음
事後受財

어떤 일을 처리할 처음에는 재물을 받지 않았으나 일이 끝난 후에 받은 경우[1] 법을 굽혀 일을 처리하였으면 왕법(枉法)에 준하여 논하고,[2] 법을 굽히지 않고 일을 처리하였으면 불왕법(不枉法)[3]에 준하여 논한다.[4]

직해 일이 진행될 때에는 재물을 받지 않고 일이 끝난 뒤에 재물을 받은 경우, 그 일이 이치에 합당하게 처리되지 않았으면 왕법에 준하여 논하고,

1 일이……경우 : 관사가 사건을 추핵(推劾)할 때 일 처리에 앞서 재물을 받지 않았다가 일 처리가 완료된 후에 재물을 받은 경우이다.〔官司推劾之時 有事者先不許物 事了之後而受財者〕《당률 139조 有事先不許財》 가령 관원이나 이전 등이 공사(公事)를 받들어 행할 때, 그 당시에 일 처리에 관련된 사람이 재물을 보내는 것을 허락하지 않았으나 처리가 끝난 뒤에 보낸 재물을 관리가 받은 경우이다.〔假如官吏人等 承行一起公事 正行之時 事內之人不曾許送財物 至決斷發落之後 却將財物相送而官吏受之者〕《소의(하) 484쪽》 일로 인하여 재물을 받지 않았다고 하더라도 처음부터 탐하고자 하는 마음이 있었음이 의심되기 때문에 이 율을 만들어서 왕법과 불왕법으로 살펴서 죄를 논하는 것이다.〔事ニ因テ 受ルニ非ストモ云ヘトモ其心ニ於テ初メヨリ貪リ欲スル情アル疑ナキニアラス故ニ此律ヲ設テ枉法不枉法ヲ究テ罪ヲ論スル也〕《언해 권25 16장》 이 조문이 367조 관리수재(官吏受財)보다 가벼운 경우는 단지 사죄에 이르면 1등급을 줄이는 경우뿐으로 이처럼 처벌이 엄한 것은 탐오를 징계하기 위해서이다.〔事後受財 輕於官吏受財者 止至死減一等耳 其嚴如此 所以懲貪墨也〕《집주(하) 864쪽》

2 왕법(枉法)에 준하여 논하고 : 법 적용에 굽힌 바가 있으면 그 받은 장을 계산하여 왕법에 준하여 논한다. 1관 이하는 장 70이며 5관 이상은 5관마다 1등급을 더하되 80관에 이르면 죄는 장 100 유 3000리에 그친다.〔若於法 有所枉者 則計其所受之贓 準枉法論 一貫以下 杖七十 五貫以上 每五貫 加一等 至八十貫 罪止杖一百流三千里〕《집해 1763쪽》

3 불왕법(不枉法) : ④ 367 官吏受財

4 불왕법(不枉法)에 준하여 논한다 : 법 적용에 굽힌 바가 없으면 불왕법에 준하여 논한다. 1관 이하는 장 60이고 10관 이상은 10관마다 1등급을 더하되 120관이면 또한 죄는 장 100 유 3000리에 그친다. 무록인은 유록인의 왕법과 불왕법에서 각기 1등급을 줄인다.〔其事於法 不枉者 則準不枉法論 一貫以下 杖六十 十貫以上 每一十貫 加一等 一百二十貫 亦罪止杖一百流三千里 無祿人各減一等〕《집해 1763쪽》

이치에 합당하게 처리되었으면 불왕법에 준하여 논한다.

해설

사후에 재물을 받은 경우를 처벌하는 규정이다. 먼저 재물을 받지 않았더라도 사후에 물품을 받으면 그 마음에 탐오함이 없지 않으므로 367조 관리수재(官吏受財)를 준용하고, 일을 처리할 때 법을 이미 굽혔으면 왕법으로, 법을 굽히지 않았으면 불왕법으로 과단한다. 재물을 받았기 때문에 377조 관리청허재물(官吏聽許財物)에서 재물을 받기로 약속하고 받지 않으면 1등급을 감형하는 경우와는 다르다.

370
어떤 일에 재물로써 청탁함
有事以財求請

사람들이 어떤 일에 재물로써 청탁을 하여 법을 굽히게 하면 준 재물을 계산하여 좌장(坐贓)으로 논한다.[1] 어려운 일을 피하고 쉬운 일을 하였을 경우[2] 법을 굽힌 바가 무거우면[3] 무거운 쪽으로 논한다.[4] 관리가 지체하거나[5]

1 사람들이……논한다 : 죄는 장 100 도 3년에 그친다.〔罪止徒三年〕《부례(하) 389쪽》

2 어려운……경우 : 어려운 일을 피하고 쉬운 일을 한다고 할 때 난이(難易) 두 글자는 포함하는 바가 넓다. 죄명상에서만 논한 것이 아니다. 죄명으로 말하면 무거운 죄를 피하여 가벼운 죄로 나아가거나 유죄를 피하여 무죄에 나아간 것과 같은 데 불과하지만 여기서는 그처럼 형량을 낮추는 것뿐 아니라 업무를 경감하는 것도 아울러 포함한다. 가령 정범이 칼날로 타인을 상해하면 장 80 도 2년(③ 325 鬪毆)에 해당하는데, 범인이 재물을 써서 면죄를 청탁하여 관리가 이를 들어주고 80냥을 받았으면 좌장치죄(坐贓致罪)로 장 100이 된다. 이 경우 관리가 법을 굽힌 죄인 장 80 도 2년(③ 325)이 관리가 받아야 할 죄인 장 100(④ 370 有事以財求請)보다 무거우므로, 관리는 응당 칼날로 타인을 상해한 죄인 장 80 도 2년으로 논한다. 만약 관리가 범인으로부터 500냥을 받았으면 좌장치죄로 장 100 도 3년이 된다. 이 경우 관리가 받아야 할 죄인 장 100 도 3년이 법을 굽힌 죄인 장 80 도 2년보다 무거우므로 그대로 청탁을 들어준 죄인 장 100 도 3년으로 논한다. 어려운 일을 피하고 쉬운 일을 하는 사례로는 죄명뿐만 아니라 전량(錢糧)을 보내기 어렵다고 하여 회피한다든가 도적을 체포하기 어렵다고 하여 회피하는 것 등이 있으니 모두 유추할 수 있다.〔避難就易 難易二字 所包者廣 不專在罪名上論 若以罪名言之 猶避重罪而就輕罪 避有罪而就無罪耳 如本犯以刃傷人 應杖八十徒二年 行財求免 計得八十兩杖一百之罪 則所枉罪重矣 應從刃傷人論 若得五百兩杖一百徒三年之罪 則行求罪重矣 仍從行求論 註內所謂難解錢糧 難捕盜賊 皆可類推〕《집주(하) 868쪽》

3 법을……무거우면 : 도 3년보다 무겁다는 뜻이다.〔重於徒三年〕《부례(하) 389쪽》 법을 굽히지 않은 것, 즉 불왕법을 말하지 않은 것은 법을 굽히고자 하는 바가 없으면 청탁하지 않을 것이기 때문이다. 청탁하는 것은 왕법, 즉 법을 굽히도록 요구하는 것인데 여기에서 왕법은 두 가지 뜻이 있다. 하나는 청탁한 후에 관리가 왜곡되게 판결하여 이미 왕법을 자행한 것이고, 하나는 청탁한 후에 관리가 왜곡되게 판결하지 않은 것이다. 비록 법을 굽히지는 않았으나 청탁한 마음은 실지로 법을 굽히고자 한 것이므로 재물로써 청탁하기만 하면 곧 좌장의 죄를 받는다.〔止言得枉法 不言不枉法者 無所欲枉 何用行求 行求者 求得枉法也 然此枉法有兩層意 一則行求之後 官吏曲斷 已得枉法者 一則行求之後 官吏不爲曲斷 事雖不枉

강제로 일을 꾸미거나 핍박하고 억압하여 재물을 받으면, 돈을 준 사람은 처벌하지 않는다.[6]

직해 일이 있는 사람이 재물을 주고 법을 굽혀 잘못 처결하게 하면, 준 재물의 수량을 계산하여 좌장죄로 논한다. 어려운 일을 회피하며 편한 일을 구하고 청하는 경우, 법을 굽힌 바가 무거우면 무거운 쪽으로 논한다. 관리가 일에 관련된 사람을 억지로 잡아 두거나 강제로 일을 만들거나 사사건건 괴롭혀 재물을 받으면, 돈을 준 사람은 처벌하지 않는다.

해설

재물을 가지고 법을 굽히는 것 때문에 만든 규정으로, 뇌물 수수의 길을 막고자 한 것이다. 무거운 죄를 가볍게 하여 법을 굽혔으면 무거운 쪽에 따라 죄를 논하고, 관리의 핍박에 견디지 못하여 뇌물을 주었을 때는 처벌하지 않았다. 367조 관리수재(官吏受財)가 뇌물을 받은 사람을 처벌하는 조문이라면 본 조문은 뇌물을 준 사람을 중심으로 다룬다는 점에서 대비된다.

而行求之心 實欲得枉法也 故但以財行求 卽得坐贓之罪〕《집주(하) 867~868쪽》

4 법을……논한다 : 가령 원래 도 3년의 죄를 범하였는데 재물 100관을 써서 매수하여 이로 인하여 죄를 면하였다고 한다면, 만일 법을 굽혔을 경우 준 재물을 계산하여 좌장으로 논하면 100관은 장 60 도 1년에 해당하는데, 원래 범죄는 도리어 도 3년에 해당하므로 마땅히 원래 범죄로써 죄목을 정해야 한다. 그러므로 법을 굽힌 바가 무거우면 무거운 쪽에 따라 논해야 한다고 이른 것이다.〔所枉重者 從重論 如原犯徒三年之罪 用財一百貫 買求 因而得免 若以得枉法 計所與財 坐贓論 一百貫 該杖六十徒一年 原犯却該徒三年 當以原犯科之 故謂之所枉重者從重論〕《강해 436쪽》

5 지체하거나 : 원문은 조등(刁蹬)이다. 조(刁)는 교활함이고 등(蹬)은 미루는 것이다.〔刁狡也 蹬 推也〕《육부 48쪽》

6 돈을……않는다 : 돈을 낸 자가 마지못하여 한 것이기 때문에 처벌하지 않는다.〔出錢者之情 原非得已 故不坐〕《석의 권23 8장》

371
관직에 있으면서 타인의 재물을 요구하거나 빌림
在官求索借貸人財物

371-1 감림 관리가 권세를 이용하여[1] 또는 호강(豪强)한 사람[2]이 관할 내의 재물을 요구하거나 빌리면 모두 장(贓)을 계산하여 불왕법(不枉法)[3]에 준하여 논한다.[4] 강제로 하였으면 왕법(枉法)[5]에 준하여 논하고, 재물은 주

1 권세를 이용하여 : 원문은 협세(挾勢)로, 관리가 죄에 이르게 되는 이유이다. 강제로 한 것과 강제로 하지 않은 것을 따지지 않는다.〔挾勢二字 乃官吏致罪之由……不論强與不强也〕《집주(하) 872쪽》

2 호강(豪强)한 사람 : 호강인(豪强人)의 죄는 관리와 같기 때문에 같은 부류를 이어서 말한 것이다. 부내(部內)라는 글자는 관리만 받는다. 관리가 요구하거나 빌리는 것에 대해 협세(挾勢)라고 하였는데, 만약 호강인이 관에 있는 사람이어서 역시 관을 낀 권세가 있다면 협세라는 글자는 호강의 아래에 있어야 한다. 관리는 협세라고 하였는데 호강인은 협세를 말하지 않은 것은 그 뜻이 이미 호강이라는 글자 안에 포함되어 있기 때문이다.〔或謂 豪强亦是在官之人 如里老應捕之類 否則不得言部內 而借貸亦非所禁 此說似是而實非 豪强之罪 與官吏同 故連類言之 部內字則獨蒙官吏也 借貸雖非所禁 而豪强借貸 卽不用强 亦必非尋願者 觀挾勢二字 在豪强之上又加一及字 其義甚明 蓋官吏索借 尙云挾勢 如豪强是在官之人 亦必挾官之勢 則挾勢字應在豪强下矣 豪强之人 逞豪恃强 武斷鄕曲 足以威服平民 其勢與監臨官吏等 官吏言挾勢 而豪强不言挾勢 其意已包於豪强字義內矣〕《집주(하) 872쪽》

3 불왕법(不枉法) : ④ 367 官吏受財

4 감림……논한다 : 뒤에서 '강제로'라고 하였으니 앞의 것은 강제로 한 것이 아니다. 그러나 강제력을 쓰지는 않았어도 역시 동의하에 주고받은 것은 아니므로 요구하거나 빌린 장(贓)은 모두 주인에게 준다.〔後曰强者 則前非强者矣 然非用强 亦非和同取與 故所索所借之贓 幷給主〕《집주(하) 870쪽》 367조 관리수재(官吏受財), 368조 좌장치죄(坐贓致罪), 369조 사후수재(事後受財), 370조 유사이재구청(有事以財求請) 등에서 다루는 내용은, 민간인이 청탁할 일이 있어서 관리에게 먼저 적극적으로 접근하고 관리가 이 민간인의 재물을 받고 그에 따라 공무를 처리하는 것이었다. 반면에 이 조문에서 다루는 내용은, 관리가 먼저 민간인에게 접근하여 적극적으로 재물을 요구하는 행위이다. 이 둘은 혼동하기 쉬우므로 구별에 유의해야 한다. 후자의 행위는 관리가 적극적 · 노골적으로 재물을 요구한다는 점에서 좌장치죄보다 무겁다. 반면에 재물을 요구하여 취하는 데 그칠 뿐, 실제로 공무 처리를 불법적으로 한 것은 아니라는 점에서 왕법장(④ 367 官吏受財)보다는 가볍다. 그래서 불왕법장으로 처벌하는 것이다. 이 조문에서 다루는 핵심 범죄 행위는 구색(求索)이다. 구색

인에게 준다. 자기 물건을 부민(部民)에게 팔거나[6] 싼값으로 물건을 사서 이익을 많이 취하면, 모두 여리(餘利)[7]를 계산하여 불왕법에 준하여 논한다. 강제로 하면 왕법에 준하여 논하고,[8] 그 물건과 값은 모두 관에 들이거나 주인에게 준다.[9]

행위를 흔히 하는 대표적인 사람으로 이서(吏書), 승차(承差), 조역(皁役), 옥졸(獄卒) 등이 있다. 옥에 갇힌 사람은 약자의 위치에 있기 때문에 이들이 재물을 요구하면 거부하기가 어렵다. 재물을 주는 사람 입장에서 보면, 367조~370조의 경우 청탁인이 자기 이익을 위하여 적극적으로 재물을 준 것이므로 처벌 대상이 되지만, 이 조문의 경우 민간인은 관리나 호강한 사람의 위세에 눌려 강제로 재물을 빼앗긴 것이지 자의로 준 것이 아니기 때문에 처벌 대상이 되지 않고 빼앗긴 재물도 돌려받는다. 왕법·불왕법은 관리가 공무를 처리할 때 발생하는 사안인데, 이 조문에서 다루는 내용은 관리의 금품 요구 및 수취에 초점이 있다. 만약 공무 처리도 불법적으로 하였다면 왕법장을 적용하여 처벌해야 할 것이다. 이 조문은 공무 처리를 불법적으로 하지 않아도 적용된다. 그런 점에서 바로 뒤에서 강제로 하면 왕법장에 준하여 논한다고 한 것에 대해 의문이 생길 수 있다. 공무 처리는 불법적으로 하지 않고 금품 요구만 한 것이 왕법 행위는 아니지만, 관리가 강제력을 써서 금품을 요구한 것을 괘씸히 여겨 왕법장에 준하여 처리하는 것일 따름이다.〔求索借貸 非自與也 故重於坐贓致罪律 亦非因事也 故止準官吏受財律論〕《집주(하) 872쪽》〔求索 與官吏受財律 逈然不同 人有事而行賄 官吏因而受之 曰受財 出財人 先有行求之罪 官吏乃有枉法不枉法之罪 人無事而與取 其人畏而與之 曰求索 本不枉法 但惡其用强 乃準枉法 非眞枉法也 在官人役 求索事最多 如人犯在官 自吏書承差皁役獄卒等 皆必索取財物 非所願送 求索乃與 是皆求索之罪 彼非行求之比 此與受財有別 讞者往往混引受財 蓋於二律受與索之義 分析未明也〕《집주(하) 872~873쪽》

5 왕법(枉法) : ④ 367 官吏受財

6 자기……팔거나 : 자신의 물화를 부민(部民)에게 분산하여 팔고 대금 조로 돈을 받아 내는 것을 말한다.《언해 권25 21장》《GMC 206쪽》

7 여리(餘利) : 팔거나 산 물건의 원래 가격 외에 더 받거나 적게 지불한 액수이다.〔所散所買之物 原値價外多取少還之數 謂之餘利〕《전석 권23 11장》 예컨대 물건의 값이 1냥인데 부민에게 2냥으로 팔면, 추가된 1냥이 여리이고, 물건의 값이 2냥인데 값을 1냥으로 낮추어 사면 모자라는 1냥이 여리이다.〔如物價値一兩 散與部民作二兩 則以所多一兩爲餘利 如物價値二兩 止與低價一兩買之 則以所少一兩爲餘利〕《집주(하) 873쪽》

8 자기……논하고 : 이 경우 유사(有司)가 화매(和買)하여 값을 지급할 때 증감이 있으면 좌장치죄(坐贓致罪)로 논하는 것(② 141 出納官物有違)과 다른 까닭은, 그 경우에는 산 물건을 도로 관용에 충당하나 여기서는 사적으로 쓰기 위한 것이기 때문이다.〔此與有司和買給價有增減坐贓論不同者 彼之所買 還充官用 而此爲私用故也〕《전석 권23 11장》

9 그 물건과……준다 : 자기 물건을 관할 내의 백성에게 팔아서 이익을 많이 취하면, 물건은 관에 들이고 원래 얻은 값과 이익은 주인에게 준다. 만약 값을 낮추어 물건을 사서 이익을

371-2 관할 내에서 물건을 사고 바로 값을 지급하지 않거나, 의복이나 기물 따위를 빌리고서 각각 한 달이 지나도록 돌려주지 않으면,[10] 모두 좌장(坐贓)으로 논한다.[11] 사사로이 관할 내의 말·소·낙타·노새·나귀·수레·배·연자방아·객점 따위를 빌려 쓰면, 각각 날수를 헤아려 사용료를 계산하여 역시 좌장으로 논하고,[12] 값을 추징하여 주인에게 준다.[13]

371-3 관할 내에서 선물로 보낸 토산품을 받으면, 받은 사람은 태 40이고[14] 준 사람은 1등급을 줄인다.

많이 취하면, 산 물건은 주인에게 주고 사는 데 쓴 값은 관에 들이며,〔自己貨物散與部民 而多取價利者 物貨入官 原得價利給主 若低價買物 而多取價利者 則所買之物給主 所用之價入官〕《소의(하) 488~489쪽》 아울러 부과(附過)하고 본직에 돌려보낸다. 이 아래 네 조항은 감림 관리를 가리키나, 호강한 사람도 그 안에 포함되어 있다.〔仍附過還職 此下四條 蓋指監臨官吏 而豪强亦包其中〕《집주(하) 869쪽》 유독 이익을 많이 취한 것에 대한 절 아래에만 '부과하고 관직에 돌려보낸다.'라고 주를 달았으므로, 앞 절의 구색(求索)·차대(借貸)는 직역을 파해야 함을 알 수 있다.〔獨註附過還職於多取價利節下 則前節索借者應罷職役可知〕《집주(하) 873쪽》

10 각각……않으면 : 사고서 값을 지급하지 않는 것이고, 빌리고서 본물을 돌려주지 않는 것이다.〔買者 不還價鈔 借者 不還本物〕《소의(하) 489쪽》 의복이나 기물은 날수를 헤아려 사용료를 물릴 수 있는 것이 아니므로, 한 달 동안 돌려주지 않으면 좌장치죄(坐贓致罪)의 죄를 얻는다.〔衣服器玩 非可驗日雇賃者 故一月不還 卽得坐贓之罪〕《집주(하) 873쪽》

11 모두 좌장(坐贓)으로 논한다 : 이어서 물건을 추징하여 주인에게 돌려준다.〔仍追物還主〕《집주(하) 869쪽》 ④ 368 坐贓致罪

12 사사로이……논하고 : 《집주》에서는 의복, 기물, 우마 등을 빌릴 때 강제로 하면 차대(借貸)의 경우에 비추어 죄를 묻고 의단해야 할 듯하므로 고찰이 필요하다고 보았다.〔若借衣服器玩及牛馬等類 有强者 似應照借貸問擬 俟考〕《집주(하) 873쪽》

13 사사로이……준다 : 고전(雇錢)은 말·소 따위에 대해 말한 것이고, 임전(賃錢)은 수레·배 따위에 대해 말한 것이다.〔雇錢 就馬牛之類說 賃錢 就車船之類說〕《전석 권23 12장》 예컨대 소나 말 따위를 구매하였으면 범죄 시 하루에 해당하는 고각전(雇脚錢), 즉 품삯이 얼마인지를 알아보고, 수레나 배 따위를 삯을 내고 빌렸으면 범죄 시 하루에 해당하는 임치전(賃直錢), 즉 사용료가 얼마인지를 알아보아, 며칠 동안인지, 그 기간에 해당하는 사용료가 몇 관인지를 총계하여, 돌려주어야 하는 고임전(雇賃錢)의 초수(鈔數)를 가지고 좌장치죄(④ 368 坐贓致罪)에 따라 논한다. 말·소·수레·배 등의 물건을 추징하여 관할 지역 백성에게 돌려준다.〔如雇牛馬之類 照依犯時一日該雇脚錢若干 賃車船之類 照依犯時一日該賃直錢若干 總計幾日共該鈔幾貫 却將該還雇賃錢之鈔數 依坐贓論 追馬牛車船等項 還部民〕《소의(하) 490쪽》

14 관할……40이고 : 토산품 선물은 금은에 비할 바가 아니다. 교제하는 데 보내는 예물은 청

371-4 일로 말미암아[15] 받으면 장을 계산하여 불왕법으로 논한다.[16] 지나가는 곳에서 제공한 음식, 친속이나 친구가 선물로 보낸 것[17]은 이 규정을 적용하지 않는다.[18]

탁하는 장이 아니므로, 이를 받으면 8조 문무관범사죄(文武官犯私罪)에 따라 태죄를 주고서 부과하고 본직에 돌려보낸다.〔土宜禮物 非金銀之比 交際問餽 非行求之贓 依名例 笞罪 附過還職〕《전석 권23 12장》

15 일로 말미암아 : 관할 백성의 집에 관과 관련된 일이 있음으로 말미암는 것이다.〔因部民之家 有事在官〕《소의(하) 490쪽》'일로 말미암아'라고 하였으므로 이 경우의 토산품은 뇌물과 같다.〔旣曰因事 則土宜卽同財賄也〕《집주(하) 871쪽》

16 일로……논한다 : 준 사람은 410조 불응위(不應爲)의 사안이 무거운 것에 따라 장 80으로 과죄한다.〔送與者 依不應事重科罪〕《전석 권23 12장》

17 지나가는……것 : 지나가는 곳에서 주는 음식은 한때의 의도하지 않은 마음에서 나온 것이고, 친속이나 친구가 주는 선물은 평소에 서로 함께하던 정이므로 이를 받아도 관할 내의 토산품 선물을 받은 경우에 해당하지 않는다.〔惟經過去處饋送之飮食 出於一時無意 親故饋送 是平日相與之情 故受之者 不在受所部內土宜禮物之限〕《소의(하) 490~491쪽》

18 지나가는……않는다 : 음식은 선물과 다르고, 친속이나 친구는 관할하는 백성이 아니다. 모두 금하지 않는다.〔飮食非同禮物 親故不係部民 皆所不禁也〕《전석 권23 12장》 당률 140조 수소감림재물(受所監臨財物)에서는 "감림 관원이 감림 대상의 재물을 받은 경우 1필이면 태 40이고 1필마다 1등급을 더하여 50필이면 유 2000리이며 준 사람은 5등급을 줄인다."라고 하였다. 명률에서도 관리가 관할 대상의 재물을 받는 행위에 대해 명시적인 규정이 있을 법한데 찾아볼 수 없다. 이와 관련하여 첫째, 이 조문에 관할 내에서 예물을 궤송(饋送)하는 것을 받는 행위에 대한 규정이 있으므로 이를 적용하면 된다는 견해, 둘째, 불왕법장(不枉法贓)(④ 367 官吏受財)에 따라 논한다는 견해, 셋째, 공무로 말미암지 않고 재물을 과렴(科斂)한 것(④ 374 因公擅科斂)에 따라 논한다는 견해 등이 있으나, 《전석》은 이들 견해를 모두 비판하였다. 두 번째 견해를 비판하는 이유는, 불왕법장은 본래 청탁할 일이 있는 사람의 재물을 받고 일을 처리하되 그 때문에 법을 굽히지는 않는 것을 이르는데, 여기서 말하는 감림 대상의 재물을 받는 행위는 비록 동의하에 주고받았다 하더라도 청탁할 일이 있어 뇌물을 주는 행위와는 다르기 때문이다. 세 번째 견해를 비판하는 이유는, 만약 공무로 말미암지 않고 과렴한 것이라면 재물의 주인은 강제로 빼앗긴 셈이므로 그 과렴한 재물을 주인에게 돌려주어야 하는데, 여기서 말하는 행위는 재물의 주인이 스스로 궤송을 행한 것이므로 정상에 차이가 있다는 것이다. 《전석》은 관리가 관할 대상의 재물을 받으면 일로 말미암지 않고 재물을 받은 것으로 간주하여 좌장치죄(④ 368 坐贓致罪)로 과단해야 한다고 보았다. 이에 따라 자기 것으로 삼으면 직역(職役)을 파하고 준 사람도 5등급을 줄여 처벌한다.〔唐律 監臨之官 受所監臨財物 一匹笞四十 五十匹流二千里 與者減五等 此不言官吏受所部內財物 或謂 其言饋送禮物 足以該之 非也 犯者 當以非因事受財 坐贓致罪科斷 入己 則各罷職役 與者亦減五等 或者以爲依不枉法論 或又以爲依非因公務科斂財物論 然

371-5 사신으로 나간 사람이 파견되어 간 곳에서 재물을 부당하게 요구하거나 빌리거나, 물건을 매매하여 이익을 많이 취하거나, 보내온 선물을 받으면 모두 감림 관리와 죄가 같다.[19]

371-6 관직을 떠나서도[20] 옛 관할 내의 재물을 받거나, 부당하게 요구하거나 빌리는 따위는 각각 관직에 있을 때의 경우에서 3등급을 줄인다.[21]

직해 감림 관리가 세력을 빙자하거나, 호강한 사람이 관할 내에서 재물을 요구하거나 빌리면, 모두 장물의 수를 계산하여 불왕법에 준하여 논한다. 강제로 빼앗으면 왕법에 준하여 논한다. 재물은 환수하여 주인에게 준다. 감림 관원이 자기의 재물을 관할 내의 백성에게 나누어 주거나 백성의 재물을 값을 낮추어 사서 값을 많이 취하면, 남긴 이익을 계산하여 불왕법에 준하여 논한다. 강제로 빼앗으면 왕법에 준하여 논한다. 물건 값은 추징하여 관의 물건이면 관에 들이고 개인 물건이면 주인에게 준다.[22]

不枉法贓 本謂受有事人財判斷 不爲曲法者 今受所監臨財物 是雖和同取予 終與有事行求之迹不同 若謂非因公科斂 則財物於法又當給主 亦與其自行饋送之情有間〕《전석 권23 12장》

19 사신으로……같다 : 사신으로 나간 사람은 비록 감림하는 권한은 없으나 역시 권세를 지니므로 그 죄가 관리나 호강인(豪强人)과 아울러 같다.〔出使之人 雖無監臨之權 亦有挾勢之意 故其罪幷同也〕《집주(하) 871쪽》

20 관직을 떠나서도 : 예컨대 임만(任滿), 득대(得代), 개제(改除), 정우(丁憂), 치사(致仕) 따위이다.〔如任滿得代改除丁憂致仕之類〕《전석 권23 13장》 ① 12 以理去官 ① 13 無官犯罪 ② 198 匿父母夫喪

21 관직을……줄인다 : 《집주》에서는 본문에서 '옛 관할 내의 재물을 받거나'라고 하였으나 이 조문에는 현임관이 현재의 관할 내의 재물을 받은 경우에 대한 법이 없으니, 무엇으로부터 감하여 과단할 것인가를 묻고, 아마도 토산품 선물을 주는 경우를 가리켜 말한 듯하며, 고찰이 필요하다고 보았다.〔本文云 受舊部內財物 但此條無受部內財物之法 何從減科 疑卽指饋送土宜禮物而言也 俟考〕《집주(하) 871쪽》 그러나 이 설에 대해서 《전석》에서는 "관리는 퇴임・현임을 불문하고 모두 장(贓)이 있으면 직역을 파하여 백성으로 삼는다. 오직 좌장치죄로 논하는 경우와 선물을 받았는데 일로 말미암아 받은 것이 아닌 경우에만 각각 의단(擬斷)한 뒤 직역으로 돌려보낸다."라고 하였다.〔官吏 不問去任見任 竝係有贓 俱罷職役爲民 惟坐贓論者 與受饋送非因事而受者 各擬還職役〕《전석 권23 11장》

22 물건……준다 : 율문의 물화가전 병입관급주(物貨價錢竝入官給主)에 대해 직해는 물화가전을 물건과 값이 아니라 물건의 값으로, 입관급주를 관물의 경우 물건 값을 관에 들이고, 사물(私物)의 경우 물건 값을 주인에게 주는 것으로 이해한 듯하다.

(○) 관할 내에서 물건을 사되 즉시 값을 주지 않거나, 의복・기구 등의 물건을 빌려서 한 달이 지나도록 돌려주지 않으면 좌장(坐贓)의 예로 논한다. 관할 내에서 소, 말, 수레, 배, 연자방아, 가옥 등을 사사로이 빌려 쓰면, 날수를 헤아려 사용료를 계산해서 좌장의 예로 논죄하고 환수하여 주인에게 준다.

(○) 관할 내에서 백성들이 준 토산물을 받아 쓰면 태 40이고, 준 자는 1등급을 줄인다.

(○) 일로 말미암아 재물을 받으면 받은 장물을 계산하여 불왕법에 준하여 논하되, 지나가는 각 지역에서 음식을 제공하거나 친속이나 친구가 준 것은 이 제한 규정을 적용하지 않는다.

(○) 사신으로 나간 관원이 파견되어 간 곳에서 재물을 요구하거나, 빌리거나, 매매를 빙자하여 값을 많이 취하거나, 또는 백성이 준 것을 받아 쓰면 모두 감림 관리의 죄와 같다.

(○) 이미 관직을 떠난 뒤에 이전 임지의 백성이나 아전들의 재물을 받아 쓰거나 요구하거나 빌리면, 관직에 있을 때 재물을 받은 예에서 3등급을 줄여 논한다.

해설

관리나 호강한 사람이 관할 지역 내의 이익을 탐하는 행위에 대한 처벌 규정이다. 367조 관리수재(官吏受財), 368조 좌장치죄(坐贓致罪), 369조 사후수재(事後受財), 370조 유사이재구청(有事以財求請) 등이 재물을 주는 사람이 적극적으로 관리에게 접근하는 행위를 다루었다면, 본 조문은 관리가 적극적으로 타인으로부터 경제적 이익을 얻으려 하는 행위를 다룬다는 점에서 구별된다.

372
감림 관리의 가인이 돈이나 재물을 요구함
家人求索

감림 관리의 가인(家人)[1]이 관할 내에서 돈이나 재물을 요구하여 받거나 빌려 받거나,[2] 부민(部民)을 부리거나 매매하면서 많은 이익을 취하는 따위는 각각 감림 관리 본인의 죄에서 2등급을 줄인다.[3] 감림 관리 자신이 실정을 알았으면 더불어 같은 죄이고, 몰랐으면 처벌하지 않는다.

직해 감림 관리의 집안사람이 관할 내 백성에게 재물을 요구하거나 빌리거나, 관할 내 백성을 부리거나 매매 행위로 인하여 값을 많이 취하면, 본

1 가인(家人) : ④ 365 官吏詞訟家人訴

2 요구하여……받거나 : 원문의 취수구색차대(取受求索借貸)는 《GMC 207쪽》에서처럼 취수(取受)・구색(求索)・차대(借貸)로 읽거나 《존의》에서처럼 구색・차대하여 취수하는 것으로 읽는 두 가지 방법이 있다. 여기서는 《존의》에 따라 후자로 읽었다. 《존의》에서는 취수구색차대는 원래 요구하여 받거나 재물을 빌리는 것을 말하는데 총주(總註)에서 이를 취수・구색・차대의 세 가지로 잘못 나누었다고 보았다.〔取受求索借貸 原指取受所求索借貸財物而言 總註誤分取受求索借貸爲三項 甚屬錯謬〕《존의 家人求索》

3 감림 관리의……줄인다 : 감림 관리의 가인이 그 부형의 관할 구역 안에서 혹 일로 인하여 재물을 받거나 혹 까닭 없이 재물 등을 요구하거나 혹 재물을 차대하거나 혹 부민(部民)을 부리거나 또는 매매하면서 많은 이익을 취하는 따위는 각각 본래 감림관이 재물을 받는 등의 죄에서 2등급을 줄인다. 예를 들어 본관(本官)이 구색・차대・매매로 많은 이익을 취할 경우 불왕법(不枉法)의 1관 이하이면 장 60이므로, 가인은 2등급을 줄여 1관 이하이면 태 40이다. 본관이 강제로 받을 경우 왕법(枉法)에 준하여 1관 이하이면 장 70이므로, 가인은 2등급을 줄여 태 50이다. 본관이 부민을 부리면 1명에 태 40, 5명마다 1등급을 더하되 죄는 장 80에 그치므로, 가인이 부리면 2등급을 감하여 죄는 장 60에 그치는 따위이다. 가인이 범한 일은 비록 관리와 같지만 범한 사람은 관리와 다르기 때문이다.〔此則言監臨官吏之家人 於其父兄所部屬之內 或因事受財 或無故求索 或借貸財物 及私役使部民 若買賣多取價利之類者 各減本監臨官受財等項之罪二等 如本官求索借貸竝買賣多取價利 不枉法一貫以下杖六十 家人減二等 一貫以下笞四十 本官强者準枉法一貫以下杖七十 家人減二等笞五十 本官役使部民者 每一名笞四十 每五名加一等 罪止杖八十 家人役使減二等 罪止杖六十之類 蓋所犯之事 雖與官吏同 而所犯之人 則與官吏異也〕《집해 1778～1779쪽》

관원의 죄에서 2등급을 줄여 논한다. 본 관원이 실정을 알았으면 죄가 같고, 몰랐으면 처벌하지 않는다.

해설

〈수장(受贓)〉 중 이전의 조문이 모두 관리 자신이 장죄(贓罪)를 범하는 사안들을 규율한 것과는 달리 본 조문에서는 감림 관리의 집안사람이 감림 관리의 관할 구역 안에서 재물을 얻는 사안을 규율하였다. 범죄로 논하는 핵심은 감림 관리의 집안사람이 세력을 끼고 돈이나 재물을 요구한다는 점에 있으나 감림 관리의 집안사람은 실제로 감림하는 사람이 아니므로 감림 관리와 동일시할 수는 없다. 그러므로 감림 관리의 집안사람이 저지른 범죄에 대하여는 본관(本官)의 죄인 367조 관리수재(官吏受財)와 368조 좌장치죄(坐贓致罪)에서 2등급을 줄인다.

373
풍헌 관리가 장죄를 범함
風憲官吏犯贓

풍헌 관리(風憲官吏)[1]가 재물을 받거나,[2] 감찰하는 지역[3]에서 타인에게 재물을 요구하거나 빌리거나, 물건을 사고팔면서 이익을 많이 취하거나, 선물로 보낸 물건을 받는 따위[4]는 각각 그 밖의 관리의 죄에 2등급을 더한다.[5]

직해 풍헌 법관(風憲法官) 및 안렴사(按廉使) 등의 관리들이 재물을 받거나, 감찰하러 간 곳에서 남에게 재물을 요구하거나 빌리거나, 물건을 매매

1 풍헌 관리(風憲官吏) : 풍속과 기강을 떨쳐 일으키고, 법도를 유지하여 지키는 것을 풍헌(風憲)이라고 한다. 중앙은 도찰원(都察院)의 각 도 감찰 어사, 지방은 제형안찰사가 풍헌 관리이다.〔振揚風紀 持守憲綱 曰風憲 內則都察院各道 外則按察司 是也〕《석의 권23 11장》

2 재물을 받거나 : 수재(受財)라는 글자가 안치(按治) 앞에 있으므로 재물을 받는 곳이 반드시 감찰하러 가는 곳일 필요는 없다. 아래에서 언급한 구색(求索) 등의 사항과는 같지 않다.〔受財字在按治上者 受財有不必在按治去處 與求索等項不同也〕《집주(하) 879쪽》 수재는 인사(因事)와 불인사(不因事) 두 가지 사항을 겸하는데, 인사이면 관리의 수재왕법·불왕법(④ 367 官吏受財)에 해당하고, 불인사이면 좌장치죄(④ 368 坐贓致罪)에 해당한다.〔受財 兼因事不因事兩項 因事 則官吏受財枉法不枉法是也 非因事 則坐贓致罪是也〕《집주(하) 878쪽》

3 감찰하는 지역 : 부내(部內), 즉 관할 지역 안이다.〔按治去處 猶部內也〕《집주(하) 879쪽》

4 따위 : 물건을 사고 즉시 가격을 지불하지 않거나, 의복이나 기물을 빌려 쓰고 한 달이 지나도 돌려주지 않는 것 역시 그 안에 포함된다.〔其言之類 則買物不卽支價 借用服器不還 亦在其中矣〕《전석 권23 15장》

5 2등급을 더한다 : 가령 왕법수재(枉法受財)인 경우 그 밖의 관리는 1관 이하이면 장 70인데 풍헌 관리는 2등급을 더한 장 90이고, 불왕법수재(不枉法受財)인 경우 그 밖의 관리는 1관 이하이면 장 60인데 풍헌 관리는 2등급을 더한 장 80이다.〔如枉法 其餘官吏 一貫以下杖七十 風憲官吏 加二等杖九十 不枉法 其餘官吏 一貫以下杖六十 風憲官吏 加二等杖八十〕《집설 권7 94장》 풍헌 관리는 그 직책이 전적으로 남의 죄상을 적발하여 탄핵하는 것이기에 재물을 받거나 요구하거나 빌리거나, 물건을 사고팔면서 이익을 많이 취하거나, 선물로 보내는 물건을 받는 따위를 범하면, 각각 그 밖의 관리가 범하였을 때의 죄에 2등급을 더하는 것이다.〔以其職專糾劾 與他官不同 故有犯取受求索借貸 賣買多取 及接受饋送之類 各加其餘官吏罪二等〕《석의 권23 11장》

하여 값을 많이 취하거나, 대접하여 보낸 물건을 받으면, 일반 관리의 죄에 2등급을 더한다.

해설

풍헌 관리의 장(贓)을 받는 행위를 금지하기 위해 마련한 규정이다. 풍헌을 특별히 설치하여 감찰하도록 하는 것은 백관의 탐욕을 규찰하여 기강을 바로잡으려는 데 뜻이 있는데, 이들이 장을 받는 것을 경계하지 않고 몸소 범한다면 백관을 복종시킬 수 없게 된다. 그러므로 풍헌 관리가 장죄(贓罪)를 범하면 일반 관리의 죄에 2등급을 더하여 처벌한다. 앞서 각 조문에서 감림 등의 관리가 수장하는 죄를 말한 것에 이어 끝으로 풍헌 관리의 범장(犯贓)을 규율한 것이다.

374
공무로 인하여 함부로 과렴함
因公擅科斂

374-1 유사(有司)[1] 관리 등이 상급 관사의 명문(明文)을 받들지 않고[2] 함부로 소속 백성의 재물을 과렴(科斂)[3]하거나, 관군(管軍) 관리[4]나 총기(總旗)·소기(小旗)가 군인의 전량(錢糧)이나 상으로 내려 준 재물[5]을 과렴하면 장 60이다.[6] 장(贓)이 무거우면 좌장(坐贓)으로 논한다.[7] 자기 것으로 삼으면 모두[8] 장을 계산하여 왕법(枉法)[9]으로 논한다.[10]

1 유사(有司) : ① 6 軍官有犯

2 상급……않고 : 상급 관사의 명문을 받들지 않았다고 하였으므로 상급 관사의 명문을 받들어 공무로 인해 과렴(科斂)하면 무죄이다.〔非奉上司明文 則奉上司明文 而因公科斂者 無罪矣〕《집주(하) 881쪽》

3 과렴(科斂) : 과(科)는 나누어 배당하는 것이고, 염(斂)은 거두어들이는 것이다. 사람들에게 분배하였다가 거두어들이는 것을 과렴이라 한다.〔科者 分派之謂 斂者 聚斂之謂 分派於人 而聚斂之 曰科斂〕《집주(하) 880쪽》

4 관군(管軍) 관리 : 군인을 관할하는 군직이다. 도지휘사, 지휘사, 천호, 백호 등은 계급이 있으며, 6품 이상의 관원이다.〔管軍官吏ハ軍人ヲ管リ轄ル軍職ヲ云都指揮使指揮使千戶百戶等ハ階級アリ六品以上ノ官也〕《언해 권10 69장》

5 전량(錢糧)이나……재물 : 전량은 병사의 월급이나 군량과 물품 따위이고, 상사(賞賜)는 황제가 내려 주어 군인에게 지급된 것이다. 그러나 이것은 반드시 군인에게 지급하였다가 또 지명하여 과렴하여야만 이에 해당한다. 만약 아직 지급하지 않은 상태에서 빼돌렸으면 감수자도죄(③ 287 監守自盜倉庫錢糧)이다.〔錢糧 卽兵餉糧料之類 賞賜 乃頒賜給軍者 然必是已散給軍人 而又坐名科斂方是 若未散而扣剋 則監守盜罪矣〕《집주(하) 881~882쪽》

6 장 60이다 : 각각 공적인 일의 용도에 충당하고 자기 것으로 삼지 않으면 장 60이다.〔各充公事之用 不入己者 杖六十〕《집주(하) 880쪽》

7 좌장(坐贓)으로 논한다 : 과렴한 장을 계산하여 좌장으로 논하는데 그것이 장 60보다 무거우면 좌장죄(④ 368 坐贓致罪)에 따른다. 단지 과렴만 있으면 장 60이다. 장이 무거워 500냥 이상에 이르면 죄는 장 100 도 3년에 그친다. 이와 같이 가벼운 이유는 아직 자기 것으로 삼지 않았기 때문이다.〔計其科斂之贓 坐贓論 重於杖六十者 則從坐贓之罪 但有科斂 卽杖六十 贓雖重 止坐贓論 至五百兩以上 罪止杖一百徒三年 若是之輕者 以未入己也〕《집주(하) 880쪽》

374-2 공무(公務)로 인하지 않고 타인의 재물을 과렴하여 자기 것으로 삼으면, 장을 계산하여 불왕법(不枉法)[11]으로 논한다.[12] 타인에게 선물로 보내면 비록 자기 것으로 삼지 않더라도 죄가 또한 같다.[13]

직해 관리들이 상급 관사의 명문 없이 공적인 일로 인하여 제멋대로 재물을 거두거나, 관군 관리・두목(頭目)・통주(統主) 등이 군인의 전량을 수합하여 자의로 상으로 주면 장 60이다. 장물의 수가 많으면 좌장으로 논하고, 사사로이 쓰면 장물을 계산하여 왕법에 준하여 논한다.

(○) 공적인 일로 말미암지 않고 남의 재물을 거두어 사사로이 쓰면, 장물을 계산하여 불왕법에 준하여 논한다. 다른 사람에게 대접하여 보내면, 비록 자기가 쓰지 않아도 죄가 같다.

해설

부당한 과렴의 죄에 대한 규정이다. 공무로 인한 과렴의 경우, 이를 공용으

8 모두 : 유사 관리와 관군 관리 두 가지를 받아서 말한 것이다.〔竝字 承有司管軍兩項言〕《집주(하) 880쪽》

9 왕법(枉法) : ④ 367 官吏受財

10 장(贓)이……논한다 : 각각 받은 것을 통틀어 계산하여 전과(全科)하여, 80관에 이르면 교형(④ 367 官吏受財)이다. 무록인은 유록인의 죄에서 1등급을 줄여 120관에 이르면 교형인데, 모두 잡범 사죄(雜犯死罪)이므로 도 5년에 준한다.〔各主通算全科 至八十貫絞 無祿人減有祿人之罪一等 至一百二十貫絞 俱雜犯 準徒五年〕《전석 권23 16장》

11 불왕법(不枉法) : ④ 367 官吏受財

12 불왕법(不枉法)으로 논한다 : 각각 받은 것을 통틀어 계산하여 그 절반으로 과죄한다. 1관 이상이면 10관마다 1등급을 더한다. 유록인이나 무록인은 각각 120관 이상이면 죄는 장 100 유 3000리에 그친다.〔各主通算折半科罪 一貫之上 每十貫 加一等 有祿無祿人 各一百二十貫之上 罪止杖一百流三千里〕《전석 권23 16장》

13 죄가 또한 같다 : 만약 과렴한 재물을 타인에게 선사하면 비록 자기 것으로 삼지는 않았더라도 이미 자기가 은혜를 베푼 것이기 때문에 역시 자기 것으로 삼은 죄와 같아 불왕법장으로 논한다.〔若以科斂財物 饋送他人者 雖不入己 而已爲己惠矣 故亦如入己之罪 以不枉法論〕《전석 권23 16장》

로 썼는지 자기 것으로 삼았는지를 구분하여 처벌을 달리하였다. 공무로 인하지 않은 과렴의 경우, 이는 공용이 아니므로 반드시 자기 것으로 삼은 것인데 이를 자기 것으로 삼았는지 타인에게 선물로 보낸 것인지를 구분하지만 처벌은 같다.

375
사사로이 공이나 후의 재물을 받음
私受公侯財物

중앙과 지방 각 위(衛)의 지휘(指揮)·천호(千戶)·백호(百戶)·진무(鎭撫) 및 총기(總旗)·소기(小旗) 등은 사사로이[1] 혹은 드러내 놓고 공(公)이나 후(侯)가 주는 보초(寶鈔)·금은(金銀)·단필(段匹)·의복·양미(糧米)·전물(錢物) 등을 받을 수 없다. 받으면 군관(軍官)은 장 100에 파직하여 먼 변방에 보내 충군(充軍)한다. 총기와 소기도 죄가 같다. 재범(再犯)이면 사형에 처한다.[2] 물품을 준 공이나 후[3]는 초범·재범이면 죄를 면해 주되 부과(附過)하고, 3범이면 한 차례 사형을 면해 주는 것에 준한다.[4] 명을 받들어 정토(征討)하는 경우는 준 사람과 받은 사람 모두 이 규정을

1 사사로이 : 상사에 보고하여 허락을 얻지 않는 것이다.《언해 권10 53장》

2 사형에 처한다 : 율문에는 사형에 처한다고만 하고 교형이나 참형이라고 쓰지 않았는데 율주(① 4 應議者犯罪)에서 "죄가 사형에 이르면 오직 '범한 죄를 헤아려 보니 율문에 의거해 사형하는 것이 마땅합니다.'라고 아뢸 뿐, 감히 교형이니 참형이니 바로 말하지 않고 황제의 재가를 받는다."라는 것이 이것이다.〔按律 言處死 不著絞斬 律疏云 當請自上裁是也〕《집해 1790~1791쪽》 본 조문에서 초범이면 먼 변방에 충군하니 곧 유죄(流罪)에 해당하며, 재범은 죄를 더하여 사죄에 이르니 교형으로 처벌함이 마땅하다. 가령 군관이 군인을 출경(出境)시키면 장 100에 파직하고 먼 변방으로 보내 충군하며, 출경시킨 군인이 3명에 이르면 교형(③ 236 縱放軍人歇役)이며, 각처의 성지(城池)를 수어(守禦)하는 군인이 도망하면 재범은 모두 장 100에 전부 먼 변방으로 보내 충군하며 3범이면 교형(③ 238 從征守禦軍官逃)이다. 이로 볼 때, 본 조문에서 초범은 먼 변방에 보내 충군하니 재범은 또한 교형으로 처벌하는 것이 분명하다.〔初犯邊遠充軍 則流罪也 再犯加至於死 則當坐絞 如親軍官使役軍人出境 亦杖一百罷職 發邊遠充軍 至三犯者 絞 及各處守禦軍人在逃再犯者 俱杖一百發邊遠充軍 三犯者 絞 則知本條初犯發邊遠充軍 再犯亦坐絞罪 明矣〕《소의(하) 500쪽》

3 군관(軍官)은……후 : 공(公)이나 후(侯)라고 말하고 백(伯)을 언급하지 않은 것은 중한 공·후를 대표로 든 것이니, 가벼운 백은 명문이 없어도 같은 규정을 적용한다. 군관만 말하고 군인을 언급하지 않은 것은 드러내지 않은 것일 뿐이다.〔又按此條 言公侯而不及伯者 擧重也 至不言軍人 則微之耳〕《집해 1791쪽》

4 3범이면……준한다 : ③ 237 公侯私役官軍

적용하지 않는다.[5]

직해 서울과 지방의 높고 낮은 군관은 사사로이 여러 군(君)이나 재상 등 각처에서 보낸 금은, 의복, 돈이나 물품 등을 받지 말아야 한다. 받은 경우에는 군관이면 장 100에 파직하여 먼 곳에 보내 방어하게 하고, 백호(百戶)와 통주(統主)도 죄가 같다. 재물을 준 여러 군(君)이나 재상은 초범·재범이면 죄를 면해 주고 잘못을 기록한다. 3범이면 죽음을 한 번 면해 주는 것에 준하되, 명을 받들어 출정한 때에는 준 자와 받은 자 모두 이 규정을 적용하지 않는다.

해설

공후(公侯)가 국가의 중신이나 장군을 재물로 포섭하여 사통(私通)하는 것을 막기 위한 규정이다. 공후와 관련된 다른 조문은 50조 문관불허봉공후(文官不許封公侯), 237조 공후사역관군(公侯私役官軍) 등이 있다.

5 명을……않는다 : 공후(公侯)가 명을 받들어 정토(征討)에 종사하는데, 공후가 주고 군관이나 군인이 받는 때에는 이 금지 규정을 적용하지 않는다. 군심(軍心)과 결탁하여 목숨을 바치도록 해서 공을 이루고자 하는 것이 금지되는 것이고 아무 일 없이 서로 주고받아 한갓 사사로운 은혜를 보이는 것은 금지되지 않는다.〔若公侯奉命 有事征討 而公侯有所與 官軍有所受者 不在此禁限之內 蓋交結軍心 欲其效死以成功也 與無事而授受以徒示私恩者遠矣〕《집해 1790쪽》

376
도둑의 장물을 틀어쥠
剋留盜贓

순포관(巡捕官)[1]이 도둑을 잡고 나서 장물(贓物)[2]을 틀어쥐고[3] 관에 보내지 않으면 태 40이다.[4] 자기 것으로 삼으면 장(贓)을 계산하여 불왕법(不枉法)으로 논하고, 그 장을 모두 합하여 도죄(盜罪)로 논한다.[5] 군인이나 궁병(弓兵)이 범하면, 장을 계산한 것이 많더라도 죄는 장 80에 그친다.[6]

1 순포관(巡捕官) : 순찰하며 도적을 체포하는 관원이다.

2 장물(贓物) : 강도(强盜), 절도(竊盜), 감수도(監守盜), 상인도(常人盜), 도모(掏摸), 창탈(搶奪) 등의 항목을 통틀어 말한 것이다.〔此贓物 統强竊監守常人掏摸搶奪等項而言〕《집주(하) 884쪽》

3 장물(贓物)을 틀어쥐고 : 원문의 극(剋)은 물건의 양을 덜어 내 적게 만드는 것이다. 유(留)는 남겨 두는 것이다. 순포관은 체포한 도적의 장물을 있는 수량대로 빠짐없이 관사에 보내야 하는데 그러지 않고 일부를 남겨 두고 멋대로 그 수량을 줄여서 보고하는 것을 이른다.〔剋ハ損削也多ヲヘラシテ寡クスル也留ハ止也盜ノ贓物ヲ有ママニ盡ク官司ニ送ラズシテ私ニヘラシ止メテ少クシテ報スルヲ云也〕《언해 권25 42장》

4 장물(贓物)을……40이다 : 장물을 틀어쥐는 것은 도둑질한 죄에 대한 증거를 없애는 것이어서 왕법장(枉法贓)이므로 다만 태죄에 그칠 수 없으며, 자기 것으로 삼은 것을 단지 불왕법장으로만 논할 수 없다는 견해도 있으나, 장물을 틀어쥐는 것은 일부만 가로채어 틀어쥐는 것이지 전부를 틀어쥐고 하나도 보내지 않는 것은 아니다.〔或謂剋留贓物 無以證盜之罪 卽枉法矣 何以止得笞罪 入己止以不枉論耶 蓋剋留者 扣剋存留 非全留不解也〕《집주(하) 884쪽》 도죄의 장물의 일부를 틀어쥐고 전체를 다 관에 보내지 않았다면 비록 자기 것으로 삼지 않았더라도 또한 불법이므로 태 40이다.〔盜贓 如有剋留不盡解官者 雖無入己之情 亦爲非法 故笞四十〕《전석 권23 18장》

5 그 장을……논한다 : 가령 장 100관을 절도한 자를 포획하여 그 안에서 50관을 틀어쥐고 단지 50관만을 관에 보낸 경우, 절도 100관은 장 100 유 2000리에 해당하고, 50관은 장 60 도 1년에 해당하는데, 비록 이미 50관에 의거하여 죄를 결단하였다고 하더라도 틀어쥔 50관까지 더해 한 건으로 삼아 장 40 유 2000리를 덧붙이는 따위이다.〔仍將其贓 併論盜罪者 假如捕獲竊盜贓一百貫 於內 剋留五十貫 止將五十貫解官 竊盜一百貫該杖一百流二千里 五十貫 該杖六十徒一年 雖已依五十貫斷決訖 合將剋留五十貫 併作一處 將竊盜 貼杖四十流二千里之類 故謂之仍將其贓併論盜罪〕《강해 440쪽》

직해 도둑을 잡도록 위임받은 관원이 도둑을 잡고서 그가 훔친 장물을 누락하고 관사에 보내지 않으면 태 40이다. 사사로이 쓰면 장물의 수를 계산하여 불왕법에 준하여 논하고, 그 써 버린 장물에 대해서는 도둑의 예로 논죄한다. 군졸이 범하면, 장물이 비록 수가 많아도 장 80을 한도로 한다.

해설

도둑의 장물을 몰래 취하는 것 때문에 만든 규정이다. 장물을 억류하는 것은 도둑질한 죄에 대한 증거를 없애는 것이어서 도둑과 유사하므로 특별히 금한 것이다.

6 군인이나……그친다 : 수어관(守禦官)의 군인 및 부・주・현 순검사(巡檢司)의 궁병이 도둑의 장물 일부를 틀어쥐었을 경우 만약 자기 것으로 삼지 않으면 또한 태 40이고, 자기 것으로 삼으면 무록인의 불왕법장에 따라 1관 이하는 또한 태 50이다. 그 장을 계산한 것이 비록 많아서 30관 이상의 죄에 이르더라도 다만 장 80에 그치는 것은 이미 그 관직이 없으므로 너그럽게 보아주는 것이고, 또 그 도둑을 잡는 것을 이롭게 여기기 때문에 가볍게 하는 것이다.〔若守禦軍人及府州縣巡司弓兵 有剋留盜贓者 若不入己 亦笞四十 入己者 依無祿人不枉法贓 一貫以下 亦笞五十 其計贓雖多 至三十貫之上罪 止杖八十 既恕其無官 又利其捕盜故輕之也〕《전석 권23 18장》

377
관리가 재물 공여 제안을 받아들임
官吏聽許財物

관리가 재물 공여 제안을 받아들이면,[1] 비록 그 재물을 수령하지 않았더라도[2] 일이 만약 법을 굽혔으면 왕법(枉法)[3]에 준하여 논하고,[4] 일이 법을 굽히지 않았으면 불왕법(不枉法)[5]에 준하여 논하되, 각각 1등급을 줄인다.[6]

1 관리가……받아들이면 : 원문의 청허(聽許)의 해석에 두 가지 견해가 있다. 첫째, 청과 허의 주체를 모두 관리로 보는 것, 즉 관리가 청탁인의 재물 공여 제안을 듣고 받아들인다는 뜻으로 보는 것이다. 둘째, 청의 주체는 관리, 허의 주체는 청탁인으로 보는 것, 즉 청탁인이 재물 공여를 제안하고〔許〕 관리가 이를 받아들인다〔聽〕는 뜻으로 보는 것이다. 369조 사후수재(事後受財)에서 선불허재(先不許財)라고 할 때는 허가 뇌물 공여 제안을 받아들인다는 뜻이고 주체가 관리이므로, 이는 전자의 견해에 부합한다. 반면에 《전석》의 청인허송재물(聽人許送財物)은 청탁인이 뇌물 공여를 제안하고 관리가 이를 받아들인다는 의미이므로 후자의 견해에 부합한다. 둘 중 어느 쪽으로 보든 결론은 같다.

2 관리가……않았더라도 : 관리가 추문(推問)할 일이 있는데, 이와 관련하여 타인의 재물 공여 제안을 받아들여 그를 위하여 일을 처리하면, 그 재물을 비록 수령하지 않더라도 그 마음은 이미 탐오한 것이다. 그러나 반드시 확실한 증거가 있고 재물의 수목(數目)이 있어야만 이 죄로 과단할 수 있다.〔官吏有事推問 因聽人許送財物 而爲其施行 其物雖不接受 其心已屬貪汚 然必自其有顯迹有數目者方坐 不然難科此罪〕《전석 권23 18장》〔若無顯迹 則無憑據 若無數目 何以計贓 不得槪擬此律也〕《집주(하) 865쪽》

3 왕법(枉法) : ④ 367 官吏受財

4 왕법(枉法)에 준하여 논하고 : 원문에서 준(準)이라고 하였을 경우, 사죄(死罪)에 이르면 1등급을 줄여 비록 장의 액수가 사죄에 차더라도 역시 죄는 장 100 유 3000리에 그친다. 이 조문에서는 이미 왕법장에 준하여 논한다고 하고서 또 1등급을 줄인다고 하였다. 예컨대 왕법장에 준하는 재물 공여 제안을 받아들여서 주는 것을 허락하여 액수가 차서 사죄에 이른 경우, 1등급을 줄인 장 100 유 3000에 또 1등급을 줄여 장 100 도 3년이라야 비로소 율에 맞는다. 이것이 이른바 죄를 범하였을 때 누계하여 감하는 것(① 11 犯罪得累減)이다.〔凡律稱準者 至死 減一等 雖滿貫 亦罪止杖一百流三千里 此條既稱準枉法論 又稱減一等 假如聽許準枉法贓滿貫 至死 減一等 杖一百流三千里 又減一等 杖一百徒三年 方合律 此正所謂犯罪得累減也〕《전석 권23 18～19장》

5 불왕법(不枉法) : ④ 367 官吏受財

법을 굽힌 것[7]이 무거우면 각각[8] 무거운 쪽으로 논한다.[9]

6 각각 1등급을 줄인다 : 재물을 이미 수령한 경우에 비해 1등급을 줄이는 것으로, 재물을 아직 받지 않은 것을 감안하여 관대히 하는 것이다. 각(各) 자는 준왕법장(準枉法贓)과 준불왕법장(準不枉法贓)을 받아서 말한 것이다.〔謂比已接受者減一等 恕其未得也 各字 承準枉法不枉法言〕《전석 권23 18장》 본 조문은 369조 사후수재(事後受財)와 비교해서 볼 필요가 있고, 두 조문에서 형량에 차이가 있는 이유도 이해할 필요가 있다. 사후수재의 경우 왕법장·불왕법장으로 처벌하는데 본 조문의 형량은 왕법장·불왕법장에서 1등급을 감하여 상대적으로 가볍다. 전자는 사후이기는 하지만 관리가 재물을 수령하였으므로 받은 재물의 수량에 따라 처벌하는 반면에, 후자는 뇌물 공여 제안을 받아들였을 뿐 실제로 재물을 수령한 것은 아니므로 1등급 가볍게 처벌하는 것이다. 그렇다면 뇌물 공여 제안을 받아들이고서 그 장을 나중에 받으면 어떻게 처벌할까? 이는 결과적으로 재물을 수령한 것이므로 367조 관리수재(官吏受財)에 따라 장을 헤아려 왕법장·불왕법장으로 과단하되, 무록인은 각각 1등급을 감한다. 관원은 고신을 회수하고 관원 명부에서 이름을 삭제하고 이전(吏典)은 역(役)을 파하고 관원과 이전 모두 서용하지 않는다. 앞서 일에 대해 청탁하고 뒤에 돈을 전달한 경우도 역시 367조 관리수재에 따른다. 뇌물 공여자는 410조 불응위(不應爲)의 무거운 쪽인 장 80을 따른다.〔事後受財與聽許財物 其許者罪輕 不許者罪重 何也 蓋事後受財謂已接受者 其言枉法不枉法 是因贓而原事爲罪也 聽許財物 謂未接受者 其言枉法不枉法 是就事而定贓爲罪也 故繼之曰 所枉重者 各從重論 然則 聽許之贓 受之 合得何罪 曰 計贓科罪 無祿人 各減一等 官追奪除名 吏罷役 俱不敍 此國之彛典也〕《전석 권23 19장》〔若先聽許後接受 先說事後過錢 自照官吏受財本律 說見前條 許財人 問不應從重 以行求律內無未過錢之法也 關說許財者 亦問不應〕《집주(하) 866쪽》

7 법을 굽힌 것 : 369조 사후수재(事後受財)에서 왕단(枉斷)이라고 한 것은 타인의 죄를 가볍게 하거나 무겁게 한 것만을 가리켜 말한 것이다. 그러나 본 조문에서 소왕(所枉)이라고 한 것은 타인의 죄를 가볍게 하거나 무겁게 한 것만을 가리키지 않는다. 예컨대 영구(營求), 규피(規避) 따위로 무릇 법에 굽힌 바가 있으면 모두 이에 해당한다. 주석자들이 타인의 죄를 고의로 가볍게 하거나 무겁게 한 것에만 의거하여 해석한 것은 잘못이다.〔前條曰枉斷 是專指出入人罪言 此條曰所枉 則不獨指出入人罪 如營求規避之類 凡於法有所枉者 皆是 諸家止依故出入解者 非也〕《집주(하) 866쪽》

8 각각 : 굽힌 일이 한 가지가 아님을 이른다.〔謂所枉之事不一也〕《집주(하) 866쪽》

9 법을……논한다 : 굽혀진 법이 있으면 법을 굽혀서 받아야 할 죄가 있다. 소왕(所枉)과 청허(聽許)의 두 죄에 대해 그 경중을 비교하여 각각 무거운 쪽으로 논한다.〔其枉法者 旣有所枉之法 卽有枉法應得之罪 將所枉與聽許二罪 權其輕重 各從重者論〕《집주(하) 865쪽》 소왕의 죄가 청허의 죄보다 무겁다는 것은, 예컨대 10관을 청허할 경우, 왕법장 10관이면 장 90인데 여기서 1등급을 줄인 장 80에 그치고, 소왕의 죄가 장 100 도 3년으로 고출입(故出入)의 전죄(全罪)(④ 433 官司出入人罪)로 논해야 한다면, 무거운 쪽으로 장 100 도 3년으로 논한다. 소왕의 죄가 청허의 죄보다 가벼우면 청허의 죄에 따라 논한다. 재물을 준 사람은 410조 불응위(不應爲)의 장 80으로 죄를 물어야 하며 370조 유사이재구청(有事以財求請)으로 죄를 물으면 안 된다.〔或虧枉之罪 重於聽許之罪 如聽許一十貫 減等止杖八十 而所

직해 관리가 재물을 받으려고 허락한 경우에, 비록 받지 않았어도, 사안이 법을 굽힌 것은 왕법에 준하여 논죄하고, 법을 굽히지 않았으면 불왕법에 준하여 논죄하여, 각각 1등급을 줄인다. 법을 굽힌 바가 무거우면 각각 무거운 쪽으로 논죄한다.

해설

관리가 사건 관련인의 청탁을 받아 일을 처리하였는데 재물을 수령하지 않은 경우에 대한 처벌 규정이다. 재물을 실제로 받은 것은 아니므로 왕법장(枉法贓)·불왕법장(不枉法贓)의 경우보다 1등급을 줄여 처벌한다. 369조 사후수재(事後受財)와 대조해서 볼 필요가 있다.

枉之罪 則杖一百徒三年 當以故出入全罪論 則從重者論之 輕則從聽許論 許送人 合問不應從重不當問有事以財求請〕《전석 권23 18장》 법을 굽힌 것이 무거우면 무거운 쪽으로 논하는 것은 뇌물을 받고 법을 굽힌 자를 과단하는 통례(通例)로 모든 율이 다 그러한데 유독 여기에 덧붙인 것은, 수장률(受贓律)은 장을 중요하게 여기기 때문이다. 367조 관리수재(官吏受財), 369조 사후수재(事後受財) 모두 실장(實贓)이 있어서 초점이 장에 있으나 본 조문은 청허라고만 하였으므로 실장이 없고 초점이 법을 굽힌 것에 있다.〔所枉重者從重論 乃科受贓枉法者之通例 諸律皆然 而獨附於此 蓋受贓律以贓爲重 官吏受財 事後受財 皆有實贓 所重在贓也 此條但言聽許 未有實贓 所重在枉也 以重例輕 律之例也〕《집주(하) 866쪽》

대명률직해

제24권 형률刑律 사위詐僞

사위 詐僞

《주례(周禮)》에 거짓을 행하고 진실인 것처럼 변론하여 무리를 의심하게 만들면 죽인다고 하였는데 이는 사위를 금하는 것이다. 한율(漢律)에도 〈사위〉가 있고, 위(魏)는 〈사율(詐律)〉을 나누었으며 진(晉) 가충(賈充, 217~282) 등이 〈도율(盜律)〉을 〈청구(請賕)〉, 〈사위〉, 〈수화(水火)〉, 〈훼망(毁亡)〉 등으로 나누었다. 양(梁)은 천감(天監) 연간(502~519)에 〈사위〉라 정하였고, 북제(北齊)는 〈사기(詐欺)〉로 바꾸었다. 북주(北周)는 다시 〈사위〉로 되돌렸고 수(隋)·당(唐)이 이를 따랐으며, 명대(明代)에도 〈사위〉를 계승하였다.

당률은 〈사위〉가 27조나 되지만, 실제 내용이 여기에 해당하지 않는 경우는 명률에서 편목을 조정하였다. 예를 들어 당률 371조 비정적사승습(非正嫡詐承襲)은 〈직제(職制)〉의 51조 관원습음(官員襲蔭)으로, 당률 373조 사기관사취재물(詐欺官私取財物)은 〈도적(盜賊)〉의 297조 사기관사취재(詐欺官私取財)로, 당률 375조 망인양인위노비부곡(妄認良人爲奴婢部曲)은 〈호역(戶役)〉의 85조 수류미실자녀(收留迷失子女)로, 당률 383조 부모사사언여상(父母死詐言餘喪)은 〈의제(儀制)〉의 198조 익부모부상(匿父母夫喪)으로, 당률 387조 증불언정(證不言情)은 〈단옥(斷獄)〉의 432조 옥수무지평인(獄囚誣指平人)으로 각각 재편하였다. 아울러 당률 367조 사위제서급증감(詐僞制書及增減)과 369조 사위관문서급증감(詐爲官文書及增減)은 재편하여 378조 사위제서(詐僞制書)로 만들고, 당률 369조 사위관문서급증감의 일부는 〈이율(吏律)〉의 75조 증감관문서(增減官文書)에 넣었다. 당률 384조 사병사상검험불실(詐病死傷檢驗不實)과 381조 사질병유소피(詐疾病有所避)는 합쳐서 387조 사병사상피사(詐病死傷避事)로 만들고, 당률 372조 사칭관포인(詐稱官捕人)과 370조 사가관가여인관(詐假官假與人官)은 합쳐서 383조 사가관(詐假官)으로 만들었다. 명의 제도와 합치하지 않는 경우, 예를 들어 당률 376조 사제거사면관호노비(詐除去死免官戶奴婢), 380조 사자복제(詐自復除), 386조 보임불여소임(保任不如所任)은 산삭하였다. 미비한 점을 살펴서 381조 위조보초(僞造寶鈔), 384조 사칭내사등관(詐稱內使等官), 385조 근시사칭사행(近侍詐稱私行) 등을 추가하였고, 이를 묶어서 〈사위〉라 명명하였다. 모두 12조이다.

378
제서를 위조함[1]
詐僞制書

378-1 제서(制書)[2]를 위조[3]하면 참형이고, 종범은 장 100 유 3000리이다. 아직 시행[4]하지 않았으면 1등급을 줄인다. 제서의 내용을 더하거나 덜면[5] 죄가 또한 같다.[6] 관부(官府)에서 행이(行移)하고자 옮겨 적을 때[7] 잘못이 있으면 실착(失錯)[8]으로 논한다.[9]

1 제서를 위조함 : 이 조문은 홍무30년율에서 개정되었는데 그 내용은 다음과 같다. 첫째, 제서를 위조하거나 증감함에 이행(已行)일 경우 수범은 참형, 종범은 만류(滿流)로 구분하였다가 수종(首從)을 구분하지 않고 모두 참형으로 하였다. 둘째, 제서를 위조하거나 증감함에 미행(未行)일 경우 수범은 만류, 종범은 만도(滿徒)로 하였다가 수범은 교형, 종범은 1등급을 줄여 만류로 하였다. 셋째, 오군도독부나 육부 등의 문서에 대해 서명을 모사하거나 인신(印信)을 도용하였을 경우 수범은 만류, 종범은 만도로 구분하였다가 모두 교형으로 하였다.

2 제서(制書) : ① 64 制書有違

3 위조 : 본래 제서가 없는데 거짓으로 말이나 글의 뜻을 만드는 것이다.〔本無此制而詐撰詞旨曰詐爲〕《집해 1798쪽》

4 시행 : 중서성(中書省)에서 복주(覆奏)하였거나 이미 담당 관사에 교부된 것을 말한다. 비록 담당 관사를 거치지 않았더라도 말을 거짓 전달하거나 제서 내용을 증감하여 상대방이 이미 접수하였다면 역시 시행한 것이 된다. 다른 조항에서의 시행도 이에 준한다.〔施行 謂中書覆奏及已入所司者 雖不關由所司 而詐傳增減 前人已承受者 亦爲施行 餘條施行 準此〕《당률 367조 詐僞制書及增減》

5 더하거나 덜면 : 본래 제서가 있는데 문장을 바꾸는 것이다.〔本有此制而更換詞語者 謂之增減〕《소의(하) 506쪽》 현행 형법 제225조는 이를 변조라고 한다.

6 제서(制書)를……같다 : 제서는 천자로부터 나오는 것이니 만약 제서를 위조하거나 내용을 변조하면 이는 필부가 천자의 권한을 함부로 하는 것이 된다.〔制書出自天子 若凡詐爲制書及有增減者 是以匹夫而擅天子之權〕《집해 1798~1799쪽》

7 옮겨 적을 때 : 천자의 뜻을 받들어 옮겨 적는 것이다.《언해 권25 48장》

8 실착(失錯) : 실수나 착오이다.〔失錯 違失差錯也〕《집해 325쪽》 문서에 인신 찍는 것을 빠뜨리거나 관원의 성명을 다 쓰지 않거나 문서 작성을 연월 순으로 하지 않는 따위를 말한

378-2 오군도독부(五軍都督府), 육부(六部), 간원관(諫院官), 감찰 어사(監察御史) 및 총병장군(摠兵將軍),[10] 도지휘사사(都指揮使司),[11] 그리고 수어(守禦)하는 관군(管軍) 아문의 문서를 위조하거나 서명을 모사하거나[12] 인신(印信)을 도용하면 장 100 유 3000리이다. 그 밖의 아문은 장 100 도 3년이다. 종범은 각각 1등급을 줄인다. 아직 시행하지 않았으면 각각 또 1등급을 줄인다. 규피(規避)한 일이 있어 사안이 무거우면 무거운 쪽으로 논한다. 해당 관사에서 알면서도 시행하면 각각 더불어 같은 죄이고,[13] 몰랐으면 처벌하지 않는다.

직해 왕지(王旨)를 위조하면 참형이다. 종범은 장 100에 먼 곳으로 유배 보내고, 시행하지 않았으면 1등급을 줄인다. 왕지의 내용을 더하거나 줄이면 죄가 같다. 관사에서 문서를 행이하여 전달하고 베낄 때 잘못하여 착오가 있으면 실수나 착오로 논한다.

(○) 도평의사사(都評議使司), 대성(臺省), 육조 각 도의 안렴사 및 절제사의 문서에 대해 서명을 위조하거나 인신을 훔쳐 찍으면 장 100에 먼 곳으로 유배 보낸다. 이 밖의 각 관사 문서는 장 100 도 3년이다. 종범은 각각 1등급을 줄이고, 아직 시행하지 않았으면 또 각각 1등급을 줄인다. 자기

다.〔失錯謂如漏使印信不僉姓名不順年月之類〕《집설 권2 47장》 ① 29 公事失錯

9 관부(官府)에서……논한다 : 제서를 봉행하여 전사(傳寫)하는 데 과실이나 착오가 있으면 위조가 아니다.〔其奉行制書 而傳寫失誤差錯者 則非詐爲矣〕《집해 1799쪽》 ① 29 公事失錯 홍무30년율과 대청률은 형량을 장 100으로 명시하였다.《전석 권24 2장》《집주(하) 868쪽》

10 오군도독부(五軍都督府)……총병장군(摠兵將軍) : 총병장군, 오군도독부, 육부, 도찰원 등은 모두 군대를 거느리고 나라를 다스리는 중요한 일에 관계되어 있다.〔將軍摠兵官五軍都督府六部都察院 俱軍國大事所係〕《집해 1799쪽》

11 도지휘사사(都指揮使司) : 도지휘사사와 각 위(衛)의 지휘사사는 모두 병권이 있는 곳이다.〔都指揮使司各衛指揮使司 俱兵權所在〕《집해 1799쪽》

12 서명을 모사하거나 : 가짜 문권을 만들 때 타인의 서명을 모사하여 진짜 문서인 것처럼 증빙으로 삼는 것이다.〔套畫押字 假作文券倣畫他人押字以爲憑也〕《육부 112쪽》

13 해당……죄이고 : 그 근원을 다스려 확산을 막는 것이다.〔治其源 而遏其流也〕《소의(하) 510쪽》

의 일을 회피하려고 하였으면, 그 사안이 무거운 경우 무거운 쪽으로 논죄한다. 담당 관사에서 잘못임을 알고도 시행하면 각각 범인의 죄와 같고, 몰랐으면 처벌하지 않는다.

해설

황제가 신민에게 명령하는 방법은 두 가지가 있다. 문서로 명령하는 것이 제서(制書), 언어로 명령하는 것이 조지(詔旨)이다. 제서를 위조하는 범죄를 규율하는 것이 378조 사위제서(詐僞制書)이고 언어로 하는 명령을 거짓으로 전달하는 범죄를 규율하는 것이 379조 사전조지(詐傳詔旨)이다.

본 조문에서는 위조의 대상을 제서, 오군도독부 등 고위 아문의 공문서, 그 밖의 아문의 공문서로 나누어 형량에 차등을 두었으며, 위조의 방법을 위조·증감·전사(傳寫)할 때의 잘못, 글씨체를 모방하여 서명함, 인신 도용 등으로 나누었다. 증감제서(增減制書)는 75조 증감관문서(增減官文書)와 비교 고찰할 필요가 있다.

379
조지를 거짓으로 전달함
詐傳詔旨

379-1 조지(詔旨)를 거짓으로 전달하면[1] 참형이고, 황후의 의지(懿旨)나 황태자의 영지(令旨)이면 교형이며,[2] 친왕(親王)의 영지이면 장 100 유 3000리이다.[3] 1품·2품 아문 관원의 구두 명령을 각 아문에 거짓으로 전달하여 공무를 지시할 때 규피(規避)한 일이 있으면[4] 장 100 도 3년이다. 3품·4품 아문 관원의 구두 명령이면 장 100이고,[5] 5품 이하 아문 관원의 구두 명령

1 거짓으로 전달하면 : 조정 내에서 맨 처음 거짓으로 전하여 내보내는 사람에 대해 말한 것이다. 조정 밖에 있으면서 서로 옮겨 가며 말을 전하는 것은 사전이 아니다.〔詐傳者 就在內而首先傳出之人言 若在外而轉相傳說者非是〕《집설 권7 104장》

2 조지(詔旨)를……교형이며 : 조지, 의지, 영지는 모두 신민이 마땅히 준수해야 하는 것이다. 이를 거짓으로 전달하면 사람을 해치고 정치를 어지럽힐 수 있으므로 교형이나 참형으로 처벌한다.〔蓋詔旨懿旨令旨 皆臣民所當遵守 詐傳則足以害人而亂政 故坐以絞斬〕《집해 1805쪽》 개(皆)라고 하지 않았으므로 수범과 종범을 구분하여 죄를 논해야 한다.〔既不言皆亦須分首從論罪〕《집설 권7 105장》 수범은 참형이나 교형이고, 종범은 장 100 유 3000리이다.〔爲首者坐以斬絞 爲從者杖一百流三千里也〕《집주(하) 891쪽》

3 황후의……3000리이다 : 홍무30년율에서는 친왕의 영지도 황후의 의지나 황태자의 영지와 같이 교형으로 처벌하였다. 한편《부례(하) 410쪽》에서는 두주(頭註)에 '향본에서는 친왕의 영지를 거짓 전달하면 유형〔鄕本 親王令旨者 流〕'이라고 하여 직해의 내용을 요약하여 소개하였다.

4 거짓으로……있으면 : 문서를 위조한 경우에는 시행 여부의 구별(④ 378 詐僞制書)이 있으나 이 조문에서는 나누지 않았다. 문서는 근거로 삼을 만한 자취가 있으므로 이행·미행을 말할 수 있으나, 구두 명령은 근거로 삼을 자취가 없으므로 반드시 공무를 지시할 때 규피한 실정이 있는 것을 근거로 삼아 사전(詐傳) 여부를 정한다. 만약 지시할 때 규피한 실정이 없으면 사전이 되지 않는다.〔詐僞文書 有已施行未施行之別 而此條不分者 文書有迹可憑 故可言已行未行 言語無迹可憑 何所分別 故必據分付公事有所規避之情而定之 若無分付規避且不成爲詐傳矣〕《집주(하) 892~893쪽》

5 3품……100이고 : 3품·4품 아문관 이하에서 '공무를 분부할 때 규피한 일이 있으면'이라는 말을 생략한 것은 위 문장을 이어받았기 때문이다.〔其三品四品衙門官以下 不言分付公事有所規避者 蒙上文也〕《집설 권7 104장》

이면 장 80이다.[6] 종범은 각각 1등급을 줄인다. 재물을 얻으면[7] 장(贓)을 계산하여 불왕법(不枉法)[8]으로 논한다. 이로 인하여 사실을 왜곡해서 법을 굽히면 왕법(枉法)[9]으로 보되, 각각 무거운 쪽으로 논한다.[10]

379-2 해당 관사에서 알면서도 시행하면 각각 더불어 같은 죄이고,[11] 몰랐으면 처벌하지 않는다.

6 1품……80이다 : 아문의 높고 낮음이 있으면 그 구두 명령의 관계됨도 무겁고 가벼움이 있으며, 거짓으로 전한 죄나 규피한 죄도 역시 이로 말미암는다.〔若言語出於品官 係各屬之所奉行者 其可以詐傳乎……蓋其衙門有大小 則其言語所係有輕重 而其詐傳規避之罪 亦因之〕《집설 권7 103～104장》 구두 명령을 거짓으로 전하는 것은 관계(官階)의 높고 낮음이 죄의 무겁고 가벼움이 되며, 공무를 지시할 때 규피하는 바가 있는 것이 거짓 전달의 근거가 된다. 대개 문서는 실로 근거가 있고 인신(印信)은 각각 맡아 관장하는 곳이 있어서 상급 아문과 하급 아문이 상호 통행할 수 있다. 그러나 구두 명령은 윗사람이 아랫사람에게 지시할 수 있으나, 아랫사람이 윗사람에게 지시할 수는 없다. 그러므로 사위(詐僞)는 아문으로써 논하고, 사전(詐傳)은 품급으로써 논하는 것이다.〔詐傳言語 則以官品之崇卑爲重輕 而以分付公事有所規避爲詐傳之據 蓋文書實有憑據 印信各有執掌 上下衙門之可以通行 而言語則尊可以諭卑 卑不能諭尊 故彼以衙門論 此以品級論〕《집주(하) 892쪽》

7 재물을 얻으면 : 《집설》에서는 득재(得財)에 대해 '구두 명령을 거짓 전달하다〔詐傳言語〕'를 받는 데 그치며, 《소의》에서 조지(詔旨)를 겸하였다고 한 해석은 옳지 않다고 보았다. 황제의 명령을 사칭하면 사형으로 처벌하므로 다시 왕법·불왕법의 통상적인 법으로 비교할 수 없고, 조지를 사전하면 그 죄가 무거워 참형이므로 더 무거운 처벌은 있을 수 없다는 해석이다.〔得財一段 亦止承詐傳言語來 疏議兼詔旨 非是 蓋矯制者 坐以極典矣 尙復以枉法不枉法之常典較之乎 且其罪已至重矣 安得復有重於此者 而從之乎〕《집설 권7 105장》

8 불왕법(不枉法) : ④ 367 官吏受財

9 왕법(枉法) : ④ 367 官吏受財

10 재물을……논한다 : 왕법이나 불왕법으로 득재한 죄를 처벌하되, 사전(詐傳)하여 규피한 본죄와 저울질하여 각각 그 죄의 무거운 쪽으로 논한다.〔仍以枉法不枉法坐罪 與其詐傳規避本罪權之 各從其罪之重者論〕《집설 권7 104장》 가령 1품·2품 아문 관원의 구두 명령을 거짓 전달하여 장(贓)을 얻으면, 장을 계산하여 장 100 도 3년보다 무거우면 장죄로 논하고, 가벼우면 장 100 도 3년을 따른다. 3품·4품과 5품 이하의 사전 규피도 이에 따라 유추할 수 있다.〔如詐傳一二品官言語 計贓重於杖一百徒三年 則從贓論 輕則從杖一百徒三年 其詐傳三品四品五品以下者 可類推也〕《집해 1806쪽》

11 해당……죄이고 : 거짓으로 전하는 것임을 관사에서 알았으면 즉시 적발하여 고발해야 하는데 멋대로 시행하도록 하였으므로 똑같이 죄준다. 그것이 확산되는 것을 막으려는 것이다.〔蓋官司有知 卽當擧發 而輒亦聽行 故同罪之 亦所以遏其流也〕《집설 권7 104장》

379-3 각 아문에서 전량(錢糧) 추징이나 형사 사건 국문(鞫問) 등의 공무를 처리할 때, 해당 관리가 주문(奏聞)하여 재가를 받았기에 그에 따라 시행해야 하는 사안을, 조지를 받들었다고 거짓말하고 추문(追問)하면 참형이다.[12]

직해 조지를 거짓으로 전달하면 참형이다. 황후의 의지나 황태자의 영지이면 교형으로 죽이고, 친왕의 영지이면 장 100에 먼 곳으로 유배 보낸다. 1품·2품 아문 관원의 말을 각 관사에 거짓으로 전달하여 공무를 회피하면 장 100 도 3년이다. 3품·4품 아문 관원의 말은 장 100이고, 5품 이하 아문 관원의 말은 장 80이다. 종범은 각각 1등급을 줄인다. 만일 재물을 받으면 받은 장물을 계산하여 불왕법에 준한다. 이로 인하여 불법으로 일을 꾸미면 왕법에 준하고 각각 무거운 쪽으로 논한다.

(○) 담당 관사에서 잘못임을 알고도 시행하면 죄가 같고, 몰랐으면 처벌하지 않는다.

(○) 각 아문에서 전량을 거두는 일이나 형사 사건을 궁문(窮問)하는 등의 공무에 대해, 담당 관리가 임금에게 아뢰어야 할 사안을 아뢰지 않고서 허위로 왕지를 받았다고 칭하면서 추문하면 참형이다.

해설

황제의 명령을 사칭하거나 관리의 명령을 가칭하는 자를 정죄(定罪)하기 위해 마련한 규정이다. 황제의 명령인 조지(詔旨)나 황후의 의지(懿旨),

12 각……참형이다 : 조지를 거짓으로 전하는 것과 다름이 없으므로 역시 참형으로 처벌한다.〔與詐傳詔旨無異 故亦坐斬〕《집해 1807쪽》〔此矯制之漸 安得不同坐以斬〕《집설 권7 105장》 다른 사람을 속이는 것일 뿐만 아니라 실로 황제를 속이는 것이므로 참형으로 다스려 그 거짓을 막는 것이다.〔不獨欺人 實爲罔上 治以斬罪 防矯僞也〕《소의(하) 514쪽》 중앙이나 지방 각 아문의 해당 관리가 이미 상주(上奏)하여 전량 추징이나 형사 사건 국문을 면제하라는 재가를 받고서도, 조지를 받든다고 거짓말하고 추문하면 이는 곧 거짓으로 조지를 전하는 것이니 또한 참형으로 처벌한다.〔若內外各衙門當該官吏 將已經奏準免追之錢糧 免問之刑名公事 而妄稱奉旨追問 是卽詐傳詔旨矣 亦坐斬〕《집주(하) 892쪽》

황태자의 영지(令旨)를 거짓으로 전하면 황제의 명령을 속이는 것이기에 극형으로 처벌한다. 각 아문 관원의 명령은 모두 군민(軍民)을 호령할 수 있으므로, 만약 거짓으로 전하면 역시 사람을 속이고 정치를 해치는 것이기에 아문의 높고 낮음에 따라 처벌한다. 378조 사위제서(詐僞制書)와 비교 검토할 필요가 있다.

380
대제나 상서를 할 때 속이고 사실대로 하지 않음
對制上書詐不以實

대제(對制)[1]나 주사(奏事),[2] 상서(上書)[3]를 할 때, 속이고[4] 사실대로 하지 않으면 장 100 도 3년이다. 비밀로 해야 할 일이 아닌데도 비밀로 해야 할 것이 있다고 거짓말하면 1등급을 더한다.[5] 제서(制書)를 받들어 추문(推問)하거나 안문(按問)[6]한 사안을 황제에게 보고하면서 사실대로 하지 않으

1 대제(對制) : 황제를 직접 알현하고 질문에 답하는 것이다.〔對制 謂親見被問〕《당률 368조 對制上書不以實》〔對制 謂親被顧問〕《강해 445쪽》〔承制命而回奏曰 對制〕《집주(하) 893쪽》

2 주사(奏事) : ① 67 上書奏事犯諱

3 상서(上書) : ① 67 上書奏事犯諱

4 속이고 : 알고도 숨기고 속이는 것 및 구하거나 회피하는 바가 있는 것 등을 말한다.〔詐 謂知而隱欺及有所求避之類〕《당률 368조 對制上書不以實》

5 비밀로……더한다 : 모반(謀反), 모대역(謀大逆), 모반(謀叛) 등 비밀로 해야 할 사안이 아닌데도 비밀이라고 거짓말하면 1등급을 더하여 장 100 유 2000리이다. 이는 위아래를 모두 속이는 것이다.〔非密而妄言有密 謂非謀反逆叛應密之事 而妄言有密者 加一等 謂杖一百流二千里〕《강해 445쪽》〔非有反逆等項 非密而言有密 是欺上罔下也〕《부례(하) 412쪽》

6 추문(推問)하거나 안문(按問) : 일이 발각되어 조지(詔旨)를 받들어 범죄의 진상을 추국하는 것이 추문이고, 조지를 받들어 그 허실을 자세히 조사하는 것이 안문이다.〔事已發覺 奉旨推鞫其情罪者 謂之推問 奉旨按驗其虛實者 謂之按問〕《집주(하) 894쪽》 추(推)는 사안이 이미 다 드러나 원래 작성한 문서가 있는데 조지를 받들어 실정을 규명하기 위해 국문(鞫問)하는 것이고, 안(按)은 사안이 아직 드러나지 않았지만 담당 관리가 스스로 특별한 조사를 행하되 조지를 받들어 실상을 조사하기 위해 국문하는 것이다. 제서를 받들어 백성들의 이로움이나 괴로움, 농사의 풍흉, 수재나 한재 따위의 실정을 묻는 것 또한 안문이다.〔推 是事已擧發 原行有案 奉旨推情鞫問也 按 是事未發覺 自出特行 奉旨按察鞫問也 奉制以問百姓利苦豐歉水旱之類 亦是〕《부례(하) 412쪽》 한편《강해》·《언해》·《GMC》에서는 추는 고발이 있어 사람을 보내 추문하는 것, 안은 고발한 고장(告狀)이 없으나 관리 등이 죄가 있음을 풍문으로 듣고 제서를 받들어 조사하는 것, 문은 백성들의 이로움이나 괴로움, 농사의 풍흉, 수재나 한재 따위의 실정을 묻는 것이라고 하여 추, 문, 안을 각각 따로 해석하였다.〔推 已有告言 事發遣推者 按 謂風聞官吏人等有罪 未有告言之狀 而奉制按問者 問 謂問百姓疾苦豐歉水旱之類者〕《강해 446쪽》《언해 권15 61장》《GMC 210쪽》

면 장 80 도 2년이다. 사안이 무거우면[7] 타인의 죄를 가볍게 하거나 무겁게 한 죄[8]로 논한다.

직해 임금 앞에서 질문에 대한 답변으로 작성한 문서나 임금에게 아뢰는 문서를 올리는 등의 일을 진실하게 하지 않고 속이거나 거짓으로 하면 장 100 도 3년이다. 기밀 사안이 아닌데도 기밀 사안이라고 거짓으로 칭하면 1등급을 더한다. 왕지(王旨)를 받들어 추문한 일의 상황을 왕에게 아뢰어 보고할 때 사실대로 하지 않는 자는 장 80 도 2년이다. 중대한 사안이면 다른 사람의 죄를 가볍게 하거나 무겁게 한 예로 논한다.

해설

황제에게 올리는 글이나 말에 거짓이 있어서는 안 됨을 규정한 조문이다. 대제(對制), 상서(上書), 주사(奏事)를 거짓으로 하는 것과 기밀 사항이 아닌데 기밀 사항이라고 보고하는 것, 죄인에 대한 국문(鞫問)이나 백성의 질고(疾苦)와 풍흉 등에 대해 거짓으로 보고하는 것 등을 금하였다.

7 사안이 무거우면 : 일의 형편이 장 80 도 2년보다 중한 것이다.〔事情有重於杖八十徒二年〕《소의(하) 515쪽》

8 타인의……죄 : ④ 433 官司出入人罪

381
보초를 위조함
偽造寶鈔

보초(寶鈔)를 위조하면 수범(首犯)과 종범(從犯)을 구분하지 않으며, 와주(窩主) 및 실정을 알고도 사용한 자 모두 참형이다. 재산은 모두 관(官)에 들인다. 고발하여 체포하도록 하면 관에서 상으로 은 250냥을 주고, 더하여 범인의 재산도 지급한다. 이장(里長)이 알면서도 고발하지 않으면 장 100이고, 몰랐으면 처벌하지 않는다. 순포(巡捕)나 파수(把守)[1]하는 관리나 군인이 실정을 알면서도 고의로 놓아주면 더불어 같은 죄이다.[2] 위조한 보초를 수색하여 압수하고는 숨겨서 자신이 차지하고 관에 보내 않으면 장 100 유 3000리이다. 순포를 제대로 하지 못하거나 위조한 보초가 새어 나가게 하면 장 80이고,[3] 더하여 강도의 예에 따라 기한 내에 뒤쫓아 잡도록 한다.[4] 보초를 깎아 내거나 덧붙이거나 그려 넣어서 진짜를 가지고 가짜를 만들면[5] 장 100 유 3000리이다.[6] 종범이나 실정을 알고도 사용한 사람은 장

1 파수(把守) : 창고나 관소(關所) 등을 지키는 것을 맡아서 출입과 왕래를 검사하는 사람이다.《언해 권25 70~71장》

2 더불어 같은 죄이다 : 위조한 자와 같은 죄이나 사죄에 이르면 1등급을 줄인다.〔與僞造者同罪 至死 減一等〕《집해 1816쪽》

3 순포를……80이고 : 만약 위조한 범인을 잡는 데 실패하거나 위조한 보초를 외부로 유출하여 외부에 유통되게 하면 장 80이다.〔若僞造ヲ犯者アルヲ捕フヘクシテ巡捕ニ失シテ拿ヘ不得或ハ巡捕セサルノ故ニ固テ僞造ノ鈔透漏シテ外ニ出テ行ヒ使フコトヲ致ス者ハ巡捕軍役ノ罪杖八十ヲ以テ坐シ〕《언해 권25 71장》

4 강도의……한다 : ④ 418 盜賊捕限

5 진짜를……만들면 : 진짜 보초를 깎아 내거나 글자 모양을 덧붙이거나 필획을 그려 넣어서 가짜 보초를 만드는 것이다.〔以眞作僞 謂以眞鈔挑剜 字樣補輳 描改筆劃 作成僞鈔也〕《집해 1815쪽》 깎아 내거나 덧붙이거나 그려 넣는 것에 대해 구해(舊解)에서는 보초 1장으로 2장을 만드는 것이라고 하였으나 《전석》에서는 이 설명이 이치에 맞지 않는다고 보았다. 보초에 기름때와 물의 흔적이 있거나 문드러지면 모두 사용할 수 없는데, 오염된 자국을 깎아

100 도 3년이다.[7] 뜻을 같이하여 위조한 사람이 잘못을 뉘우쳐 같은 무리들을 붙잡아 자수하면, 본죄(本罪)[8]를 면해 주고 역시 일반인의 예에 따라 똑같이 상을 준다.[9]

직해 보초를 위조하면 수범과 종범을 논하지 않으며, 장소나 물품을 제공한 사람과 실정을 알면서도 사용한 사람은 모두 참형이다. 재산은 모두 몰수하여 관에 들인다. 범인을 붙잡아 직접 고하면, 관에서 상은(賞銀) 250냥을 지급하고, 이에 더하여 범인의 재산도 지급한다. 이장이 알면서도 고하지 않으면 장 100이고, 몰랐으면 처벌하지 않는다. 순포를 위임받은 관원이나 파수를 맡은 관원과 군인이 실정을 알면서도 고의로 놓아 보내면 죄가 같다. 또한 위조한 보초를 수사하다 얻었는데 숨겨 두고 관에 들이지 않으면 장 100에 먼 곳으로 유배 보낸다. 범인을 붙잡지 못하거나 범인이 도망쳐 빠져나가면 장 80이고, 강도를 붙잡도록 정해진 날수의 법례에 따라

내고 다른 보초를 깎아 내서 그것에 덧붙이고 그려 넣으면 서로 보완이 되어 완전한 보초를 이루게 되는 것이지, 보초 1장을 보초 2장으로 고칠 수 있는 것은 아니라고 하였다.〔挑剜補輳描改 舊解謂將一鈔改爲二鈔 恐無此理 蓋鈔有油汚水迹破爛 竝不堪行使 故將汚迹挑剜而又挑剜他鈔以補輳之 描改卽施之破爛不明之處者 彼此相補 卽成完鈔 非一鈔可改二鈔也〕《전석 권24 9장》 ② 125 鈔法

6 보초를……3000리이다 : 보초를 위조하여 사용하면 엄히 처벌할 뿐 아니라, 보초를 깎아 내거나 덧붙이거나 그려 넣어서, 예컨대 보초의 관수(貫數)를 적은 숫자를 많은 숫자로 올려 진짜를 가지고 가짜를 만들면 이것은 위조의 조짐이므로 장 100 유 3000리이다.〔非但僞造行使者 嚴以坐之 將寶鈔挑剜補輳描改 如將貫數增少作多而以眞作僞者 是卽僞造之漸矣 杖一百流三千里〕《집설 권7 110장》〔或謂將貫數增少作多者 亦非是 以眞作僞 故減僞造一等 杖一百流三千里〕《전석 권24 9장》

7 종범이나……3년이다 : 종범이나 실정을 알면서 사용한 자도 진짜를 가지고 가짜를 만든 죄에서 1등급을 줄인 장 100 도 3년이다.〔爲從及知情行使者 又減一等 杖一百徒三年〕《전석 권24 9장》〔其爲從及知其挑改之情而與之行使者 是卽行僞之漸矣 杖一百徒三年〕《집설 권7 110장》

8 본죄(本罪) : 죄인이 된 소이(所以)의 죄이다. 《율연7 317쪽》

9 뜻을……준다 : 이와 같이 하면 같은 무리를 포획하여 자수하는 자는 늘어나고 위조하는 자는 줄어들 것이다.〔同造之人 能自悔過 捕獲同伴首告者 免己本罪 仍依常人 一體給賞 如此則告捕多而僞造少矣〕《집해 1816～1817쪽》

추적하여 붙잡도록 한다. 보초를 글자의 모양을 깎거나 자투리를 모아 깁거나, 그림을 그려 넣어 고치거나, 진짜를 가짜로 만들면 장 100이고 먼 곳으로 유배 보낸다. 종범이나 실정을 알면서도 사용한 자는 장 100 도 3년이다. 함께 위조한 사람이 능히 잘못을 깨닫고 자기 무리들을 붙잡아 직접 고하면, 그의 죄를 사면해 주고 다른 사람과 같은 예로 상을 지급한다.

해설

명 초에 보초와 동전을 제조하여 함께 사용하였는데, 화폐는 천하의 재용에 매우 중요하므로 위조범을 엄히 처벌하기 위해 제정한 규정이다. 78조 누용초인(漏用鈔印), 125조 초법(鈔法) 등에 연관 조문이 있고, 형량은 418조 도적포한(盜賊捕限)과 389조 위조인신역일등(僞造印信曆日等)과 연동되며, 기타 화폐 관련 조문은 126조 전법(錢法), 382조 사주동전(私鑄銅錢) 등이 있다.

382
동전을 사사로이 주조함
私鑄銅錢

동전을 사사로이 주조하면 교형이다.[1] 장인(匠人)도 죄가 같다.[2] 종범(從犯)과 실정을 알면서도 매입하여 사용한 사람은 각각 1등급을 줄인다.[3] 고발하여 체포하게 하면 관(官)에서 상으로 은 50냥을 지급한다. 이장(里長)이 알면서도 고발하지 않으면 장 100이고, 몰랐으면 처벌하지 않는다. 현재 사용하는 동전을 깎고 갈아 얇고 작게 만들어서 구리를 얻어 이득을 취하면 장 100이다.[4] 금이나 은을 위조하면 장 100 도 3년이다.[5] 종범이나 실정을 알면서도 매입하여 사용한 사람은 각각 1등급을 줄인다.[6]

1 사사로이 주조하면 교형이다 : 보초나 동전을 위조하여 쓰는 것은 같으나 범인에 대한 형벌은 참형과 교형으로 각각 다르다. 이에 대해 《부례》는, 동전은 역대(歷代)에서 공유하는 것이므로 위조하면 교형이고 보초는 홍무제가 역점을 두고 추진하는 제도이므로 위조하면 참형으로 그 금하는 것을 무겁게 하는 것이라고 보았다.〔寶鈔銅錢用同 而罰異者 蓋錢爲列代之所共有 鈔無前代者 係國朝專制 故重其禁〕《부례(하) 419쪽》 반면 《전석》에서는, 동전을 사사로이 주조한 죄가 보초를 위조한 죄보다 가벼운 것은, 보초의 이로움이 동전보다 크고 보초를 위조하는 것이 동전을 사사로이 주조하는 것보다 용이하여 사람들이 범하기 쉽기 때문에, 보초 위조에 대한 처벌을 더 무겁게 한 것이라고 해석하였다.〔私錢之罪 輕於僞鈔者 鈔之爲利 重於錢 而其成也 易於錢 恐人易犯 故重之也 或謂銅錢前代通行 寶鈔國初之制 故罪有輕重之分 非是〕《전석 권24 9장》

2 장인(匠人)도 죄가 같다 : 위 구에 개(皆) 자가 없는 것으로 보아 수범(首犯) 1인만 교형이고 나머지는 모두 등급을 줄여 충군의 예를 인용함을 알 수 있다.〔匠人罪同者 止科爲首一人絞 餘俱減等 引充軍例 觀上句無皆字可見〕《부례(하) 419쪽》

3 종범(從犯)과……줄인다 : 장 100 유 3000리이다.〔杖一百 流三千里〕《강해 448쪽》 남의 동전을 훔치면서 그것이 사사로이 주조한 것임을 알았다면 실정을 알고 매입하여 사용한 것에 따른다.〔盜人錢 知是私鑄者 依知情買使〕《부례(하) 419쪽》

4 현재……100이다 : 위조한 것과는 다르므로 장 100에 그친다.〔與僞造者異矣 故止杖一百〕《석의 권24 8장》

5 금이나……3년이다 : 금은의 순도가 부족한 것은 가짜로 만든 것이 아니므로 이 율을 적용하지 않는다.〔金銀成色不足 非係假造 不用此律〕《집주(하) 898쪽》 ② 143 起解金銀足色

직해 동전을 사사로이 주조하면 교형으로 죽인다. 장인도 죄가 같다. 종범이나 실정을 알면서도 매입하여 사용한 자는 각각 1등급을 줄인다. 고발하여 체포하면 관에서 상은(賞銀) 50냥을 지급한다. 이장이 알면서도 고하지 않으면 장 100이고, 몰랐으면 처벌하지 않는다. 당시 사용하는 동전을 얇고 작게 하기 위해 갈아서 구리를 얻어 이득을 보면 장 100이다. 금이나 은을 위조하면 장 100 도 3년이다. 종범과 실정을 알면서도 매입하여 사용한 자는 1등급을 줄인다.

해설

동전과 금은의 위조를 금하기 위한 규정이다. 동전과 보초(寶鈔)가 같이 통행되었으나 보초를 위조한 것을 특히 중하게 여긴 것은 동전의 통행은 이미 오래된 반면 보초의 법은 명 초에 생겼기 때문이고, 금은과 같이 통행되었으나 동전을 사사로이 주조한 죄가 무거운 것은 주조하는 권한이 국가에 있는데 이를 침해하였기 때문이다.

6 종범이나……줄인다 : 각각 장 90 도 2년 반이다.〔各杖九十 徒二年半〕《강해 449쪽》

383
가짜 관직을 사칭함
詐假官

383-1 가짜 관직을 사칭하거나,[1] 가짜로 타인에게 관직을 주면[2] 참형이

1 가짜 관직을 사칭하거나 : 자신은 본래 관직이 없는데, 혹 이부의 차부(箚付), 즉 상급 관사가 하급 관사에 주는 공문을 위조하여 지방에 나가 일 처리를 하거나, 위조한 관원 신분증을 소지하고 서울에서 출입하거나, 타인의 증빙 차부를 습득하여 직임을 물려받았다고 사칭하는 것 등이 모두 이에 해당한다. 만약 관직을 칭하되 증빙 문서가 없고 일 처리를 하지 않았으면, 2항의 관직이 없으면서 관직이 있다고 사칭한 죄이며, 본 항의 가짜 관직을 사칭한 죄로 논하기 어렵다.〔詐假官者 本身本無官職 或詐爲箚付文憑 而出外行事 或懸帶僞造牙牌 而在京出入 或拾得他人憑箚 而冒頂襲任 皆是 若口稱官 而無文憑 未曾行事 則爲無官詐稱有官 難以詐假官論〕《전석 권24 11장》 혹자는 관원을 사칭한다 함은 가짜 관문으로 역마를 받는 것도 겸하여 말한 것이라고 한다. 그러나 이에 대하여는 따로 사신을 사칭하여 역마를 탄 행위에 대한 율문(④ 384 詐稱內使等官)이 있고,〔或以假官 兼詐關給驛者言之 然此自有詐稱使臣乘驛之律〕《전석 권24 11장》 만약 관방패면(關防牌面)(③ 210 關防內使出入)을 습득하여 거짓으로 착용하고 조참(朝參)하면 따로 병부의 본율(③ 207 內府工作人匠替役)이 있다.〔若拾得關防牌面 詐帶朝參者 另有兵部本律〕《집주(하) 901쪽》 한편 사가관(詐假官)의 해석에 대해 《율연》·《GMC》·《언해》에서는 '관을 사가(詐假)하다'로 파악하였으나, 뒤에 나오는 수가관(受假官)은 '가관(假官)을 수(受)하다'로 볼 수밖에 없기 때문에 본 번역에서는 '가짜 관직을 사칭하다'로 보았다.

2 가짜로……주면 : 타인이 본래 관직이 없는데, 가짜로 증빙 차부를 만들어 타인에게 관직을 주거나, 습득한 타인의 증빙 차부를 어떤 사람에게 팔아 그로 하여금 받아서 임소(任所)에 가서 일을 처리하게 하는 것이 모두 이에 해당한다. 만약 습득한 공명(空名) 차부를 타인에게 팔아, 그가 관복을 갖추고 몸을 영광되게 하면 가짜로 타인에게 관직을 준 죄로 논하기 어렵다.〔假與人官者 他人本無官職 而假爲憑箚 與人以官 或將所得他人憑箚 賣與一人使之承領到任管事 皆是 若以所得空名箚付 賣與人 冠帶榮身者 難以假與人官論〕《전석 권24 11장》 만약 본인이 늙거나 잔질·폐질 등을 앓고 있어서 증빙 문서를 타인에게 팔면 왕법장(枉法贓)의 죄(④ 367 官吏受財)를, 가장이 관아의 사무를 보는 데 선발되었는데 가인이 증빙 문서를 타인에게 팔면 사기죄(③ 297 詐欺官私取財)를, 제멋대로 관복을 갖추고 관원이라고 사칭하되 요구하는 바가 없으면 위제(違制)의 죄(① 64 制書有違)를 물으며, 요구하는 바가 있어야 비로소 아래 절의 장 100 도 3년의 죄를 묻는다.〔若本身年老殘癈等項 將憑札賣人 問枉法 若家長選官事 故家人將憑賣人 問詐欺 如擅自冠帶 詐稱是官 無所求爲 問違制 有所求爲 方問下節徒罪〕《전석 권24 11장》 만약 자신이 선발되어 얻은 관직을 타인에게 팔거나, 본래의 관원이 증빙을 수령하고 죽어서 가인이 사사로이 타인에게 파는 것은 모두

다.[3] 실정을 알고도 가짜 관직을 받으면 장 100 유 3000리이고,[4] 몰랐으면 처벌하지 않는다.[5]

383-2 관직이 없는데도 관직이 있다고 사칭하여[6] 요구하는 것[7]이 있거나,[8] 혹은 관사에서 차견(差遣)하였다고 사칭하고 사람을 체포하거나,[9] 관

가짜로 타인에게 관직을 주는 것과 다르므로 장을 계산하여 왕법장으로 과단하고, 매입한 사람은 본율에 따른다. 증빙을 수령한 관원이 죽은 후 가인이 이름을 사칭하여 부임하면 이는 가짜 관직을 사칭한 것이다.〔若將本身選得之官 頂賣與人 或本官領憑身故 家人私賣與人 皆與假與人官不同 應計贓科以枉法 買者自照本律 若領憑之官身死 家人冒名赴任 則是詐假官矣〕《집주(하) 902쪽》

3 참형이다 :《회해(會解)》에는 가짜 관직을 사칭한 경우 임소에 가서 일을 처리한 실상이 없으면 다만 이 조문 2항의 관원의 이름을 사칭한 죄에 따르되, 사칭한 관직에 차부 등의 증빙 문서가 없으면 또한 가짜 관직을 사칭한 이에게 참형죄를 묻기 어렵다고 보았다.〔會解云 假官 無到任行事之實 止依詐冒官員姓名 若無憑劄 亦難問斬〕《언해 권25 77～78장》

4 실정을……3000리이고 : 반드시 사칭한 관직에 차부 등의 증빙 문서가 있어야 처벌한다. 다만 증빙 문서는 모두 가짜로 관직을 준 사람이 만든 것이므로 가짜 관직을 받은 사람은 감등한다.〔須有劄付文憑方坐 但憑劄 皆係與者所造 故減等〕《집주(하) 900쪽》

5 몰랐으면 처벌하지 않는다 :《집주》에서는 부지부좌(不知不坐)는 불필요한 말인 듯하다고 하였다. 자신이 본래 관직이 없으므로 타인의 관직을 받고서 그것이 가짜인 줄 몰랐다고 할 수 없다는 것이다. 이에 대해 원래 관직이 있는 사람이 아직 관직을 반환해야 할 때가 아닌데, 자신의 본래 관함(官銜)에 비추어 가짜로 증빙을 만들어 준 것이라고 보는 견해도 있으나 가짜 관직을 주고받음에 반드시 이유가 있을 것이므로 어떤 경우든 몰랐다고 하기는 어렵다고 보았다.〔受假官者 不知不坐 此四字 恐是衍文 已本無官 何得受人之官 而云不知其假耶 或謂原有官職之人 尙未應還 照其本銜 而假造憑劄以與之 然假官與受 必非無因 總難言不知也〕《집주(하) 901쪽》

6 사칭하여 : 사칭이라고 한 것은, 단지 명의를 가차하고 구두로 의탁하여 요구하는 근거로 삼았을 뿐이며, 그가 관직이 있는 자라고 칭하는 원래 증빙 문서인 차부는 없는 것이다.〔詐稱云者 止是假借名色 托諸語言 以爲求爲之地 其稱有官者 原無憑劄〕《집주(하) 900쪽》

7 요구하는 것 : 관직이 있는 사람의 권세를 빌려, 자기 혼자서는 할 수 없는 일을 하려고 꾀하여 추구하는 것을 통틀어 이른다.〔凡ソ官アル人ノ權勢ヲ假テ私ニ爲ルコトヲ不得所ヲ爲ント謀求ルヲ總テ言フ也〕《언해 권25 78장》

8 관직이 없는데도……있거나 : 자기가 본래 관작이 없고, 또한 판보(判補) 등의 증명서도 없는데, 아무 관원이라고 사칭하여, 지방에서 속여 재물을 요구하거나 어떤 일을 하려고 꾀하는 것이다.〔若本身本無官爵 亦無判補等項文憑 詐稱係是某官 在外欺誑 求索謀爲者〕《소의(하) 525쪽》

9 관사에서……체포하거나 : 차견되었다고 사칭한 것으로 볼 때 원래 비패(批牌)가 없었음을

원의 이름을 사칭하면[10] 장 100 도 3년이다. 현임 관원의 아들·손자·동생·조카·가인(家人)[11]·총령(摠領)[12] 등을 사칭하여 현임 관원이 다스리는[13] 관할 지역 내에서 요구하는 바가 있으면 장 100이다. 종범은 각각 1등급을 줄인다.[14] 재물을 얻으면 모두 장(贓)을 계산하여 절도[15]에 준하여 처리하되, 무거운 쪽으로 논한다. 해당 관사에서 알면서도 들어주어 시행하면 더불어 같은 죄이고, 몰랐으면 처벌하지 않는다.[16]

직해 가짜 관직을 다른 사람에게 거짓으로 주면 참형이다. 실정을 알면서도 가짜 관직을 받아 사용하면 장 100에 먼 곳으로 유배 보낸다. 몰랐으면 처벌하지 않는다.

(○) 관직이 없는 사람이 관직이 있다고 거짓으로 칭하면서 요구하는 바가

알 수 있다.〔稱差遣者 原無批牌可知也〕《집주(하) 900쪽》

10 관직이 없는데도……사칭하면 : 이상 세 가지 사항은 모두 요구하는 것이 있음을 중요시한다.〔以上三項 總重有所求爲〕《집주(하) 900쪽》 비록 사칭(詐稱)·사모(詐冒)하였더라도 요구한 것이 없으면 이 율을 적용하지 않는다.〔其雖詐稱詐冒 而不曾求爲者 不用此律〕《전석 권24 11장》

11 가인(家人) : 이성(異姓)이나 무복친(無服親)을 구분하지 않고, 단지 동거만 하면 모두 가인이다.〔家人 不分異姓有無服 但同居卽是〕《부례(하) 161쪽》

12 총령(摠領) : 관인의 수하로서 모든 일을 영장(領掌)하는 사람으로, 일본에서 피관(被管)이라고 하는 사람의 부류이다. 《강해》에서 "총령은 그가 총령하는 바의 사람이다. 병패(兵牌)와 같은 따위가 이것이다."라고 하였다.〔官人ノ手下トシテ總テ領掌スル所ノ者也此ニテ被管ト云者ノ類也 講解云總領其所總領之人如兵牌等 是也〕《언해 권25 78장》

13 다스리는 : 원문은 안림(按臨)인데, 안(按)은 안치(按治)하는 것이고, 임(臨)은 위로부터 아래에 임하는 것이다. 안찰(按察)의 일로 말미암아 임하여 아래를 다스리는 것을 모두 안림이라고 한다.〔按ハ按治スル也臨ハ上ヨリ下ニ臨ム也凡ソ按察ノ事ニ因リ臨テ下ヲ治ルヲ總テ按臨ト云〕《언해 권25 78장》

14 종범은……줄인다 : 2항의 사칭 이하를 모두 받아서 말한 것이다.〔承詐稱以下言〕《전석 권24 11장》

15 절도 : ③ 292 竊盜

16 해당……않는다 : 위의 문장을 통틀어 받아서 말한 것이다. 사죄에 이르면 조율(照律)하여 감등한다. 속(贖)을 바치고 정해진 날수를 채우면 부과하고 본래의 직역으로 돌려보낸다.〔通承上言 至死 照律減等 納贖完日 附過還職役〕《전석 권24 11장》 후대의 이본들에서는 이 부분이 별도의 항으로 구분되어 있다.

있거나, 혹은 관사의 차사(差使)라고 거짓으로 칭하면서 사람을 체포하거나, 관원의 이름을 망녕되게 자칭하면 장 100 도 3년이다. 현임 관원의 아들이나 손자, 동생, 조카 및 가인이라고 망녕되게 칭하면서 부임한 지역 내에서 요구하는 바가 있으면 장 100이고, 종범은 각각 1등급을 줄인다. 이로 인하여 재물을 얻으면 모두 장물을 계산하여 절도에 준하되 무거운 쪽으로 논한다. 담당 관사에서 알면서도 들어주어 시행하면 죄가 같다. 몰랐으면 처벌하지 않는다.

해설

관직을 사칭하는 행위에 대한 처벌 규정이다. 증빙 문서를 위조하여 관직을 사칭하면 참형 등으로 무겁게 처벌하고, 증빙 문서를 위조하는 일 없이 말로만 관직을 사칭하면 상대적으로 가볍게 처벌한다.

384
내사 등의 관직을 사칭함
詐稱內使等官

384-1 내사(內使),[1] 도독부(都督府)[2]·사보(四輔)[3]·간원(諫院)[4] 등의 관원이나 육부(六部)[5]·감찰 어사(監察御史)[6]·안찰사(按察司)[7] 등의 관원이라고 사칭하고 지방에서 사무를 체찰(體察)[8]하면서 관부를 거짓말로 속이거나 인민(人民)을 선동하여 현혹하면 참형이다.[9] 실정을 알고도 수행(隨行)하면 1등급을 줄인다.[10] 해당 관사가 알면서도 들어주어 시행하면 더불어 같은 죄이고, 몰랐으면 처벌하지 않는다.

1 내사(內使) : 황제의 조령(詔令)을 전달하는 내감(內監)(③ 210 關防內使出入)의 근신(近臣)이다. 《전석 권24 13장》

2 도독부(都督府) : ① 4 應議者犯罪

3 사보(四輔) : ① 4 應議者犯罪

4 간원(諫院) : 간쟁을 담당하는 어사대(御史臺)의 별칭이며 조정의 이목이다. 《전석 권24 13장》

5 육부(六部) : ① 67 上書奏事犯諱

6 감찰 어사(監察御史) : ④ 357 告狀不受理

7 안찰사(按察司) : ① 5 職官有犯

8 체찰(體察) : 체(體)는 《중용(中庸)》의 체군신(體羣臣)의 체(體)와 같은 뜻이다. 자신을 그 사람의 처지에 놓고서 깊이 그 마음을 살피는 것이다.〔體ハ中庸ノ體羣臣ト云體字ノ意也 身ヲ以テ其ノ地ニ處テ深ク其心ヲ察スル也〕《언해 권25 88장》

9 내사(內使)……참형이다 : 내사, 도독부, 사보, 간원, 육부, 감찰 어사, 안찰사 등은 모두 긴요한 관직이다. 이런 관원이라고 사칭하여 지방에서 사무를 체찰하면 반드시 관부를 기망하고 인민을 선동하여 현혹하는 데 이르므로 참형이다.〔內使都督府四輔諫院六部監察御史按察司官 皆要官也 詐稱此官 在外體察事務 必致欺誑官府 扇惑人民 故斬〕《집해 1826쪽》

10 실정을……줄인다 : 가령 거짓으로 관아에서 각종 차역(差役)을 담당하는 조례(皁隸)나 벼슬아치를 수행하는 근수(跟隨)가 되는 따위로 장 100 유 3000리이다.〔知情隨行之人 如詐作皁隸跟隨之類 減一等 杖一百流三千里〕《집해 1827쪽》

384-2 사신(使臣)을 사칭하여 역마를 타면 장 100 유 3000리이다. 종범은 1등급을 줄인다. 역관이 알면서도 요구에 응하여 말을 내주면 더불어 같은 죄이고, 실정을 몰랐더라도 검문을 제대로 하지 못하였으면 태 50이다. 부험(符驗)을 가지고 있어서 요구에 응하여 말을 내주면 처벌하지 않는다.
직해 내사 및 도평의사사·대성(臺省)·육조·안렴사 등의 관원이라 하면서 지방에 나가 사무를 체찰한다고 내세워 관사를 속이고 인민을 현혹하여 혼란시키면 참형이다. 실정을 알고서도 따라 행하면 1등급을 줄인다. 담당 관사에서 잘못임을 알고도 들어주어 시행하면 죄가 같다. 몰랐으면 처벌하지 않는다.
(◯) 사명을 받들었다고 거짓으로 칭하여 포마(鋪馬)를 타거나 가져가면 장 100에 먼 곳으로 유배 보낸다. 종범은 1등급을 줄인다. 역관이 거짓임을 알면서도 말을 지급하면 죄가 같다. 실정을 알지 못하였어도 추고하지 않았으면 태 50이다. 법례에 따라 포마를 내주라는 문서가 있어서 말을 지급하면 처벌하지 않는다.

해설

본 조문은 383조 사가관(詐假官)과 내용이 중복되는 측면이 있지만 383조의 관직이 없는데도 관직이 있다고 사칭하는 행위 중 중요한 것에 대해서만 규정하였다는 점에서 383조의 특별법에 해당한다고 볼 수 있다.

385
근시하는 사람이 사행을 사칭함
近侍詐稱私行

근시(近侍)하는 사람[1]이 지방에서 사행(私行)[2]을 사칭하고 사무를 체찰(體察)해서 인민을 선동하여 현혹하면 참형이다.[3]-근시하는 사람이란 예컨대 급사중(給事中),[4] 상보(尙寶) 등의 관원과 봉어 내사(奉御內使), 의란사(儀鸞司)[5]의 관원

1 근시(近侍)하는 사람 : 문직(文職)은 육과급사중과 상보사의 경(卿)·승(丞) 등의 관원, 내신(內臣)은 봉어 내사와 같은 사람들, 무직(武職)은 의란사의 관원·군교 따위이다.〔近侍之人 文職如六科給事中尙寶卿丞等 內臣如奉御內使之屬 武職如儀鸞司官校之類〕《전석 권24 14~15장》 근시하는 사람은 조정의 일을 잘 알기 때문에 쉽게 남을 속인다.〔近侍之人 習知朝廷之事 易以欺人〕《집주(하) 906쪽》

2 사행(私行) : 관아나 민간에서 명확히 드러나지 않은 일을 몰래 현지 조사하는 것이다.〔私行者 暗行體察官府及民間不明之事也〕《집해 1829쪽》〔私行者 暗行體察官府及民間不明之事也〕《전석 권24 15장》

3 근시(近侍)하는……참형이다 : 근시 관원이 되어 천자의 중요한 권력을 가탁하여 훔치는 것이므로 참형으로 처벌한다.〔是爲官而矯竊天子之機權矣 以斬坐之〕《집설 권7 115장》 근시는 황제 가까이 있는 사람이므로 사행(私行)을 사칭하면 백성을 어지럽히고 대중을 현혹할 수 있다. 근시가 사행을 사칭하는 것은 384조 사칭내사등관(詐稱內使等官)처럼 관직이 없으면서 사칭하는 것은 아니지만 관직이 없으면서 사칭하는 것과 다르지 않으므로 역시 참형으로 처벌한다.〔近侍 近君之人 詐稱私行 可以亂民惑衆 其與無官而詐稱何異哉 故亦坐以斬也〕《석의 권24 11장》 384조 사칭내사등관의 "해당 관사가 실정을 알면서도 시행하는" 경우를 말하지 않았는데, 사행을 사칭하는 것은 관부가 관여되는 일이 없기 때문이다. 비록 사행을 사칭하는 일은 거짓이지만 그 사행을 하는 사람은 거짓이 아니므로 지방 관사는 사행이 사칭임을 알 수 없을 것이며, 또한 사칭임을 알았다면 알면서도 시행하는 일은 없을 것이다.〔不言當該官司知情者 蓋詐稱私行 無預官府 雖其事則詐 其人則眞 在外官司 將孰從知其詐乎 而又何聽行之有〕《전석 권24 14~15장》

4 급사중(給事中) : 관직명이다. 진대(秦代)·한대(漢代)에 이 직함이 부여되면 궁정 출입이 가능하고 제왕의 좌우에 항상 다가갈 수 있었다. 위대(魏代)·진대(晉代)에 비로소 정관(正官)이 되었고 수대(隋代)에 급사랑(給事郞)으로 개칭되었다. 당송 이래 문하성(門下省)의 요직이 되었으며 급간(給諫) 혹은 급사(給事)로도 불렸다.

5 의란사(儀鸞司) : 본래의 명칭은 동화원사(同和院使)였는데 907년(개평1)에 의란사로 개칭되었다. 황제의 의장(儀仗)을 담당하였다. 송대에는 위위사(衛尉寺)에 소속되어 황제의

과 교위(校尉)와 같은 따위를 이른다.-

직해 가까이 모시는 사람이 사행(私行)으로 지방에 내려갔다고 망녕되게 칭하면서 사무를 체찰하고 인민을 현혹하여 혼란시키면 참형이다.

해설

황제의 근신이 봉명(奉命)을 사칭하고 지방 민심의 동향을 사사로이 조사하는 것을 금하는 규정이다. 황제 곁에서 심부름이나 경비를 맡고 있는 근시들이 황제의 명을 받들었다고 사칭하고 지방을 암행하는 것을 금한 것이다. 비록 384조 사칭내사등관(詐稱內使等官)처럼 관직도 없으면서 사칭하는 것은 아니지만, 역시 백성을 어지럽히고 대중을 현혹하는 것이므로 참형으로 처벌한다.

친사 교묘(親祠郊廟), 출순(出巡), 연향(宴享), 궁정 공장(宮廷供帳)을 담당하였다. 명 초에 친군도위부(親軍都尉府)에 속하였다가 1382년(홍무15)에 폐지되고 그 역할을 금의위(錦衣衛)가 담당하게 되었다.

386
상서로운 징조라고 거짓으로 속임
詐爲瑞應

상서로운 징조[1]라고 거짓으로 속이면[2] 장 60 도 1년이다. 재앙[3]이나 상서 따위가 발생하였는데도 흠천감(欽天監) 관원이 사실대로 보고하지 않으면 2등급을 더한다.[4]

직해 있지도 않은 일로 상서롭다고 거짓으로 칭하면 장 60 도 1년이다. 재이(災異)나 상서로운 일을 서운관(書雲觀)에서 진실대로 아뢰지 않으면 2등급을 더한다.

해설

상서로움을 속이는 것을 금하기 위한 규정이다. 일반 관리가 속이는 것과 흠천감 관원이 속이는 것을 나누어 처벌의 경중을 정하였다.

1 상서로운 징조 : 원문의 서(瑞)란 상서로운 별이나 상서로운 구름과 같은 따위인데 모두 일에 대하여 감응하기 때문에 상서로운 징조라고 한다.〔瑞 如景星慶雲之類 皆以事應 故曰瑞應〕《석의 권24 11장》

2 상서로운……속이면 : 기린, 봉황, 거북, 용, 경성(景星), 경운(慶雲), 감로(甘露), 영지(靈芝) 따위가 본래는 없는데 거짓으로 속여 책이나 그림으로 아뢰는 것이다.〔瑞應 是麟鳳龜龍景星慶雲甘露靈芝之類 本無而詐僞書冊圖像奏進者〕《부례(하) 430쪽》

3 재앙 : 요기가 서리는 것, 별자리가 상도(常度)를 벗어나 혜성(彗星)이 두성(斗星)을 침범하는 것, 태백성(太白星)이 한낮에 하늘을 지나가는 현상, 얼음이 얼거나 우레가 치거나 가뭄이 들거나 홍수가 지는 일이다.〔災 是氣祲 星辰失度 彗星犯斗 太白經天 氷雷旱澇〕《부례(하) 430쪽》

4 흠천감(欽天監)……더한다 : 흠천감 관원은 천문을 전담하는데 재해나 상서로운 일 따위에 대해 사실대로 대답하지 않고 거짓으로 길흉을 말하면 그 기만함이 더욱 중하기 때문에 장 60 도 1년에 2등급을 더하여 장 80 도 2년이다.〔欽天監官 職專天文 而於災祥之類 不以實對 妄言休咎者 其欺尤重 故加二等 杖八十徒二年也〕《석의 권24 11장》

387
질병·사망·상해를 사칭하여 일을 피함

詐病死傷避事

387-1 관원이나 이전(吏典) 등이 질병을 사칭하고 일에 임하여 어려움을 피하면 태 40이다. 회피한 사안이 무거우면 장 80이다.[1] 죄를 범하여 심문을 기다리면서[2] 고의로 자신을 상해하여 잔질(殘疾)에 이르면 장 100이다. 죽었다고 사칭하면 장 100 도 3년이다.[3] 회피한 사안이 무거우면 각각 무거운 쪽으로 논한다.[4] 회피하는 일은 없지만 고의로 자신을 상해하여 잔질에

1 회피한……80이다 : 어려움을 피하였는데 회피한 사안이 중한 경우는 〈이율(吏律)〉 55조 천리직역(擅離職役)에 보인다. 본 조문은 질병을 사칭하여 어려움을 피하는 것에 대한 규정이므로 55조의 어려움을 피하려고 도망한 죄가 본 조문에 비해 사안이 더 중하다고 볼 수 있다. 한편 49조 대신전천선관(大臣專擅選官)은 황제가 직접 대면하여 유시하고 파견하거나 개제(改除)하였는데 핑계를 대며 부임하지 않는 것에 대한 규정인데 상황은 본 조문과 비슷하나 49조의 범죄 행위가 핑곗거리가 많은 것인 데 비해 본 조문의 범죄 행위는 단지 질병을 사칭하는 것이다.〔避難事重 俱說見吏律擅離職役條下 彼言避難在逃 此則言詐病避難 比在逃之情爲輕矣 又面諭差遣改除託故不行 亦與此避事者相似 然彼之託故 所託者多端 此則特詐病耳〕《전석 권24 15장》

2 심문을 기다리면서 : 죄를 범하여 관에 있으나 아직 심문을 거치지 않은 것이 대대(待對)이다.〔犯罪在官 未曾審問 謂之待對〕《집주(하) 908쪽》

3 죄를……3년이다 : 죄를 범하여 심문을 기다리면서 고의로 손·발·귀·눈 등 신체를 상해하여 잔질(殘疾)이 되어 신국(訊鞫)을 면하기를 도모하면 장 100이고, 죽었다고 거짓말하고 관에 나오지 않으면 장 100 도 3년이다. 이것은 다만 잔질에 이르거나 죽음을 사칭한 죄를 처벌하는 것일 뿐이며, 그들이 범한 죄는 다시 별도로 논한다. 만약 도망하였다면 또한 죄를 범하고 도망한 데 대한 율(① 30 犯罪事發在逃 ④ 413 獄囚脫監及反獄在逃)을 적용한다.〔囚人犯罪待對之時 故自傷殘膚體 以祈免訊鞫者 杖一百 詐言死亡而不出官者 杖一百徒三年 此特治其自殘與詐死耳 其所犯之罪 則又別論也 若逃則又有犯罪在逃之律〕《전석 권24 15장》〔犯罪待罪 故自傷殘其手足耳目 或詐死者 皆欲避罪也 故傷殘杖一百 詐死杖一百徒三年〕《집해 1831~1832쪽》

4 회피한……논한다 : 고의로 자신을 상해하여 잔질에 이르거나 죽음을 사칭한 죄와 회피한 죄의 형량을 비교하여 과단한다. 예컨대 피한 죄가 장 100이나 장 100 도 3년보다 중하면 본죄를 따르고, 가벼우면 상해하여 잔질에 이르거나 죽음을 사칭한 죄로 과단한다. 그러므

이르면 장 80이다.[5] 대가를 받고 고용되어 타인을 상해하여 잔질에 이르게 하면 범인과 더불어 같은 죄이다. 이로 인하여 죽게 하면 투살죄(鬪殺罪)[6]에서 1등급을 줄인다.

387-2 해당 관사가 실정을 알고서도 들어주어 시행하면 더불어 같은 죄이고, 몰랐으면 처벌하지 않는다.

직해 관원이나 아전들이 질병을 사칭하고 일에 임하여 어려움을 회피하면 태 40이고, 중한 일이면 장 80이다. 범인의 죄를 심문할 때 고의로 자기 몸에 잔질의 상해를 입히면 장 100이다. 죽은 것으로 사칭하면 장 100 도 3년이다. 회피한 일이 중하면 무거운 쪽으로 논한다. 회피할 이유 없이 고의로 자기 몸에 잔질의 상해를 입히면 장 80이다. 남의 돈이나 물건을 받고 그 사람에게 잔질의 상해를 입히면 범인과 같은 죄이다. 이로 인하여 죽게 하면 싸우다가 죽인 죄에서 1등급을 줄인다.

(○) 담당 관사에서 실정을 알면서도 들어주어 시행하면 죄가 같고, 몰랐으면 처벌하지 않는다.

해설

거짓으로 일을 피하는 경우, 즉 관원과 이전이 질환 등으로 일을 피하거나,

로 각기 무거운 쪽으로 논한다고 말한 것이다.〔將故自傷殘及詐死之罪 與所避之罪 較量科斷 如所避之罪 重於滿杖滿徒則從本罪 輕則仍從傷殘詐死科之 故曰 各從重論〕《집주(하) 907쪽》〔所避之罪 重於杖一百徒三年者 則從所避之罪論〕《집해 1832쪽》〔所避事重 承自殘與詐死兩項而言 此句正與上兩句意相足 蓋所避之事 輕於滿杖滿徒則從杖徒之罪 若重則 從其重者論 而不在自殘杖一百詐死徒三年之限〕《전석 권24 15장》

5 회피하는……80이다 : 죄를 범하지 않았는데 타인과 성을 내어 싸우거나 혹은 어떤 일로 인해 죄를 남에게 뒤집어씌우기 위해 고의로 자신을 상해하여 잔질이 되면 비록 죄를 피하고자 하는 실정은 없더라도 또한 타인을 협박하거나 속이는 뜻이 있으므로 장 80이다.〔若本無罪犯 或與人忿爭 或因事圖賴 故自傷殘 雖無避罪之情 亦恐嚇詐人之意 故杖八十〕《집주(하) 907~908쪽》

6 투살죄(鬪殺罪) : ③ 313 鬪毆及故殺人

심문을 기다리면서 상해하여 잔질에 이르거나, 거짓으로 죽었다고 피하거나, 대가를 받고 잔질에 이르게 하거나, 이를 관사에서 묵인하면 처벌한다는 내용이다. 거짓으로 피하는 사례는 55조 천리직역(擅離職役), 49조 대신전천선관(大臣專擅選官) 등과 비교되며, 처벌 규정은 296조 공혁취재(恐嚇取財), 297조 사기관사취재(詐欺官私取財), 413조 옥수탈감급번옥재도(獄囚脫監及反獄在逃) 등과 비교된다.

388
거짓으로 타인을 꾀어 법을 범하게 함
詐教誘人犯法

여러 사람이 계략을 꾸미거나 말로써 타인을 꾀어 법을 범하게 하거나,[1] 서로 어울려 한패가 되어[2] 타인으로 하여금 법을 어기게 하고는[3] 도리어 자신이 체포·고발하거나 타인으로 하여금 체포·고발하게 하여[4] 상을 받으려 하거나, 타인을 함정에 빠뜨려 죄를 짓게 하고자 하면 모두[5] 법을 어긴 사람과 더불어 같은 죄이다.[6]

직해 여러 사람이 계략을 꾸며 다른 사람을 꾀어 법을 범하게 하거나, 혹은 서로 어울려 한패가 되어 꾀어 법을 어기게 하고 도리어 자기가 붙잡아 관에 고하거나 또는 다른 사람을 시켜서 붙잡아 관에 고하여 상금을 구하거나, 또는 다른 사람을 함정에 빠뜨려 죄를 얻게 하려고 하면, 법을 어긴

1 여러……하거나 : 법을 어긴 이가 모르고 죄를 범하는 것이다.〔犯者 不知而犯之〕《당률 378조 詐教誘人犯法》

2 서로……되어 : 겉으로는 화동(和同)한 듯이 보이지만 실상은 사사로이 계략을 꾸민 것을 이른다.〔外示和同 內爲私計〕《당률 378조 詐教誘人犯法》

3 서로……하고는 : 범한 일이 죄가 되는 것을 쌍방이 아는 것이다.〔謂共知所犯有罪〕《당률 378조 詐教誘人犯法》

4 도리어……하여 : 교유(教誘)하여 시킨 사람에 대해서는, 자신이 범법인을 체포·고발하거나 타인을 시켜 체포·고발하게 하더라도, 모두 죄를 범한 자가 스스로 자수하거나 다른 사람을 보내 대신 자수할 때 면죄하는 율문(① 24 犯罪自首)을 적용하지 않는다. 마음속의 생각이나 속셈을 질책하기 때문이다.〔教誘使令之人 自行告捕 及使人告捕 皆不用犯罪自首告及遣人代首告免罪之律 所以誅其心也〕《집주(하) 909쪽》

5 모두 : 원문의 개(皆)는 위의 여러 사항을 받아서 말한 것으로 병(竝) 자의 뜻과 같다. 수범과 종범을 구분하지 않음을 말하는 것이 아니다.〔皆字 承上數事而言 猶竝字之意 非不分首從之謂〕《집주(하) 909쪽》

6 법을……죄이다 : 사형에 이르면 1등급을 줄이는데 자신이 범한 것과는 차이가 있기 때문이다.〔至死得減一等 終與自犯者有間也〕《집주(하) 909쪽》

사람의 죄와 같다.

해설

다른 사람을 부추기고 꾀어 법을 어기게 하는 것에 대한 처벌 규정이다. 이러한 일을 범하는 자들의 목적은 대부분 다른 사람에게 법을 범하게 해 놓고 고발하여 상을 노리거나 해치기 위해서이다. 꼬임에 넘어간 사람은 비록 다른 사람의 술수에 빠진 것이지만 본인이 범법을 저지른 것은 사실이므로 죄를 면할 수 없고, 다른 사람을 부추겨 꾄 사람은 본인이 자수하거나 다른 사람을 시켜서 자수하더라도 면죄받을 수 없도록 하였다.

389
인신이나 역일 등을 위조함
僞造印信曆日等

여러 아문의 인신(印信)이나 역일(曆日),[1] 부험(符驗), 야순동패(夜巡銅牌),[2] 차인(茶引),[3] 염인(鹽引)[4]을 위조하면[5] 참형이다. 고발하여 체포하게 하면 관에서 상으로 은 50냥을 준다. 관방인기(關防印記)[6]를 위조하면 장100 도 3년이다. 고발하여 체포하게 하면 관에서 상으로 은 30냥을 준다. 종범[7]이나 실정을 알고서도 사용한 자[8]는 각각 1등급을 줄인다. 위조하려고 하였으나 완성하지 못하였으면[9] 각각 또 1등급을 줄인다.[10] 해당 관사에서 알

1 역일(曆日) : 달력이다. 대명(大明)의 역일은 대통력(大統曆)이라고 일컬으며, 흠천감에서 고찰하여 만들어 천하에 반행(頒行)한다.〔曆日ハ卽コヨミ也大明ノ曆日ハ大統曆ト名ク欽天監ニ於テ考ヘ造テ天下ニ頒チ行フ者也〕《언해 권25 62장》

2 여러……야순동패(夜巡銅牌) : ① 65~66 棄毁制書印信 ③ 282 盜印信

3 차인(茶引) : ② 163 私茶

4 염인(鹽引) : ② 149~160 鹽法

5 위조하면 : 사용하였는지 아직 사용하지 않았는지를 말하지 않았으므로 단지 위조하기만 해도 처벌한다.〔不言已行用未行用 但僞造卽坐〕《집주(하) 896쪽》

6 관방인기(關防印記) : ③ 282 盜印信

7 종범 : 만약 일가 사람들이 함께 모의하여 위조하였다면 가인이 함께 범하였을 때 가장만 처벌하는 법(① 27 共犯罪分首從)을 적용할 수 없다. 본 조문은 직접 인신을 새긴 사람을 수범으로 삼기 때문에 종범은 반드시 손을 써서 인신의 전자(篆字)를 만드는 것을 도와야 비로소 이에 해당한다. 함께 모의한 자는 모두 본 조문의 실정을 알고서도 위조한 물건을 사용한 죄를 적용한다.〔如一家人共謀僞造 不得照家人共犯獨坐家長之法 蓋本律以雕刻之人爲首也 爲從 必曾動手相助做印篆字者 方是 其同謀者 俱照知情行用僞造之罪〕《집주(하) 896쪽》

8 실정을……자 : 지정(知情) 뒤에 행용(行用) 2자가 더 있으므로 반드시 사용해야 비로소 1등급 줄인 죄로 처벌한다. 실정을 알았어도 아직 사용하지 않았으면 따로 논한다.〔知情下加行用二字 則必已行用 方坐減一等之罪 如雖知情 尙未行用 又當別論矣〕《집주(하) 896쪽》

9 위조하려고……못하였으면 : 인신에서 중시하는 것은 인문(印文)이다. 만약 전문(篆文)이 있으면 비록 동으로 주조하지 않아도 가짜로 속여서 사용할 수 있으므로 형틀과 재료가

면서도 들어주어 시행하면 더불어 같은 죄이고, 몰랐으면 처벌하지 않는다.

직해 각 관사의 인신 및 역서(曆書)나 포마 문자(鋪馬文字) 및 순패(巡牌), 차인, 염인 등을 위조하면 참형이다. 능히 붙잡아 직접 고하면 관사에서 은 50냥을 상으로 준다. 모든 돈과 물자를 출납하는[11] 관방인신(關防印信)을 위조하면 장 100 도 3년이다. 고하여 붙잡으면 관에서 상은(賞銀) 30냥을 준다. 종범 및 실정을 알고서도 인신을 사용한 자는 각각 1등급을 줄인다. 위조하되 완성하지 못하였으면 각각 또 1등급을 줄인다. 담당 관사에서 알고도 금지하지 않아 사용하게 하면 죄가 같다. 몰랐으면 처벌하지 않는다.

해설

아문의 인신 등을 위조하는 행위에 대한 처벌 규정이다. 인신은 조정에서

서로 비슷하고 전문이 갖추어져 있으면 이를 위조라고 한다. 동·철·나무·돌·진흙·밀랍은 모두 인신을 만들 수 있으므로 어떤 것이든지 상관없다. 재료만 있고 인문이 갖추어져 있지 않으면, 이를 만들려고 하였으나 완성하지 못하였다고 하는 것인데, 재료가 있다는 것은 인신의 형틀을 만들었다는 것이고, 인문이 온전하지 않다고 한 것은 깎아서 글자가 있되 아직 완전하지 못한 것이다. 만약 인신의 형틀만 있고 한 글자도 새기지 않았으면, 만들려고 하였으나 완성하지 못하였다고 할 수 없다. 형틀과 재료가 전혀 없고 종이에 그렸을 뿐이면, 이를 묘모(描摸)라고 한다.〔凡銅鐵木石泥蠟皆可爲印 註云 形質相肖 篆文俱全 謂之僞造 是不拘何物矣 惟有其質 而文不全者 謂之造而未成 夫曰有其質 必是刻成印形矣 曰文未全 必是已刻有字 尙未完全矣 若但有印形 未刻一字 不得卽謂造而未成也〕《집주(하) 895~896쪽》〔印所重者文 若有篆文 而雖非銅鑄 亦可以假詐行事 故形質相肖 而篆文俱全者 謂之僞造 惟有其質 而文不全者 方謂之造而未成 至於全無形質 而惟描之於紙者 乃謂之描摸也〕《집주(하) 894~895쪽》

10 종범이나……줄인다 : 감경(減輕)의 양상을 정리하면 다음 표와 같다.

구분 / 위조	인신·역일·부험·야순동패·차인·염인		관방인기	
	수범	종범·지정행용	수범	종범·지정행용
완성	참	장 100 유 3000리	장 100 도 3년	장 90 도 2년 반
미완성	장 100 유 3000리	장 100 도 3년	장 90 도 2년 반	장 80 도 2년

11 모든……출납하는 : 이 부분은 율문에 없는 내용이다.

반포하여 천하가 모두 징표로 삼는 것이므로 위조하면 참형으로 무겁게 처벌한다. 관방인기는 인신 등보다 중요도가 약간 덜하므로 처벌도 약간 가볍다.

대명률직해

제25권 형률刑律 범간犯姦

범간 犯姦

진(秦)・한(漢)・위(魏)・진(晉)에는 간사(姦事)를 처벌하는 율문이 없었는데 당대(唐代)에 와서 비로소 간사를 처벌하는 율문이 보인다.

당률 410조 간(姦), 411조 간시마이상친급처(姦緦麻以上親及妻), 412조 간종조모고(姦從祖母姑), 413조 간부조첩(姦父祖妾), 414조 노간양인(奴姦良人), 415조 화간무부녀죄명(和姦無婦女罪名), 416조 감주어감수내간(監主於監守內姦) 등이 간사를 처벌하는 조문들이다. 당률은 이들을 〈잡률(雜律)〉이라는 편명 속에 배치하였다.

명대에 이르러 간사를 모아 〈범간(犯姦)〉이라는 독립된 편목을 세우고 〈형률〉에 포함시켰다. 명률은 또 간사의 경중과 형벌의 양을 유교적 윤리에 맞추어 재조정하였다. 예를 들어 당률에서 간하면 도 1년 반(당률 410조 姦), 노(奴)가 양인을 간하면 도 2년 반(당률 414조 奴姦良人) 따위의 형량은 너무 무거운 반면 강제로 간음하는 행위에 화간(和姦)에 1등급을 더하는 것(당률 410조 姦)은 너무 가볍고, 종조모고(從祖母姑)를 간하는 것도 유형(流刑)에 그치므로(당률 412조 姦從祖母姑) 너무 가볍다. 명률은 이를 고쳐 강간(390조 犯姦)과 간종조모고(392조 親屬相姦)는 모두 교형으로 처벌하였다. 명률은 또 391조 종용처첩범간(縱容妻妾犯姦), 393조 무집옹간(誣執翁姦), 396조 거상급승도범간(居喪及僧道犯姦) 등을 추가하고 이상의 조문들을 묶어 〈범간〉이라고 명명하였다. 모두 10조이다.

390
간음[1]을 범함
犯姦

390-1 화간(和姦)[2]하면 장 80이다. 남편이 있으면 장 90이다.[3] 조간(刁姦)[4]하면 장 100이다. 강간(强姦)하면 교형이고, 미수에 그치면 장 100 유 3000리이다.

390-2 12세 이하의 어린 여자를 간음하면 비록 화간이라도 강간과 같이 논한다.[5]

390-3 화간하거나 조간하면 남녀가 같은 죄이다. 간음하여 아들이나 딸을 낳으면 간부(姦夫)에게 책임을 지워 거두어 기르게 한다. 간부(姦婦)는 남편의 뜻에 따라 시집보내거나 팔되,[6] 남편이 머물러 있기를 원하면 들어준다. 간부(姦夫)에게 시집보내거나 팔면 간부(姦夫)와 본부(本夫)는 각각 장 80이다. 부인은 이혼시켜 친정으로 돌려보내고, 재산은 관에 들인다.

1 간음 : 간(姦)은 화간(和姦), 조간(刁姦), 강간(强姦)을 통칭한다.

2 화간(和姦) : 화(和)는 남자와 여자가 서로 원하는 것이다.〔和謂男女相願〕《집해 1836쪽》

3 화간(和姦)하면……90이다 : 남편이 없는 부인과 화간하면 남녀 모두 장 80이고, 남편이 있는 부인과 화간하면 남녀 모두 장 90이다.〔凡和姦者 杖八十 爲婦人無夫者言之 若有夫而與人和姦 則杖九十〕《전석 권25 1장》《집주(하) 912쪽》

4 조간(刁姦) : 간부(姦夫)가 간부(姦婦)를 속이거나 꾀어 다른 장소로 나오게 한 다음 통간(通姦)하는 것으로 역시 화간이다.〔刁姦 謂姦夫刁誘姦婦 引至別所通姦 亦和姦也〕《집주(하) 912쪽》

5 12세……논한다 : 12세 이하의 어린 여자는 아직 남녀의 정의(情意)가 생기지 않아 음심(淫心)이 없고 또 속이거나 통제하기 쉬우므로 화간의 정상이 있더라도 속임을 당한 것이기에 역시 강간과 같이 논한다.〔幼女十二歲以下 情竇未開 本無淫心 又易欺易制 卽有和情 亦有誆騙 故雖和姦 亦同强論〕《집주(하) 912쪽》 현행 형법 제305조의 미성년자 의제 강간, 즉 13세 미만의 사람과 합의하에 간음하였다 하더라도 강간으로 간주하는 발상과 일맥상통한다.

6 시집보내거나 팔되 : ③ 308 殺死姦夫

390-4 강간이면 부녀는 처벌하지 않는다.

390-5 중개하거나 장소를 제공하여 간통하게 하면 각각 범인의 죄에서 1등급을 줄인다.[7] 간통한 일을 사화(私和)[8]하면 2등급을 줄인다.[9]

390-6 간음 현장에서 붙잡은 것이 아니거나 간음하였다고 지칭만 한 것이면 논하지 않는다.[10] 간부(姦婦)가 임신하면 간부 본인만 처벌한다.[11]

직해 화간은 장 80이고, 남편이 있으면 장 90이다. 통간(通姦)하려고 꾀어 집에서 끌어내면 장 100이다. 강간하면 교형으로 죽인다. 미수이면 장 100에 먼 곳으로 유배 보낸다.

(○) 12세 이하의 여자를 간음하면 비록 서로 뜻이 맞았어도 강간의 예로 논한다.

○ 화간하거나 조간하면 남녀의 죄가 같다. ○ 간음으로 낳은 아들이나 딸은 간음한 남자에게 주어 기르게 하고, 간음한 부인은 본남편에게 주어 시집보내거나 팔게 하되 본남편이 그대로 두기를 원하면 들어준다. 간음한

7 중개하거나……줄인다 : 타인을 위해 간통을 중개하거나 머물러 투숙하게 하여 간통하게 하면 범인의 화간·조간죄에서 1등급을 줄인다.〔若與人爲媒 說合姦事 及容留止宿通姦 導人淫樂之事者 各減犯人和刁姦罪一等〕《집주(하) 912쪽》

8 사화(私和) : ③ 323 尊長爲人殺私和

9 간통한……줄인다 : 간통이 탄로 나 사화하면 각각 화간·조간·강간죄에서 2등급을 줄인다.〔姦事敗露 爲之私和 脫人淫惡之罪者 各減和刁强姦之罪二等〕《집주(하) 913쪽》

10 간음……않는다 : 간음의 정황은 애매하고 증빙할 만한 자취가 없어 무함하기 쉬우므로 간음자의 체포는 반드시 간음 현장에서 이루어져야 한다. 간음 현장에서 잡은 것이 아니면 그 일을 증명할 수 없고, 아무개가 아무개와 간통하였다고 지칭만 하면 그 말을 증명할 수 없으므로 더 이상 추론하지 않는다.〔姦情曖昧 易於誣執 若捉姦不於姦所 則其事無憑 及指稱某與某通姦 則其說無憑 故勿追論〕《전석 25권 2장》《집주(하) 913쪽》

11 간부(姦婦)가……처벌한다 : 부녀가 간음으로 인하여 임신하면 간부(姦婦)는 증빙이 있지만 간부(姦夫)는 증빙이 없다. 간부(姦婦)를 추궁하면 그 사랑하는 사람을 제쳐 두고 미워하는 다른 이를 거짓으로 지목할 수 있기 때문에 간부(姦婦)를 화간죄로 처벌하는 데 그치고 해산할 때까지 기다린 후에 형을 집행한다. 간음으로 태어난 아이는 간부(姦夫)로 하여금 책임지고 거두어 기르게 한다.〔若婦女因姦有孕 則姦婦有憑矣 而姦夫猶無憑也 追究姦婦 必且舍其所愛 而妄指所憎 故止坐姦婦和姦之罪 保候産限滿日決之 姦生男女 亦責令收養〕《집주(하) 913쪽》

남자에게 재물을 받고 팔아넘기면 간음한 남자와 본남편 각각 장 80이고, 그 처는 이혼시켜 부모에게 돌려보내며, 재산은 관에 몰수한다.

(○) 강간한 경우에는 부녀는 처벌하지 않는다.

(○) 중개인이 꾀어 통간하게 한 것과 장소를 제공한 사람 등은 범인의 죄에서 각각 1등급을 줄인다. 간음을 범한 일을 사사로이 화해시키면 2등급을 줄인다.

○ 간음한 장소에서 잡지 못하였거나 간음을 행하였다고 가리켜 말하는 것은 논하지 않는다. 간음한 부인이 임신하면 그 부인을 처벌한다.

해설

간음을 막기 위해 제정한 규정이다. 간음은 윤리를 무너뜨리고 교화를 손상하는 것이므로 화간(和姦)・조간(刁姦)하면 양 당사자를 모두 처벌하고, 강간이면 남자만 죽이도록 하였다. 여자가 무지하면 화간이어도 강간으로 논하였다. 화간・조간의 경우, 현장이 아닌 곳에서 포착하면 타인이 억울하게 걸려들 수 있으므로 현장에서 잡아야 하며, 잉태한 간부(姦婦)를 추궁하면 간부가 오히려 자신의 원수를 간부(姦夫)로 지목할 수 있으므로 간부(姦夫)를 처벌하지 않도록 하였다. 이 조문은 308조 살사간부(殺死姦夫)와 함께 살펴볼 필요가 있다.

391
처나 첩이 간음을 범하는 것을 묵인함
縱容妻妾犯姦

391-1 처나 첩이 타인과 간통하는 것을 묵인하면[1] 본부(本夫)·간부(姦夫)·간부(姦婦)는 각각 장 90이다.[2] 처나 첩 및 걸양(乞養)한 딸[3]을 억압·강제하여 타인과 간통하게 하면 본부(本夫)나 의부(義父)는 각각 장 100, 간부(姦夫)는 장 80이며,[4] 부녀는 처벌하지 않는다.[5] 모두[6] 이혼시키고[7] 친정으로 돌려보낸다.[8]

1 처나……묵인하면 : 처나 첩이 원래 간통하려는 마음이 있음을 본부(本夫)가 알면서도 금하지 않는 것이다. 풍속을 해치는 죄가 간부(姦婦)·간부(姦夫)와 똑같다.〔是妻妾原有姦情 本夫知而不禁也 而傷風敗俗 厥罪惟均矣〕《집설 권8 3장》

2 본부(本夫)……90이다 : 남자는 집안의 질서를 바로잡는 것을 근본으로 삼는다. 자신의 처나 첩이 타인과 간통하는 것을 묵인한다면 비록 부인이 음란하더라도 남편의 잘못이다. 그러므로 본부(本夫)와 간부(姦夫)·간부(姦婦) 각각 장 90이다.〔男子以正家爲本 若縱容自己之妻妾與人通姦 雖婦人之淫 亦夫之過也 故本夫姦夫姦婦各杖九十〕《석의 권25 3장》

3 걸양(乞養)한 딸 : ② 84 立嫡子違法

4 간부(姦夫)는 장 80이며 : 부녀는 비록 부당하게 억압을 당하였으나 간부는 화동(和同)한 것이므로 화간(和姦)한 죄인 장 80이다.〔婦女雖遭抑勒 姦夫實與和同 故止得和姦之罪杖八十〕《집주(하) 916쪽》

5 본부(本夫)나……않는다 : 부녀는 어쩔 수 없는 상황이었으나 본부(本夫)와 의부(義父)는 반드시 재물을 얻으려는 뜻이 있었으므로 본부와 의부는 각각 장 100, 간부(姦夫)는 장 80이며 부녀자는 처벌하지 않는다.〔婦女非得已之情 而本夫義父 必有圖財之意 故本夫義父 各杖一百 姦夫杖八十 婦女不坐〕《집해 1841쪽》〔婦女無欲姦之情 由其本夫義父逼之也 故各杖一百 姦夫杖八十 而不坐婦女之罪〕《석의 권25 3장》 부녀는 본래 음심이 없었으며 다만 본부와 의부의 억압과 강제 때문에 마지못해 따른 것이다. 그 간음이 비록 화간이라 할지라도 실정은 부득이한 것이다. 그러므로 처벌하지 않는다.〔婦女本無淫心 特因抑勒而强從 其姦雖和 情非得已 故不坐〕《집주(하) 916쪽》

6 모두 : 묵인과 억압·강제를 겸하여 말한 것이다.〔竝字 兼指縱容抑勒而言〕《전석 권25 3장》

7 이혼시키고 : 간음을 묵인하였으면 이미 부강(夫綱)을 잃은 것이며, 억압하고 강제하였으면 더욱 후안무치한 것이다. 의리상 두 가지 경우 모두 결합하도록 할 수 없는 것이다.〔縱

391-2 친딸이나 아들·손자의 부인이나 첩이 타인과 간통하는 것을 묵인하거나 억압하고 강제하면 죄가 또한 같다.[9]

391-3 재물을 써서 매휴(買休)·매휴(賣休)하여 타인의 처를 취해 자신의 처로 삼으면,[10] 본부(本夫)와 본부(本婦) 및 매휴(買休)한 사람은 각각 장 100이다. 부인은 이혼시켜[11] 친정으로 돌려보내고, 혼인 예물은 관에 들인다.[12] 매휴(買休)한 사람이 부인과 함께 계략을 꾸며 본부(本夫)에게 아

容已失夫綱 抑勒尤爲無恥 義俱不可令合也〕《집주(하) 916쪽》

8 모두……돌려보낸다 : 간통을 묵인하거나 억압·강제하는 것은 의절의 정상이 있으므로 모두 이혼시키고 친정으로 돌려보낸다.〔縱容抑勒 皆有義絶之狀 故竝離異歸宗〕《석의 권25 3장》〔以其義絶故也〕《집설 권8 3장》 처나 첩은 본부(本夫)와 이혼시키고 걸양한 딸은 의부(義父)와 관계를 끊게 하여 모두 본종(本宗)으로 돌려보낸다.〔竝ニ本宗ニ歸シ本夫義父ト離異セシム〕《언해 권26 10장》

9 친딸이나……같다 : 처나 첩 및 걸양한 딸의 간통을 묵인하거나 억압·강제한 것과 똑같이 과죄하여,〔其罪亦如縱抑妻妾養女科之〕《집설 권8 3장》 간통을 묵인하면 본부·간부(姦夫)·간부(姦婦)는 각각 장 90이고, 억압하고 강제하면 본부·의부는 각각 장 100, 간부(姦夫)는 장 80이며 부녀자는 처벌하지 않는다.〔縱容之人 與姦夫姦婦 各杖九十 抑勒者 抑勒之人杖一百 姦夫杖八十 婦女不坐 故曰罪亦如之〕《집해 1842쪽》 한편 이혼에 대해서는 말하지 않았는데 부모, 조부모, 시부모, 시조부모의 억압과 강제를 받아 간통한 것은 본부와 의절해야 할 이유가 없으므로,〔不言離異者 被勒通姦 與本夫原無義絶之情故也〕《전석 권25 3장》 그대로 부부로 살게 한다.〔不言離異 則應仍聽完聚〕《집주(하) 916쪽》 간통을 억압하고 강제한 것이 아니라 다만 묵인한 경우이면 부녀는 사심(邪心)이 있고 부모나 시부모는 묵인하였을 뿐이므로 화간의 예와 같이 부녀를 시집보내거나 팔아 버리거나 그대로 머물도록 하거나 모두 본부의 뜻에 따른다.〔然但可爲抑勒者言之 若縱容者 婦女本有邪心 父母舅姑特縱容之耳 背夫犯姦 何得云無義絶 揆之理法 縱容則當如和姦之例 嫁賣願留 俱聽從本夫〕《집주(하) 916쪽》

10 재물을……삼으면 : 휴(休)는 이(離)이다. 간부(姦夫)가 재물을 사용하여 그 남편에게 사서 그 처를 이혼시키는 것이 매휴(買休)이고, 본부가 간부(姦夫)의 재물을 받고 그 처와 이혼하는 것이 매휴(賣休)이다. 이로 인하여 취(娶)해 처로 삼는 것이 화취(和娶)이다. 화취는 매휴(買休), 매휴(賣休)를 받아 말한 것이다.〔休 離也 和娶 承買休賣休說 姦夫用財 買其夫 以離其妻曰買休 本夫受姦夫之財 而離其妻曰賣休 因而娶之爲妻曰和娶〕《집해 1840~1841쪽》〔其用財固爲可惡 而夫失制義 婦違從一 其視縱姦甚矣〕《집설 권8 3~4장》

11 부인은 이혼시켜 : 본부(本夫)는 이미 자신의 처를 매휴(賣休)하였고 본부(本婦)는 또 이미 배부(背夫)하여 부부가 의절하였으므로 마땅히 친정으로 돌려보내야 한다.〔本夫旣已賣休 本婦又已背夫 夫婦義絶 故當歸宗〕《집주(하) 916쪽》

내를 버리도록 억지로 강요한 경우, 본부(本夫)는 특별히 매휴(賣休)한 실정이 없으면 처벌하지 않고, 매휴(買休)한 사람과 부인은 각각 장 60 도 1년이다. 부인의 여죄(餘罪)[13]는 속전을 받고,[14] 본부(本夫)에게 내주어 그의 뜻대로 시집보내거나 팔게 한다.[15] 첩이면 1등급을 줄인다.[16] 중매인은 각각[17] 범인의 죄에서 1등급을 줄인다.[18]

직해 처나 첩을 고의로 놓아주어 다른 사람과 통간(通姦)하게 하면, 본남편 및 간음한 남자와 간음한 부인 등은 각각 장 90이다. 처나 첩 및 수양딸을 위협하여 다른 사람과 통간하게 하면, 본남편과 의붓아비는 각각 장 100이고 간음한 남자는 장 80이다. 부녀는 처벌하지 않는다. 모두 이혼시키고 본가로 돌려보낸다.

12 혼인……들인다 : 준 자와 받은 자 모두에게 죄가 있는 장물이다. 모두 추징하여 관에 들인다.〔係彼此俱罪之贓 竝追入官〕《집설 권8 4장》

13 여죄(餘罪) : 먼저 정해진 수가 있는데, 얻은 죄를 이것과 비교 계산하여 정해진 수, 즉 장 100보다 넘치는 것을 여죄라고 한다.〔先有定數 將所得之罪 按此計算 溢于額數之外者 曰餘罪 其杖一百卽定數也〕《집주(하) 822쪽》

14 매휴(買休)한……받고 : 매휴한 사람 및 부인의 실정은 간통에 비해 더욱 심하므로 각각 장 60 도 1년이다. 부인은 장 100을 치고 여죄는 속전을 받는다.(① 19 工樂戶及婦人犯罪)〔其買休人及婦人之情 視通姦尤甚矣 各杖六十徒一年 婦人決杖一百 餘罪收贖〕《집설 권8 4장》 장 60 도 1년에 해당하는 속전은 동전 12관이며, 결장(決杖)하는 장 100에 해당하는 속전이 6관이므로, 부인의 여죄에 해당하는 속전은 동전 6관이다.〔婦人決杖一百餘罪收贖銅錢六貫〕《전석 권25 3장》

15 본부(本夫)에게……한다 : 부인을 방매한 실정이 본부로부터 비롯된 것이 아니기 때문에 혼인 예물은 추징하지 않는다.〔財禮不追 以情非出於本夫故也〕《집설 권8 4장》

16 첩이면 1등급을 줄인다 : 첩의 분수는 처보다 가벼우나 부인은 평생 한 남자를 따라야 하므로 쫓아낼 수는 있으나 팔 수는 없다. 그러므로 처보다 1등급을 줄여 죄를 처벌한다.〔妾分雖輕於妻 然婦人從一而終 可出而不可賣也 故減一等坐罪〕《전석 권25 3장》〔以妾賤於妻 故減罪一等〕《집해 1843쪽》

17 각각 : 자신의 처로 삼은 것과 억지로 강요한 것 두 가지를 받아 말한 것이다.〔各字 承和娶逼勒兩項言〕《집주(하) 917쪽》

18 중매인은……줄인다 : 처나 첩을 매휴(買休), 매휴(賣休)하거나 억지로 강요하는 등의 각각 범한 죄에 견주어 줄이는 것이다.〔視買休賣休及逼勒 或妻或妾 各犯之罪而減之也〕《집해 1843쪽》

(○) 친딸과 아들・손자의 처나 첩을 고의로 위협하여 다른 사람과 통간하게 하면 죄가 같다.

(○) 남의 처를 본남편의 동의하에 돈을 주고 삼으로써 본남편이 팔게 하거나 자신의 처를 다른 사람에게 돈을 받고 파는 등 서로 합의하여 여자를 취하면 본남편과 본부인 및 산 사람 등은 각각 장 100이고, 부인은 이혼시켜 본가로 돌려보내고, 재물이나 돈은 관에 몰수한다. 산 사람이 부녀와 함께 모의하여 본남편을 핍박하여 팔게 한 경우에 본남편은 애초에 팔아 버리려는 뜻이 없었으므로 본남편은 처벌하지 않고, 산 사람과 부녀는 각각 장 60 도 1년이다. 부인의 여죄는 속전을 받고 본남편에게 주어 임의로 시집보내거나 팔게 한다. 첩이면 1등급을 줄인다. 중개인은 범인의 죄에서 1등급을 줄인다.

해설

오륜의 하나인 부부의 예에서 강상(綱常)을 바로잡아 예의를 유지하기 위한 취지에서 마련된 규정이다. 본부(本夫)가 처나 첩의 간통을 묵인하면 죄가 간부(姦夫), 간부(姦婦)와 다를 바가 없으므로 이들 모두 똑같이 처벌한다. 본부(本夫)나 의부(義父)가 처나 첩 및 수양딸을 간통하도록 강제하면 간부(姦婦)는 처벌하지 않으며, 두 경우 모두 이혼시키고 부녀자는 친정에 돌려보낸다. 재물을 써서 남의 아내를 사거나 재물을 받고 자신의 아내를 팔면 실정이 간통을 묵인한 것과 같으므로 본부(本夫), 본부(本婦), 사는 사람 모두 똑같이 처벌한다. 처를 팔거나 다른 사람에게 주면 이미 부부의 인륜이 무너진 것이며 또한 혼인의 정도(正道)가 아닐뿐더러 간(姦)과 유사함이 있기 때문에 390조 범간(犯姦) 바로 아래에 두어 연계시켰다.

392
친속 간에 간음함
親屬相姦

392-1 동종(同宗)의 무복친(無服親) 및 무복친의 처[1]와 간음하면 각각[2] 장 100이다.[3] 의붓딸과 간음하면 1등급을 더한다.[4]

392-2 시마(緦麻)[5] 이상의 친속 및 시마 이상 친속의 처[6]-아버지 쪽과 어머니 쪽의 유복친(有服親)을 이른다.-나, 처의 전남편의 딸 및 어머니는 같고 아버지가 다른 누이[7]와 간음하면 각각 장 100 도 3년이다.[8] 강간하면 참형이다. 종조조모(從祖祖母), 종조조고(從祖祖姑), 종조백숙모(從祖伯叔母), 종조백숙고(從祖伯叔姑), 종부자매(從父姊妹), 어머니의 자매 및 형제의 처,

1 동종(同宗)의……처 : 동종의 무복친이라고만 말하였으므로 외친이나 인친(姻親)의 무복친은 모두 일반인으로 논한다.〔止言同宗 則外姻無服之親 槪以凡論矣〕《집주(하) 920쪽》

2 각각 : 화간의 죄는 모두 남자와 여자를 똑같이 처벌하므로 매 절에 모두 각 자가 있다.〔和姦罪 皆男女同坐 故每節內 皆有各字〕《집주(하) 920쪽》

3 동종(同宗)의……100이다 : 화간, 조간, 남편의 유무를 구분하지 않고 남녀 각각 장 100이다.〔不分和刁 有夫無夫 男女各杖一百〕《부례(하) 440쪽》

4 의붓딸과……더한다 : 이 부분은 홍무30년율에서 삭제되었다.

5 시마(緦麻) : 내친과 외친을 겸하여 말한 것이다.〔兼內外親言〕《부례(하) 440쪽》

6 시마(緦麻)……처 : 동종과 외친을 겸하여 말한 것이다. 화간, 조간, 남편의 유무는 논하지 않는다.〔姦緦麻以上親及親之妻 兼同宗與外姻言 不論和刁有夫無夫〕《부례(하) 441쪽》 시마 이상이라고 하였으니 소공・대공의 친속이 모두 그 안에 포함된다. 시마복과 소공・대공복은 의리가 무겁다.〔言緦麻以上 則小功大功之親 皆在其內矣 緦功之服 於義爲重〕《집주(하) 920쪽》

7 처의……누이 : 처의 전남편의 딸과 어머니는 같고 아버지가 다른 자매는 비록 모두 무복친이지만 의리가 역시 무겁기 때문에 특별히 무복친 중에 이 두 가지를 지적해 시마 이상과 같이 논한 것이다.〔妻前夫之女 同母異父姊妹 雖皆無服 而義亦重 故特於無服中 指出二項 與緦麻以上同論也〕《집주(하) 920쪽》

8 시마(緦麻)……3년이다 : 화간, 조간, 남편의 유무를 구분하지 않고 각각 장 100 도 3년이다.〔不分和刁有夫無夫 各各杖一百徒三年〕《부례(하) 440쪽》

형제 아들의 처와 간음하면 각각 교형이다.[9] 강간하면 참형이다. 아버지나 할아버지의 첩, 백모, 숙모, 고모, 자매, 아들이나 손자의 처,[10] 형제의 딸과 간음하면 각각 참형이다.[11] 첩이면 각각 1등급을 줄인다. 강간하면 교형이다.[12]

직해 동종의 복제 없는 친족이나 복제 없는 친족의 처와 통간(通姦)하면 각각 장 100이다.

(○) 시마 이상 친족이나 시마 이상 친족의 처와 통간하거나, 처의 전남편의 딸 및 어머니는 같고 아버지는 다른 자매들과 통간하면 각각 장 100 도 3년이다. 강간하면 참형이다. 동성 사촌 대부(大父)의 처, 사촌 대모(大母),

9 종조조모(從祖祖母)……교형이다 : 종조조모는 할아버지 친형제의 처로 소공친, 종조조고(從祖祖姑)는 할아버지의 친누이로 소공친, 종조백숙모(從祖伯叔母)는 아버지의 사촌 형제의 처로 소공친, 종조백숙고(從祖伯叔姑)는 아버지의 사촌 누이로 소공친, 종부자매(從父姊妹)는 나의 사촌 누이로 소공친, 어머니의 자매는 나의 이모로 소공친, 형제의 처는 형수와 제수로 소공친, 형제 아들의 처는 조카의 처로 대공친이다. 이들 소공 이상의 친족과 간음하는 것은 모두 2조 십악(十惡)의 내란(內亂)에 속하므로 간부(姦夫)와 간부(姦婦) 각각 교형이다.〔祖之親兄弟妻 小功 祖之姊妹在室 小功 父之堂兄弟妻 小功 父之堂姊妹 小功 兄之堂姊妹在室 小功 己之姨 小功 親弟婦 俱小功 姪之婦 大功〕《부례(하) 440쪽》〔從祖祖母是祖之親兄弟妻 從祖祖姑 是祖之親姊妹 從祖伯叔母 是父之堂兄弟妻 從祖伯叔姑 是父之堂姊妹 從父姊妹 是己之堂姊妹 母之姊妹 是己之姊姨 兄弟之妻 是嫂與弟婦 兄弟子妻 是姪之婦 犯此數親 皆屬內亂 姦夫姦婦 各絞〕《부례(하) 441쪽》

10 아들이나 손자의 처 : 증손·현손의 처도 같다.〔曾玄孫婦同〕《부례(하) 440~441쪽》

11 아버지나……참형이다 : 아버지나 할아버지의 첩 이상의 친속은 지친이고 인륜도 더욱 중하기 때문에 범간(犯姦)하면 모두 인륜을 거스르는 것이 되므로 간부와 간부는 각각 참형이다.〔若父祖之妾……以上親屬 則其親爲至近 而其倫爲尤重 若犯姦者 皆爲逆倫 故姦夫姦婦各斬〕《집해 1848쪽》

12 첩이면……교형이다 : 위의 각 항을 모두 받아 말한 것이다. 예컨대 동종 무복친의 첩과 간통하면 장 100에서 1등급을 줄여 간부와 간부 각각 장 90이고, 내외 시마 이상 친속의 첩과 간통하면 장 100 도 3년에서 1등급을 줄여 각각 장 90 도 2년 반이며, 종조 및 종조백숙부의 첩, 백숙부와 형제 및 형제의 아들의 첩 및 아들이나 손자의 첩과 간통하면 교형에서 1등급을 줄여 각각 장 100 유 3000리이며, 강간하면 모두 교형이다.〔妾各減一等 强者監候絞 統承上文各項而言 如姦同宗無服親之妾 各杖九十 內外緦麻以上親之妾 各杖九十徒二年半 從祖及從祖伯叔之妾 伯叔及兄弟若兄弟子及子孫之妾 各杖一百流三千里 强者竝絞〕《집주(하) 921쪽》

오촌 숙부의 처, 오촌 숙모, 사촌 자매, 어머니의 동복 자매, 동복 형제의 처, 형제 아들의 처와 간음을 행하면 각각 교형으로 죽인다. 강간하면 참형이다. 아버지나 할아버지의 첩, 동성 삼촌 숙부의 처, 삼촌 숙모, 동복 자매, 아들이나 손자의 처, 형제의 딸과 간음을 범하면 각각 참형이다. 첩이면 각각 1등급을 줄이고, 강간하면 교형이다.

걸양(乞養)한 아들이나 손자의 아내와 간음하면 각각 1등급을 줄인다.[13]

해설

친속끼리의 간통을 처벌하기 위한 규정이다. 간통 상대의 친소 관계에 따라 형벌을 다르게 하여 가까울수록 중형에 처하였다. 동종 무복친과 그 처를 한 등급으로, 시마 이상의 친속과 그 처, 처의 전남편의 딸, 어머니는 같고 아버지가 다른 자매를 한 등급으로, 종조조모, 종조조고, 종조백모, 종조숙모, 종조고, 종부자매, 어머니의 자매 및 형제의 처, 형제 아들의 처를 한 등급으로, 아버지나 할아버지의 첩, 백모, 숙모, 고모, 자매, 아들이나 손자의 처, 형제의 딸을 한 등급으로 보아 처벌에 차등을 두었다. 본 조문의 입법 취지가 엄하여, 딸은 출가(出嫁) 여부에 관계없이 미혼인 것에 따라 논하고, 남자는 출계(出繼) 여부에 관계없이 본종(本宗)에 따라 논하도록 하였다.

13 걸양(乞養)한……줄인다 : 《집주》에서는 걸양한 이성(異姓) 자손의 아내 및 의붓딸과 간통하는 것에 대한 처벌은 율문에 없는데 이럴 경우 참작하여 의의(擬議)하고 주청해야 하며, 만약 걸양한 이성 누이와 간통하면 일반인과 같이 논하는 것이 마땅할 듯하다고 하였다.〔姦乞養異姓子孫之婦及義女者 律無文 當參酌擬請 若姦乞養異姓姊妹 似應同凡論〕《집주(하) 922쪽》

393
시아버지가 간음하였다고 무함하여 증언함

誣執翁姦

자신을 속여서 간음하였다고[1] 며느리가 시아버지를 무함하여 증언하거나[2] 제수가 아주버니를 무함하여 증언하면 참형이다.[3]

직해 아들의 처가 있지도 않은 일로 남편의 아버지가 자신의 몸에 간음을 행하였다고 거짓말하거나, 동생의 처가 남편의 형을 있지도 않은 일로 자신의 몸에 간음을 행하였다고 거짓말하면 참형이다.

해설

아내가 아버지와 형제를 강간죄로 무고하는 경우를 처벌하는 규정이다. 형량은 무고죄와 간범죄를 복합적으로 고려하여, 39조 가감죄례(加減罪例), 359조 무고(誣告), 361조 간명범의(干名犯義), 390조 범간(犯姦), 392조 친속상간(親屬相姦) 등과 함께 검토해야 한다.

1 속여서 간음하였다고 : 비유를 속여서 능욕하여 제압해서 간죄(姦罪)가 성립되었음을 이르는 것으로 강간과 같다.〔欺姦 謂欺其卑幼 凌制以成姦 猶强姦也〕《집주(하) 924쪽》

2 무함하여 증언하거나 : 고발한 것이 사실이 아니면 무(誣)이고, 무함한 일을 증언하는 것이 집(執)이다.〔告言不實曰誣 執者 指證所誣之事也〕《집주(하) 924쪽》

3 며느리가……참형이다 : 시아버지가 며느리를 범간하거나 아주버니가 제수를 범간하면 율은 참형이다. 그러나 이 같은 일이 없는데 무함하여 증언하면, 이는 시아버지와 아주버니를 반드시 죽을 지경에 빠뜨리는 것으로 더할 나위 없이 악하기 때문에 참형이다. 반드시 일찍이 관에 알려야 비로소 처벌한다.〔凡翁姦子婦 兄姦弟婦者 律該處斬 若無此事而誣執之 是陷夫之父兄於必死之地 婦惡莫甚於此 此必時有嘗聞於官者乃坐〕《전석 권25 7장》

394
남자 종이나 고공인이 가장의 처와 간음함
奴及雇工人姦家長妻

394-1 남자 종이나 고공인(雇工人)이 가장(家長)의 처나 딸과 간음하면 각각 참형이다.[1]

394-2 가장의 기친(期親)이나 기친의 처와 간음하면 교형이다. 부녀는 1등급을 줄인다.[2] 가장의 시마(緦麻) 이상 친속이나 시마 이상 친속의 처와 간음하면 각각 장 100 유 3000리이다. 강간하면 참형이다.[3] 첩이면 각각 1등급을 줄인다. 강간하면 역시 참형이다.[4]

직해 남자 종이나 집안에서 공전(工錢)을 받는 고역인(雇役人)들이 가장

1 남자……참형이다 : 가장의 처나 딸은 남자 종이나 고공인(雇工人)보다 분수가 높고 의리가 무거우니 화간하는 것은 그 실정이 반드시 처나 딸에게서 비롯된 것이므로 더럽고 난잡한 죄가 남자 종이나 고공인보다 더하기 때문에 똑같이 참형으로 처벌하는 것이다.〔家長之妻女 與奴及雇工人分尊義重 乃至和同姦淫 其情必起於妻女 穢亂之罪 浮於奴雇 故同坐斬〕《집주(하) 926쪽》

2 부녀는 1등급을 줄인다 : 남자 종은 교형인데 부녀는 1등급을 줄이는 이유는 노비는 가장의 방계 친속에 대해 반주(半主)의 의리가 있고, 부녀는 방계 친속의 노비가 자기의 노비와 비교해 볼 때 같지 않기 때문이다. 그리고 노비가 가장의 처나 딸과 간음하면 참형인데 기친이나 기친의 처와 간음하면 교형으로 감형되므로 부녀 역시 1등급을 줄이는 것이다.〔至家長之期親與期親之妻 則奴既坐絞 而婦女得減一等 何也 蓋奴婢於家長之旁親 亦有半主之義 婦女於旁親之奴婢 則終比自己之奴婢不同 況在奴婢彼斬而此絞 亦既減於家長妻女矣 婦女焉得不減一等乎〕《전석 권25 8장》

3 강간하면 참형이다 : 부녀는 처벌하지 않는다. 가장의 처나 딸에 대해 강간을 말하지 않은 것은 간음만 해도 참형이기 때문이다.〔強姦者斬 婦女不坐 其家長妻女不言強姦 亦至於斬矣〕《전석 권25 8장》

4 남자……참형이다 : 남자 종이 타인에게 전매(轉賣)되면 의리가 끊어진 것이므로 옛 가장의 처나 딸, 또는 친속을 간음하면 일반인의 남자 종이 양인(良人)을 간음한 것(④ 397 良賤相姦)으로 논한다. 고공인이 고전(雇錢)을 다 지급받고 밖에 나가 별거하면 일반인이다.〔若奴已轉賣他人 姦舊家長妻女及親屬者 以凡人奴姦良人論 謂其義已絶也 雇工人雇錢已滿 出外別居 卽凡人矣〕《집주(하) 927쪽》

의 처나 딸과 간음을 범하면 각각 참형이다.
(○) 가장의 기친이나 기친의 처와 간음을 범하면 교형으로 죽이고, 부녀는 1등급을 줄인다. 가장의 시마 이상 친족이나 시마 이상 친족의 처와 간음을 범하면 각각 장 100에 먼 곳으로 유배 보낸다. 강간하면 참형이다. 첩이면 각각 1등급을 줄이고, 강간하면 참형이다.

해설

남자 종이나 고공인이 주인의 가속(家屬)과 간통하였을 때의 죄를 정하여 명분을 바로잡고자 하는 취지에서 마련한 규정이다. 남자 종이나 고공인이 가장에 대해서 천륜은 없으나 신분이나 의리의 격차가 크기 때문에 그 간통의 죄를 무겁게 처벌하였다. 존비(尊卑)가 현격히 다르지만 동거하면서 중죄를 범할 수도 있으므로 엄히 방비하고자 한 것이다. 가장의 처나 딸, 가장의 기친이나 기친의 처와 딸, 첩과 간통하였을 경우 또는 이들을 강간하였을 경우각각에 대한 처벌을 규정하였다.

395
관할하는 백성의 처나 딸을 간음함
姦部民妻女

395-1 군(軍)·민(民)을 관할하는 관원이나 이전(吏典)이 관할하는 백성의 처나 딸을 간음하면 범간죄(凡姦罪)[1]에 2등급을 더한다.[2][3] 각각 직(職)이나 역(役)을 파하고 서용(敍用)하지 않는다. 부녀는 범간(凡姦)으로 논한다.[4]

395-2 옥에 갇힌 부녀를 간음하면 장 100 도 3년이다.[5] 옥에 갇힌 부녀는

1 범간죄(凡姦罪) : ④ 390 犯姦

2 2등급을 더한다 : 화간(和姦)은 남편이 없으면 장 80에 2등급을 더하여 장 100, 남편이 있으면 장 90에 2등급을 더하여 장 60 도 1년이고, 조간(刁姦)은 장 100에 2등급을 더하여 장 70 도 1년 반이다.〔和姦 無夫杖一百 有夫杖六十徒一年 刁姦 杖七十徒一年半〕《소의(하) 550~551쪽》

3 군(軍)……더한다 : 강간에 대해서는 교형설과 참형설이 있는데, 《소의》·《집주》는 화간도 범간(凡姦)에 2등급을 더하므로, 강간은 당연히 참형으로 처벌한다는 입장이고,〔不言强姦者 和姦尙加凡姦二等 則强姦者 坐斬無疑〕《소의(하) 551쪽》 반면 《전석》·《집해》·《언해》는 일반적인 강간의 율을 끌어다 교형으로 처벌한다는 입장이다.〔强姦 律無文 宜徑引强姦者律絞〕《전석 권25 8장》 관리는 군호·민호에 대해 감림(監臨)하는 역할이 있는데, 위세에 기대어 간음하면 일반인보다 죄가 무거우므로 2등급을 더해 처벌하고, 행동거지에 결함이 있기 때문에 다시 서용하지 않는다.〔官吏於軍民 有監臨之分 倚勢爲姦 重於凡人 故應加等 行止有虧 不得復敍用也〕《집주(하) 927쪽》

4 부녀는 범간(凡姦)으로 논한다 : 친속이나 주종 관계가 있는 사람이 아닌 일반인과 간음한 것으로 논한다는 것이다. 부녀에 대해서는 관리가 비록 위세를 부리기는 하였으나 간(姦)이라고만 하고 강(强)이라고 하지 않았으므로, 부녀가 스스로 화동(和同)하고 즐겨 따른 것이므로 일반인과 범간(犯姦)한 데 대한 율(④ 390 犯姦)에 비추어 과단한다.〔官吏雖有挾勢之意 然但言姦 而不言强 則婦女原自和同樂從 故照凡人犯姦律科之〕《집주(하) 927쪽》〔其所姦婦女 亦未免有樂從之心 止以凡姦論〕《집설 권8 10장》

5 옥에……3년이다 : 관리는 옥에 갇힌 부녀에 대해 전제(專制)하는 권한이 있는데, 법에 기대어 간음을 한다면 그 정상이 더욱 무거우므로 더욱 엄히 처리하는 것이다.〔官吏於囚婦有專制之權 倚法爲姦 其情尤重 故更嚴之〕《집주(하) 927쪽》 옥에 갇힌 부녀를 간음한 경우 화간과 강간을 구분하는지에 대해 주석서에 따라 견해가 다르다. 《전석》과 《집주》는 화간

원래 범한 죄명으로만 처벌한다.[6]

직해 군이나 민의 관리들이 관할 지역 사람의 처나 딸과 간음을 범하면 일반적인 간음죄에 2등급을 더하고, 정직(停職)하여 서용하지 않는다. 부녀는 일반적인 간음죄로 논한다.

○ 옥에 갇힌 부녀와 간음을 범하면 장 100 도 3년이고, 옥에 갇힌 부녀는 본죄만을 논한다.

해설

관리가 자신의 위세를 이용하여 관할 백성의 처나 딸과 간음하는 행위에 대한 처벌 규정으로, 일반인과 간음한 죄인 범간죄보다 무겁게 처벌하였다. 옥에 갇힌 부녀를 간음하였을 경우, 화간이면 관할 대상 부녀는 함께 처벌받으나, 옥에 갇힌 여자는 화간이라도 처벌받지 않았다.

과 강간을 다르게 처벌한다고 보았고, 《쇄언》·《강해》·《소의》는 화간과 강간을 구분하지 않는다고 보았다.

6 옥에 갇힌 부녀는……처벌한다 : 관할 지역 내의 부녀는 음란한 행실을 하였다고 보아 간음죄로 처벌하지만 옥에 갇힌 부녀는 감금되어 있어 관리에게 통제를 받으므로 비록 관리와 화간하였다 해도 자기 본의가 아니라고 보아 간음죄를 묻지 않고 원래 범한 죄명에 대해서만 처벌하는 것이다.〔囚婦在禁 受制於官吏 雖與和姦 非其本意 故不問姦罪 止坐原犯罪名也〕《집주(하) 927~928쪽》 또한 부녀는 중죄가 아니면 수금(囚禁)하지 않으므로 수감되어 있는 부녀는 중죄로 처벌될 것이기에 가벼운 간음죄로 논할 필요가 없다고 해석하기도 한다.〔所部雖受統攝 婦女若無淫行 官吏何由與姦 與囚婦禁制在官吏之手 可以脅誘而姦之者不同 故所部婦女坐姦罪 囚婦不坐 且婦女非重罪不禁 又不必論姦罪之輕者矣〕《집주(하) 928쪽》

396
상중에 있는 사람이나 승·도사가 간음을 범함
居喪及僧道犯姦

부모[1]나 남편의 상중에 있는 사람, 비구나 비구니,[2] 도사(道士)나 여관(女冠)[3]이 간음을 범하면 모두 범간죄(凡姦罪)[4]에 2등급을 더한다.[5] 이들과 간음한 사람은 범간(凡姦)으로 논한다.[6]

직해 부모 상중에 있는 사람이나 남편 상중에 있는 사람이나 비구·비구니·도사·여관 등이 간음을 범하면 일반적인 간음죄에 각각 2등급을 더하

1 부모 : 손자가 조부모 상중에 있을 때와 며느리가 시부모 상중에 있을 때를 말하지 않았다. 조부모의 은의(恩義)는 비록 무거우나 복제는 가볍고, 시부모의 복제는 비록 같으나 은의는 다소 다르다. 며느리가 시부모 상중에 있을 때 간음을 범하는 경우는 율문에 없으니 그대로 범간(凡姦)으로 논해야 하고 이 조문을 유추해서 적용하는 것은 합당하지 않다.〔不言孫居祖父母喪 及婦居翁姑喪者 蓋祖父母恩義雖重 服制則輕 翁姑服制雖同 而恩義稍殺 律旣無文 仍以凡論 不當比附此律〕《집주(하) 929쪽》

2 비구나 비구니 : 남자를 승(僧), 여자를 이(尼)라 한다. 비구니 또한 승이라 칭하므로 율문에 승니(僧尼)라 칭할 때는 두 사람을 가리키고 이승(尼僧)이라 칭할 때는 한 사람을 가리킨다.〔尼亦稱僧 故律稱僧尼者 指二人 稱尼僧者 指一人也〕《집주(하) 930쪽》

3 도사(道士)나 여관(女冠) : 도교에서 남자를 도사, 여자를 여관이라 한다. ① 45 稱道士女冠 비구, 비구니, 도사, 여관은 도첩(度牒)이 있는 자를 가리키는 말이다.〔僧尼道士女冠 指有度牒者言〕《집해 1854쪽》

4 범간죄(凡姦罪) : ④ 390 犯姦

5 범간죄(凡姦罪)에 2등급을 더한다 : 가령 남편 없는 부녀와 화간하면 장 80에 2등급을 더한 장 100, 남편이 있으면 장 90에 2등급을 더한 장 60 도 1년, 조간이면 장 80에 2등급을 더한 장 70 도 1년 반이다.〔加凡姦二等 如和姦杖一百 有夫杖六十徒一年 刁姦杖七十徒一年半〕《집해 1854~1855쪽》

6 이들과……논한다 : 가령 상중에 간음을 범한 간부(姦夫)는 범간(凡姦)에 2등급을 더하지만 그 상대방인 간부(姦婦)는 범간으로 논하고, 비구, 비구니, 도사, 여관과 간음한 간부·간부도 범간으로 논한다.〔相姦之人以凡姦論 如姦夫居喪加二等 則姦婦以凡姦論 僧尼道士女冠相姦之姦夫姦婦 則以凡論也〕《집해 1855쪽》 이들은 상중에 있지 않고 또 승이나 도사가 아니기 때문이다.《집주(하) 929쪽》

고, 이들과 상대하여 간음한 자는 일반적인 간음의 예로 논한다.

해설

승려나 도사가 법을 어기고 범간(犯姦)하는 죄를 처벌하는 규정으로 예교(禮敎)를 유지하기 위한 것이다. 상중에 있는 자가 간음을 범하면 슬픔을 잊고 욕망을 따르는 것이고, 출가자가 간음을 범하면 청규(淸規)를 더럽히는 것이므로 일반인과 간음한 범간죄에 2등급을 더한다. 이 조문은 2조 십악(十惡)의 불효(不孝), 111조 거상가취(居喪嫁娶), 112조 부모수금가취(父母囚禁嫁娶) 등과 함께 고찰할 필요가 있다.

397
양인과 천인 간에 간음함
良賤相姦

남자 종이 양인(良人) 부녀와 간음하면 범간죄(凡姦罪)에 1등급을 더한다.[1] 양인이 타인의 여자 종과 간음하면 1등급을 줄인다.[2] 남자 종이 여자 종과 간음하면 범간(凡姦)으로 논한다.[3]

직해 남자 종이 양인의 부녀와 간음을 범하면 일반적인 간음죄에 1등급을 더한다. 양인이 남의 여자 종과 간음을 행하면 1등급을 줄인다. 남자 종과 여자 종이 서로 간음하면 일반적인 간음의 예로 논한다.

해설

양인이 천인과 간음하는 경우를 처벌함으로써 귀천(貴賤)의 등급을 밝힌 것이다. 남자 종이 양인 부녀와 간음하면 일반인과 간음한 죄에 1등급을 더하는데 천함이 귀함을 더럽혔기 때문이다. 남자 종과 여자 종은 본래 똑같이 천한 부류이기 때문에 서로 간음하면 일반인끼리 간음한 것으로 논한

1 남자……더한다 : 천인이 양인을 더럽히는 것으로 그 욕됨이 더욱 심하다. 남자와 여자 각각 범간(犯姦)에서 1등급을 더한다. 화간(和姦)이면 장 80에 1등급을 더한 장 90이며, 남편이 있으면 장 90에 1등급을 더한 장 100이고, 조간(刁姦)이면 장 100에 1등급을 더한 장 60 도 1년이다.〔是以賤汚良 其辱尤甚 男女各加犯姦一等 和者杖九十 有夫者杖一百 刁者杖六十徒一年〕《집설 권8 11장》

2 양인이……줄인다 : 양인이 천인을 더럽히는 것으로 그 욕됨이 조금 가볍다. 남자와 여자 각각 범간죄에서 1등급을 줄인다. 화간이면 장 80에서 1등급을 줄인 장 70이며, 남편이 있으면 장 90에서 1등급을 줄인 장 80이고, 조간이면 장 100에서 1등급을 줄인 장 90이다.〔是以良汚賤 其辱稍輕 男女各減犯姦罪一等 和者杖七十 有夫者杖八十 刁者杖九十〕《집설 권8 11장》

3 남자……논한다 : 이쪽저쪽 모두 같은 부류이므로 화간·조간 모두 범간(凡姦)으로 논한다.〔彼此同類 和刁竝以凡姦論〕《집설 권8 11장》

다. 이 조문에서 말하는 간음은 화간(和姦)이나 조간(刁姦)이지 강간(强姦)이 아니다.

398
관리가 창우와 잠
官吏宿娼

관리가 창우(娼優)[1]와 자면 장 60이다. 중개한 사람은 1등급을 줄인다. 관원의 자손[2]이 창우와 자면 죄가 또한 같다. 부과(附過)하고, 음직(蔭職)을 받는 날을 기다려 1등급을 낮추어[3] 먼 변방에 서용(敍用)한다.

직해 관리가 기녀(伎女)나 자녀(姿女)[4]의 집에서 자면 장 60이고, 중개인은 1등급을 줄인다. 관원의 자손이 창기의 집에서 자면 죄가 또한 같다. 죄명을 기록해 두었다가 관직을 제수받는 날에 1등급을 낮추어 먼 지방에 서용한다.

해설

치인(治人)에 전념해야 하는 관리가 창부(娼婦)의 집에서 자는 것은 비록 간통에 비할 바는 아니지만 행동거지에 흠이 되는 것이므로 이를 금한다.

1 창우(娼優) : 교방사(敎坊司)의 부녀와 각 주·현에 편제된 악호(樂戶)이다.〔娼 卽敎坊司之婦 與各州縣所編樂戶 是也〕《집해 1857쪽》 악호의 부녀가 직역이 있는 사람이나 적도(賊盜)와 간음하면 모두 410조 불응위(不應爲)의 장죄에 따르되 홑옷을 입혀 장을 치고, 직역이 없는 사람과 간음하면 처벌하지 않는다. 만약 같은 악호나 친속과 간통하면 범간(凡姦)으로 논하여 옷을 벗기고 장을 친다.〔樂婦 與有職役人或賊盜姦 俱依不應杖 單衣決 與無職役人姦 不坐 若與本類人或親屬通姦 依凡論 去衣決〕《부례(하) 450쪽》

2 관원의 자손 : 문관의 승음(承蔭)할 자와 무관의 응습(應襲)할 자를 겸하여 말한 것이다.〔官員子孫 兼文官之承蔭武官之應襲者言〕《부례(하) 450쪽》

3 1등급을 낮추어 : 조부의 원직(原職)에서 1등급을 낮춘다.〔降其祖父原職一等〕《집해 1858쪽》

4 자녀(姿女) : 음란한 행위를 한 여성을 가리키며, 자녀(恣女)라고도 한다. 조선 시대의 자녀안(恣女案)은 사족 여성 중 행실이 좋지 못하거나 세 번 시집간 여성을 명부에 기록하여 이들 자손의 과거 응시나 관직 제수를 제한하는 데 사용하였다.《국역 태종실록 6년 6월 9일》《국역 문종실록 즉위년 8월 2일》《국역 성종실록 5년 6월 20일, 8년 7월 17일》

음습(蔭襲)의 대상이 되는 관원의 자손도 죄가 같아서 받아야 할 관품에서 1등급을 내려 변방에 서용한다. 관리가 기생을 데리고 음주하는 죄에 대해서는 율문에 명문이 없으나 이 조문에 따라 과단(科斷)한다.

399
양인을 사서 창우로 삼음
買良爲娼

창우(娼優)나 악인(樂人)[1]이 양인(良人) 자녀를 사서 창우로 삼거나 맞아들여 처나 첩으로 삼거나 걸양(乞養)[2]하여 자녀로 삼으면 장 100이다. 실정을 알면서도 시집보내거나 팔면 같은 죄이다. 중개한 사람은 1등급을 줄인다.[3] 혼인 예물은 관에 들이고, 자녀는 본종(本宗)으로 돌려보낸다.

직해 여기(女妓), 재인(才人), 악공들이 양인의 자녀를 사서 창우로 삼거나, 처첩으로 삼아 혼인하거나, 혹 거두어 길러[4] 자녀로 삼으면 장 100이다. 실정을 알고서 혼인시키거나 팔면 죄가 같다. 중개인은 1등급을 줄이고, 재물이나 돈은 관에 몰수한다. 자녀는 부모에게 되돌아가게 한다.

1 창우(娼優)나 악인(樂人) : 우(優)는 노래하고 춤추는 재주를 갖춘 사람으로 양인에 비해 귀천이 현저히 다르다.〔優 備戲舞之人也〕《석의 권25 8장》〔優 樂舞人也 娼優之於良人貴賤懸殊〕《집해 1859쪽》 창우악인(娼優樂人)에 대해서 《전석》은 악호(樂戶)로, 《집주》는 창우악호라는 하나의 집단으로 범칭한 반면에, 직해·《국자해》·《GMC》 등은 모두 세 종류의 직업군, 즉 여기(女妓, entertainers), 재인(才人, dancers), 악공(樂工, musicians)으로 파악하였다. 《국자해》는 창우도 악인에 속한다고 덧붙였다.

2 걸양(乞養) : 타인의 자녀를 자신의 자녀로 데려다 기르는 것으로 수양(收養)이라고도 한다. ② 84 立嫡子違法

3 실정을……줄인다 : 이들이 창우(娼優)와 악인(樂人)이라는 것을 알고도 양인의 자녀를 시집보내거나 팔면 모두 장 100이다. 중개한 사람은 1등급을 줄인 장 90이다. 대가로 받은 재물은 관에 들이고 자녀는 본종으로 돌려보낸다. 실정을 알았던 경우를 말하는 것이므로 실정을 몰랐으면 처벌하지 않는다.〔知其係是娼優樂人而將其子女嫁賣者 竝杖一百 媒合之人減一等 杖九十 財禮入官 子女歸宗 曰知情 則不知情者不坐 可知矣〕《집해 1860쪽》

4 거두어 길러 : 율문의 걸양(乞養)을 직해에서 달리 표현한 경우 다른 예에서는 모두 수양(收養)이라고 하였는데, 오직 이 예만 시양(侍養)으로 되어 있다.

해설

창우와 양인은 신분의 귀천이 현저히 다르므로 경계를 범하는 행위를 처벌하기 위한 규정이다. 양인과 천인의 신분과 관련된 다른 조문은 121조 양천위혼인(良賤爲婚姻), 336조 양천상구(良賤相毆) 등이 있다.

대명률직해

제26권 형률刑律 잡범雜犯

잡범 雜犯

전국 시대 이회(李悝)의 《법경(法經)》 6편에 〈잡법(雜法)〉이 있는데 역대로 이를 따라서 모두 〈잡률(雜律)〉이라 하였다. 북주(北周)에서는 〈잡범(雜犯)〉으로 하였다가 수(隋)·당(唐)에서는 다시 〈잡률〉로 하였다.

명에서는 당대 〈잡률〉 중 389조 좌장치죄(坐贓致罪)는 〈수장(受贓)〉의 368조 좌장치죄로, 당률 391조 사주전(私鑄錢)은 〈사위(詐僞)〉의 382조 사주동전(私鑄銅錢)으로, 당률 417조 교곡두칭도불평(校斛斗秤度不平), 420조 사작곡두칭도(私作斛斗秤度), 418조 조기용견포행람단협이매(造器用絹布行濫短狹而賣), 419조 시사평물가불평(市司評物價不平), 421조 매매불화교고(賣買不和較固) 등은 각각 〈시전(市廛)〉의 174조 사조곡두칭척(私造斛斗秤尺), 175조 기용포견불여법(器用布絹不如法), 172조 시사평물가(市司評物價), 173조 파지항시(把持行市)로, 당률 424조 실시불수제방(失時不修隄防), 425조 도결제방(盜決隄防)은 〈공률(工律)〉의 458조 실시불수제방, 457조 도결하방(盜決河防)으로, 당률 426조 승관선위한사재(乘官船違限私載)는 〈우역(郵驛)〉의 275조 승관축산거선부사물(乘官畜產車船附私物)로, 당률 436조 훼대사구단(毁大祀丘壇)은 〈예율(禮律)〉의 177조 훼대사구단으로 재편하였다. 이 외에 당률 392조 무고어성내가항주거마(無故於城內街巷走車馬), 393조 향성관사택사(向城官私宅射), 394조 시기창작갱정(施機槍作坑穽), 395조 의합약불여방(醫合藥不如方), 397조 수기물첩비용(受寄物輒費用), 398조 부채위계불상(負債違契不償). 399조 부채강견재물(負債强牽財物), 438조 기훼망실제서관문서(棄毁亡失制書官文書), 439조 사발제서관문서인봉(私發制書官文書印封), 440조 주수관물망실부서(主守官物亡失簿書), 441조 식관사전원과과(食官私田園瓜果), 442조 기훼기물가색(棄毁器物稼穡), 443조 훼인비갈석수(毁人碑碣石獸), 444조 정류청수군기(停留請受軍器), 445조 기훼망실관사기물(棄毁亡失官私器物), 446조 망실부인구방(亡失符印求訪), 447조 득숙장물은이불송(得宿藏物隱而不送), 448조 득란유물불송관(得闌遺物不送官) 등은 각각 비슷한 것끼리 묶어서 명률에 반영하였다. 아울러 당률 428조 산릉조역내실화(山陵兆域內失火), 431조 관해창고실화(官廨倉庫失火), 432조 소관부사가사택(燒官府私家舍宅), 402조 박희도재물(博戲賭財物), 449조 위령(違令), 450조 불응득위(不應得爲) 등은 각각 406조 실화(失火), 407조 방화고소인방옥(放火故燒人房屋), 402조 도박(賭博), 409조 위령, 410조 불응위(不應爲)로 이었다.

당률 〈직제(職制)〉의 135조 유소청구(有所請求), 136조 수인재청구(受人財請求) 등은 〈잡범〉의 404조 촉탁공사(囑託公事)로 고쳐 넣었다. 또 당률 400조 이양인위노비용질채(以良人爲奴婢用質債)의 준절(準折) 규정은 168조 위금취리(違禁取利)에, 당률 401조 착인양인위노비부곡(錯認良人爲奴婢部曲)의 모인(冒認) 규정은 297조 사기관사취재(詐欺官私取財)에 각각 들어 있다. 당률 403조 사택거복기물위령(舍宅車服器物違令)은 194조 복사위식(服舍違式)으로, 당률 404조 침항가천맥(侵巷街阡陌)은 459조 침점가도(侵占街道)로, 당률 406조 범야(犯夜)는 240조 야금(夜禁)으로, 당률 407조 종정종행신사불송환향(從征從行身死不送還鄕)은 273조 병고관가속환향(病故官家屬還鄕)으로 각각 바꾸었다. 이 외에 당률 390조 기일작악(忌日作樂), 430조 비시소전야(非時燒田野), 409조 불응입역이입(不應入驛而入) 등은 삭감하여 정리하고 〈잡범〉이라 명명하였다. 모두 11조이다.

400
신명정을 무너뜨림
拆毁申明亭

신명정(申明亭)[1]의 건물을 무너뜨리거나 판방(板榜)[2]을 훼손하면 장 100 유 3000리이다.[3]

직해 신명정의 건물을 무너뜨리거나 판방을 훼손하면 장 100에 먼 곳으로 유배 보낸다.

–신명정은 향(鄕)·사(社)·이(里)[4]의 장(長)이 사무를 보는 공청(公廳)을 이른다.–[5]

1 신명정(申明亭) : 교화를 밝혀 선을 권하고 악을 징계하기 위한 곳이다.〔申明亭 爲申明教化勸善懲惡之所〕《부례(하) 453쪽》

2 판방(板榜) : 널빤지로 된 편액이다. 조정에서 권하는 권선징악의 말이나 홍리제해(興利除害)의 일을 써서 각 아문의 앞에 걸어 놓아 사람들로 하여금 모두 잘 알도록 하였다.〔板榜以木爲之 亦書朝廷所行勸善懲惡之言 興利除害之事 於各衙門前張挂 使人皆得通曉 皆教民之要務也〕《집해 1864쪽》

3 신명정(申明亭)의……3000리이다 : 무너뜨리거나 훼손하는 것은 국법을 위배하고 악을 행하는 것이므로 장 100 유 3000리이다.〔拆毁之者 則是違背國法 敢於爲惡 故杖一百流三千里〕《석의 권26 2장》 무너뜨린 신명정은 수리하고 훼손한 판방은 다시 제작하여 관에 들이도록 한다. 신명정의 방옥(房屋)을 무너뜨리는 것은 관방(官房)을 훼손하면 고전(雇錢)을 계산하여 좌장(坐贓)으로 보아 그에 2등급을 더하는 것과 같지 않다. 신명정의 판방을 훼손하는 것은 관물을 기훼(棄毁)하면 장을 계산하여 절도에 준하여 논하는 것과 같지 않다. 신명정은 교화와 관계되고 판방 기록은 국가의 일로 다른 방옥이나 기물과 다르기 때문이다.〔寄拆毁亭板 竝令修造做立還官 按拆毁申明亭房屋 與毁損官房 計雇錢加坐贓二等不同 毁板榜與棄毁官物 計贓準竊盜論不同者 蓋亭曰申明 教化所關 而榜之所載者 朝廷之事 與他房屋器物異故也〕《집해 1864~1865쪽》

4 향(鄕)·사(社)·이(里) : 100호가 이(里)이고, 5리가 향이다.〔百戶爲里 五里爲鄕〕《舊唐書 卷49 食貨志上》 현읍에 소속된 마을의 50가에 1사(社)를 세워 나이가 많고 사리에 밝은 자 1인을 장(長)으로 삼는다.〔縣邑所屬村疃 凡五十家立一社 擇高年曉事者一人爲之長〕《元史 卷93 經理》

5 신명정은……이른다 : 홍무30년율에서 이 율주는 삭제되었다.

•••

신명정

홍무 연간에 천하의 읍과 이에 모두 신명정(申明亭)과 정선정(旌善亭) 두 정자를 두어, 선을 권면하고 악을 징계하였다. 호혼(戶婚)·전토(田土)·투구(鬪毆) 등의 일상사에 대해 이로(里老)가 여기에서 판결하였다. 아울러 불효(不孝)·부제(不弟) 및 모든 악을 행하는 사람을 신명정 판방에 기록하여 백성들로 하여금 두려움을 알고 감히 악을 행하지 못하도록 하였다. 1372년(홍무5)에 처음 설치하였으나 설치 목적과 달리 작은 범죄까지 게시되어 백성들이 개과천선하는 기회를 박탈하게 되자 1382년에 십악(十惡), 간도(姦盜), 사위(詐僞), 풍속을 해치는 범죄, 뇌물죄 등에 한정하여 게시하도록 개정하였다. 또한 사사로이 신명정의 건물을 훼손하거나 방(榜)에 기재된 성명을 지우는 자는 감찰 어사, 안찰사 등이 순시하여 잡아들였다. 이후에는 일반 백성뿐만 아니라 관리도 법을 어기면 형부에서 죄상을 신명정에 게시하여 관리로 하여금 경계하도록 하였다.

401
정부・잡장・군사가 병들었을 때 의원과 약을 제공함
夫匠軍士病給醫藥

군사(軍士)가 진수(鎭守)하는 곳에서, 또는 정부(丁夫)・잡장(雜匠)[1]이 역을 지는 곳에서 질병을 얻었는데도 해당 관사에서 의원과 약을 지급하여 치료할 것을 요청하지 않으면 태 40이다. 이로 인하여 죽게 되면 장 80이다. 이미 담당 관사[2]에 행이(行移)하였는데도 의술이 뛰어난 의원을 보내지 않거나 증상에 맞는 약[3]을 지급하여 치료하지 않으면 죄가 같다.[4]

직해 군사가 방어소(防禦所)에 있거나 정부(丁夫)나 잡장인(雜匠人) 등이 역을 서는 곳에 있다가 질병이 들었는데, 담당 관사에서 의원과 약을 요청하여 질병을 치료하지 않으면 태 40이다. 이로 인하여 죽으면 장 80이다. 요청할 관사에 이미 공문을 보냈는데, 좋은 의원을 보내지 않거나 병증을 다스리는 약을 지급하여 병을 치료하지 않으면 같은 죄로 논한다.

1 정부(丁夫)・잡장(雜匠) : ② 87 丁夫差遣不平

2 담당 관사 : 서울은 태의원이고 지방은 부・주・현이다.〔所司 在內爲太醫院 在外爲府州縣〕《전석 권26 2장》

3 증상에 맞는 약 : 의원이 증상에 맞지 않는 약을 처방하였을 때의 처리 방식에 대해《전석》에서는, 만약 약이 증상에 맞지 않아 죽음에 이르면 죄가 의원에게 있으므로 320조 용의살상인(庸醫殺傷人)에 따라 과단한다고 하였다.〔若因藥不對證 以致死者 罪在醫人 依庸醫殺人律科斷〕《전석 권26 2장》 그러나《집주》에서는 의원이 실력이 없어 약이 증상에 맞지 않으면 이 조문에 따라 태 40이라고 하였다.〔醫不良 藥不對 笞四十〕《집주(하) 935쪽》

4 죄가 같다 : 담당 관사에 행이하였는데도 즉시 좋은 의원을 보내지 않거나 비록 의원을 보냈으나 증상에 맞는 약을 지급하여 치료하지 않았을 경우 다행히 죽지 않았으면 역시 태 40이고, 이로 말미암아 죽음에 이르면 역시 장 80이다.〔若已行移所司 而不卽爲差撥良醫 及雖撥醫 而不給與對症藥餌醫治者 是不以國本爲重 而實有曠所司矣 其罪同 幸而不死者 亦笞四十 因而致死者 亦杖八十〕《집설 권8 14장》

402
도박
賭博

재물을 걸고 도박하면[1] 모두 장 80이다. 도박판에 나온 돈이나 재물은 관에 들인다. 도박장을 연 사람도 같은 죄이다.[2] 현장에서 발각되어야만 처벌한다. 직책이 있는 관원은 1등급을 더한다. 음식을 걸고 내기하는 것은 논하지 않는다.[3]

직해 장기·바둑 따위로 돈이나 물건을 걸고 도박하여 취하면 장 80이다. 도박판에 두었던 돈이나 물건은 관에 몰수한다. 주인으로서 도박판을 열면 죄가 같다. 오직 현장에서 붙잡은 자를 처벌하되 관직이 있는 자는 1등급을 더한다. 음식을 걸고 도박하여 취한 것은 논하지 않는다.

해설

도박 행위를 금지하고자 마련한 규정이다. 관원이 도박하면 녹(祿)을 훔쳐 오락을 즐기는 것이므로 1등급을 더하고, 술과 먹을 것을 거는 것은 이로움을 즐기는 것이 아니므로 모두 논죄하지 않는다. 현장에서 발각된 자만을 처벌하는데, 이는 현행 형법이 도박 행위와 도박장 개설을 처벌하되 한

1 재물을 걸고 도박하면 : 재미로 승부를 다투는 것이 도(賭), 이겨서 재물을 취하는 것이 박(博)이다.〔以戲兢勝曰賭 因勝取財曰博〕《집설 권8 15장》 도박은 쌍륙(雙陸)이나 바둑 따위이다.〔賭博 雙陸奕碁之類〕《전석 권26 3장》

2 도박판에……죄이다 : 자기의 집을 도박장으로 개설하고 도박꾼을 모은 사람은 자신이 도박에 가담하지 않았더라도 장 80이다. 그 도박장은 관에 들인다.〔其將自己房屋 開張賭房 招集賭博之人 雖不同賭 亦杖八十 賭房入官〕《집주(하) 936쪽》

3 음식을……않는다 : 붕우가 모여 오락 삼아 음식을 거는 것은 재물을 거는 것에 비할 바가 아니므로 논죄하지 않는다.〔若朋友相會爲樂賭飮食 非賭財物之比 故勿論〕《집해 1868쪽》

때의 오락 정도에 불과한 도박은 처벌하지 않는 방침과 유사하다. 그러나 현행 형법에는 관원의 도박 행위에 1등급을 더하는 가중 처벌 조항이 없다.

403
거세하여 화자로 만듦
閹割火者

관원이나 백성의 집에서 타인의 아들을 걸양(乞養)하여 거세해서 화자(火者)[1]로 만들어서는 안 된다.[2] 어기면 장 100 유 3000리이다. 그 아들은 부모에게 보낸다.

직해 관원이나 백성의 집에서 양자로 들인 다른 사람의 아들을 거세하여 고자로 만들면 장 100에 먼 곳으로 유배 보내고, 그 아들은 부모에게 돌려 보낸다.

해설

세력가들이 사사로이 함부로 거세하는 것을 금하기 위해 마련한 규정이다. 환관은 황가(皇家)에서만 사역하므로 남의 아들을 입양하여 거세할 수 없다. 환관을 개인 집에 두면 참월(僭越)한 것이므로 유형(流刑)으로 처벌한다.

1 화자(火者) : 궁에 있는 환관으로 문을 지키는 자이다.〔火者 卽古之閹寺宮而守門者也〕《소의(하) 564쪽》 민(閩)·월(粤) 등 지역의 위세 있는 집에서 남의 아들을 빌려다가 거세하여 부리는 일이 많았는데 이를 가리켜 화자라고 하였다.〔舊時閩粤等處豪戶之家 多有乞覓他人之子 閹割驅使 名曰火者〕《집주(하) 938쪽》 거세는 본래 궁형(宮刑)에서 유래되었다. 연좌된 자손을 거세하여 궁중의 일을 하는 데 바쳤으므로 궁형이라고 한다.〔閹割 古之宮刑 緣坐之子孫 閹割之 以供宮事也 故曰宮刑〕《집해 1870쪽》

2 관원이나……된다 : 화자는 황제가 하사한 것이 아니면 감히 둘 수 없다. 관원이나 백성이 사삿집에서 쓰면 참람함이 심하므로 유형으로 처벌한다.〔火者 非御賜 不敢有也 官民用於私室 違僭甚矣 故流〕《부례(하) 456쪽》

404
공무를 청탁함
囑託公事

404-1 관리나 여러 명색(名色)의 사람들[1]이 법을 굽히고 공무를 청탁하면 태 50이다. 청탁하기만 해도 바로 처벌한다.
직해 관리, 여러 명색의 사람들이 이치에 맞지 않게 공적인 일을 청탁하면 태 50이다.

-청탁하여 법을 굽힌 일을 수락하였는지 수락하지 않았는지, 시행하였는지 시행하지 않았는지 묻지 않고, 단지 청탁하기만 해도 바로 이 죄를 얻는 것을 이른다.-
직해 그 청탁한, 이치에 맞지 않는 공적인 일을 수락하였는지 수락하지 않았는지, 행하였는지 행하지 않았는지를 묻지 않고, 청탁한 경우에 곧 이 죄를 얻는다.

해당 관리가 들어주어 수락하였으면 더불어 같은 죄이고,[2] 수락하지 않았으면 처벌하지 않는다. 청탁한 일이 이미 시행되었으면 장 100이다. 법을 굽힌 죄가 무거우면 고의로 타인의 죄를 가볍게 하거나 무겁게 한 죄로 논한다.[3] 타인이나 친속을 위하여 청탁한 것이면 관리의 죄에서 3등급을 줄인

1 여러 명색(名色)의 사람들 : ① 63 講讀律令

2 해당……죄이고 : 해당 관리가 청탁을 수락하였으면, 이는 일이 비록 행해지지 않았더라도 이미 사사로움을 드러낸 것이니, 청탁한 사람과 더불어 같은 죄로 역시 태 50이다.〔其當該官吏 聽其所囑而從之者 是事雖未行 而已徇其私矣 與所囑者同罪 亦笞五十〕《집설 권8 17장》〔當該官吏聽從者與同罪 謂亦笞五十〕《강해 463쪽》

3 법을……논한다 : 청탁한 일이 이미 시행되었다면, 그것은 그 말을 수락한 데에 그치는 것이 아니라 실제로 법을 굽히고 그 일을 결단한 것이니, 장 100이다. 법을 굽히고 죄를 가볍게 하거나 무겁게 한 것이 장 100보다 무거우면 해당 관리는 모두 고의로 타인의 죄를 가볍게 하거나 무겁게 한 죄(④ 433 官司出入人罪)로 논하는데, 전죄(全罪)로 처벌하거나 혹은 본죄에서 더하거나 줄인 죄로 처벌한다. 법을 어긴 청탁은 비록 타인이 하였지만 법을 굽

다.[4] 자신이 본인의 일을 청탁하면 본죄(本罪)에 1등급을 더한다.[5] 감림관(監臨官)이나 권세 있는 사람이 타인을 위하여 청탁하면 장 100이다.[6] 법을 굽힌 것이 무거우면 관리와 더불어 같은 죄이며,[7] 죄가 사형에 이르면 1등급을 줄인다.

직해 담당 관리가 청탁을 수락하면 죄가 같다. 수락하지 않으면 처벌하지 않는다. 만일 그 일이 이미 공문서로 보내졌으면 장 100이다. 청탁으로 법을 굽힌 일이 죄가 무거우면, 관리를 고의로 다른 사람의 죄를 가볍게 하거나 무겁게 한 죄의 예로 논한다. 다른 사람이나 친족 등의 부탁으로 청탁하면 관리의 죄에서 3등급을 줄인다. 자기 신상의 일을 청탁하면 본죄에 1등급을 더한다. 감림관이나 권세 있는 사람이 다른 사람의 부탁으로 청탁하면 장 100이고, 그 일이 무거우면 관리와 죄가 같다. 사형에 이르면 1등급

히고 따른 것은 실로 그 자신에게서 말미암기 때문이다.〔若所囑之事 已經施行 則不止聽從其言 而實枉斷其事矣 杖一百 其出入所枉之罪 有重於杖一百 當該官吏 竝以故出入人罪論 或全坐 或以增減之罪 坐之 以其曲法之囑 雖在人 而枉法之從 實由己也〕《집설 권8 17장》

4 타인이나……줄인다 : 청탁한 사람이 타인이나 친속을 위해서 하였고, 청탁으로 법을 굽힌 죄가 태 50보다 무거우면 그 일이 남을 위한 것이어서 그 정상이 조금 가볍기에, 관리가 고의로 남의 죄를 가볍게 하거나 무겁게 한 죄에서 3등급을 줄인다.〔若所囑之人 係爲他人及親屬 囑託 以致所枉之罪 重于笞五十者 則事出爲人 其情稍輕 減官吏故出入人罪三等〕《집설 권8 17장》

5 자신이……더한다 : 자신이 본인의 일을 청탁하여 법을 굽힌 죄가 태 50보다 무거우면 일이 오로지 자신에 관한 것으로 그 정상이 비교적 무겁기에 마땅히 처벌받아야 할 죄에서 1등급을 더한다.〔係自行囑託己事 以致所枉之罪 重於笞五十者 則事專於己 其情較重 加所應坐之罪一等〕《집설 권8 17장》

6 감림관(監臨官)이나……100이다 : 감림관이나 권세 있는 사람이 그 권세를 끼고 타인을 위하여 청탁하는 것은 평범한 관리 등이 청탁하는 것과 같지 않으므로 청탁하기만 해도 장 100이다. 해당 관리가 청탁을 수락하였으면 그대로 태 50이고, 그 일을 이미 시행하였으면 역시 장 100이다.〔若監臨及勢要之人 挾其權勢 而爲人囑託者 與尋常官吏人等不同 但囑卽杖一百 官吏聽從者 仍笞五十 事已施行者 亦杖一百〕《집설 권8 17장》

7 법을……죄이며 : 청탁으로 인하여 법을 굽힌 죄가 장 100보다 무거우면 관리가 고의로 타인의 죄를 가볍게 하거나 무겁게 한 것과 같은 죄이다. 법을 굽힌 것은 비록 관리라 하더라도 그 법을 굽히게 만든 것은 실로 자신에게서 말미암기 때문이다.〔因囑而致所枉之罪 重於杖一百者 與官吏故出入人同罪 以所枉之法 雖在官 而能致其枉 實由己也〕《집설 권8 17장》

을 줄인다.

-감림관이나 권세 있는 사람은 청탁하기만 해도 바로 장 100이다. 관리가 들어주어 수락하였으면 원래대로 태 50이고, 이미 시행하였으면 역시 장 100이다. 법을 굽힌 죄가 장 100보다 무거우면, 관리와 감림관 및 권세 있는 사람은 모두 고의로 타인의 죄를 가볍게 하거나 무겁게 한 죄를 받는다. 관리가 율에 따라 사죄(死罪)에 해당하면 감림관이나 권세 있는 사람은 사죄에서 1등급을 줄인다.-

직해 감림관이나 권세 있는 사람이 청탁하면 곧 장 100이고, 관리가 그에 수락하면 태 50이다. 청탁에 따라서 공문서를 보내면 장 100이다. 법을 굽힌 죄가 장 100보다 무거우면, 관리 및 감림관과 권세 있는 사람 등을 고의로 다른 사람의 죄를 가볍게 하거나 무겁게 한 죄의 예로 논하되, 관리가 율문 안의 사죄에 합당하면, 감림관이나 권세 있는 사람은 관리의 합당한 사죄에서 1등급을 줄인다.

장(贓)을 받으면[8] 모두 장을 계산하여 왕법(枉法)으로 논한다.[9]

404-2 관리가 감림관이나 권세 있는 사람을 피하지 않고 청탁받은 공무의 실상을 상급 관사에 나아가 고발하면 1등급을 올려 준다.[10]

8 장(贓)을 받으면 : 관리, 여러 부류의 사람들, 감림관, 권세 있는 사람 등과 청탁을 받은 해당 관리를 통틀어 가리켜 말한다.〔受贓 通指官吏諸色監臨勢要之人與當該官吏而言〕《석의 권26 5장》 각 율에서 관리의 죄를 논할 때 장을 받은 일이 있으면 반드시 본죄와 장죄 중 무거운 쪽으로 논하는 것이 대개 율의 예이다. 이 조문에 각각 무거운 쪽을 따른다는 규정은 없지만 역시 각각 무거운 쪽으로 논해야 한다.〔各律論官吏之罪 內有受贓者 必將本罪與贓罪從重論 蓋律之例也 此條雖無各從重者 亦當各從重論〕《집주(하) 940쪽》

9 왕법(枉法)으로 논한다 : 관리나 여러 부류의 사람들 및 감림관이나 권세 있는 사람이 남을 위해 청탁하면서 장을 받으면 이는 사사로운 이익을 드러내고 국법을 어지럽힌 것이다. 모두 그 받은 장을 계산하여 왕법으로 논하여 각 관련자들의 장의 양 전체를 합해 전과(全科)해서, 1관 이하이면 장 70이고 5관마다 1등급을 더하되 80관에 이르면 교형이다. 잡범 사죄(雜犯死罪)이므로 교형은 도 5년에 준한다. 무록인은 1등급을 줄인다.(④ 367 官吏受財)〔若官吏諸色人等及監臨勢要 爲人囑託而受贓者 是徇私利而撓公法矣 竝計其所受之贓 以枉法論 通算全科 一貫以下杖七十 每五貫加一等 至八十貫絞 準徒五年 無祿人減一等〕《집설 권8 17~18장》

10 1등급을 올려 준다 : 관원은 본래의 직함에 1등급을 더해 올려 주고, 이전(吏典)은 관품을

직해 장을 받으면, 장을 계산하여 왕법의 예로 논한다.
(○) 관리가 감림관이나 권세 있는 사람을 두려워하지 않고 청탁받은 공적인 일의 실상을 상급 관사에 보고하면 상으로 1등급을 더한 직급을 준다.

해설

부정한 청탁을 들어주는 것을 금지하기 위한 규정이다. 관리 등이 법을 어기고 청탁한 죄, 해당 관리들이 청탁에 따라 그 일을 시행한 죄, 타인 또는 자기 자신의 일을 청탁한 죄, 감림관이나 권세 있는 사람들이 청탁한 죄, 청탁한 관리 등과 감림관, 권세 있는 사람 및 청탁을 들어준 해당 관리 등이 부당한 재물을 받은 죄, 청탁을 받은 사실을 고발한 관리에게 상을 주는 것 등에 대한 규정이다.

받는 날을 기다려 역시 1등급을 올려 서용한다.〔官則於本銜上加陞一等 吏則俟其受官之日亦陞一等敍用〕《집주(하) 940쪽》

405
공사를 사화함
私和公事

공사(公事)[1]를 사화(私和)[2]하면 범인의 죄에서 2등급을 줄이되, 죄는 태 50에 그친다.[3]

직해 이미 고소된 공적인 일을 사사로이 화해하여 논하면, 범인의 죄에서 2등급을 줄이고 태 50을 한도로 한다.

해설

관에 고발된 공무에 대해 사화하는 경우를 처벌하는 규정이다. 관에 고발된 공무는 본 조문에 따라, 인명은 323조 존장위인살사화(尊長爲人殺私和)에 따라, 간음은 390조 범간(犯姦)에 따라 각각 처벌한다.

1 공사(公事) : 발각되어 관에서 처리해야 할 일을 말한다.〔公事 謂發覺在官者〕《전석 권26 6장》

2 사화(私和) : ③ 323 尊長爲人殺私和

3 범인의……그친다 : 범인의 죄에서 2등급을 줄인다는 것은, 본래 범한 것이 태 50 이하에 해당하는데 사화(私和)하면 2등급을 줄이고, 범한 것이 장 60 이상 도죄·유죄·사죄에 해당하는데 사화하면 태 50에 그친다는 것을 이른다. 그러나 인명 사건에 대해서 사화하거나 간죄(姦罪)에 대해서 사화하면 각각 해당 율로 처벌하며(③ 323 尊長爲人殺私和 ④ 390 犯姦) 이와 같지 않다. 이른바 '이 조문 자체에 죄명이 있으면 이 조문에 따라 과단한다.'(① 34 本條別有罪名)라는 것이다.〔減犯人罪二等 謂本犯該笞五十以下而爲之和者 減罪二等 若犯該杖六十以上至徒流死罪 私和者 止笞五十 惟私和人命及私和姦事 各坐罪 與此不同 所謂本條各有罪名也〕《집해 1678~1679쪽》

406
실수로 불을 냄
失火

406-1 실화(失火)하여 자기의 건물을 태우면 태 40이고, 불이 번져 관이나 민간의 건물을 태우면 태 50이다. 이로 인하여 인명(人命)이 상하게 되면 장 100이다. 실화한 사람에게 죄를 준다.[1] 불이 번져 종묘나 궁궐을 태우면 교형이고,[2] 사(社)[3]이면 1등급을 줄인다.[4]

406-2 산릉(山陵)의 묘역 안에서 실화하면 장 80 도 2년이고, 불이 번져 숲의 나무를 태우면 장 100 유 2000리이다.[5] 관부(官府)의 청사나 창고 안

1 실화한……준다 : 실화하여 자기의 집을 태우면 비록 다른 사람에게 해가 없더라도 일을 막지 못한 책임을 물어 태 40으로 경계하는 것이다. 관이나 민간의 건물에 불이 번져 타면 비록 예기치 못하였더라도 피해가 이미 다른 사람에게 미치니 태 50으로 경계하는 것이다. 실화하여 불이 번져 탄 일로 인해 사람이 죽으면 그 피해가 크므로 해친 사람이 일반인인지 친속인지를 구분하지 않고 장 100이다. 단 화재는 발화 시작점이 중요하기 때문에 죄는 실화한 당사자에게만 그친다.〔凡失火 燒自已房屋者 雖于人無害 而事已失防 笞四十以警之 延燒官民房屋者 雖事由不測 而害已及人 笞五十以警之 因失火延燒而致傷人命者 則其害人大矣 不分親屬凡人 杖一百 其罪止坐所由失火之人 蓋必禍究其始也〕《집설 권8 19장》

2 종묘나……교형이고 : 종묘나 궁궐에 불이 번져 타면 일이 조정에 관계되므로 교형으로 처벌한다.〔若延燒宗廟及宮闕者 則事關朝廷矣 以絞坐之〕《집설 권8 19장》

3 사(社) : ③ 202 太廟門擅入

4 사(社)이면 1등급을 줄인다 : 대사(大社)는 종묘나 궁궐과 비교하여 조정에 관계되는 것이 조금 다르므로 1등급을 줄인 장 100 유 3000리이다.〔延燒大社 則較之廟闕少殊 減一等 杖一百流三千里〕《집설 권8 19장》

5 산릉(山陵)의……2000리이다 : 산릉 숲의 나무는 귀신이나 혼령이 쉬는 곳이므로 그곳을 지키는 사람이 산릉의 묘역 안에서 실화하였을 경우 불이 번져 태우는 데 이르지 않았더라도 삼가지 않음이 심하므로 장 80 도 2년이다. 불이 번져 숲의 나무를 태우면 장 100 유 2000리이다.〔至山陵林木 神靈所庥 若守衛之人於山陵兆域內 失火者 雖未及延燒 而不謹甚矣 杖八十徒二年 延燒林木者 杖一百流二千里〕《집설 권8 19장》 산릉의 안은 일반인이 들어갈 수 없는 곳이므로 이 안에서 실화한 자는 곧 수위(守衛)하는 사람이다.〔山陵之內 非凡人所得入 此內失火 則守衛之人也〕《석의 권26 6장》

에서 실화하면 역시 장 80 도 2년이다. 주수(主守)[6]하는 사람이 그로 인해 재물을 횡령하면[7] 장(贓)을 계산하여 감수자도(監守自盜)[8]로 논한다. 외부에서 실화하여 불이 번져 타면 각각[9] 3등급을 줄인다.[10]

406-3 고장(庫藏)이나 창오(倉廒) 안에서 불을 지피면 장 80이다.[11] 궁전이나 창고를 지키거나 죄수를 관장하는 자가 만약 불이 난 것을 보면 모두 지키는 곳을 떠날 수 없다. 어기면 장 100이다.[12]

직해 실수로 불을 내어 자기의 건물을 태워 없애면 태 40이고, 관이나 민간의 건물에 불이 번져 타 없어지게 하면 태 50이다. 이로 인하여 인명을

6 주수(主守) : ① 43 稱監臨主守

7 횡령하면 : ② 136 庫秤雇役侵欺

8 감수자도(監守自盜) : ③ 287 監守自盜倉庫錢糧

9 각각 : 산릉 이하 숲의 나무, 관부의 청사, 창고 등의 각 항목을 가리켜 말한 것이다.〔各字指山陵以下 各項說〕《부례(하) 462쪽》

10 외부에서……줄인다 : 외부에서 실화하여 불이 번져 타면 각각 3등급을 줄인다는 것은 산릉, 숲의 나무, 관부의 청사 세 곳을 가리켜 말하는 것이다. 산릉 안에 있는 신궁은 종묘와 같다.〔在外失火延燒各減三等者 指山陵林木公廨三下說 山陵內神宮同宗廟〕《부례(하) 462쪽》 이를테면 실화하여 그로 인해 산릉 숲의 나무를 태우면 장 80 도 2년이고, 만약에 외부에서 실화하여 관부의 청사나 창고에 불이 번져 태우면 장 80 도 2년에서 3등급을 줄인 장 100이다.〔謂在外失火 因而延燒林木者 杖八十徒二年 若在外失火 延燒官府公廨及倉庫者 杖一百〕《강해 465쪽》 외부에서 실화하여 불길이 번져 타면 그 실화한 사람은 각각 안에서 실화한 죄에서 3등급을 줄이는데, 지키는 사람이 혼자서 책임질 일이 아니기 때문이다.〔其在外失火而延燒者 其失火之人 各減在內失火罪三等 以非守者之專責也〕《집설 권8 20장》 외부에서 실화하여 불길이 창고에 번져 타서 그로 인해 관의 전량을 도둑질하면 288조 상인도창고전량(常人盜倉庫錢糧)으로 논한다.〔在外失火延燒倉庫 因而盜官錢糧 以常人盜論〕《전석 권26 7장》

11 고장(庫藏)이나……80이다 : 창고를 지키면서 안에서 불을 피우면 비록 실화하지 않더라도 또한 장 80이니, 미연에 방지하기 위해서이다.〔若守倉庫 而于庫藏及倉庫內 燃火者 雖未失火 亦杖八十 所以防之於未然也〕《집설 권8 20장》

12 어기면 장 100이다 : 불이 났을 때 지키는 곳을 떠나 그로 인해 외부인이 함부로 들어가 전량이 손실되면 139조 창고불각피도(倉庫不覺被盜)로, 수인(囚人)이 도주하면 416조 주수불각실수(主守不覺失囚)로 과단한다.〔若因而致外人擅入 錢糧損失 囚人逃走者 以守衛不覺察倉庫 不覺被盜 主守不覺失囚律條科斷〕《전석 권26 8장》

상하게 하면 장 100이다. 처음에 실수로 불을 낸 사람을 처벌한다. 종묘나 궁궐에 불이 번져 타 없어지면 교형으로 죽이고, 사(社)는 1등급을 줄인다. ○ 산릉의 묘역 안에서 실수로 불을 내면 장 80 도 2년이고, 숲의 나무에 불이 번져 타면 장 100에 먼 곳으로 유배 보낸다. ○ 관부의 청사 및 창고 안에서 실수로 불을 내면 장 80 도 2년이다. 주수인(主守人)이 이로 인하여 재물을 침탈하면 장물을 계산하여 감수자도의 예로 논한다. 밖에서 실수로 불을 냈는데 불이 번져 타면 각각 3등급을 줄인다.

○ 창고 및 바깥 창고 안에서 불을 피우면 장 80이다. 궁궐을 지키는 사람이나 창고지기나 죄수를 담당하는 사람들이 누군가 실수로 불을 낸 것을 보고서 지키는 곳을 떠나서는 안 된다. 이를 어기면 장 100이다.

407
방화하여 고의로 타인의 건물을 태움
放火故燒人房屋

407-1 방화(放火)하여 고의로 자기의 건물을 태우면 장 100이다. 불이 번져서 관이나 민간의 건물[1] 및 쌓아 둔 물건을 태우면 장 100 도 3년이다.[2] 이로 인하여 재물을 훔치면 참형이다.[3] 사람[4]을 살상하면 고살상(故殺傷)[5]으로 논한다.[6]

1 관이나 민간의 건물 : 관부의 청사나 창고도 그 안에 포함된다.〔官民房屋 包公廨倉庫在內〕《부례(하) 464쪽》

2 불이……3년이다 : 아래 2항의 방화하여 고의로 태운 경우에는 빈 건물이나 들판에 쌓아 둔 물건을 나누어서 따로 논하였으나, 본 1항의 불이 번져서 불탄 경우에는 빈 건물이나 들판에 쌓아 둔 물건을 말하지 않았는데, 이 경우 역시 관이나 민간의 건물 및 쌓아 둔 물건을 태운 경우에 비추어 과단한다. 대개 불이 번져서 타 버린 경우는 오히려 의도가 있었던 것이 아니고 피해를 분별할 수 없으니 방화하여 고의로 태운 경우와 다르다.〔下故燒內分出空閑房屋田場積聚另論 此延燒者不言 則亦照官民房屋積聚科斷 蓋延燒尙非有意 被害無可分別 與故燒者不同也〕《집주(하) 948쪽》

3 이로……참형이다 : 방화한 처음에는 단지 자신의 건물을 태우려 하였을 뿐이고 원래 도둑질을 하려는 마음은 없었는데, 불이 번져서 타인의 건물을 태우게 된 뒤에 이르러 타인의 재물을 보고 일시적으로 마음이 움직여, 이로 말미암아 훔치는 것이다. 작정하고 도둑질을 하는 것과는 다르므로 비록 참형으로 의단하지만 역시 감후(監候)할 수 있고 또 수범과 종범을 구분한다.〔因而盜取財物者 謂放火之始 止欲自焚 原無爲盜之心 及至延燒之後 見人財物 一時起意 因而盜取也 與立意爲盜者不同 故雖擬斬 亦得監候 且不皆坐也〕《집주(하) 948쪽》 방화한 본범(本犯)이 아니라 다른 사람이 재물을 훔친 경우, 만약 창탈이면 실화창탈(③ 291 白晝搶奪) 본율에 따르고, 만약 몰래 훔쳤으면 각각 절도,(③ 292 竊盜) 상인도(③ 288 常人盜倉庫錢糧) 본율에 따른다.〔不是放火本犯 而他人盜財者 如係搶奪 照失火搶奪本律 如係竊盜 各依竊盜常人盜本律〕《집주(하) 948쪽》

4 사람 : 친속과 일반인을 겸하여 말한 것이다.〔人字 兼親屬凡人說〕《부례(하) 464쪽》

5 고살상(故殺傷) : ③ 313 鬪毆及故殺人 ③ 325 鬪毆

6 사람을……논한다 : 그가 방화하여 고의로 태웠으니, 고의로 살상한 것과 다름없다.〔其放火故燒 卽與故殺傷無異也〕《집주(하) 947쪽》 사람을 살상한다는 것은 또한 위의 두 사항을 총괄하여 말한 것이다. 고의로 자기 건물을 태웠는지, 불이 번져서 관이나 민간의 건물을

407-2 방화하여 고의로 관이나 민의 건물, 청사, 창고, 쌓아 둔 관의 물건을 태우면 모두 참형이다.[7]

직해 방화하여 자기의 건물을 고의로 태워 없어지게 하면 장 100이다. 관이나 민간의 건물 및 쌓아 둔 재물에 불이 번져 타면 장 100 도 3년이다. 이로 인하여 재물을 훔치면 참형이다. 사람을 죽이거나 상해하면 고의로 죽인 예로 논한다.

(○) 방화하여 관이나 민간의 건물, 관아 청사, 창고, 관사에 쌓아 둔 물건을 고의로 태워 없애면 모두 참형이다.

태웠는지를 따지지 않고, 단지 불로 말미암아 죽거나 상해하면 곧 이에 해당한다.〔殺傷人者 則又統上兩項言之 不問故燒自己房屋延燒官民房屋 但因火而致殺傷者 即是也〕《집주(하) 948쪽》 만약 이로 말미암아 친속이 죽거나 상해하면 친속을 고의로 살상한 것으로 논하고, 일반인이 죽거나 상해하면 일반인을 고의로 살상한 것으로 논한다. 또한 만약 고의로 자기의 건물을 태우거나 불이 번져서 관이나 민간의 건물을 태웠는데, 이로 말미암아 사람을 상해한 죄(③ 325 鬪毆)가 장 100 도 3년보다 무거우면 사람을 상해한 죄로 처벌하고, 가벼우면 방화의 본법인 장 100 도 3년에 그친다.〔若因而殺傷親屬者 以故殺親屬論 殺傷凡人者 以故殺傷凡人論 又如故燒自己房屋 及延燒官民房屋 因而傷人之罪 重於杖一百及徒三年者 坐以傷人罪 輕者 止於放火本法〕《강해 466쪽》 투구율에 고의로 죽인 죄(③ 313 鬪毆及故殺人)만 있고 고의로 상해한 죄는 없다. 만약 상해하였는데 죽지 않았으면 투구상(鬪毆傷)(③ 325)에 따라 과단한다. 만약 상해한 죄가 장 100 도 3년보다 가벼우면 그대로 본율에 따르는데, 응당 무거운 쪽을 따르는 것이다. 만약 방화로 말미암아 친속이 죽거나 상해하면 친속에 관한 본율에 따라야 한다. 이는 앞의 406조 실화(失火)와는 다른데, 실화는 무심한 데서 나와 그 정상이 가벼워 일반인과 같이 논할 수 있으나 방화는 고의로 한 짓으로 그 정상이 무거워서 당연히 친속에 관한 율에 따라 따로 과단해야 한다.〔鬪毆律內 止有故殺 而無故傷 如傷而未死 即照鬪毆傷科斷 如傷罪輕者 仍依本律 應從重也 如有因放火而致殺傷親屬者 應依親屬本律 與前失火不同 蓋失火出於無心 其情輕 可與凡人同論 放火出於故意 其情重 自當從親屬另科也〕《집주(하) 948쪽》

7 방화하여……참형이다 : 민간의 쌓아 둔 물건을 말하지 않은 것은 민간 건물 안에 총괄한 것이다. 들판에 쌓아 둔 것 외에 별도의 건물 안에 저장한 것, 건물 담장 안에 노적한 것을 고의로 태우면 수범·종범 모두 참형이다.〔不言民間積聚 統於民房屋內矣 除田場積聚外 其收貯別屋之內 露積院牆之中者 如被故燒 應坐皆斬〕《집주(하) 949쪽》 고의로 관이나 민간의 건물을 태운 것 이하에서, 이로 말미암아 재물을 훔치거나 사람을 죽이거나 상해한 죄를 말하지 않은 것은, 본율이 이미 모두 참형으로서 죄가 이보다 무거운 것이 없기 때문이다.〔故燒官民房屋下 不言因而盜財殺傷之罪 以本律已是皆斬 罪無重於此者 故不言也〕《집주(하) 949쪽》

-반드시 방화한 곳에서 체포하여 뚜렷한 자취가 있고 증거가 명백해야 처벌한다.-[8]

직해 반드시 방화한 곳에서 붙잡아 자취가 명백한 경우만을 처벌한다.

고의로 타인의 빈 건물이나 밭에 쌓아 둔 물건을 태우면 각각 1등급을 줄인다.[9] 모두[10] 불탄 물건의 감소된 값을 계산하여[11] 범인 재산의 한도 내에서[12] 절좌(折剉)[13]하여 배상하게 해서 관에 돌려주거나 주인에게 지급한다.[14]

8 반드시……처벌한다 : 방화한 사람은 반드시 스스로 종적을 감추므로, 범인인 것 같다고 의심해서 무함하여 지목해 엉뚱한 사람을 괴롭힐 수 있기 때문이다. 그 죄가 지극히 무거우니 신중히 하지 않을 수 없다.〔以放火之人 必自潛蹤匿迹 恐以疑似誣指而枉人也 其罪至重 不可不愼〕《집주(하) 949쪽》

9 고의로……줄인다 : 고의로 타인의 빈 건물을 태우면 사람이 살고 있는 곳에 비할 바가 아니고, 들판에 쌓아 둔 물건은 집안의 물건에 비할 바가 아니므로 참형에서 각각 1등급을 줄여 장 100 유 3000리이다. 그 이후 조례에 따라 충군하였다.〔若故燒人空閑房屋 不比住居及田場積聚之物 不比家內 故各減一等 杖一百流三千里 今有例充軍〕《전석 권26 8장》이 조례에 의해 1항에서 말한, 자기 건물을 고의로 태우다가 불이 번져서 관이나 민간의 건물 및 물건을 태운 경우도 변위(邊衛)에 보내어 충군하게 되었다.

10 모두 : 불이 번져 태운 것과 고의로 태운 것 두 항을 받아서 말한 것이다.〔竝字 承延燒故燒二項而言〕《전석 권26 8장》

11 불탄……계산하여 : 예컨대 방 3칸의 원래 값이 20냥인데 1칸을 태워서 나머지가 은 10냥에 그치면 불타 감소된 10냥을 계산하여 범인에게서 추징하여 관이나 주인에게 돌려준다.〔竝計所燒之物減價者 如房三間原值二十兩 令燒一間 餘止値銀十兩 卽計燒減之十兩 於凡{犯}人名下追贖〕《부례(하) 465쪽》

12 한도 내에서 : 원문의 진(儘)은 갈(竭)이다. 있는 만큼의 것을 다하여 다 비게 하는 것이다. 《주해(註解)》에 "진은 있는 것을 다함을 이른다. 만약 수량이 부족하면, 역시 그만둔다."라고 하였다.〔儘ハ竭也アルホドヲツクシテ一空スル也 註解云 儘者 盡所有之謂 如不足數 則亦已矣〕《언해 권26 55장》범인의 재산으로 피해액 전부를 배상하는데, 불탄 것이 많고 재산이 적으면 가진 것에 대해서만 논하므로 '범인 재산의 한도 내에서'라고 한 것이다.〔將犯人財産 盡數賠償 若燒者多而財産少 則就所有而論 故曰儘犯人財産〕《집주(하) 947쪽》

13 절좌(折剉) : 절(折)은 값에 해당하는 것을 절산(折算)하는 것이고, 좌(剉)는 그 액수를 쪼개는 것이다.〔折者 折算所值 剉者 剉分其數〕《집주(하) 947쪽》또 화폐로 물건의 수량에 걸맞게 하는 것을 절, 균등하게 쪼개어 나누는 것을 좌라고 한다. 《주해》에 "수량에 걸맞게 하는 것을 절이라 하고, 균등하게 나누는 것을 좌라고 한다. 비록 관물이 중요하나 관과 민이 똑같이 피해를 입은 것이니 치우친 바가 있어서는 안 된다."라고 하였다.〔錢鈔ヲ以テ物ノ數ニ抵ルヲ折ト云均シク割キ分ツヲ剉ト云 註解云 抵數曰折 均分曰剉 雖官物爲重 然公

직해 고의로 다른 사람의 빈 건물이나 밭에 쌓아 둔 물건을 방화하여 태워 없애면 각각 1등급을 줄인다. 모두 불에 탄 물건을 계산하되 본래의 값에서 수량을 줄여 범인이 모아 둔 재산으로써 계산하고 추징하여 관에 돌려주거나 주인에게 지급한다.

해설

고의로 불을 놓는 행위에 대한 처벌 규정이다. 자기 소유의 건물에 방화하였다가 타인 소유의 건물이나 물건에 불이 옮겨 붙은 경우와 타인 소유의 건물이나 물건에 고의로 방화한 경우를 구분하고, 사람이 거주하는 집인지 빈집인지, 건물의 담장 안에 쌓아 둔 물건인지 밭에 쌓아 둔 물건인지를 구분한다.

私均屬被害 自不當有所偏〕《언해 권26 55장》

14 범인……지급한다 : 범인 재산의 한도 내에서 절좌(折剉)하여 배상한다는 것은, 예컨대 한 사람이 불을 놓아 먼저 관물을 태워 값이 10냥 감소되고, 또 민인의 물건을 태워 역시 값이 10냥 감소되면, 본범(本犯)의 재산을 모두 가져다가 절반으로 쪼개어 균등하게 배상한다. 부족하면 더 이상의 배상을 면해 준다.〔儘犯人財産折剉陪償者 如一人放火 先燒官物 減價十兩 又燒民物 亦減價十兩 則儘本犯財産 折剉兩半均賠 不敷則免之 惟盡産已耳〕《부례(하) 465쪽》 범인의 재산이 불탄 것의 가액(價額)에 미치지 못한다 해도 다른 친속 등으로부터 추징하지 않고 그 범인의 소유만을 다한다.〔犯人財産所燒ノ價數ニ不及ト云ヘトモ別ノ親屬等ヨリ追取ルコトヲセズ只其犯人ノ所有ヲ盡也〕《언해 권26 56장》 타고 남은 것 외에 이미 불탄 물건은, 범인의 가산을 은의 액수로 절산(折算)하여 피해자가 1명이면 그에게 전부 배상하고, 피해자가 여럿이면 고의로 태운 곳 몇 군데를 계산하여, 가산을 몇 개로 쪼개어 배상한다. 즉 피해자가 관과 민인 경우도 안배하여 균등하게 배상한다. 만약 가산이 다 떨어지면 더 이상의 추징을 면해 준다. 매우 가난하면 그 죄만 과단한다.〔除燒殘見在外 其已燒之物 令犯人家産折爲銀數 係一主者 全償 係衆主者 計所故燒幾處 將家産剉爲幾分而賠償之 卽官民亦品搭均償 若家産罄盡者 免追 赤貧者 止科其罪〕《집주(하) 946쪽》

408
잡극을 공연함
搬做雜劇

악인(樂人)[1]이 잡극(雜劇)이나 희문(戲文)[2]을 공연[3]할 때 역대 제왕(帝王), 후비(后妃), 충신(忠臣), 열사(烈士), 선성(先聖), 선현(先賢)의 신성한 형상으로 분장하는 것을 허락하지 않는다.[4] 어기면 장 100이다. 관가나 민가에서 분장을 용인하거나 지시하면 더불어 같은 죄이다. 신선이나 도인(道人)으로 분장하거나 의부(義夫), 절부(節婦), 효자(孝子), 순손(順孫)으로 분장하여 사람들이 선을 행하도록 권하는 것은 금지 규정을 적용하지 않는다.[5]

직해 악공 등이 잡희(雜戲)를 만들 때 역대의 제왕, 후비, 충신, 열사, 선

1 악인(樂人) : 고대의 음악을 관장하는 관리를 지칭하거나 가무를 연주하는 예인(藝人)의 범칭이다.《儀禮 燕禮》《史記 卷9 呂太后本紀》

2 잡극(雜劇)이나 희문(戲文) : 잡극은 옛 중국의 희곡인 잡다한 희극(戲劇)이고, 남송(南宋) 때 유행한 남방적 희곡인 희문은 그에 맞추어 가무를 즐기는 글이다.〔雜劇者 雜樣戲劇之事 戲文者 戲樂歌舞之文〕《소의(하) 577쪽》

3 공연 : 원문의 반(搬)은 연습이다. 대체로 옛 사적을 소재로 삼아 이름을 익명으로 처리하고 말을 다소 변경하여 만드는 것을 반주(搬做)라고 한다.〔搬ハ演習也凡ソ古ノ事迹姓名ヲ假テソレヲノベヒロメテ辭ヲ漆ヘ事ヲトリツケテ造リ做ヲ搬做ト云〕《언해 권26 58쪽》 여기서는 반주를 《GMC 220쪽》에 따라 공연으로 번역하였다.

4 악인(樂人)이……않는다 : 역대의 제왕, 후비, 충신, 열사, 선성, 선현의 신성한 형상은 관과 민이 우러러보는 바로 이들로 분장하여 잡극을 공연하는 것은 매우 무례하고 거만한 일이다. 그러므로 그 악인과 분장을 허락한 관이나 민은 각각 장 100이다.〔蓋歷代帝王后妃忠臣烈士先聖先賢之神像 乃官民之所瞻仰 而以之搬做雜劇 褻慢甚矣 故其樂人與官民容令粧扮者 各杖一百〕《집해 1889쪽》

5 신선이나……않는다 : 신선이나 도인으로 분장하는 것은 원래 허황된 일이어서 굳이 금지하지 않는 것이고, 절의나 효순에 관한 일은 타인이 선을 행하도록 북돋아 줄 수 있으므로 금지하지 않는다.〔其神仙道扮 原屬虛誕 而節義孝順之事 足以興起人爲善之心 固所不禁也〕《집주(하) 950쪽》

성, 선현의 신성한 모습을 꾸며서 희롱하면 장 100이다. 관가나 민가에서 고의로 그것을 금지하지 않고 꾸미도록 하면 죄가 같다. 신선과 도인의 형상이나 의부, 절부, 효자, 순손과 같은 사람으로 꾸며서 사람들을 권하는 것은 이 금지 규정을 적용하지 않는다.

해설

역대의 충신, 열사, 선현, 선성의 신성한 형상은 관민이 모두 우러러보는 대상이므로 이들로 분장하여 잡극을 공연하는 것은 외설과 오만함이 심하기에 금지하는 것이다. 선성의 신성함을 모독해서는 안 되나, 신선이나 도인으로 분장하여 절의(節義)와 효순(孝順)을 권장하는 것은 사람들을 기쁘게 하는 일이므로 금하지 않는다.

409
영을 어김
違令

영(令)을 어기면 태 50이다.[1]-영에 금제(禁制)가 있으나 율에는 죄명이 없는 경우를 이른다.-

직해 금령을 어겨 범하면 태 50이다.

해설
영을 범하는 경우에 대한 처벌 규정으로, 율문의 미비함을 보완하려는 취지에서 마련한 조문이다.

1 영(令)을……50이다 : 영은 대명령으로 조종에서 설치하여 세상에 모범이 되어 백성을 이끄는 것이고, 율은 고제(古制)로서 만세토록 지켜야 할 헌장(憲章)이다. 대명령 중의 금제를 어겼으나 대명률에 죄명이 없으면 태 50이다.〔令是大明令 祖宗設之 以範世迪民者 律則古制 萬世所守之憲章也 違令中之禁制 而律無罪名者 笞五十〕《부례(하) 468쪽》 대명률과 대명령은 서로 표리를 이룬다. 대명률에 죄명이 없더라도 대명령에 금제가 있으면 모두 마땅히 따라야 하며 어겨서는 안 된다. 그러므로 대명령을 어기면 태 50으로 처벌한다.〔律與令相爲表裏者 在律雖無罪名 而於令實有禁制 皆當遵之 而不可違 故凡有違令者 卽以笞五十坐之〕《집설 권8 23장》 64조 제서유위(制書有違)에서는 제서(制書)를 어기면 장 100이라 하였고, 본 조문에서는 영을 어기면 태 50으로 처벌한다고 하였다. 제(制)는 일정한 법이 되고, 영은 한때 행하는 것이므로 어기면 장 100과 태 50의 구별이 있는 것이다.〔吏律公式內制書有違 則杖一百 此違令者 則笞五十 制爲一定之法 令則一時所行 故違者 有杖笞之別〕《집주(하) 950~951쪽》

410
마땅히 해서는 안 됨
不應爲

마땅히 해서는 안 되는데[1] 하면 태 40이다.[2]-율이나 영(令)에 조문은 없지만 이치상 해서는 안 되는 것을 이른다. 사안이 중하면 장 80이다.[3]-

직해 이치상 행하기에 합당하지 않은 일을 행하면 태 40이다. 그 일의 이치가 중하면 장 80이다.

해설

세상일은 변화무쌍하고 사람의 정리는 무궁하기 때문에 율례(律例)에 모두 실을 수 없어서 이 규정을 두어 미비한 점을 보충하려 한 것이다.

1 마땅히……되는데 : 이치상 해서는 안 되는 것이 불응위인데 이를 행하면 이 또한 죄이다. 〔凡理之所不可爲者 謂之不應爲 而爲之 是亦罪也〕《집해 1891쪽》

2 마땅히……40이다 : 본 조문은 여러 조문의 미비한 점을 보충한 것이다. 불응위에는 비록 수범과 종범의 구분은 없으나, 만약 함께 한 가지 일을 범하였으면, 죄의 정상이 조금이라도 무거운 자는 장형이고 그다음 사람은 태형이다. 만약 두 사람이 각기 범한 바가 있는데 마땅히 해서는 안 되는 일을 똑같이 하였다면, 죄가 가벼운 사람이나 무거운 사람이나 모두 장형이다.〔此條補諸條之未備者 不應雖無首從 若同犯一事 則情稍重者杖 次者笞 若二人各有所犯 而同爲不應 輕重幷杖之〕《부례(하) 468쪽》

3 사안이……80이다 : 대명률이나 대명령에 비록 죄명은 없으나 사안에는 각각 경중이 있어 각각 실정을 헤아려 태형이나 장형으로 처벌한다. 불응위죄에 비록 수범이나 종범은 없지만 만약 한 가지 일을 같이 범하면 수범은 장 80이고 종범은 태 40이다. 또 두 사람이 각각 불응위죄를 범하였는데 한 사람은 가볍고 한 사람은 무거우면 인율(引律)도 반드시 일의 사안이 중한 자를 수범으로 삼는다.〔律令雖無罪名 事理各有輕重 或笞或杖 各量情而坐之 不應雖無首從 若同犯一事 則爲首者杖八十 爲從者笞四十 又如有二人各犯不應 一輕一重 引律亦須以事理重者爲首云〕《전석 권26 10장》

대명률직해

제27권 형률刑律 포망捕亡

포망 捕亡

전국 시대 이회(李悝)가 《법경(法經)》 6편을 만들었는데 〈포율(捕律)〉이 제4편에 있었다. 한(漢)은 그 제도를 이었고, 후위(後魏)는 〈포망(捕亡)〉, 북제(北齊)는 〈포단(捕斷)〉, 북주(北周)는 〈도포(逃逋)〉라 하였다. 수(隋)는 다시 〈포망〉으로 하였고, 당(唐)은 그대로 이었다.

명(明)은 당률 451조 장리추포죄인(將吏追捕罪人)을 411조 응포인추포죄인(應捕人追捕罪人)으로, 당률 452조 죄인지장거한(罪人持杖拒捍)을 412조 죄인거포(罪人拒捕)로, 당률 465조 피수금거한주(被囚禁拒捍走)를 413조 옥수탈감급번옥재도(獄囚脫監及反獄在逃)로 고쳤다. 아울러 당률 457조 종군정토망(從軍征討亡)은 〈병률(兵律) 군정(軍政)〉의 238조 종정수어군관도(從征守禦軍官逃)로, 당률 460조 숙위인망(宿衛人亡)은 〈병률 궁위(宮衛)〉의 204조 숙위수위인사자대체(宿衛守衛人私自代替)로, 당률 461조 정부잡장망(丁夫雜匠亡)은 〈호율(戶律) 호역(戶役)〉의 90조 도피차역(逃避差役)으로, 당률 464조 재관무고망(在官無故亡)은 〈이율(吏律) 직제(職制)〉의 55조 천리직역(擅離職役)으로 각각 바꾸었다. 한편, 당률 454조 도로행인부조포죄인(道路行人不助捕罪人), 456조 인리피강도(隣里被强盜), 458조 방인향방(防人向防), 462조 부랑타소(浮浪他所) 등 명대 제도와 합치하지 않는 조문은 삭감하였다. 또한 당률 468조 지정장닉죄인(知情藏匿罪人), 466조 주수불각실수(主守不覺失囚), 459조 유도수역한내망(流徒囚役限內亡)은 당률을 이어서 417조 지정장닉죄인, 416조 주수불각실수, 414조 도류인도(徒流人逃)로 하였다. 미비한 점을 살펴서 415조 계류수도(稽留囚徒), 418조 도적포한(盜賊捕限) 등을 추가하였고, 이들을 모아서 〈포망〉이라 명명하였다. 모두 8조이다.

411
죄인을 체포해야 하는 사람이 죄인을 추적하여 체포함
應捕人追捕罪人

죄인[1]을 체포해야 하는 사람[2]으로 차정(差定)되어 죄인을 추적하여 체포할 때 핑계를 대고 가지 않거나, 죄인이 있는 곳을 알면서도 체포하지 않으면 죄인의 죄에서 1등급을 줄인다. 30일 이내에 자신이 절반 이상을 체포하거나, 비록 절반에는 못 미쳐도 만약 체포된 자가 가장 죄가 무거운 사람이면, 모두[3] 그 죄를 면해 준다. 비록 한 사람[4]이 체포하더라도 나머지 사람들 또한 같다. 죄인 중 죽거나 자수한 인원이 전원이면[5] 또한 죄를 면해 준다.[6] 죽거나 자수한 인원이 전원이 아니면 그 나머지 사람의 죄로 처벌한다.[7] 죄

1 죄인 : 범죄 혐의가 발각되어 추적하여 체포하려 하였으나 아직 체포하여 구금하지 못한 자이다.〔犯罪事發 句攝追捕 猶未拘禁者 曰罪人〕《집해 1353쪽》

2 죄인을……사람 : 각 아문의 쾌수(快手)·응포(應捕)·순포 관군(巡捕官軍), 순검사의 궁병 및 일체의 도적을 잡는 일을 맡은 자이다.〔各衙門快手應捕巡捕官軍 巡檢司弓兵 及一應捕盜人役 皆爲應捕人〕《부례(하) 470쪽》 조례·궁병·순포 관군·관에 도적을 잡도록 정해진 역이 있는 사람 등이 모두 이에 해당한다.〔應捕人 如皁隷弓兵巡捕官軍有定役於官者皆是〕《집해 1894쪽》

3 모두 : 죄수 절반을 잡거나 가장 중한 죄수를 잡은 것 두 가지를 가리켜 말한 것이다.〔皆字指獲囚一半及獲重囚二者言〕《집해 1894쪽》

4 한 사람 : 함께 차정(差定)된 사람이다.〔同差人〕《부례(하) 469쪽》

5 죄인……전원이면 : 죄인이 모두 죽거나 모두 자수한 것을 각진(各盡)이라고 한다.〔罪人俱死俱首爲各盡〕《부례(하) 469쪽》

6 죄를 면해 준다 : 만약 일찍이 체포하지 못하였는데 죄인이 모두 이미 죽었거나 혹은 모두 스스로 관에 출두하여 자수하였으면 체포할 수가 없으므로 또한 면죄할 수 있다.〔若不曾捕得而罪人已死 或自行赴官出首 各盡 無有一人不死不首者 則無用捕矣 故亦得免罪〕《집해 1895~1896쪽》

7 죽거나 자수한 인원이 전원이……처벌한다 : 응포인(應捕人)은 역시 죄인의 죄에서 1등급을 줄인다.〔應捕人亦減一等〕《부례(하) 469쪽》 아직 도망 중인 죄인의 죄로 처벌한다는 의미이다. 사죄·유죄·도죄에 해당하는 죄인이 각 1명씩이고 응포인이 일부러 잡지 않은 경

인을 체포해야 하는 사람이 아니면서 임시로 차견(差遣)된 자[8]는 각각 죄인을 체포해야 하는 사람의 죄에서 1등급을 줄인다.[9] 재물을 받고 죄인을 고의로 놓아주면[10] 체포 기한을 주지 않고 각각[11] 수인(囚人)과 더불어 같은 죄이다.[12] 장(贓)이 무거우면[13] 장을 계산하여 왕법(枉法)[14]으로 보되,

우 응포인은 사죄에서 1등급을 줄인다. 그런데 사죄의 죄인만 자수하였다면 응포인은 아직 도망 중인 죄인 중에서 죄가 가장 무거운 유죄 죄인의 죄에서 1등급을 줄인다.

8 임시로 차견(差遣)된 자 : 조례, 민장, 이로, 총갑 따위이다.〔皁隸民壯里老總甲之類〕《부례(하) 469쪽》 조례는 관아에 속해 역을 지는 사람이고, 민장은 지방을 방위하는 병사이다.〔皁隸則跟衙之從役 民壯乃防兵地方〕《부례(하) 470쪽》

9 임시로……줄인다 : 응포인이 아니면서 관부에서 임시로 차견된 사람이 핑계를 대고 가지 않았거나 혹은 죄인이 있는 곳을 알고서도 체포하는 데 노력을 다하지 않았거나 혹은 도망치도록 하여 방비하지 못하였으면 각각 응포인의 죄에서 1등급을 줄인다.〔其非應捕人而官府臨時差遣者 或不行或不盡或不備 各減應捕人一等〕《집해 1896쪽》 응포인의 죄는 죄인의 죄에서 1등급을 줄이므로 응포인이 아니면서 임시로 차견된 사람은 죄인의 죄에서 2등급을 줄이는 것이다.

10 재물을……놓아주면 : 혹자는 고의로 놓아주되 재물을 받지 않은 경우는 명문(明文)이 없다고 하지만, 알면서도 체포하지 않으면 고의로 놓아준 것에 해당한다.〔或謂故縱而不受財者 律無明文 然知而不捕 卽故縱也〕《집해 1898쪽》

11 각각 : 응포인이나 임시로 차견된 사람이다.〔各字 指應捕人及臨時差遣人言〕《집해 1894쪽》

12 더불어 같은 죄이다 : 놓아준 수인(囚人)이 여러 명일 경우, 가장 무거운 죄와 더불어 같은 죄이다. 이 경우에는 응포인과 임시로 차견된 사람을 구분하지 않는다. 보통 여동죄(與同罪)라고 할 때는 정범(正犯)과 같은 신체형을 주되 자자(刺字) 등의 부가형(附加刑)은 시행하지 않고, 정범이 사죄일 때는 1등급을 줄여 장 100 유 3000리로 처벌한다. 다만 재물을 받고 고의로 놓아준 경우에는 정범이 사죄라 하더라도 그대로 전과(全科)한다. 이익을 탐하고 법을 농락한 것을 무겁게 보기 때문이다. 단, 정범이 참형이면 재물을 받고 놓아준 자는 교형이다. 종범은 1등급을 줄인다.(① 42 稱與同罪)〔若應捕及臨時差遣人 有受財故縱者 是貪利玩法 故不給捕限 各與{囚}同罪〕《집해 1897쪽》〔若有受罪人財 故縱脫逃者 不論應捕人非應捕人 俱不給捕限 各與囚之最重者同罪 至死全科 爲首應絞 爲從減一等〕《집주(하) 955쪽》〔至死 爲首者全科 如犯人皆斬 受財故縱者 止坐絞罪 犯人皆絞 亦與同絞也〕《집해 1894쪽》 죄를 짓고 도망 중이어서 아직 체포하지 못한 사람은 보통 죄인이라고 한다. 그래서 이 조문에서도 줄곧 죄인이라는 명칭을 쓰고 있다. 그런데 재물을 받고 고의로 죄인을 놓아준 경우에 대한 처벌을 말하는 데에서만 유독 여죄인동죄(與罪人同罪)라 하지 않고 여수동죄(與囚同罪)라고 한 것이 주목된다. 수인에는 죄수와 옥수(獄囚)가 있는데, 죄수는 자신의 죄를 아직 자복하지 않은 사람이고, 옥수는 자신의 죄를 자복하여 적용할 죄목이 사실상 확정된 사람을 말한다. 재물을 받고 고의로 죄인을 놓아준 자에 대해 여동죄라고

무거운 쪽으로 논한다.

직해 전권을 위임받아 죄인을 잡을 사람이 차출되어 죄인을 잡을 때, 핑계를 대어 미루고 잡으러 가지 않거나 죄인이 있는 곳을 알고도 잡지 않으면 죄인의 죄에서 1등급을 줄인다. 30일 한도 내에 절반 이상을 잡거나, 비록 절반이 부족하여도 잡은 죄인이 중죄인이면 죄를 면해 준다. 비록 한 사람이 범인을 잡아도 다른 사람을 함께 면죄한다. 죄인이 이미 죽었거나 죄인의 무리가 모두 자수하면 죄를 면해 주되, 죄인의 무리 중 일부를 고하지 않으면 오직 그 일부 고하지 않은 사람의 죄로써 처벌한다. 임무를 맡은 차사 외의 다른 사람을 보내면, 체포 임무를 띤 사람의 죄에서 1등급을 줄인다. 재물을 받고 고의로 죄인을 놓아주면 법례에 따른 체포 기한을 논하지 않고 죄수와 똑같이 처벌한다. 장물이 많으면 장물의 수를 계산하여 왕법의 예로 보되, 무거운 쪽으로 논한다.

해설

죄인을 추포(追捕)하는 사람의 의무를 규정한 조문이다. 26조 범죄공도(犯罪共逃), 412조 죄인거포(罪人拒捕), 416조 주수불각실수(主守不覺失守)와 비교 검토할 필요가 있으며, 형량 적용은 39조 가감죄례(加減罪例), 42조 칭여동죄(稱與同罪), 367조 관리수재(官吏受財) 등의 검토가 필요하다.

말하려면 정범의 죄가 확정되어 있음을 전제로 하므로, 여기서 여죄인동죄라 하지 않고 여수동죄라고 한 것이며, 여기서 수(囚)는 옥수로 판단된다.〔必罪人到官招承定擬 而後可以論故縱者之罪 故不曰罪人 而以囚爲言耳〕《집해 1897쪽》〔已招服罪 而鎖杻拘禁者 曰獄囚〕《집해 1353쪽》

13 장(贓)이 무거우면 : 응포인이나 차견된 사람이 받은 재물이 죄인의 죄보다 무거운 경우이다.〔重於罪人之罪〕《부례(하) 470쪽》

14 왕법(枉法) : ④ 367 官吏受財

412
죄인이 체포에 저항함
罪人拒捕

412-1 죄를 범하고 도주하다가 체포에 저항하면 각각 본죄(本罪)에 2등급을 더하되,[1] 죄는 장 100 유 3000리에 그친다. 사람을 때려 절상(折傷) 이상에 이르면 교형이고, 사람을 죽이면 참형이다. 종범은 각각 1등급을 줄인다.

412-2 죄인이 병장기[2]를 가지고 체포에 저항하여 체포하려는 사람이 격투하여 죽이거나, 죄수가 도주하여 체포하려는 사람이 쫓아가 죽이거나, 죄수가 궁지에 몰려 자살하면[3] 모두 논하지 않는다.[4]

412-3 이미 체포하였거나 체포에 저항하지 않았는데 죽이거나 절상의 상해를 입히면 각각 투살상(鬪殺傷)으로 논한다.[5] 죄인이 본래 죽을죄를 지

1 죄를……더하되 : 죄를 범한 뒤 일이 발각되어 도주하거나 체포에 저항하면 이는 지은 죄 위에 또 죄가 있게 되는 것이니 각각 본죄에 2등급을 더한다.〔凡人犯罪事發 或逃走或拒捕 是罪之上 又有罪焉 各於本罪上 加二等〕《전석 권27 3장》

2 병장기 : ③ 203 宮殿門擅入

3 죄수가 도주하여……자살하면 : 죄수가 죽을죄를 지었는지 죽을죄를 짓지 않았는지를 구분하지 않는다.〔不分囚罪應死不應死〕《집주(하) 958쪽》

4 죄인이……않는다 : 원문의 장(仗)은 병장기로 살인의 도구이고, 격(格)은 격투로 살인하는 것이다. 병장기를 가지고 체포에 저항하면 그자가 어떤 마음을 가지고 있는지 헤아리기 어렵고, 양측이 서로 싸우면 양쪽 모두 생명에 관계되므로 죄인을 때려 죽인 것을 논하지 않는 것이다. 도망한 죄수를 뒤쫓는 것은 사정이 급박하여 조용히 잡을 수 없는 형세이다. 미처 뒤쫓지 못해 활을 쏘아 죽이는 경우라 할 수 있으므로 논하지 않는 것이다. 궁지에 몰려 자살하는 경우는 도피하지 못할 것을 알고 궁지에 몰려 어찌할 수가 없어서 물로 뛰어들거나 벼랑에서 투신하거나 칼로써 자진하는 것이다.〔仗 謂兵仗 殺人之器也 格 謂格鬪殺人之事也 持仗拒捕 其心叵測 至於兩相格鬪 則性命呼吸 非彼則此 故格殺弗論 追逐逃囚 情急事迫 勢不能從容擒獲 因而殺之 如追之不及 放箭射殺之類 故亦弗論 窘迫自殺 謂度不能逃 窘迫無奈 因赴水投崖 或以刃自盡也〕《집주(하) 962쪽》

5 죽이거나……논한다 : ③ 313 鬪毆及故殺人 ③ 325 鬪毆

었어도 함부로 죽이면 장 100이다.

직해 죄를 범하고 도주한 사람이 잡으러 온 차사(差使)를 거역하면 본죄에 2등급을 더하되 장 100을 한도로 하고 먼 곳으로 유배 보낸다.[6] 차사인을 때려 절상 이상이면 교형으로 죽인다. 살인하면 참형이다. 종범은 1등급을 줄인다.

(○) 죄인이 몽둥이를 가지고 거역하였는데 차사인이 때려 죽이거나, 죄인이 도주하였는데 차사가 쫓아가 죽이거나, 죄수가 궁지에 몰려 도피하지 못하고 자살하면 모두 논죄하지 않는다.

(○) 이미 잡았거나 거역하지 않는 죄인을 혹 살상하거나 혹 절상의 상해를 입히면 싸우다가 죽이거나 상해한 죄의 예로 논한다. 사죄에 합당한 죄인을 멋대로 죽이면 장 100이다.

해설

죄인이 도망하다가 체포에 저항하였을 때 적용하는 규정이다. 범인이 도주하다 체포에 항거하거나, 범인이 체포하러 온 자를 때려 절상 이상에 이르게 하거나 살해한 경우 등은 죄인을 정률(正律)로 다룬다. 체포하러 간 자가 범인을 때려 죽이거나, 쫓아가 죽이거나, 핍박하여 자살하게 하거나, 붙잡혀서 저항할 수 없는 상황에 있는 범인을 함부로 죽이거나, 범인이 죽을 죄인 경우라도 함부로 죽이면 처벌한다고 하였다.

6 장……보낸다 : 율문의 "죄는 장 100 유 3000리에 그친다.〔罪止杖一百流三千里〕"를 직해에서는 "장 100을 한도로 하고 먼 곳으로 유배 보낸다.〔杖一百爲限 遠流齊〕"로 율문의 내용과 조금 다르게 번역하였다. 만약 율문에 충실하게 번역하였다면 "장 100에 먼 곳으로 유배하는 데 그친다.〔止杖一百遠流齊〕" 또는 "장 100에 먼 곳으로 유배하는 것을 한도로 한다.〔杖一百遠流 爲限齊〕"라고 하였을 것이다.

413
옥수가 옥문으로 탈출하거나 번옥하고 도망함
獄囚脫監及反獄在逃

413-1 죄를 범하고 옥에 갇혀 있다가 옥문으로 탈출하거나, 자신이 차고 있던 칼이나 쇠사슬을 풀고 옥의 담장을 넘어 도망하면 각각 본죄(本罪)에 2등급을 더한다.[1] 이로 인하여 죄가 무거운 다른 수인(囚人)을 몰래 풀어 주면 그 수인과 더불어 같은 죄이다.[2] 모두[3] 죄는 장 100 유 3000리에 그친다. 본래 범한 것이 죽을죄이면 통상의 율에 따른다.

413-2 죄수가 번옥(反獄)[4]하고 도망하면 모두 참형이다. 같이 갇혀 있던

1 죄를……더한다 : 옥문을 통해서 나가는 것이 탈감(脫監)이고, 감옥 담장을 넘어 나가는 것이 월옥(越獄)이다.〔從門而出曰脫監 踰墻而出者曰越獄〕《집설 권8 28장》 탈감과 월옥은 모두 지키는 자가 알지 못하는 틈을 탄 것이다.〔皆乘主守者之不覺也〕《부례(하) 474쪽》 반드시 밖으로 나가야 처벌하며, 만약 칼이나 수갑을 벗고 나가려고 하였으나 나가지 못하였으면 419조 수응금이불금(囚應禁而不禁)의 자신이 칼이나 수갑을 벗은 경우의 율에 따라 과단한다.〔須出外乃坐 若脫枷鎖欲出 未出 則依應禁不禁條自脫枷鎖 科斷〕《전석 권27 4장》 만약 죄를 범하여 아직 논결하지 않았는데 호송 중에 도망하거나 차고 있던 칼이나 수갑을 풀고 도망하면, 역시 각각 본죄에 2등급을 더한다.〔若犯罪未決 起解中途在逃 及解脫自帶枷鎖在逃者 亦各於本罪上 加二等〕《전석 권27 5장》

2 이로……죄이다 : 죄가 무겁다고 하였으므로 몰래 풀어 준 수인(囚人)이 탈감·월옥한 수인보다 죄가 가볍거나 같으면, 탈감·월옥의 본죄에 2등급을 더한 죄로만 처벌한다.〔曰罪重 則其輕若等者 止坐脫監越獄加等罪矣〕《전석 권27 4장》 몰래 다른 수인을 풀어 준 것 역시 반드시 감옥 밖으로 나가야 처벌한다. 풀려난 다른 수인은, 비록 타인이 풀어 준 것이지만, 마찬가지로 도망할 마음이 있었으므로 역시 각각 본죄에 2등급을 더한다.〔竊放他囚 亦必已經出外乃坐 他囚雖爲人放 同有脫逃之心 亦各於本罪上加二等〕《집주(하) 965쪽》

3 모두 : 위의 탈감·월옥하여 2등급을 더하는 것과 자신보다 죄가 무거운 다른 수인을 풀어 주어 그 수인과 더불어 같은 죄를 받는 경우 두 항을 받아서 말한 것이다.〔幷字 承上加二等及與囚同罪兩項言〕《집주(하) 964쪽》

4 번옥(反獄) : 흉포하게 강제력을 쓰거나 감옥 문을 때려 부수거나 옥졸을 살상하고 멋대로 달아나는 것이다.〔逞兇用强 或打毁監門 或殺傷禁卒 而擅自走出 曰反獄〕《집설 권8 28장》 탈감이나 월옥과 같이 사람이 알지 못하는 틈을 탄 것과는 다르다. 도(盜)에서 강도·절도를 나누는 것과 같다.〔與脫監越獄乘人之不覺者不同 猶盜之分强竊也〕《전석 권27 4장》 번옥

수인이 실정을 몰랐으면 처벌하지 않는다.[5]

직해 죄를 범한 사람이 옥에 갇혀 있다가 도망하거나 차고 있던 칼이나 사슬을 멋대로 벗고 옥의 담장을 넘어 도망하면 본래의 죄에 2등급을 더한다. 이로 인하여 다른 죄수를 몰래 풀어 주었을 경우, 중죄인이면 그 죄수와 죄가 같고 장 100을 한도로 하고 먼 곳으로 유배 보내며,[6] 본래의 죄가 사죄

은 반드시 감옥 밖으로 달아나거나 아직 밖으로 벗어나지 못한 채 붙잡힌 것이 모두 해당된다. 만약 감옥 안에서 물리적인 힘을 써서 나가면 죄의 경중을 따지지 않고 수범·종범을 나누지 않고 모두 참형이다.〔反獄 必須走出監外 或雖未脫逃就被捕獲 亦是 若監內用强打出 竝不論罪之輕重 不分首從 皆斬〕《부례(하) 474쪽》 번(反)은 안에서 나가는 것이고, 함께 갇혀 있던 옥수(獄囚)들이 공모하는 것이다. 만약 밖에 접응하는 사람이 있으면 겁수(劫囚)이다.〔反者 自內而出之謂也 係同禁囚共謀之事 若外有接應之人 則劫囚矣〕《집주(하) 965쪽》

5 같이……않는다 : 번옥이 일어날 때 같은 옥에 있던 다른 수인이 그 번옥의 정상을 알면서 고발하지 않은 경우에 대해 《소의》와 《집해》는 참죄로 처벌한다고 하였으나, 《전석》과 《집주》는 이 설을 비판하고 있다. 《소의》는 같은 옥에 있던 수인이 그 번옥의 정상을 알고 그에게 조력하거나, 번옥의 정상을 알고 비록 조력하지는 않았으나 고발하지 않으면, 역시 정상을 안 것이니 모두 참죄로 처벌한다고 하였고 《집해》에도 비슷한 내용이 있다.〔同牢囚人 知其反獄情由 而與其助力 及知而雖不助力 不行告發者 亦係知情 竝坐斬罪〕《소의(하) 589쪽》《집해 1905쪽》

반면 《전석》은 "옛 주석에 '같은 옥에 있던 사람이 그 번옥의 정상을 안 경우 비록 조력하지 않았어도 고발하지 않으면 역시 정상을 안 것이니 모두 참죄로 처벌한다.'라고 하였으나, 같은 옥에 있던 수인은 번옥하지 않은 사람이다. 그가 도망할 수 있는데 도망하지 않은 것을 다행으로 여겨야 할 텐데, 또 이로 말미암아 무겁게 처벌할 수 있겠는가. 만약 죄가 가벼운 자는 도망할 필요가 없으므로 도망하지 않았다고 한다면, 비록 정상을 알고도 고발하지 않았다고 하더라도 어찌 참죄로 처벌하는 데 이를 수 있겠는가."라고 비판하였다.〔舊解謂 同牢之人 知其反情 雖不助力 而不行告發者 亦係知情 竝坐斬罪 夫同牢囚人 乃不反獄者也 方幸其可逃而不逃 又可因而重罪之乎 若曰罪輕者 不必逃 故不逃 卽知情不告發 亦何至坐斬哉〕《전석 권27 4~5장》

《집주》 역시 "번옥은 무거운 정상으로 그 일이 반드시 비밀이다. 그러므로 같은 옥에 있던 수인이 정상을 알지 못하였으면 처벌하지 않는다. 옛 주석에 '같은 옥에 있던 수인은 몰랐다고 하기 어렵다.'라고 하면서 조력하지 않은 것, 고발하지 않은 것 등에 대한 의론이 있는데, 그 이야기는 심히 잘못되어 따를 수 없다. 같은 옥에 있던 수인이 먼저 공모하지 않았으면 역시 실정을 알지 못한 것이다. 번옥하는 자가 옥문을 열어 데리고 도망쳤다고 해서 똑같이 모두 참죄로 처벌할 수는 없다."라고 비판하였다.〔反獄重情 事必秘密 非係共謀 孰肯輕露 故同囚不知情者 不坐 舊解謂 同牢之囚 難言不知 有不助力不告發等議 其說甚謬 不可從也 同囚先不共謀 亦不知情 反獄者開放挾逃 不得同坐皆斬〕《집주(하) 965쪽》

6 장……보내며 : 율문의 "죄는 장 100 유 3000리에 그친다.〔罪止杖一百流三千里〕"를 직해에

에 합당하면 통상적인 율에 따라 논한다.

(○) 죄수가 옥을 부수고 도주하면 모두 참형이다. 옥 안에 같이 있던 죄수가 사정을 몰랐으면 처벌하지 않는다.

해설

탈옥 행위에 대한 처벌 규정으로, 이미 죄를 범하여 옥에 있는데 또다시 죄를 범한 것이므로 무겁게 처벌한다. 몰래 빠져나가는 탈감(脫監)과 월옥(越獄)에 비해 강제력을 사용한 번옥(反獄)의 처벌이 더 무겁다. 탈감・월옥의 경우에도 이로 말미암아 자신보다 형량이 더 무거운 다른 옥수(獄囚)가 탈옥하게 되면, 그 옥수의 더 무거운 죄를 받게 된다. 290조 겁수(劫囚)와 관련지어서 살펴볼 필요가 있다.

서는 "장 100을 한도로 하고 먼 곳으로 유배 보낸다.〔杖一百爲限 遠流齊〕"로 율문의 내용과 조금 다르게 번역하였다. 만약 율문에 충실하게 번역하였다면 "장 100에 먼 곳으로 유배하는 데 그친다.〔止杖一百遠流齊〕" 또는 "장 100에 먼 곳으로 유배하는 것을 한도로 한다.〔杖一百遠流 爲限齊〕"라고 하였을 것이다.

414
도죄수나 유죄수가 도망함
徒流人逃

414-1 도죄(徒罪)·유죄(流罪)·천사(遷徙)에 해당하는 수인(囚人)이 복역 기한[1] 안에 도망하는 경우, 1일이면 태 50이고 3일마다 1등급을 더하되 죄는 장 100에 그치고[2] 그대로 배소(配所)로 보낸다. 도죄수는 원래 범한 도형 연한에 따라 새로이 역(役)을 지게 하고, 이미 복역한 기간은 모두 계산해 주지 않는다.

414-2 도죄·유죄·천사·충군(充軍)으로 이미 판결한 수인을 배소로 보냈는데[3] 배소에 도착하기 전에 중도에서 도망하면 죄가 또한 이와 같다.

414-3 주수(主守)나 압해인(押解人)[4]이 제대로 각찰(覺察)하지 못하여 수인을 놓칠 경우, 1명이면 장 60이고 1명마다 1등급을 더하되 죄는 장 100에 그친다.[5] 모두 100일 내에 추적하여 체포하도록 한다. 제조관(提調官)이

1 복역 기한 : 복역 기한은 오직 도죄 수인을 가리키지만 도망죄는 배소를 향하여 발배(發配)되는 때에도 미친다. 유죄나 천사 수인도 배소에 도착하기 전에 도망하면 모두 도죄 수인과 마찬가지로 도망죄로 처벌하므로, 세 가지 죄수들을 혼합하여 말한 것이다.〔役限 惟指徒罪囚人 而所逃之罪 及仍發配所 則流與遷徙 皆與徒同 故混言之〕《집해 1908쪽》

2 1일이면……그치고 : 도망죄는 날을 계산하여 논죄하지만 16일이 넘어도 죄는 장 100에 그친다.〔逃者 計日論罪 十六日之上 罪止杖一百〕《전석 권27 5장》

3 배소로 보냈는데 : 원문은 기발(起發)인데 도죄나 유죄 수인을 배소에 보내는 것을 이른다.〔起發 指就徒流發遣配言〕《집설 권8 45장》

4 주수(主守)나 압해인(押解人) : 주수는 배소의 작업을 관리하는 사람이고 압해인은 노상에서 죄수를 호송하는 사람이다.〔主守卽配所管工之人 押解人則路上解囚之人也〕《집해 1908쪽》

5 주수(主守)나……그친다 : 주수나 압해인이 제대로 각찰하지 못하여 수인을 놓친 경우의 형량인 장 60에서부터 장 100까지는 416조 주수불각실수(主守不覺失囚)의 주수의 형량보다 가볍다. 416조에서는 아직 판결이 나기 전의 죄수이므로 판결이 난 수인을 각찰하지 못하여 놓친 죄보다 형량이 무겁다.〔此不覺失囚 與押解罪囚中途不覺失囚者 其事相同 而科罪各異 蓋此是已經斷決之囚徒 彼是未經斷決之罪囚也〕《집주(하) 968쪽》

나 장압관(長押官)[6]은 주수나 압해인의 죄에서 3등급을 줄인다. 기한 내에 자신이 체포하거나, 혹은 타인이 체포하거나, 수인이 이미 죽었거나 자수하면 모두[7] 죄를 면해 준다. 고의로 놓아주면 각각 수인과 더불어 같은 죄이다. 재물을 받으면 장(贓)을 계산하여 왕법(枉法)으로 보되, 무거운 쪽으로 논한다.

직해 도형・유형・천사형의 수인이 정해진 복역 기한 내에 도주하면 1일에 태 50이다. 3일마다 1등급을 더하되 장 100을 한도로 하고, 정해진 곳으로 법례에 따라 돌려보낸다. 도죄수는 원래 범한 도형 연한을 물려 계산하여 새로 도역 연한을 정하고, 이미 경과한 기간은 인정하지 않는다.

(○) 이미 판결받아 출발한 도형・유형의 수인이나 천사・충군형의 수인들이 정해진 곳에 도착하지 않고 도중에 도주하면 모두 죄가 같다.

(○) 간직(看直)이나 압송인들이 알아차리지 못한 사이에 수인이 도망할 경우, 1명이면 장 60이고, 1명마다 1등급을 더하되 죄는 장 100을 한도로 하고, 100일 내로 기한을 정하여 쫓아서 잡도록 한다. 제조관 및 봉수관(逢受官)은 간직이나 압송인의 죄에서 3등급을 줄인다. 기한 내에 능히 잡거나, 혹 다른 사람이 잡거나, 죄수가 이미 죽었거나 자수하면 죄를 면해 준다. 고의로 죄수를 놓아준 자는 죄수와 죄가 같다. 재물을 받은 자는 장물의 수를 계산하여 왕법의 예로 논죄한다.

해설

이 조문에서 처벌 대상으로 삼은 행위는 이미 판결받은 죄수가 배소에 도

6 제조관(提調官)이나 장압관(長押官) : 제조관은 배소의 감림에 해당하는 관원이며, 장압관은 관사의 위임을 받아 죄수를 호송하는 일을 관장하는 사람이다.〔提調卽配所監臨之官長押官卽官司所委管領解囚者也〕《집해 1908쪽》

7 모두 : 제조관 이하 네 부류의 사람, 즉 주수・압해인・제조관・장압관을 말한다.〔皆免罪皆字 指提調官以下四等人言〕《집해 1908쪽》

착하기 전에 도망하는 행위이다. 죄수가 도형(徒刑)의 복역 중에 도망하는 것은 죄를 승복하는 것이 아니므로 장형(杖刑)을 가하고 도형의 복역 기간을 새로 계산한다. 압해인이 과실로 죄수를 놓치는 경우 제조관이나 장압관의 형량을 3등급 줄이는 것은 제조관이나 장압관이 죄수의 호송을 전담하지 않은 사실을 참작하기 때문이고, 관련자가 재물을 받으면 무겁게 과단(科斷)하는 것은 과실이 아니기 때문이다. 관리가 칼·쇠사슬·수갑을 법대로 하지 않아 죄수가 도망하면 415조 계류수도(稽留囚徒)가 적용된다.

415
수인을 잡아 두고 압송을 지체함
稽留囚徒

415-1 도죄(徒罪)·유죄(流罪)·천사(遷徙)·충군(充軍)에 해당하는 수인(囚人)은 결단 후, 해당 관사에서 10일 이내에 법대로 칼을 씌우거나 수갑을 채워 사람을 차정하여 압송하고, 단단히 경계하여 정해진 지방으로 보내어 인계한다. 기한이 지났는데도 까닭 없이[1] 잡아 두고 지체하여[2] 압송하지 않을 경우, 3일이면 태 20이며 3일마다 1등급을 더하되[3] 죄는 장 60에 그친다. 이로 인하여 도주하면, 제조 관리(提調官吏)에게 범인의 본죄를 적용하여 범인을 보내야 할 지방으로 보내고, 범인이 체포되어 관에 도착해서 역을 대체하기를 기다려, 도착하는 날에 석방하고 별도로 서용한다.

직해 도형·유형에 해당하는 사람과, 천사형에 해당하는 사람과, 충군형에 해당하는 사람과, 죄수의 무리에 속한 사람[4] 등을 결단한 뒤에, 담당 관사에서 10일 기한 내에 칼과 수갑을 채우고 사람을 정해 규정대로 압송하여 정해진 곳으로 보내도록 한다. 정한 날짜를 넘겨 정당한 이유 없이 지체하면서 보내지 않을 경우, 3일이면 태 20이고 3일마다 1등급을 더하되 장 60을 한도로 한다. 이로 인하여 도망하게 되면 담당 관리를 범인의 본죄를 씌워 보내되, 범인을 체포하여 관에 도착해야만 역을 대체하고, 그날로 석

1 까닭 없이 : 사유가 있어 잡아 두고 지체하면 죄를 논하지 않음을 알 수 있다.〔此條無故字最重 如有故則勿論 可知矣〕《집해 1915쪽》

2 잡아 두고 지체하여 : 원문의 계류(稽留)란 시행해야 할 일을 멈추는 것이다.〔稽留 謂合施行而停滯者〕《吏學指南》

3 3일이면……더하되 : 이전(吏典)을 수범으로 삼아 과단한다.〔以吏爲首科斷〕《집주(하) 970쪽》

4 죄수의……사람 : 율문의 수도(囚徒)를 앞의 도(徒)·유(流)·천사(遷徙)·충군(充軍)과 병렬된 것으로 직해하였다.

방하여 다른 직에 서용한다.

-범인의 본죄를 적용한다는 것은, 제조 관리를 범인이 범한 바에 따라 조율(照律)하는 것으로, 도죄에 해당하면 도죄에, 유죄에 해당하면 유죄에, 천사에 해당하면 천사에, 충군에 해당하면 충군에 처하는 것을 이른다. 범인이 체포되기를 기다려, 범인이 도착하는 날 관리를 석방하고 별도로 다른 직임에 서용한다.-

직해 담당 관리를 범인이 범한 죄에 의거하여 준용하는 일은, 도죄이면 도형을 시키고, 유죄이면 유형을 시키고, 천사죄이면 천사시키고, 충군할 자이면 충군시키되, 범인을 추고하고 붙잡아 배소에 도착하면, 그날로 관리를 석방하고 다른 직에 서용하는 것이다.

인접한 지역 관사의 수인이 도착하였는데, 잡아 두고 지체하며 즉시 체송(遞送)[5]하지 않으면 죄가 또한 같다.[6]

415-2 보낼 때에 제조 관리가 법대로 칼을 씌우거나 수갑을 채우지 않아, 수인이 중도에서 자신이 차고 있는 칼이나 수갑을 벗어 버리고 도주하게 되면 압송인과 같은 죄이다.[7] 모두[8] 소유(所由)를 처벌한다.[9] 재물을 받으

5 체송(遞送) : ③ 244 遞送逃軍妻女出城

6 죄가 또한 같다 : 잡아 두고 지체한 자는 날짜를 헤아려 죄를 다스린다. 도망치도록 한 자는 도망한 죄수의 본죄를 적용하여 압송한다.〔稽留者 驗日坐罪 致逃者 抵罪發遣〕《집주(하) 970쪽》

7 보낼……죄이다 : 비록 제조 관리가 잡아 두고 지체하지 않았지만 칼과 수갑을 소홀히 하여 수인을 놓친 것은 마찬가지이므로, 414조 도류인도(徒流人逃)의 압송인이 수인을 놓친 것과 죄가 같다. 1명이면 장 60이며, 1명마다 1등급을 더하되 죄는 장 100에 그친다. 100일 기한 내에 수인을 추적하여 체포하도록 한다.〔雖不稽留 其疎失均矣 與押解失囚同罪 一名杖六十 每一名加一等 罪止杖一百 責限追捕〕《집설 권8 32~33장》 관리가 칼이나 수갑을 법대로 하지 않은 죄는 압송인이 방비하지 못한 죄와 서로 같으므로 더불어 같은 죄이다.〔官吏不如法之罪 與押解人不防範之罪相等 故與同罪〕《집주(하) 971쪽》

8 모두 : 위에서 말한 것을 통틀어 받는다.〔末節竝字 通承上言〕《집주(하) 971쪽》

9 모두 소유(所由)를 처벌한다 : 정관(正官)・좌이관(佐貳官)・수령관(首領官) 중에서, 각각 아무런 까닭 없이 죄인을 잡아 두고 압송을 지체하거나, 법대로 칼을 씌우거나 수갑을

면 장(贓)을 계산하여 왕법(枉法)으로 보되, 무거운 쪽으로 논한다.[10 11]

직해 인접한 고을의 관사에서 수인이 도착하였는데 지체하고 즉시 보내지 않으면 죄가 같다.

(○) 보내는 날에 담당 관리가 규정대로 칼과 수갑을 채우지 않아 도중에 도망하게 하면, 압송인의 죄와 같다. 모두 지체하거나 잘못한 사람을 처벌한다. 재물을 받으면 장물의 수를 계산하여 왕법의 예로 논죄한다.

해설

죄수의 압송을 지체하는 경우에 대한 처벌 규정이다. 범죄가 발생한 고을에서 재판이 완료된 죄수를 계류(稽留)하거나, 이웃 고을에서 보낸 죄수를 즉시 체송(遞送)하지 않거나, 죄수를 압송하면서 칼을 씌우거나 수갑 채우는 것을 법대로 시행하지 않거나, 재물을 받고 고의로 놓아주어 죄수가 도망간 경우 등에 대한 처벌을 규정하였다. 모두 죄를 지은 장본인을 처벌하였는데, 다른 사람이 연루되는 것을 막기 위한 것이다. 유배 보내는 도중에 죄수가 도주하거나 도주하도록 만든 경우는 414조 도류인도(徒流人逃)에서 다루었다.

채우지 않은 사람을 처벌하는 것이다.〔竝罪坐所由 謂正佐首領官內 各以無故稽留 及不行如法枷杻之人 坐罪〕《강해 475쪽》 담당 관리가 까닭 없이 죄수를 잡아 두고 지체하여 보내지 않거나, 이웃 고을의 관사가 잡아 두고 지체하여 체송(遞送)하지 않거나, 담당 관리가 법대로 칼을 씌우거나 수갑을 채우지 않아 도망하도록 하면, 모두 소홀히 하여 놓친 죄를 지은 사람을 처벌한다.〔罪坐所由 通承上 謂提調官吏 無故稽留不發遣 隣境官司 稽留不遞送 提調官吏 不如法枷杻以致在逃者 竝罪坐所由疎縱之人〕《전석 권27 9장》

10 재물을……논한다 : 잡아 두고 지체하면서 보내지 않거나, 체송하지 않거나, 법대로 칼을 씌우거나 수갑을 채우지 않은 것이 재물을 받은 데서 나왔으면 장을 계산하여 왕법(枉法)으로 보되 무거운 쪽으로 죄를 논한다.〔如其稽留不發遣 及不遞送 不如法枷杻 出於受財者 則計贓 以枉法 從其重者 論罪〕《전석 권27 9장》 장을 받은 죄가 무거우면 왕법으로 과죄하며, 가벼우면 수인을 놓친 본죄 그대로 또는 압송인의 죄와 똑같이 과죄한다.〔如贓重 以枉法科之 輕則仍以抵囚逃本罪 及同押解人之罪 科之〕《전석 권27 9장》

11 무거운 쪽으로 논한다 : 이 부분은 직해하지 않았다.

416
주수가 제대로 각찰하지 못하여 수인을 놓침
主守不覺失囚

416-1 옥졸(獄卒)[1]이 제대로 각찰(覺察)하지 못하여 수인(囚人)을 놓치면[2] 수인의 죄에서 2등급을 줄인다.[3] 수인이 감옥 안에서[4] 번옥(反獄)하고[5] 도망하면 또 2등급을 줄인다.[6] 100일을 기한으로 해서 추적하여 체포하도록 하되,[7] 기한 안에 자신이 체포하거나, 타인이 체포하거나, 수인이 죽었거나 자수하면[8] 모두 죄를 면해 준다. 옥을 담당하는 관원과 이전(吏典)[9]은

1 옥졸(獄卒) : 뇌옥(牢獄)을 살피고 지키는 사람으로 주수이다.〔獄卒 看守牢獄之人也〕《석의 권27 7장》〔獄卒 是主守之人〕《집주(하) 973쪽》

2 제대로……놓치면 : 제대로 각찰하고 방비하지 않아 수인이 탈감(脫監)하거나 월옥(越獄)하여 도망하게 되는 것이다.〔不覺察防範 致囚脫監越獄而逃失者〕《집주(하) 973쪽》

3 옥졸(獄卒)이……줄인다 : 제대로 각찰하지 못해 수인을 놓치면 수인이 비록 많더라도 죄가 무거운 사람을 기준으로 줄인다. 만약 죄가 무거운 수인은 이미 잡았고 가벼운 수인은 아직 잡지 못하였으면 아직 잡지 못한 수인 중 가장 죄가 무거운 수인의 죄를 기준으로 등급을 줄여 과단하고, 수인 절반을 체포하면 죄를 면해 주는 규정(④ 411 應捕人追捕罪人)을 적용하지 않는다.〔不覺失囚 雖多 亦就其罪之重者減之 若重者已獲 輕者未獲 則就未獲者罪 止減等科斷 不在捕獲一半免罪之限〕《부례(하) 484쪽》

4 수인이 감옥 안에서 : 변고가 옥 안에서 일어났기 때문에 자내(自內)라 한 것으로, 외부에서 침입하여 죄수를 강제로 빼내는 겁수(劫囚)와 구별한다.〔變自內作 故曰自內 以別於劫囚之自外入者耳〕《전석 권27 9장》

5 번옥(反獄)하고 : ④ 413 獄囚脫監及反獄在逃

6 2등급을 줄인다 : 통틀어 4등급을 줄인다.〔通減四等〕《부례(하) 484쪽》

7 100일을……하되 : 기한이 다 되도록 잡지 못한 뒤에야 죄의 감등을 논결한다.〔限滿不獲然後 論決減等之罪〕《집주(하) 974쪽》

8 기한……자수하면 : 수인을 놓쳤는지 번옥(反獄)하였는지를 따지지 않는다.〔不問失囚反獄〕《부례(하) 484쪽》

9 옥을……이전(吏典) : 원문의 사옥관전(司獄官典)은 사옥사(司獄司)의 관원과 형방의 이전이다.〔司獄官典 官是司獄司官 典則刑房吏典 非司獄官吏也〕《집주(하) 975쪽》 명대 법사

옥졸의 죄에서 3등급을 줄인다.[10] 제뢰관(提牢官)[11]이 직접 일일이 죄수를 점검하였고, 칼·쇠사슬·수갑 채우는 것을 모두 법대로 하였으며, 옥관(獄官)과 옥졸에게 책임지고 단단히 잡아 가두었다는 문서를 받았으면 처벌하지 않는다. 일일이 점검하지 않아서 수인을 놓치면 옥관과 더불어 죄가 같다.[12] 일부러 놓아주면[13] 체포 기한을 주지 않고 각각 수인과 같은 죄이다.[14] 판결받기 전에 자신이 체포하거나, 타인이 체포하거나, 수인이 죽었거나 자수하면 각각[15] 1등급을 줄인다. 재물을 받으면 장(贓)을 계산하여 왕법(枉法)으로 보되, 무거운 쪽으로 논한다.

는 형부·대리시·도찰원의 삼법사(三法司) 외에 군인의 형옥(刑獄)을 담당하는 도독부 단사관(斷事官)·응천부(應天府)가 있었고 지방에는 제형안찰사·지부·지현 등을 두었다. 이들 법사에 죄인을 구금하는 옥이 있었는데 옥을 담당하는 관원이 사옥(司獄)이었다. 도독부 단사관의 사옥과 응천부 옥승(獄丞)은 종9품인데, 1384년(홍무17) 이를 종9품의 사옥사라는 기구로 편제하였다. 처음 중앙에 설치되었던 사옥사는 1393년 재외 포정사사에, 다음 해 도지휘사사에 설치되었다.《明太祖實錄 卷64 洪武 4年 4月 2日, 卷166 洪武 17年 10月 6日, 卷229 洪武 26年 7月 26日, 卷231 洪武 27年 2月 10日》

10 3등급을 줄인다 : 수인을 놓치면 통틀어 5등급을 줄이고, 번옥하면 통틀어 7등급을 줄인다.〔失 通減五等 反 通減七等〕《부례(하) 484쪽》

11 제뢰관(提牢官) : 형부의 월륜주사(月輪主事)와 도찰원의 월륜어사(月輪御史) 각 1원으로 옥을 관리한다. 부·주·현의 뇌옥 관리는 좌이관 1명에게 담당하게 하는데, 이것이 제뢰관이다.〔提牢官 刑部月輪主事 都察院月輪御史 各一員提牢 府州縣牢獄 委佐貳官一員提調 是也〕《집해 1918쪽》

12 일일이……같다 : 제뢰관을 처벌하지 않는 경우는 반드시 직접 죄수를 점검하는 것, 칼·쇠사슬·수갑 등을 법대로 채우는 것, 수금하였다는 문서를 받는 것 등 세 가지가 다 해당한다. 그러나 단지 제대로 점검하지 않은 경우만 말한 것은 제대로 점검하지 않으면 칼·쇠사슬·수갑 채우는 것을 법대로 하였는지 여부를 알 수 없고, 문서를 받았는지도 증빙하기에 부족하다. 그러므로 굳이 일일이 다 말하지 않은 것이다.〔提牢官不坐者 須盡躬親點視 枷鎖杻如法 取收禁文狀三事 而下止云不曾點視 蓋既不點視 則枷鎖杻之如法不如法 自未曾見 收取文狀 亦不足憑 故不必盡言也〕《집주(하) 975쪽》

13 일부러 놓아주면 : 앞에서 나온 제조관, 옥을 담당하는 관원과 이전, 옥졸 등을 모두 받아 말한 것이다.〔故縱 通承上提調官 司獄官典 獄卒等人而言〕《집해 1918쪽》

14 수인과 같은 죄이다 : 사죄에 이르면 등급을 줄인다.〔至死減等〕《부례(하) 483쪽》

15 각각 : 옥을 담당하는 관원이나 이전, 옥졸을 모두 말한다.〔各字 通指司獄官典獄卒而言〕《전석 권27 10장》

416-2 적도(賊徒)들이 외부에서 침입하여 수인을 강제로 빼내어 힘으로 대적할 수 없었다면 죄를 면해 준다.[16]

416-3 죄수를 압송하다가 중도에 제대로 각찰하지 못해 죄수를 놓치면 죄가 역시 같다.[17]

직해 옥졸이 알아차리지 못한 채 수인이 도주하게 되면 수인의 죄에서 2등급을 줄인다. 수인이 옥 안에서 스스로 번옥하고 도망하면 또 2등급을 줄이고, 100일을 정하여 잡도록 하되, 정해진 날수 안에 능히 잡거나 또는 다른 사람이 잡거나, 죄인이 이미 죽었거나 자수하면 죄를 면해 준다. 옥을 담당하는 관원이나 영사(令史)는 옥졸의 죄에서 3등급을 줄인다. 주장(主掌) 관원이 일찍이 직접 수인을 일일이 점검하며 규정대로 칼이나 쇠사슬을 채우고 영사와 옥졸로 하여금 확인시키고 문서를 받았으면 처벌하지 않는다. 일찍이 점검하지 않아 수인이 도망하게 되면 영사의 죄와 같다. 고의로 놓아주어 도망하면 잡을 기한을 주지 않으며 수인의 죄와 같다. 아직 결단하지 않은 사이에 능히 잡거나, 다른 사람이 잡거나, 수인이 이미 죽었거나 자수하면 1등급을 줄인다. 재물을 받으면 받은 장물을 계산하여 왕법의 예로 보되 무거운 쪽으로 논한다.

○ 적인(賊人)이 외부에서 감옥 안으로 바로 들어와 수인을 겁탈하는 것을 대적하지 못하고 빼앗기게 된 경우는 죄를 면해 준다.

○ 죄수를 압송하다가 도중에 알아차리지 못한 채 죄수가 도망하게 되면 죄가 또한 같다.

16 적도(賊徒)들이……준다 : 원문의 겁수(劫囚)는 흉악한 무리들을 모아 흉기를 소지하고 옥에 갇힌 수인을 강제로 빼내는 것이다. 제뢰관이나 옥관·옥졸들이 힘으로 대적할 수 있는 상황이 아니므로 수인을 놓친 죄를 면해 준다.〔夫劫囚者 必聚兇黨 持兇仗 非提牢官獄官獄卒之力能所抵敵也 故免其失囚之罪〕《전석 권27 10장》〔奪劫獄中囚犯也〕《육부 115쪽》③ 290 劫囚

17 죄가 역시 같다 : 옥졸이 옥에 있던 수인을 제대로 각찰하지 못하여 수인을 놓친 경우의 죄와 같다는 것을 이른다.〔罪亦如之 謂如獄卒不覺失囚之罪〕《집해 1918쪽》

해설

옥수(獄囚)를 잘못 관리하여 놓치는 경우에 대한 처벌 규정이다. 먼저 옥졸이 알아차리지 못한 상태에서 수인을 놓치는 경우, 수인이 감옥 안에서 번옥하여 도망하는 경우로 나누어 처벌하고, 100일 이내에 수인이 체포되거나 사망하거나 자수하면 죄를 면해 주도록 규정하고 제뢰관의 책임에 대해 규정하였다. 외부의 적도가 침입하여 죄수를 강제로 빼낼 경우 죄를 면해 주는 것, 죄수를 압송하다가 도중에 알아차리지 못한 상태에서 죄수를 놓치면 죄가 또한 같다는 것 등의 내용을 담고 있다.

417
실정을 알고도 죄인을 숨겨 줌
知情藏匿罪人

417-1 어떤 사람이 죄를 범한 사실이 드러나 관사에서 사람을 차정하여 추적해서 잡도록 한 것을 알면서도 집에 숨겨 둔 채 체포하도록 고발하지 않거나, 길을 안내하거나 옷이나 식량을 주어서 몸을 숨겨 피하도록 하면[1] 각각[2] 죄인의 죄에서 1등급을 줄인다. 이곳저곳 옮겨 보내 죄인을 숨겨 준 경우, 실정을 알았으면 모두 처벌하고, 몰랐으면 논하지 않는다.

417-2 관사에서 죄인을 추적하여 체포한다는 것을 알고 그 사실을 누설하여 죄인이 도피할 수 있도록 하면 죄인의 죄에서 1등급을 줄인다. 판결받기 전에 자신이 체포하면 죄를 면해 준다. 타인이 체포하거나, 죄인이 이미 죽었거나 자수하면 각각 1등급을 줄인다.[3]

직해 죄를 범한 사람이 일이 발각되어 관사에서 사람을 보내 잡게 하였는데, 다른 사람이 집 안에 숨겨 둔 채 관에 고하여 잡지 않거나, 가는 곳의 길을 알려 주거나, 옷이나 식량을 준비해 주어서 다른 곳으로 보내 숨도록 하면 죄인의 죄에서 1등급을 줄인다. 차례차례로 전달하여 보내 숨겨 준 사람으로서 실정을 알았던 자는 처벌하고, 몰랐던 자는 논죄하지 않는다.
(○) 관사에서 죄인을 추적하여 잡는다는 것을 알고서 그 사실을 누설하여 알려 죄인을 도망하게 하면 죄인의 죄에서 1등급을 줄인다. 아직 결단하지

1 어떤……하면 : 범죄인은 친속이 아니면 서로 용은(容隱)할 수 없다.〔犯罪之人 非親屬 不得相爲容隱〕《집주(하) 977쪽》

2 각각 : 집에 숨겨 주거나 길을 안내해 주거나 옷과 식량을 제공하는 등의 세 가지를 가리킨다.〔各字 指藏匿 及指引 資給 三項〕《집해 1924쪽》

3 각각 1등급을 줄인다 : 원문의 각(各) 자는 타인이 죄인을 체포하거나 죄인이 이미 죽었거나 죄인이 자수하는 등의 세 가지를 가리킨다.〔又各減一等 各字 指他人捕得 及囚已死 囚自首 三項〕《집해 1924쪽》

않은 사이에 능히 잡으면 죄를 면해 준다. 다른 사람이 잡거나 죄인이 이미 죽었거나 자수하면 각각 1등급을 줄인다.

해설

고의로 죄인을 숨겨 준 사람을 처벌하는 규정이다. 관사에서 죄인을 추포하려 하자 집에 숨기고 고발하지 않거나 길을 알려 주거나 도피 자금을 주어 죄인을 숨기는 경우와 관사의 추포 사실을 누설하여 죄인이 도피할 수 있도록 한 경우로 나누어 처벌 기준을 정하였다.

418
도적을 체포하는 기한
盜賊捕限

418-1 강도나 절도를 한 도적을 체포할 때, 일이 발각된 날[1]을 시작으로 하여 체포해야 할 해당 궁병(弓兵)이 1개월 안에 강도를 체포하지 못하면 태 20, 2개월이면 태 30, 3개월이면 태 40이며, 포도관(捕盜官)은 벌봉전(罰俸錢)[2] 2개월이다.[3] 궁병이 1개월 안에 절도한 도적을 체포하지 못하면 태 10, 2개월이면 태 20, 3개월이면 태 30이며, 포도관은 벌봉전 1개월이다. 기한 안에[4] 체포한 도적이 절반에 미치면 죄를 면해 준다.[5]

418-2 20일 이상 경과하여 관에 고발하면 체포 기한에 구애받지 않는다.[6]

1 일이 발각된 날 : 관에서 적발한 날이다.〔事發日 謂發於官之日也〕《전석 권27 12장》 1개월 기한 안에 체포해야 한다.〔限一月內 捕獲〕《집주(하) 980쪽》

2 벌봉전(罰俸錢) : 봉전(俸錢)이라 한 것은 녹봉에 쌀도 있고 돈도 있기 때문이다. 벌은 그 달 지급받는 돈에 벌을 적용하는 것이다.〔俸錢 俸有米有錢 罰者 罰其月所支之錢也〕《집해 470~471쪽》 대명령에 따르면, 민관(民官)의 월봉(月俸)은 돈과 쌀로 지급하는데, 벌봉의 처벌을 시행할 때는 봉전과 봉미(俸米) 중 봉전만 지급을 중지한다. 봉미 1석은 환산하면 봉전 100문에 해당하며, 의죄(議罪)할 때 벌봉은 태죄보다 가벼운 것으로 취급된다.〔大明令 民官月俸 錢米相兼 罰俸止罰俸錢 每俸一石 折錢一百文 如議罪 則罰俸者 引用在笞罪之後〕《전석 권3 1장》

3 포도관(捕盜官)은 벌봉전(罰俸錢) 2개월이다 : 도둑을 잡는 책임은 전적으로 궁병에게 있으므로 포도관은 반드시 3개월 안에 잡지 못한 뒤에 벌봉하며 1・2개월 안이면 벌하지 않는다.〔緝捕專在弓兵 官必三月不獲然後罰俸 一月二月不罰也〕《부례(하) 488쪽》

4 기한 안에 : 1개월에서 3개월 안이다.〔限內 謂一月二月三月之內也〕《집해 1929쪽》

5 체포한……준다 : ④ 411 應捕人追捕罪人

6 20일……않는다 : 도둑질을 당하고 20일 이상을 경과하여 관에 고하면 도적이 떠난 지 이미 오래되어 종적이 거의 사라져 잡기가 쉽지 않으므로 궁병이 1・2개월 안에 체포하지 못하면 태죄를 주거나 포도관이 3개월 안에 체포하지 못하면 벌봉전을 시행하는 규정을 적용하지 않는다.〔若被盜之家 經隔二十日之上 乃告官者 則盜去已遠 蹤迹將泯 未易緝捕 故不拘一月兩月坐罪罰俸之限〕《전석 권27 12장》

살인한 도적을 체포하는 기한은 강도를 체포하는 기한과 같다.[7]

직해 강도나 절도를 잡을 때, 일이 발각된 날을 시점으로 하여 순포(巡捕)를 맡은 군병이 한 달 안에 강도를 잡지 못하면 태 20이고, 두 달이면 태 30이고, 세 달이면 태 40이다. 포도관은 벌봉전 2개월이다. 한 달 안에 절도를 잡지 못하면 군병은 한 달이면 태 10이고, 두 달이면 태 20이고, 세 달이면 태 30이다. 포도관은 벌봉전 1개월이다. 기한 안에 도적을 잡았는데 절반만을 잡더라도 죄를 면해 준다.

(○) 20일 이상이 이미 지나고 나서야 관에 고발하면 잡는 기한을 논하지 않는다. 살인한 도적을 잡을 때에는 강도를 잡는 기한과 같다.

해설

도둑을 체포할 때 기한을 정해 책임을 지우도록 한 규정이다. 강도나 절도를 한 자를 잡는 데는 일이 발각되어 고발되는 날을 시발점으로 하여 기한을 정해 그 안에 잡도록 하였다. 강도는 절도보다 죄가 중하기 때문에 처벌의 경중이 다르고, 20일 이상이 지나 관(官)에 고발된 사건은 도적이 이미 멀리 가서 종적을 찾기 어려우므로 잡는 기한에 구애되지 않도록 하였다.

7 살인한……같다 : 살인한 죄는 강도와 다르지 않으므로 잡는 기한 또한 같다.〔殺人之罪 與强盜無異 故其捕限亦同〕《전석 권27 12장》

대명률직해

제28권 형률刑律 단옥斷獄

단옥 斷獄

고요(皐陶)가 옥(獄)을 처음으로 만들었다. 하(夏)는 하대(夏臺), 은(殷)은 유리(羑里), 주(周)는 환토(圜土), 진(秦)은 영어(囹圄)라 하였고, 한(漢) 이래로 옥(獄)이라 하였다. 전국 시대 이회(李悝)는 《법경(法經)》 6편의 〈수법(囚法)〉을 나누어서 편목을 만들었고, 진(晉)・송(宋)・양(梁)은 모두 위(魏)의 제도를 따랐다. 북제(北齊)는 〈포율(捕律)〉과 합쳐서 다시 〈포단(捕斷)〉이라 하였고, 북주(北周)는 다시 〈단옥〉으로 하였으며, 수(隋)・당(唐)은 이를 따랐다.

명(明)은 당률을 따라 〈형률(刑律)〉 여러 편의 아래에 두었다. 당률에 있으나 명률에 싣지 않은 것은 당률 476조 신수찰사리(訊囚察辭理), 477조 고수부득과삼도(拷囚不得過三度), 478조 고수한만불수(拷囚限滿不首), 502조 의죄(疑罪), 493조 수비속몰입물위한(輸備贖沒入物違限) 등이다. 미비한 점을 살펴서 421조 엄금(淹禁), 436조 검험시상불이실(檢驗屍傷不以實), 447조 이전대사초초(吏典代寫招草) 등을 추가하였고, 이를 묶어서 〈단옥〉이라 명명하였다. 모두 28조이다.

419
옥수를 수금해야 하는데 수금하지 않음

囚應禁而不禁

419-1 옥수(獄囚)[1]를 수금(囚禁)해야 하는데[2] 수금하지 않거나, 칼・쇠사슬・수갑[3]을 채워야 하는데 칼・쇠사슬・수갑을 채우지 않거나 벗겨 준 경우, 옥수의 죄가 장죄(杖罪)에 해당하면 태 30, 도죄(徒罪)이면 태 40, 유죄(流罪)이면 태 50, 사죄(死罪)이면 장 60이다.[4] 칼을 채워야 하는데 쇠사

1 옥수(獄囚) : ③ 290 劫囚

2 옥수(獄囚)를 수금(囚禁)해야 하는데 : 남자가 도죄 이상의 죄를 범하거나 부인이 간음죄, 사죄(死罪)를 범하면 모두 수금한다. 도죄 이상이면 수갑, 충군이면 쇠사슬, 사죄이면 칼을 채운다. 칼을 채울 때는 쇠사슬과 수갑도 함께 채우며, 쇠사슬을 채울 때는 수갑도 함께 채우는데 부인에게는 수갑을 채우지 않는다. 관원이 장죄 이하의 사죄(私罪)를 범하거나 유죄 이하의 공죄(公罪)를 범하거나, 민인(民人)이 가벼운 죄를 범하거나, 범죄인이 늙거나 어리거나 폐질에 걸렸으면 모두 형구를 채우지 않고 수금한다.〔男子犯徒以上 婦人犯姦及死罪 皆收禁 徒以上該杻 充軍該鎖 死罪該枷 凡枷者 兼鎖杻 凡鎖者兼杻 惟婦人不杻 官犯私罪杖以下 及公罪流以下 與民人犯輕罪 若老幼癈疾者 皆散收在禁〕《전석 권28 2장》

3 칼・쇠사슬・수갑 : 유(杻)는 손에 채워서 동작을 구속하는 수갑이며, 가(枷)는 발에 채워서 이동을 구속하는 족쇄이다. 부녀자는 죄를 범하여 감옥에 있더라도 마시거나 먹거나 용변을 볼 때 타인의 손을 빌릴 수 없으므로 칼과 수갑을 채우지 않지만 쇠사슬을 목에 채우고 쇠줄로 기둥에 묶어 둔다. 《집주》에서는 사죄(死罪)의 경우에만 수갑을 채운다고 한 〈옥구도(獄具圖)〉를 들어 이와 맞지 않는다고 하면서 고찰이 필요하다고 하였다.〔杻施於手 所以拘束其動作 卽手銬是也 枷施於足 所以羈絆其行走 卽脚鐐是也 婦女雖犯罪在獄 當別嫌疑 其飮食便溺 不可假手於人 故不加枷杻 鎖施於頸 以鐵索鎖之於柱也 按獄具圖內 惟死罪用杻 與此不合 俟考〕《집주(하) 985쪽》

4 옥수(獄囚)를……60이다 : 수금하지 않거나 칼・쇠사슬・수갑을 채우지 않아서 옥수가 도망한 경우에 대한 규정이 없는데 415조 계류수도(稽留囚徒)에는 관리가 법대로 칼・수갑을 채우지 않아서 옥수가 도중에 칼・수갑을 벗고 도주하면 압송인과 더불어 죄가 같다고 하였다. 그러나 이미 결단한 도죄・유죄・천사・충군의 범인만 말하고 있어서, 아직 결단하지 않은 자는 일괄적으로 논할 수 없고, 하물며 법대로 하지 않았다고 하였으므로 수금하지 않거나 칼・쇠사슬・수갑을 채우지 않은 것과 다르다. 혹자는 416조 주수불각실수(主守不覺失囚)에 비추어 과죄하는 데 그친다고 하나 《집주》에서는 이 부분에 대한 고찰이 필요하다고 보았다.〔不禁不枷鎖杻者 不言因而在逃之罪 按稽留囚徒律 官吏不如法枷杻 致囚

슬을 채우거나, 쇠사슬을 채워야 하는데 칼을 채우면 각각[5] 1등급을 줄인다.[6]

419-2 옥수가 스스로 벗어 버리거나, 옥을 담당하는 관원·이전(吏典), 옥졸이 사사로이 칼·쇠사슬·수갑을 벗겨 주면 죄가 역시 같다. 제뢰관(提牢官)[7]이 알고도 적발하지 않으면 더불어 같은 죄이고, 몰랐으면 처벌하지 않는다.

419-3 수금하면 안 되는데 수금하거나,[8] 칼·쇠사슬·수갑을 채우면 안 되는데 칼·쇠사슬·수갑을 채우면 각각 장 60이다.[9]

中途解脫 與押解人同罪 然止言已斷決之徒流遷徙充軍人犯耳 若未斷決者 不可概論 況云不如法 亦與不禁不枷鎖杻不同也 或云止照不覺失囚科之 俟考〕《집주(하) 986쪽》

5 각각 : 장죄·도죄·유죄·사죄 네 가지를 가리켜 말한 것이다.〔各字 指杖徒流死罪四項而言〕《집주(하) 984쪽》

6 칼을 채워야……줄인다 : 수갑을 말하지 않은 것은 문장을 생략한 것이다. 수갑 채우는 것을 제대로 하지 못하면 죄가 같다.〔不言杻者 省文也 錯者罪同〕《집주(하) 985쪽》

7 제뢰관(提牢官) : ④ 416 主守不覺失囚

8 수금하면……수금하거나 : 잘못 수금한 경우이다. 고의로 수금하면 따로 율(④ 420 故禁故勘平人)이 있다.〔不應禁而禁 誤禁也 若故禁者 另有律〕《전석 권28 2장》 1·2·3항에서 입법(立法)에 비록 분별이 있으나 모두 장 60에 그치는 것은, 모두 착오로 말미암은 것이고 어떤 의도를 가지고 고의로 범한 것이 아니기 때문이다. 실수로 죄를 가볍게 하거나 무겁게 한 예(④ 433 官司出入人罪)와 같다.〔立法雖有分別 俱止於杖六十 以皆出於錯誤 非有心故犯 猶失出失入之例耳〕《집주(하) 985쪽》

9 수금하면……60이다 : 1항의 수금하지 않거나 칼·쇠사슬·수갑을 채우지 않는 것은 비록 잘못이기는 하나 그래도 보완하여 바로잡을 수 있다. 그러나 본 3항의 수금하면 안 되는데 수금하거나 칼·쇠사슬·수갑을 채우면 안 되는데 채우는 것은 법을 굽힌 것이므로 경중을 나누지 않고 각각 장 60이다. 각각은 수금하는 것과 칼·쇠사슬·수갑을 채우는 것 두 사항을 가리켜 말한 것이다.〔前不禁不枷鎖杻者 雖失之縱 猶可補施改正 此不應禁而誤禁 不應枷鎖杻而誤枷鎖杻 則枉矣 故不分輕重 各杖六十 所以懲殘虐也 各字 指禁與枷鎖杻兩項言〕《집주(하) 984~985쪽》 문형관·제뢰관·옥관·옥졸을 따지지 않고 모두 소유(所由)를 처벌한다.〔不拘問刑官提牢官獄官獄卒 並罪坐所由〕《전석 권28 2장》 수금하는 것과 칼·쇠사슬·수갑을 채우는 것은 모두 추문하는 관원이 결정하는 일이므로 사옥(司獄) 등에게는 옥수를 위하여 칼·쇠사슬·수갑을 풀어 준 죄만 있다. 잘못 수금하거나 잘못 칼·쇠사슬·수갑을 채우는 것은 추문하는 관원만을 말한 것이고 사옥 등에는 미치지 않는다.〔禁與枷鎖杻 皆由問官所定 司獄等不得主也 故止有私與脫去枷鎖杻之罪 而三節枉禁枉枷鎖杻者 止

419-4 재물을 받으면[10] 모두 장(贓)을 계산하여 왕법(枉法)으로 보되, 무거운 쪽으로 논한다.

직해 옥수가 수금이 합당한데 수금하지 않거나, 칼·쇠사슬·수갑을 채우는 것이 합당한데 채우지 않거나 벗겨 준 경우, 그 수인(囚人)이 장죄이면 태 30이고, 도죄이면 태 40이고, 유죄이면 태 50이고, 사죄이면 장 60이다. 칼을 씌우는 것이 합당한데 쇠사슬을 채우거나, 쇠사슬을 채우는 것이 합당한데 칼을 씌우면 각각 1등급을 줄인다.

(○) 수인이 멋대로 쇠사슬을 벗거나, 옥을 담당하는 관원이나 옥졸들이 사사로운 마음으로 칼·쇠사슬·수갑을 벗겨 주면 죄가 같다. 옥관이 알고도 죄를 묻지 않으면 죄가 같다. 몰랐으면 처벌하지 않는다.

(○) 수금이 합당하지 않은데 수금하거나, 칼·쇠사슬·수갑을 채우는 것이 합당하지 않은데 칼·쇠사슬·수갑을 채우면 각각 장 60이다.

○ 재물을 받으면 장물의 수를 계산하여 왕법의 예로 논죄한다.

해설

옥수의 수금 여부나 형구 사용 등 처리를 잘못한 관리의 죄에 대한 처벌 규정이다. 수금 또는 형구 사용을 해야 하는데 하지 않으면 옥수의 형량에 따

言問官 不及司獄等也〕《집주(하) 985쪽》 잘못 수금하거나 잘못 칼·쇠사슬·수갑을 채운 것으로 말미암아 죽음에 이르렀을 경우에 대한 규정은 없는데, 《집주》에서는 422조 능학죄수(陵虐罪囚)에 비추어 과단하는 것은 지나친 듯하고 420조 고금고감평인(故禁故勘平人)에 공무와 관련된 평인을 잘못 수금하여 죽음에 이른 경우에 대한 규정이 있으므로 이에 비추어 과단할 수 있다고 보았다.〔誤禁誤枷鎖杻者 不言因而致死之罪 或謂照凌虐罪囚 似太過 下條有干連平人誤禁致死之法 可以比照科斷〕《집주(하) 986쪽》

10 재물을 받으면 : 위의 여러 항을 통틀어 받아서 말한 것이다. 실제 죄수에게 재물을 받고 수금하지 않거나 칼·쇠사슬·수갑을 채우지 않기도 하고, 피해자에게 재물을 받고 수금하면 안 되는데 수금하거나 칼·쇠사슬·수갑을 채우면 안 되는데 채우는 일도 있다. 또 제뢰관이 이러한 사실을 알고도 재물을 받고 적발하지 않기도 한다.〔受財 通承上數項而言 固有受罪囚之財 而不禁不枷鎖杻者 亦有受怨家之財 而不應禁而禁 不應枷鎖杻而枷鎖杻者 提牢官知而不擧 亦或有受財之事〕《전석 권28 2장》

라 차등 처벌하고, 수금 또는 형구 사용을 하지 않아야 하는데 하면 장 60이다. 423조 여수금인해탈(與囚金刃解脫)과 참조해서 볼 필요가 있다.

420
평인을 고의로 수금하거나 고의로 고신함
故禁故勘平人

420-1 관리가 사적인 복수심을 품고 고의로 평인(平人)[1]을 수금하면 장 80이다. 이로 인하여 죽게 되면 교형이다. 제뢰관(提牢官), 옥을 담당하는 관원과 이전(吏典), 옥졸(獄卒)이 알고도 적발하지 않으면 더불어 같은 죄이며, 사죄(死罪)에 이르면 1등급을 줄인다. 몰랐으면 처벌하지 않는다. 공사(公事)[2]로 인하여 간련(干連)[3]된 평인이 관에 자백하지 않았는데도 잘못 수금하여 죽게 하면 장 80이다.[4] 문안(文案)이 있어 수금해야 하면 논하지 않는다.[5]

420-2 평인을 고의로 고신(拷訊)[6]하면 장 80이고, 절상(折傷) 이상이면

1 평인(平人) : 여기서의 평인은 죄가 없는 백성이다.〔此平人則無罪之民耳〕《집해 1943쪽》

2 공사(公事) : 형명(刑名) 등과 관련된 공무이다. ④ 379 詐傳詔旨

3 간련(干連) : 죄 없이 연루된 것이다.〔干連 謂無罪被累者〕《吏學指南》

4 공사(公事)로……80이다 : 미결인 형사 사건으로 인해 연루된 평인을 관에서 추문하면 유죄자는 반드시 자백할 것이다. 자백하지 않으면 죄가 없는 것이고, 죄가 없으면 법례상 수금하지 말아야 하는데 일시적인 불찰로 잘못 수금하고 이로 인하여 무고한 사람을 죽게 하면 장 80이다. 수금한 잘못은 용서하되 사람을 죽게 한 죄를 중히 여긴 것이다.〔因公事未決 干連平人在官 其有罪者必有招 其無招卽無罪 無罪例不應禁 而一時不察 誤發監禁致死者 杖八十 原其禁之誤而重其人之死也〕《집주(하) 987쪽》

5 문안(文案)이……않는다 : 비록 죄가 없는 사람, 예를 들어 긴요한 증인이어서 문안상 관련되어 석방하기 어려워 수금하였는데 그가 우연히 사망하면 논하지 않는다. 수금해야 할 사람이므로 고의도 아니고 과실도 아닌 것이다.〔若雖無罪之人 旣有文案關涉 如緊要干證之類 難以保候而應禁者 卽邂逅致死 亦弗論 旣曰應禁 卽非故非誤也〕《집주(하) 987쪽》

6 고신(拷訊) : 원문의 감(勘)은 고신의 뜻이다.〔勘 是拷訊之意〕《집해 1944쪽》 고(拷)는 죄를 자백받기 위하여 형장으로 때리면서 고문을 가하는 것이고, 신(訊)은 고신할 때 사용하는 신장(訊杖)이다.〔拷 拷打 訊 訊杖也〕《집해 1975쪽》 고신은 오형에 속하지 않으나, 죄를 범하였음이 명백한데도 교활하게 부인하며 자백하지 않으면 고신한다.〔拷訊是審時之事 不在五刑之內 罪犯已眞 而狡賴不承 乃加拷訊〕《집주(하) 1006쪽》

범투상(凡鬪傷)[7]으로 논한다. 이로 인하여 죽게 되면 참형이다. 동료[8] 관원이나 옥졸이 실정을 알고도 함께 고신하면 더불어 같은 죄이며, 사죄에 이르면 1등급을 줄인다. 실정을 몰랐거나 법에 따라 고신하였으면 처벌하지 않는다.

420-3 공사로 인하여 간련된 평인을, 관에서 반드시 국문(鞫問)[9]해야 하거나, 죄인의 범죄 증거[10]나 증인의 증언[11]이 명백한데도 복종하여 자백하지 않아서 문안을 명백히 작성하고 법에 따라 고신하다가 뜻하지 않게 죽게 하면 논하지 않는다.

직해 관리가 사사로운 원한을 품고 고의로 죄 없는 평인을 수금하면 장 80이고, 이로 인하여 죽으면 교형으로 죽인다. 옥관 및 옥을 맡은 영사(令史)·옥졸들이 알고서도 직접 고하지 않으면 죄가 같되, 관리들이 사죄(死罪)에 이르면 1등급을 줄인다. 몰랐으면 처벌하지 않는다. 공사로 인하여 간련된 평인을 관사에 나오게 하고 문초하여 승복을 받지 않은 채 잘못 가두어 죽게 하면 장 80이다. 명문(明文)이 있으며 수금하는 것이 합당하면 논하지 않는다.

○ 죄 없는 평인을 고의로 추문하면 장 80이다. 절상의 상해를 입히면 일반적인 싸움에서 상해한 예로 율에 따라 논한다. 이로 인하여 죽으면 참형

7 범투상(凡鬪傷) : ③ 325 鬪毆

8 동료 : 공무를 같이 처결하는 자로서, 하나의 안건에 대해 문서에 함께 서명하는 관리들이다. ① 28 同僚犯公罪

9 국문(鞫問) : 옥송(獄訟)을 추궁(推窮)하는 것이 국(鞫)이고 그 정상을 묻는 것이 문(問)이다.〔推窮獄訟曰鞫 詢其情狀曰問〕《吏學指南》

10 범죄 증거 : 원문은 장상(贓狀)이다. 장(贓)은 범죄의 증거가 관헌에게 확보된 상태를 이르며, 상(狀)은 살인 따위의 진상이 드러난 것을 이른다.〔贓謂所犯之贓 見獲本物 狀謂殺人之類 得狀爲驗〕《당률 18조 除名》

11 증인의 증언 : 원문의 증좌(證佐)는 증인의 뜻으로 쓰이기도 하고,〔鞫問罪囚 或證佐誣指〕④ 433 官司出入人罪 증거의 뜻으로 쓰이기도 한다.〔顯迹證佐明白〕① 38 處決叛軍 여기서는 장상(贓狀)이 증거와 가까운 개념이기에 증좌를 증인의 증언으로 보았다.〔犯罪之人旣有贓狀可憑 又有證佐可質〕《집주(하) 988쪽》

이다. 동료 관원이나 옥졸들이 실정을 알고도 함께 추문하면 죄가 같다. 관리의 죄가 사죄에 이르면 1등급을 줄인다. 실정을 알지 못하였거나 법에 따라 추문하였으면 처벌하지 않는다.

(○) 공사로 인하여 간련된 사람을 관사에 나오게 하여 반드시 철저히 심문해야 했던 사람이나, 죄인으로서 죄상이 밝혀진 문안 및 증인이 명백한 사람이, 거역하고 문초에 승복하지 않아서 문안을 명백하게 기록하고 법례에 따라 추문하다가 이로 인하여 상해를 입고 마침 죽으면 논하지 않는다.

해설

이 조문은 죄 없는 사람이 죽음에 이르는 것은 비명에 죽는 것이므로 반드시 옥관을 처벌해야 하며, 죄인에게 죄가 있는데도 연루된 평인이 사실대로 진술하지 않으면 이미 평인이 아니므로 마땅히 고문해야 한다는 내용의 규정이다. 이 조문의 고금(故禁)·오금(誤禁)과 419조 수응금이불금(囚應禁而不禁)의 응금(應禁)·불응금(不應禁)을 대조·비교해 볼 필요가 있다. 예를 들어 가벼운 죄를 지은 사람을 고의로 가두는 것이 고금이고, 고의는 아니지만 일시적인 불찰로 범인으로 오해하고 결과적으로 부당하게 가두는 것이 오금이다. 한편 남자로서 도죄(徒罪) 이상을 범하거나 부인이 간죄(姦罪)를 짓거나 사죄(死罪)를 지어서 수금해야 하는 것이 응금이고, 관리가 장(杖) 이하의 사죄(私罪)를 짓거나 유형(流刑) 이하의 공죄(公罪)를 짓거나 군민(軍民)이 장 이하의 죄를 짓거나 부인이 유형(流刑) 이하의 죄를 지은 경우 및 노유폐질(老幼廢疾)인 사람은 모두 응당 가두면 안 되는 불응금 대상이다.

421
기한 이상으로 옥에 수금함
淹禁

옥수(獄囚)의 정상과 죄상[1]에 대한 조사가 완전히 끝나고, 감찰 어사(監察御史)나 제형안찰사(提刑按察司)가 기록을 다시 살펴보아도 억울함이 없어서 별도로 더 추감(追勘)[2]해야 할 사항이 없으므로 결단해야 하면 3일의 기한 안에 결단하고, 배소(配所)로 보내야 하면 10일의 기한 안에 보낸다. 기한이 지나도록 결단하지 않거나 보내지 않을 경우,[3] 해당 관리는 3일이면 태 20이고, 3일마다 1등급을 더하되 죄는 장 60에 그친다. 이로 인하여[4] 옥에 수금된 상태로 죽게 될 경우, 옥수가 사죄(死罪)에 해당하면 장 60,[5] 유죄(流罪)에 해당하면 장 80, 도죄(徒罪)에 해당하면 장 100, 장죄(杖罪) 이하에 해당하면 장 60 도 1년이다.[6]

1 정상과 죄상 : 원문은 정범(情犯)이다. 《GMC》는 364조 교사사송(教唆詞訟)의 정죄(情罪)를 'the circumstances or nature of the offences'로 번역하고, 《GMC 201쪽》 421조 엄금(淹禁)의 정범(情犯)을 'the circumstances and {nature of the} offences'로 번역하였다. 《GMC 227쪽》 여기서는 정죄와 정범을 모두 정상과 죄상으로 번역하였다.

2 추감(追勘) : 일이 이미 이루어진 뒤에 그 자취를 추적하여 조사・규명하는 것이다.〔凡ソ已ニ事ヲ作テ過キ去タル跡追尋テ推シ窮ルヲ追勘ト云〕《언해 권29 19장》

3 기한이……경우 : 직무를 매우 소홀히 한 것이다.〔怠玩甚矣〕《집설 권8 45장》

4 이로 인하여 : 기한이 지나도록 판결하지 않거나 배소로 보내지 않는 것이다.〔過限不斷決不起發〕《집주(하) 991쪽》

5 옥수가……60 : 어차피 사죄(死罪)로 처벌될 옥수라 하더라도 엄금(淹禁)하여 죽게 하였을 경우 역시 장 60의 죄를 받는 것은, 옥수가 비록 죽어 마땅하지만 기한에 따라 처결해서 법을 바르게 해야 하지 엄금해서 죽도록 해서는 안 되기 때문이다.〔淹禁致死應決死罪之囚亦得杖六十罪者 囚雖合死 亦當依限處決 使其明正典刑 不當淹禁而死也〕《집주(하) 992쪽》

6 옥수가……1년이다 : 옥수의 죄가 가벼울수록 엄금한 죄는 무거워진다.〔蓋獄囚之罪 以漸而輕 則淹禁之罪 以漸而重 其立法之意 深遠矣〕《집해 1951쪽》 엄금은 오로지 죄가 있는 사람에게 해당하는 것이고, 만약 죄가 없는 사람을 엄금하여 죽음에 이르게 하였을 경우에 고

직해 옥수가 죄를 범한 정상을 추문하기를 이미 마쳤고, 사헌부와 안렴사가 심문하여 문초에 승복해서 다시 추고할 것이 없게 되어, 결단하기에 합당하면 3일의 기한 내에 결단하고, 배소로 보내기에 합당하면 10일의 기한 내에 보낸다. 기한이 넘어 결단하지 않거나 보내지 않을 경우, 담당 관리는 3일이면 태 20이고 3일마다 1등급을 더하되 장 60을 한도로 한다. 이로 인하여 옥에 구금하였다가 죽으면, 죄수가 사죄에 해당하면 장 60이고, 유죄에 해당하면 장 80이고, 도죄에 해당하면 장 100이고, 장죄 이하에 해당하면 장 60 도 1년이다.

해설

옥수를 부당하게 옥에 구금해 두는 것을 금지하기 위해 마련한 규정이다. 범죄 내용이 확정되지 않으면 옥수를 옥에 구금해야 하지만, 범죄 내용이 완비되면 심문을 매듭짓고 판결하여 법에 따라 처벌해야 한다. 옥수가 옥에 구금된 상태로 죽을 경우, 관리의 죄는 죽은 옥수의 죄에 따라 차등을 둔다.

의가 아니면 420조 고금고감평인(故禁故勘平人)의 잘못 수금하여 죽게 한 데 대한 율의 형벌인 장 80이고, 고의이면 같은 조의 고의로 수금하여 죽게 한 데 대한 율의 형벌인 참형이다.〔此條淹禁 專以有罪者言之 若將無罪人淹禁致死 無意而誤者 自入誤禁致死之律 有意者 自入故禁律〕《전석 권28 4~5장》

422
죄수를 학대함
陵虐罪囚

옥졸이 옥에서 도리에 어긋나게 죄수를 학대하여[1] 때려서 상해하면 범투상(凡鬪傷)[2]으로 논한다.[3] 옷이나 양식을 줄여서 자기가 가지면[4] 장(贓)을 계산하여 감수자도(監守自盜)[5]로 논한다.[6] 이로 인하여[7] 죽게 되면 교형이

1 학대하여 : 죄수에게 도리에 어긋나는 일을 가하는 것이 능학(淩虐)이다. 침범하는 일을 능(淩), 모질게 굴고 해하는 것을 학(虐)이라 한다. 구상(毆傷)은 능학 중에 심한 것이다.〔凡以非理之事 加於罪囚 皆謂淩虐 有所侵犯曰淩 有所殘害曰虐 淩虐所指者廣 而毆傷則淩虐之甚者也〕《집주(하) 993쪽》

2 범투상(凡鬪傷) : ③ 325 鬪毆

3 옥졸이……논한다 : 옥에 갇힌 죄수는 본디 정해진 죄가 있으므로 옥졸이 법으로 막아 지켜야 하며 능학해서는 안 된다. 그런데 옥졸이 옥에서 도리에 어긋나게 죄수를 능학하여 때려서 상해한다면 일반인을 때려서 상해하는 것과 다름이 없으므로 범투(凡鬪)(③ 325 鬪毆)로 논하여 각각 상해의 경중을 살펴 죄를 정한다.〔囚之在獄 自有定罪 爲獄卒者 以法防之理也 而可倚法以陵虐乎 故凡獄卒縱肆非理在禁陵虐而毆傷罪囚者 則與毆傷凡人何異 故依凡鬪論 各驗傷之輕重以定罪〕《집설 권8 46장》

4 줄여서 자기가 가지면 : 원문은 극감(剋減)이다. 《집해》·《소의》·《언해》 등에서 극감입기(剋減入己), 즉 줄여서 자기 것으로 삼는 것이라고 하였다.

5 감수자도(監守自盜) : ③ 287 監守自盜倉庫錢糧

6 옷이나……논한다 : 극감(剋減)하면 왕법 여부를 묻지 않고 감수자도로 처벌하는 것은 옷이나 양식은 관에서 지급한 물건이지 죄수의 물건이 아니기 때문이다. 죄수에게 옷이나 양식을 공급해 줄 가속이 없으면 관에서 옷이나 양식을 지급하고, 관이 지급하는 것은 모두 옥졸이 간수하는데 극감한다면 감수자도와 다를 바가 없는 것이다. 다만 반드시 관에서 지급한 것이어야 하며, 죄수의 집에서 보낸 것이라면 371조 재관구색차대인재물(在官求索借貸人財物)로 죄를 물어야 한다.〔剋減 不問枉法 而坐監守者 衣糧乃官給之物 非罪囚之物也 凡囚無家屬供送 必請官給衣糧 官之所給 皆由獄卒守掌 有所剋減 非監守自盜而何 然必出自官者方是 若出於罪囚之家 則與監守不同 應問用强求索〕《집주(하) 994쪽》

7 이로 인하여 : 때려서 상해하는 것과 줄여서 자기가 갖는 것 두 가지를 이어서 말하였다.〔承毆傷剋減兩項而言〕《집주(하) 993쪽》

다.[8] 옥을 맡은 관원이나 이전(吏典) 및 제뢰관(提牢官)이 알면서도 적발하지 않으면 더불어 같은 죄이며,[9] 사죄(死罪)에 이르면 1등급을 줄인다.

직해 옥졸이 이치에 어긋나게 옥에 갇힌 죄인을 괴롭히고 때려 상해하면 일반적인 싸움에서 상해한 예에 따라 그에 준하여 논죄한다. 의복이나 양식을 빠뜨려서 줄여 지급하면 장물을 계산하여 감수자도의 예로 논한다. 이로 인하여 죽으면 교형으로 죽인다. 옥을 맡은 관원이나 영사(令史) 및 제뢰관이 알면서도 죄를 묻지 않으면 죄가 같되, 죄가 사형에 이르면 1등급을 줄인다.

해설

옥에 갇힌 죄수들에 대한 부당 행위를 금지하는 규정이다. 옥졸이 죄인을 침학하거나 상해하는 것을 금지하고, 죄인에게 지급할 옷이나 양식을 빼돌리는 것도 금지하였다. 옥을 담당하는 관원이나 이전 및 제뢰관이 이런 사실을 알고 있으면 옥졸과 죄가 같다.

8 죽게 되면 교형이다 : 죄수가 죽어야 할 죄를 저질렀는지 여부를 논하지 않고 모두 교형으로 처벌한다.〔不論囚罪應死不應死 竝以絞坐之〕《집설 권8 46장》 만약 이로 인하여 죽게 되면 역시 교형으로 처벌하는데, 극감한 옷이나 양식이 관에서 지급한 것인지 가속이 보내준 것인지는 같지 않지만 죽음에 이른 것은 마찬가지이기 때문이다.〔如因而致死 則亦坐絞 剋減之衣糧不同 而致死一也〕《집주(하) 994쪽》

9 더불어 같은 죄이며 : 옥졸과 같은 죄이다.〔與獄卒同罪〕《집해 1953쪽》

423
수인에게 날카로운 쇠붙이를 주어 칼이나 쇠사슬을 풀게 함
與囚金刃解脫

423-1 옥졸(獄卒)이 수인(囚人)에게 자살할 수 있는 도구를 주거나 칼이나 쇠사슬을 풀 수 있는 도구인 날카로운 쇠붙이[1] 및 다른 물건[2]을 주면 장 100이다.[3] 이로 인하여 수인이 도망하게 되거나 자신을 상해하거나 타인을 상해하면 모두[4] 장 60 도 1년이고, 수인이 자살하면 장 80 도 2년, 수인이 번옥(反獄)[5]하거나 살인하면 교형이다. 수인이 도망하였는데, 판결하기 전에 옥졸 자신이 체포하거나, 타인이 체포하거나, 수인이 이미 죽었거나 자수하면 각각 1등급을 줄인다.[6]

423-2 칼이나 쇠사슬을 풀 수 있는 물건을 일반인[7]이 타인에게 주거나, 자식이나 손자가 조부모나 부모에게 주거나, 노비나 고공인이 가장에게 주

1 날카로운 쇠붙이 : 원문의 금인(金刃)은 날카로운 금속 도구〔edged metal tools〕이다.《GMC 228쪽》

2 다른 물건 : 예컨대 독약 따위이다.〔如毒藥之類〕《집주(하) 995쪽》

3 옥졸(獄卒)이……100이다 : 옥졸이 수인에게 자살할 수 있는 도구, 또는 칼이나 쇠사슬을 풀 수 있는 도구인 날카로운 쇠붙이나 다른 물건을 단지 주었을 뿐이라면, 비록 그 수인이 죽지 않았고 칼이나 쇠사슬을 풀지 않았다 할지라도 그 도구가 있으므로 장 100이다.〔凡獄卒以金刃及他物 但可以自殺及可解脫枷鎖之具而與囚者 其囚雖未殺未解脫而已 有其具矣 故杖一百〕《전석 권20 6장》

4 모두 : 도망하거나 자신을 상해하거나 타인을 상해하는 것 세 가지를 가리켜 말한 것이다.〔竝字 指在逃自傷傷人三項言〕《집주(하) 996쪽》

5 번옥(反獄) : ④ 413 獄囚脫監及反獄在逃

6 각각 1등급을 줄인다 : 수인이 자살하거나 자수하면 옥졸은 각각 수인의 죄에서 1등급을 줄이고, 수인이 도망하면 장 60 도 1년에서 1등급을 줄여 장 100이고, 번옥하면 교형에서 1등급을 줄여 장 100 유 3000리이다.〔若囚自死及囚自出首者 獄卒各減一等 囚逃者 杖一百 反獄者 杖一百流三千里〕《전석 권20 6장》

7 일반인 : 평인과 친속을 포함하여 말한 것이다.〔常人 包平人與親屬言〕《집해 1956쪽》

면 각각 1등급을 줄인다.[8]

423-3 옥을 맡은 관원이나 이전(吏典) 및 제뢰관(提牢官)이 알면서도 적발하지 않으면 더불어 같은 죄이며, 사죄(死罪)에 이르면 1등급을 줄인다.

423-4 재물을 받으면 장(贓)을 계산하여 왕법(枉法)으로 보되, 무거운 쪽으로 논한다.

423-5 옥수를 제대로 점검하지 않아[9] 수인이 자살하게 되면 옥졸은 장 60, 옥을 맡은 관원이나 이전은 각각 태 50, 제뢰관은 태 40이다.

직해 옥졸이 칼날, 또는 자살할 수 있거나 칼·쇠사슬을 벗겨 낼 수 있는 다른 물건 등을 수인에게 주면 장 100이다. 이로 인하여 수인이 도망하거나 자기를 해쳐 상해하거나 혹은 다른 사람을 상해하면 모두 장 60 도 1년이다. 수인을 자살하게 하면 장 80 도 2년이다. 수인이 옥에 갇혀 있으면서 반란을 일으키거나 다른 사람을 살상하게 하면 교형으로 죽인다. 수인이 도망하였는데 아직 결단하기 전에 능히 잡거나, 다른 사람이 잡거나, 수인이 이미 죽었거나 자수하여 나타나면 각각 1등급을 줄인다.

(○) 일반인이 칼·쇠사슬을 벗겨 낼 수 있는 다른 물건을 수인에게 준 것, 아들·손자가 조부모·부모에게 준 것, 노비나 신역(身役)을 지는 사람이 주인이나 가장에게 준 것은 각각 1등급을 줄인다.

(○) 옥관 및 제조관이 이런 사실을 알면서도 죄를 묻지 않으면 죄가 같되, 죄가 사형에 이르면 1등급을 줄인다.

(○) 재물을 받은 자는 장물을 계산하여 왕법의 예로 보아 무거운 쪽으로

8 각각 1등급을 줄인다 : 옥졸 이외에 일반인, 자손, 노비나 고공인이 주었으면, 옥졸의 죄인 장 100에서 1등급을 줄여 장 90, 도망하거나 자신을 상해하거나 타인을 상해하면 옥졸의 죄인 장 60 도 1년에서 1등급을 줄여 장 100, 자살하면 옥졸의 죄인 장 80 도 2년에서 1등급을 줄여 장 70 도 1년 반, 번옥하거나 살인하면 옥졸의 죄인 교형에서 1등급을 줄여 장 100 유 3000리이다.〔獄卒之外 若常人以可解脫之物與人 及子孫與祖父母父母 奴婢雇工人與家長 各減獄卒之罪一等 與而未用杖九十 在逃自傷傷人杖一百 自殺杖七十徒年半 反獄殺人杖一百流三千里〕《집주(하) 996쪽》

9 제대로 점검하지 않아 : 제뢰관(提牢官), 사옥 관전(司獄官典), 옥졸 등이 옥수를 제대로 점검하지 않은 것이다. 《전석 권28 7장》《GMC 228쪽》

논한다.

(○) 수인을 검찰하는 일을 소홀히 한 까닭으로 수인이 스스로 목숨을 끊으면, 옥졸은 장 60이고, 옥을 맡은 영사(令史)는 태 50이고, 제조관은 태 40이다.

해설

감옥에 금지 물품을 반입하여 사달이 일어나는 것을 방지하기 위한 규정이다. 옥졸과 일반인이 금지 물품을 반입한 경우, 알면서 보고하지 않은 경우, 장물을 받은 경우, 태만하여 사고가 난 경우 등을 처벌 대상으로 하였다.

424
주수가 죄수를 교사하여 진술을 번복하게 함
主守教囚反異

424-1 옥을 맡은 관원이나 이전(吏典), 옥졸이 죄수를 교사해서 진술을 번복하게 하여[1] 실정을 변경해 혼란스럽게 하거나[2] 말을 전달하여[3] 죄를 늘리거나 줄인 바가 있으면, 타인의 죄를 고의로 줄이거나 늘린 죄[4]로 논한다. 외부인이 죄를 범하면 1등급을 줄인다.[5]

424-2 외부인이 옥에 들어가는 것을 용인하여 내버려 두거나, 사정을 누설하였으나 죄수의 죄에 증감이 없으면 태 50이다.

424-3 재물을 받으면[6] 모두[7] 장(贓)을 계산하여 왕법(枉法)으로 보되, 무

1 진술을 번복하게 하여 : 원문은 반이(反異)로, 이미 범죄 사실을 자백하고 그 앞서의 진술을 번복하는 것이다.〔反異 謂已招承 而又反其前說也〕《전석 권28 7장》 이미 성립된 문안을 뒤집는 것이 반(反)이다. 관사에서 원통함을 풀고 이치가 굽힌 것을 바로잡아 뒤집는 것은 평반(平反)이고, 죄수가 일의 정황을 바꾸어 어지럽혀서 문안을 뒤집으려 하는 것이 반이이다.〔翻改已成之案 謂之反 在官司伸冤理枉爲之翻案者 爲平反 罪囚變亂情事 希圖翻案者 爲反異〕《집주(하) 999쪽》

2 실정을……하거나 : 원문의 변란 사정(變亂事情)은 반이를 해설한 것이다.〔變亂事情 卽反異之註脚也〕《집주(하) 999쪽》 변란은 원래 자백한 사정을 변경하여 혼란스럽게 하는 것이다.〔變亂 謂變亂原招之事情也〕《석의 권28 7장》

3 말을 전달하여 : 죄수의 말을 외부에 전달하거나 혹은 외부의 말을 죄수에게 전달하는 것 두 가지이다.〔通傳言語有兩意 謂通傳囚言於外 或通傳外言與囚〕《전석 권28 7장》

4 타인의……죄 : ④ 433 官司出入人罪

5 외부인이……줄인다 : 외부인은 주수의 책임이 없기 때문에 1등급을 줄이는 것이다.〔外人無主守之責 故得減一等〕《전석 권28 7장》

6 재물을 받으면 : 옥을 맡은 관원이나 이전, 옥졸 혹은 외부인이 죄수에게 재물을 받고 죄수로 하여금 말을 전달하게 하거나 관원이나 이전, 옥졸이 외부인에게 재물을 받고 외부인으로 하여금 감옥에 들어가도록 허용하는 것이다.〔受財 謂司獄官典卒或外人受囚財物 而教令通傳 及官典卒受外人財物 容令入監也〕《전석 권28 7장》

7 모두 : 옥을 맡은 관원이나 이전, 옥졸 및 외부인이 죄수에게 재물을 받고 교사하여 진술을

거운 쪽으로 논한다.[8]

직해 옥을 담당하는 영사(令史)나 옥졸들이 수인(囚人)을 꾀어 그의 죄상을 뒤집거나 어지럽히거나, 말을 전달하여 범한 죄를 더하거나 줄이면 고의로 다른 사람의 죄를 가볍게 하거나 무겁게 한 죄의 예로 논한다. 외부인이 위와 같이 죄를 범하면 1등급을 줄인다.

(○) 외부인을 멋대로 옥중에 출입하게 하거나, 일의 정상을 수인에게 흘려 통하게 하였는데, 그 죄가 늘거나 준 것이 없으면 태 50이다.

(○) 재물을 받은 자는 장물을 계산하여 왕법의 예로 보되 무거운 쪽으로 논한다.

해설

옥을 관리하는 사람이 옥에 갇힌 죄수를 교사하거나 외부와 통하게 하거나, 외부인이 출입하면서 옥에 갇힌 죄수에게 정보를 주어 죄수의 죄에 증감이 있게 하는 것을 금지하는 규정이다. 이러한 과정에서 재물을 받는 경우에 대한 처벌 규정도 함께 포함하고 있다.

번복하게 하거나 말을 전달하여 죄를 늘리거나 줄이게 한 경우, 혹은 옥졸이나 관원·이전이 외부인에게 재물을 받아 옥에 들어가는 것을 용인하여 내버려 두어 말을 전달하거나 교사하게 하는 경우 모두 자신의 소유로 삼은 장(贓)을 계산한다.〔若司獄官典獄卒及外人接受罪囚之財 而教令反異及通傳有所增減 或獄卒官典接受外人之財 而縱容入獄通傳教令者 竝計入己之贓〕《전석 권28 7장》

8 무거운 쪽으로 논한다 : 장죄(贓罪)가 무거우면 장죄를 따르고, 본죄(本罪)가 무거우면 본죄를 따른다.〔從重 謂贓罪重 則從贓罪 本罪重 則從本罪也〕《전석 권28 7장》

425
옥수의 옷과 양식
獄囚衣糧

425-1 옥수(獄囚)에게 옷·양식·의원·약품을 지급해 달라고 청해야 하는데도[1] 지급해 달라고 청하지 않거나, 옥수가 병에 걸려 칼·쇠사슬·수갑을 벗겨 주어야 하는데도[2] 벗겨 주지 않거나, 보증인을 세우고[3] 밖으로

1 옥수(獄囚)에게……하는데도 : 옥에 갇힌 수인이 가속도 없고 굶주림과 추위에 시달리고 있으면 그 사정을 상급 관사에 아뢰어 청하여 옷이나 식량을 지급하고, 병을 앓고 있는 사람에게는 의원이나 약품을 지급해야 한다.〔凡ソ獄ニ在ル囚人家屬モナクシテ飢寒スル者ハ其由ヲ上司ニ申シ請テ衣糧ヲ給與スベシ疾病アル者ハ其由ヲ上司ニ申シ請テ醫藥ヲ給與スベシ〕《언해 권28 30장》 관사에 청해야 하는 것은 옷·식량·의원·약품을 지급하는 일, 칼·쇠사슬·수갑을 벗겨 주는 일, 보증인을 세우고 밖으로 내보내는 일, 가인이 옥에 들어가 돌보게 하는 일이다.〔首節應請請字 貫下數項言 謂應請給衣糧醫藥 應請脫去枷鎖杻 應請保管出外 應請家人入視〕《집주(하) 1000쪽》

2 병에……하는데도 : 사죄(死罪)의 옥수가 중병에 걸렸을 경우 형구를 벗겨 주어야 하는가에 대해서는 주석서마다 다른 의견이 있다. 《언해》는 "중병을 앓고 있는 경우, 사죄의 옥수을 제외한 도죄·유죄·장죄의 옥수는 몸에 채운 칼·쇠사슬·수갑을 벗겨 주어야 한다."라고 하여 사죄의 옥수는 제외한다고 하였다.〔患病重キ者ハ死罪ノ囚ノミ枷鎖杻ヲ脫スルコトヲ不許其外ノ徒流杖ノ囚ハ身ニ所加ノ枷鎖杻ヲ脫シ去ルベシ〕《언해 권28 30장》 반면 《전석》은 "대명령(大明令)에서 '사죄여서 칼·수갑을 채우는 경우 외에, 그 나머지 도죄·유죄·장죄는 수인의 병이 중하면 칼·수갑을 풀어 준다.'라고 하였는데, 〈율도(律圖)〉에서는 '남자가 사죄를 범한 경우에만 수갑을 채운다.'라고 하였으므로, 여기서 '칼·쇠사슬·수갑을 벗겨 주어야 한다.'라고 한 것은 사죄여도 역시 칼·수갑을 벗겨 준다는 것이다. 율에 따르는 것으로 정한다."라고 하여 사죄의 옥수도 해당된다고 하였다.〔令言 除死罪枷杻外 其餘徒流杖罪 囚人病重者 開疎枷杻 今律圖 惟男子犯死罪者 用杻 則此云應脫去枷鎖杻 是死罪亦疎枷杻也 依律爲定〕《전석 권28 9장》 한편 《집주》는 "사죄의 경우 칼·수갑을 채우는 것은 도주를 우려하기 때문이지 이로써 괴롭히려는 것은 아니다. 중병을 앓고 있어 도주할 우려가 없으면 형구를 채워 죽게 해서는 안 되므로 율문과 조례를 서로 참조하여 따져 적절하게 시행해야 한다."라고 하였다.〔夫死罪之用枷杻 恐其脫逃 非欲以此苦之也 今既患重病 必無脫逃之虞 豈忍聽其桎梏而死 律例當參論酌行〕《집주(하) 1001쪽》

3 보증인을 세우고 : 원문의 보관(保管)은 보증을 서서 맡는다는 뜻이다. 증인이 있어서 수인의 보증을 서고 감옥에서 내보내 맡아서 집에 있게 하는 것이다.〔ウケニタチテアヅカルノ

내보내야 하는데도[4] 보증인을 세우지 않거나, 가인(家人)[5]이 들어가서 돌보도록 해야 하는데도[6] 들어주지 않으면 옥을 담당하는 관원·이전(吏典)·옥졸은 태 50이다. 이로 인하여 죽게 될 경우, 옥수가 사죄(死罪)에 해당하면 장 60, 유죄(流罪)이면 장 80, 도죄(徒罪)이면 장 100, 장죄(杖罪) 이하이면 장 60 도 1년이다. 제뢰관(提牢官)이 알고도 적발하지 않으면 더불어 같은 죄이다.

425-2 상급 관사[7]에 보고하였는데 즉시 시행하지 않을 경우, 1일이면 태 10이고 1일마다 1등급을 더하되 죄는 태 40에 그친다. 이로 인하여 죽게 될 경우, 옥수가 사죄에 해당하면 장 60, 유죄이면 장 80, 도죄이면 장 100, 장죄 이하이면 장 60 도 1년이다.

직해 옥수에게 옷·양식·의원·약을 지급할 것을 청하는 것이 이치에 합당한데 지급을 청하지 않거나, 병든 수인(囚人)은 칼·쇠사슬·수갑을 벗을 수 있는데 벗겨 주지 않거나, 보증인을 세워 다짐을 받고 밖으로 내보낼 수 있는데 보증인을 세워 밖으로 내보내지 않거나, 가인을 옥에 들어가서 돌보게 할 수 있는데 들어가 돌보게 하지 않으면, 옥을 담당하는 관원·영사(令史)·옥졸 등은 태 50이다. 이로 인하여 죽으면, 수인이 사죄에 해당하면 장 60이고, 유죄이면 장 80이고, 도죄이면 장 100이고, 장죄 이하는 장 60 도 1년이다. 옥을 감독하는 관원이 알고도 죄를 묻지 않으면 죄가 같다.

義也證人アリテ囚人ノウケニタチ牢中ヨリ出シテアヅカリテ家ニアラシムル也〕《언해 권28 30장》

4 보증인을……하는데도 : 태죄의 옥수는 보증인을 세워 밖으로 내보내 치료하게 해야 한다.〔笞罪ノ囚ハ保管シテ外ニ出シ醫療セシムベシ〕《언해 권28 31장》

5 가인(家人) : ④ 365 官吏詞訟家人訴

6 가인(家人)이……하는데도 : 만약 병이 위독한 지경에 이르면 죄수의 가인이 옥에 들어가 돌보도록 한다.〔若病危キニ至テハ罪囚ノ家人獄中ニ入テ看視スルコトヲ聽スベシ〕《언해 권28 31장》

7 상급 관사 : 옥을 담당하는 관원·이전이 속한 아문의 상급 관사로, 도찰원이나 형부의 당상 따위이다.〔上司 指官典本衙門之上司 卽今都察院刑部堂上之類〕《집해 1964쪽》

(○) 상급 관사의 관원에게 일찍이 보고한 일을 즉시 결정하여 시행하지 않으면, 1일이면 태 10이고 1일마다 1등급을 더하되 태 40을 한도로 한다. 이로 인하여 죽으면, 수인이 사죄에 해당하면 장 60이고, 유죄이면 장 80이고, 도죄이면 장 100이고, 장죄 이하는 장 60 도 1년이다.

해설

옥을 담당하는 사옥(司獄) 관리가 옥수를 돌보아야 하는 의무를 소홀히 한 행위에 대한 처벌 규정이다. 각 부의 사옥 관리는 옥수의 수금(囚禁)을 전담하며, 억울한 일이 있으면 적발하여 억울함을 풀어 주어야 한다. 만약 본부(本府)에서 받아들이지 않으면 헌사(憲司)에 직접 아뢴다. 부・주・현의 감옥은 좌이관(佐貳官) 한 사람에게 맡겨 감독하게 하고, 남녀 죄수는 각각 따로 감금한다. 사옥관(司獄官)이 항상 점검하며, 주・현 중 사옥관이 없는 곳은 제뢰관이 점검한다. 옥수가 병을 앓으면 제뢰관이 실상을 확인하고 약을 주어 치료한다. 사죄여서 칼・수갑을 풀어 주지 않는 경우를 제외하고 도죄・유죄・장죄는 수인의 병이 중하면 칼・수갑을 풀어 주고, 가인이 들어가 돌보게 하고, 태죄 이하는 보증을 세우고 내보내 밖에서 치료하며, 병이 나으면 율에 따라 판결한다. 사건이 완결되지 않은 경우는 다시 잡아들여 가두고 즉시 판결한다. 옥수가 죽음에 이른 경우를 엄벌하는 것은 421조 엄금(淹禁)과 같은 취지이고, 제뢰관의 감독 책임을 묻는 것은 422조 능학죄수(陵虐罪囚)와 일맥상통한다.

426
공신을 수금해야 할 경우 친인이 들어가 돌보게 함
功臣應禁親人入視

공신(功臣)[1]이나 5품 이상의 관원[2]이 죄를 범하여 수금해야 할 경우[3]에는 친인(親人)[4]이 들어가 돌보는 것을 허락한다.[5] 도형 · 유형이면 모두 친인이 수행하도록 한다. 수금된 장소나 도착한 배소(配所)에서 혹은 중도에 병으로 죽으면, 서울에서는 원래 심문한 관원이, 지방에서는 소재지 관사에서 죽은 연유를 낱낱이 기록하고, 사람을 차정하여 친인을 이끌고[6] 황궁에 나아가 황제를 대면하여 아뢴[7] 다음 내보낸다.[8] 어기면 장 60이다.[9]

1 공신(功臣) : 팔의(八議)의 이른바 적장의 목을 베고 적군의 예봉을 꺾었거나 영토를 개척하여 큰 공훈이 있어서 그 공훈이 태상기(太常旗)에 기록된 사람을 이른다.〔功臣 卽八議所謂 斬將摧鋒 開拓疆宇 有大勳勞 銘功太常者〕《부례(하) 510쪽》 ① 3 八議

2 5품 이상의 관원 : 문관과 무관을 겸하여 말한 것이다.〔五品以上 兼文武言〕《부례(하) 510쪽》

3 수금해야 할 경우 : 품급이 높지만 죄를 범하여 용서할 수 없어 마땅히 수금해야 하는 경우를 말한다.〔品級以崇 犯罪固法不容貸 而應禁者〕《집주(하) 988쪽》

4 친인(親人) : 직계 친속이나 배우자를 말한다.

5 공신(功臣)이나……허락한다 : 425조 옥수의량(獄囚衣糧)의 옥수는 오직 병이 든 옥수만을 가리키지만, 이 조문의 공신과 5품 이상의 관원은 병과 관계없이 친인의 입시를 허용하였는데 이는 귀한 신분을 우대하기 때문이다.〔上條囚惟患病 聽家人入視非病不許 此條所以優貴也〕《전석 권28 10장》

6 친인을 이끌고 : 반드시 친인을 대동하고 황제에게 보고하는 것은, 혹시 부당하게 죽었거나 보고서가 사실과 다를까 염려하기 때문이다.〔具奏必偕親人者 恐死非其所 而開具緣由之不實也〕《전석 권28 10장》 공신 등이 사망한 후에도 배려하려는 취지이다.〔雖已死而猶矜憫之如此 體下之仁至矣〕《집주(하) 1003쪽》

7 황제를 대면하여 아뢴 : 원문의 면주(面奏)는 제왕을 직접 알현하고 아뢰는 것이다.〔當面向帝王啓奏〕《新唐書 卷6 代宗紀》

8 내보낸다 : 원문은 발방(發放)인데, 발방에는 처분한다는 뜻이 있으므로 '처리하다'로 이해할 수도 있으나, 《GMC 230쪽》에서는 '풀어 주다〔set free〕', 직해는 '내보내다〔放送〕'로 보았으므로 여기서는 직해를 따랐다.

직해 공신 및 5품 이상 관원이 죄를 범하여 옥에 갇히는 것이 합당하면 친인으로 하여금 들어가 돌보게 하며, 도죄나 유죄이면 친인으로 하여금 행차에 따라가게 한다. 옥에 갇혀 있거나 배소에 있거나 가는 도중에 병으로 죽으면, 서울이면 처음에 죄를 물은 관원이, 지방이면 소재 관사에서 죽게 된 연고를 낱낱이 기록하며, 전권을 위임받은 차인(差人)이 죄를 범한 사람의 친인을 거느리고 임금에게 나아가 대면하여 아뢰게 하고 내보낸다. 이를 어긴 자는 장 60이다.

해설

425조 옥수의량(獄囚衣糧)에서는 옥수에게 질병이 있을 때에만 가인(家人)에게 돌보도록 허용하였지만 이 조문에서는 옥수에게 질병이 없어도 친인에게 돌보도록 허락하여 존귀한 신분을 우대하는 뜻을 보였다.

9 어기면 장 60이다 : 윗글을 통틀어 말한 것이다. 수금되어 있는데 친인이 들어가 돌보게 하지 않거나, 도형이나 유형에 친인이 수행하는 것을 들어주지 않거나, 병사하였는데 친인을 데리고 들어가 직접 황제 앞에서 아뢰게 하지 않으면 모두 장 60이다.〔通上文而言 謂在禁不令親人入視 徒流不聽親人隨行 病死不引親人面奏也〕《집주(하) 1003쪽》《전석 권28 10장》 공신은 공이 있음을 존중하고, 5품 이상의 관원은 작위가 있음을 중히 여기기 때문이다.〔其所以崇有功而重有爵者 此可以觀其一端矣〕《집해 1969쪽》

427
사죄수가 타인으로 하여금 자신을 죽이게 함
死囚令人自殺

427-1 사죄수(死罪囚)가 죄를 자백하고 수금되어 있으면서 친척이나 친구로 하여금 자신을 죽이게 하거나 혹은 사람을 고용하여[1] 죽이게 하면, 친척[2]이나 친구 및 직접 죽인 사람은 각각[3] 살인 본죄(本罪)[4]에서 2등급을 줄인다.[5] 수인(囚人)이 비록 죄를 자백하였으나 친척이나 친구로 하여금 자신을 죽이게 하지 않았거나,[6] 비록 자신을 죽이게 하였더라도 아직 죄를 자백하지 않은 상태에서[7] 멋대로 죽이거나 혹은 사람을 고용하여 죽이면,[8] 친척이

1 사람을 고용하여 : 임시로 재물을 써서 고용한 사람이며 사죄수 본가의 고공인이 아니다.〔雇倩人 是臨時用財雇之 非本家雇工人〕《부례(하) 512쪽》

2 친척 : 원문의 친(親)은 유복친(有服親)과 무복친(無服親)을 겸하여 말한 것이다.〔親故親字 兼有服無服言〕《집해 1970쪽》

3 각각 : 사죄수가 친척이나 친구로 하여금 자신을 죽이도록 하는 것과 타인을 고용하여 죽이도록 하는 것 두 가지 사항이다.〔各依本殺之各字 謂自殺與雇倩兩項〕《집주(하) 1005쪽》

4 살인 본죄(本罪) : ③ 305 謀殺人～324 同行知有謀害

5 사죄수(死罪囚)가……줄인다 : 사죄수가 이미 죄를 자백하였고, 친척이나 친구가 그의 명을 받아 죽였기 때문에 2등급을 줄이는 것이다.〔蓋囚已服罪 而親故又受命於囚 故恕之也〕《석의 권28 10장》〔親屬依親屬律減科 凡人依凡人律減科 此爲已招服 又令自殺者言也〕《집주(하) 1004쪽》

6 수인(囚人)이……않았거나 : 수인이 여전히 목숨을 부지하려는 마음이 있는 것이다.〔是猶有求生之心也〕《전석 권28 10장》

7 아직……상태에서 : 수인은 비록 죽고자 하지만 죄가 아직 정해지지 않았으므로 죽여서는 안 된다.〔囚雖欲死 罪猶未定 則法不可殺也〕《집주(하) 1004쪽》 반드시 죽을 만한 죄가 있다고 할 수 있는 상황이 아니다.〔未必有可死之罪也〕《전석 권28 10장》

8 사람을 고용하여 죽이면 : 1항에서 앞의 '사람을 고용하여 죽이도록 한 것'은 사수(死囚)가 시킨 것으로 친척이나 친구가 사수의 명을 듣고 따른 것이지만 뒤의 '사람을 고용하여 죽이도록 한 것'에는 두 가지 뜻이 있다. 사수가 자신을 직접 죽이도록 하지 않았으면 죽이도록 고용된 사람은 친척이나 친구의 뜻을 따른 것이며, 사수가 자신을 직접 죽이도록 하였으면

나 친구 및 직접 죽인 사람은 각각 투살상(鬪殺傷)[9]으로 논한다.[10]

427-2 수인이 비록 죄를 자백하였을지라도, 수인의 아들이나 손자가 조부모나 부모를, 노비나 고공인이 가장을 도와서 죽이면[11] 모두[12] 참형이다.[13]

고용된 사람은 사수의 뜻을 따른 것으로, 비록 두 가지 뜻이 있으나 그 죄는 똑같다.〔首節前之雇倩人殺 是死囚所令而親故聽從 後之雇倩人殺 有兩意 囚不令自殺 則雇倩出於親故 囚曾令自殺 則雇倩出於死囚 雖有兩意 其罪則一也〕《집주(하) 1005쪽》

9 투살상(鬪殺傷) : ③ 325 鬪毆

10 수인(囚人)이……논한다 : 이 경우는 수인이 죄를 자백한 후 타인으로 하여금 자신을 살해하도록 한 것과 다르다. 친척이나 친구가 멋대로 살해하거나 고용된 사람이 살해하면, 친척이나 친구 및 고용되어 직접 죽인 사람은 각각 투살상(鬪殺傷)(③ 325 鬪毆)으로 논하여 살해한 친속은 친속이 친속을 살해한 데 대한 율에 따르고, 일반인은 일반인이 일반인을 살해한 데 대한 율에 따라 각각 전과(全科)하며 2등급을 줄이지 않는다. 수인이 자신을 직접 죽이도록 하지 않았으면 여전히 살고 싶은 마음이 있는 것이며, 죄를 자백하지 않았으면 죽을죄가 아닐 수도 있기 때문이다. 오로지 죽인 것만 논책하는 것이다.〔與招服後 使人殺者異矣 而親故輒殺之 或雇人殺之 則親故及下手之人 各以鬪殺傷論〕《석의 권28 10장》〔親屬依親屬律 凡人依凡人律 各全科 不得依減二等 蓋不令自殺 猶有欲生之心 而未招服罪 或非可死之罪也〕《집해 1971～1972쪽》〔責其專殺也〕《소의(하) 632쪽》

11 도와서 죽이면 : 율문의 위조부모부모(爲祖父母父母)와 위가장(爲家長)의 두 위(爲) 자에는 조(助)의 의미가 담겨 있다. 부모・조부모・주인은 죽고 싶은 마음이 있지만 죽을 수 없는 상황에서 아들・손자・노비・고공인이 부모・조부모・주인의 죽고 싶은 마음을 도와 이루어 주는 것이다.〔觀本文兩爲字 可見蓋爲之言猶助也 彼有是心 而不得遂 此因助之 而有以遂其心耳〕《집설 권8 53장》

12 모두 : 아들・손자・노비・고공인을 지칭한 것이고 고용된 타인은 포함되지 않는다. 고용된 타인은 여전히 살인 본죄에서 2등급을 줄인다.〔此皆字 止指子孫奴雇言 非概指受雇倩之他人也 故註云 雇倩之人 仍依本殺罪 減二等〕《집주(하) 1004쪽》

13 수인이……참형이다 : 아들이나 손자가 조부모・부모를 죽이거나(③ 342 毆祖父母父母) 노비나 고공인이 가장을 죽이면(③ 337 奴婢毆家長) 능지처사이다. 그런데 여기서 모두 참형에 그치는 것은 조부모・부모나 가장이 죽을죄를 범하고 사형에 처해지는 것이 두려워 자신을 죽이도록 시킨 것이므로 십악의 악역(惡逆)과는 차이가 있기 때문이다.〔子孫殺祖父 皆凌遲 奴雇於家長 罪同 而此止皆斬者 以祖父家長 已犯死罪 自畏刑戮 而使令之 則與惡逆有間〕《집주(하) 1005쪽》 1항에서 친척이나 친구를 말하였고, 여기서 아들・손자・노비・고공인을 말한 것은 그 은혜와 의리가 지극히 무거워 별도로 논한 것이다.〔前節概言親故 此節又提出子孫爲祖父母父母 奴婢雇工爲家長 以其恩義至重 又當別論也〕《집주(하) 1004쪽》 조부모나 부모・주인은 명분이 높으므로 아들・손자・노비・고공인이 죽이면 친척이나 친구가 죽인 것과 똑같이 2등급을 줄여 과죄할 수 없다.〔名分旣尊 又不得與親故同科〕《집해 1972쪽》 한편 율문에 자신을 죽이도록 시켰다는 문구가 없으므로, 시켰는지 여부를 막론하고 아들・

직해 사죄(死罪)를 지은 수인이 이미 문초에 승복하고 옥에 갇혀 있는데, 친족이나 친구로 하여금 자기를 죽이게 하거나 다른 사람에게 돈이나 재물을 주어 자기를 죽이게 하면, 그 친족이나 친구 및 직접 죽인 사람 등은 본래의 살인죄에서 2등급을 줄여 논죄한다. 수인이 비록 이미 문초에 승복하였으나 친족이나 친구에게 스스로 청하지 않은 경우와 비록 친족이나 친구에게 스스로 청하였어도 아직 문초에 승복하기 전에 살해하거나 다른 사람에게 돈이나 재물을 주어 살해하게 하면, 그 친족이나 친구 및 직접 죽인 사람들을 싸우다가 죽이거나 상해한 예로 논한다.

(○) 수인이 옥에 갇혀 있으면서 사죄에 대해 이미 문초에 승복하였어도, 아들·손자가 조부모·부모를 살해하거나 노비·신역인(身役人)이 집주인을 살해하면 모두 참형이다.

해설

죄수의 죄가 크고 극악할수록 반드시 법에 따라 공개적으로 처결하도록 한 규정이다. 사죄수가 죽을죄를 사실대로 자백하였으면 재판관만이 죽일 권한이 있기에, 사죄수가 타인을 시켜 자신을 죽이도록 하거나 타인이 사죄수를 살해하면 법을 어긴 것으로 논한다. 423조 여수금인해탈(與囚金刃解脫)을 참조해 살펴볼 필요가 있다.

손자·노비·고공인의 죄는 모두 참형으로 처벌하는 데 그친다고 하는 견해가 있는데《집주》에서는 이를 잘못이라고 하였다. 자손위조부모부모(子孫爲祖父母父母) 노비고공위가장(奴婢雇工爲家長)에서 위(爲)는 시킨 것을 받아 좇는다는 뜻을 내포한다고 보았고, 청률(淸律)의 '청령(聽令)'이라는 주석을 근거로 삼았다. 만약 죽이도록 시키지 않았는데 죽이면 일반인도 교형으로 처벌하므로 아들·손자·노비·고공인은 참형으로 처벌하는 데 그칠 수 없고 능지처사(③ 307 謀殺祖父母父母)해야 한다고 보았다.〔若雖招罪 而不令自殺 雖令自殺而未招服罪 而子孫奴雇輒自殺之 或雇倩殺之 則應照本律皆陵遲處死 而律不言者 以前節各以鬪毆傷論推之 固不待再言也 或謂律無使令自殺之文 不論有無使令 子孫奴雇罪止坐皆斬 非也 本文曰子孫爲祖父母父母 奴婢雇工爲家長 爲字中 該括聽受使令之意在內 其義甚明 且註有聽令字 若不令殺而殺之 凡人且坐絞 而子孫奴雇 豈得止坐皆斬哉〕《집주(하) 1004~1005쪽》

428
노인이나 어린아이는 고신하지 않음
老幼不拷訊

팔의(八議)에 해당하는 사람, 나이가 70세 이상이나 15세 이하 및 폐질(廢疾)[1]인 사람은 모두 고신하기에 합당하지 않으니 모두 여러 증인[2]에 의거하여 죄를 정한다. 어기면 고의나 실수로 타인의 죄를 무겁게 한 죄[3]로 논한다.[4] 법률상 서로 용은(容隱)할 수 있는 사람[5]이거나 나이가 80세 이상이나 10세 이하 및 독질(篤疾)[6]이면 모두 그들을 증인으로 삼을 수 없다.[7] 어기면 태 50이다.

1 폐질(廢疾) : ① 21 老小廢疾收贖

2 여러 증인 : 중(衆)이라고 일컬으면 3인 이상이다.〔稱衆者 三人以上〕 ① 44 稱日者以百刻

3 고의나……죄 : ④ 433 官司出入人罪

4 고의나……논한다 : 응의(應議)·노유(老幼)·독질·폐질 여부를 따지지 않고 심하게 고신해서 이들이 그 고통을 감당하지 못하여 거짓으로 자백하면 고의로 죄를 무겁게 한 것으로 논하고, 응의·노유·독질·폐질 여부를 살피지 않고 착오로 고신해서 죄가 성립하면 실수로 죄를 무겁게 한 것으로 논한다는 것이다.〔以故失入人罪論者 謂不顧其應議 及年之老幼 疾之篤廢 重加拷訊 而老幼不任其苦而虛招 則以故入論 不稽其是否應議 年之老幼 疾之篤廢 而誤加拷訊以成罪 則以失入論〕《집해 1974~1975쪽》

5 서로……사람 : ① 31 親屬相爲容隱

6 독질(篤疾) : ① 21 老小廢疾收贖

7 법률상……없다 : 용은(容隱)할 수 있는 사람은 친한 이를 위해 기휘(忌諱)하기 쉽고, 노유·독질은 법률상 면죄이므로 더러 이를 믿고 타인을 무망(誣罔)하는 경우가 있기 때문이다. 율을 어기고 증인으로 삼으면 해당 관사는 태 50이며, 이전(吏典)을 수범으로 삼고 차례로 줄여 과죄한다.〔蓋容隱之人 易爲親者諱 而老幼篤疾 於法免罪 或恃此罔人 故違律而令其證佐者 當該官司 笞五十 以吏爲首 遞減科罪〕《집해 1976쪽》 대명령에서는 "어떤 일을 고발할 때 타인의 조부모나 부모를 고발하면 그 아들이나 손자를, 형을 고발하면 그 아우를, 남편을 고발하면 그 처를, 본주인을 고발하면 그 부리는 노비를 증인으로 지목할 수 없고, 이를 어기면 치죄한다."라고 하였다.〔大明令 凡告事者 告人祖父 不得指其子孫爲證 告人兄 不得指其弟爲證 告人夫 不得指其妻爲證 告人本使 不得指其驅使奴婢爲證 違者治罪〕《전석 권28 12장》

직해 팔의에 해당하는 사람과 나이 70세 이상이거나 15세 이하인 사람과 폐질인 사람은, 이치상 때려서 상해하여 추문하는 것이 합당하지 않으므로 모두 여러 가지 증거가 명백해야만 죄를 정한다. 이를 어기면 고의나 실수로 다른 사람의 죄를 무겁게 한 예로 논한다. 율에서 서로 숨겨 줄 수 있는 사람과 나이 80세 이상이거나 10세 이하인 사람 및 독질의 상태가 된 사람은 모두 증인으로 삼는 것을 허락하지 않는다. 이를 어기면 태 50이다.

해설

고신을 하지 않고 명확한 증거에 의해서 치죄해야 하는 대상 및 증인으로 삼을 수 없는 대상에 대해 규정한 조문이다. 팔의에 해당하는 사람, 70세 이상 15세 이하인 사람, 폐질인 사람은 고신을 할 수 없고, 서로 용은할 수 있는 사람, 80세 이상 10세 이하인 사람, 독질인 사람은 증인으로 세울 수 없다.

429
옥사를 심리할 때 죄수를 붙들어 두고 대질을 기다림
鞫獄停囚待對

429-1 옥사(獄事)를 심리하는[1] 관원이 죄수를 추문(推問)할 때, 동일 사건의 공범 피의자[2]가 현재 다른 지역의 관사에 있어서[3] 죄수를 붙들어 두고 대질을 기다릴 경우,[4] 비록 직분이 서로 통섭(統攝)하는 관계가 아니더라도 모두 직접 행이(行移)하여 잡아오도록 한다. 해당 관사는 문서가 도착한 후 3일의 기한 안에 공범 피의자를 보낸다. 기한을 어기고 보내지 않을 경우, 1일이면 태 20이고 1일마다 1등급을 더하되 죄는 장 60에 그친다.[5] 이어 관할하는 상급 관사에 행이하여 죄를 묻고 독촉하여 보내게 한다.[6]

429-2 동일 사건에서 대질 심문을 해야 하는 공범 죄수가 이미 다른 지역

1 옥사(獄事)를 심리하는 : 《이학지남(吏學指南)》에서는 송옥(訟獄)을 추궁(推窮)하는 것을 국(鞫)이라고 하였다. 송사를 들어서 죄를 범한 실정의 근원을 추궁하여 시비곡직을 따지는 것을 국옥(鞫獄)이라고 한다.〔吏學指南云 推窮訟獄曰鞫 訟ヲ聽テ犯情ノ根源ヲ推シ窮メテ是非曲直ヲ詰リツムル鞫獄ト云〕《언해 권28 41장》〔推窮獄訟曰鞫 詢其情狀曰問〕

2 공범 피의자 : 원문의 반(伴)은 짝이다. 함께 죄를 범한 동반(同伴)의 사람을 인반(人伴)이고 한다.〔伴ハ侶也俱ニ罪ヲ犯シタル同伴ノ人ヲ人伴ト云〕《언해 권28 42장》 범인(犯人)이라고 하지 않고 공범 피의자라고 한 것은 아직 그 죄가 정해지지 않았기 때문이다.〔不曰人犯而曰人伴 以未定其罪耳〕《집해 1978쪽》

3 다른……있어서 : 대질할 공범 피의자가 다른 주·현의 관사에 있는 경우이다.〔對人伴見在他處州縣官司〕《전석 권28 12장》

4 죄수를……경우 : 죄수의 같은 패거리가 현재 다른 곳에 있으면 반드시 체포해 대질 심문을 해야 한다.〔停囚待對問者 謂囚徒侶見在他所 須追對問者〕《당률 479조 停囚待對牒至不遣》

5 장 60에 그친다 : 기한을 어긴 것이 5일 이상이어도 죄는 장 60에 그친다.〔違限五日之上 罪止杖六十〕《집해 1979쪽》

6 이어……한다 : 서로 통섭하는 관계가 아니면 기한을 어기거나 법을 어긴 죄를 추문할 주체가 없으므로 반드시 관할하는 상급 관사에 행이하여 신문(申文)으로 보고한다.〔彼此不相統攝 其違限違法之罪 孰爲問之 故必行移申達其所管上司也〕《집주(하) 1008쪽》

의 주·현에서 사건이 발각되어 조사받고 있으면, 죄가 가벼운 죄수는 죄가 무거운 죄수가 있는 곳으로 보내고, 죄수의 인원이 적은 곳에서는 죄수의 인원이 많은 곳으로 보내도록 한다.[7] 죄수의 수가 서로 같으면 나중에 발각된 죄수를 먼저 발각된 죄수가 있는 지역의 관사로 보내 함께 추문하도록 한다. 두 현 사이의 거리가 300리를 넘으면 각각 사건이 발각된 지역에서 심리하여 판결한다. 어기면 태 50이다. 법을 어기고 죄가 무거운 죄수를 죄가 가벼운 죄수가 있는 곳으로 보내거나, 많은 인원의 죄수를 적은 인원의 죄수가 있는 곳으로 보내면, 해당 지역 관사에서 즉시 인수하여 추문한다. 이어 관할 상급 관사에 신문(申文)으로 보고하여 소속 관사에서 법을 어기고 죄수를 옮긴 죄를 철저하게 조사하도록 한다. 죄수가 도착하였는데도 수금하지 않을 경우, 1일이면 태 20이고 1일마다 1등급을 더하되 죄는 장 60에 그친다.[8]

직해 죄수를 심문하는 옥관(獄官)이 죄수를 추문할 때, 사건 안의 같은 부류의 사람이 현재 다른 곳의 관사에 있으면, 한곳으로 오게 하여 대질할 만한 사람들에 대해서는 비록 관장 범위 밖의 관속(管屬)하지 못하는 관사라도 바로 차사(差使)를 보내 잡아오게 한다. 공문서가 도착한 후 3일 안에 죄수를 보내되 기한을 어기고 보내지 않으면, 1일이면 태 20이고 1일마다 1등급을 더하되 장 60을 한도로 하고, 소속된 상급 관사의 관원에게 문서로 보고하여 심문하고 독촉하여 보내게 한다.

(○) 같은 사건 안에서 대질하여 논죄함이 합당한 같은 부류의 죄수가 다

7 적은……한다 : 죄수의 죄에 경중을 가릴 수 없으면 죄수의 많고 적음을 기준으로 삼는다. 〔蓋囚無輕重 則以多寡爲準也〕《집해 1978쪽》

8 장 60에 그친다 : 1항과 마찬가지로 5일 이상이어도 죄는 장 60에 그친다.〔五日之上 罪止杖六十〕《집해 1981쪽》 법을 어기고 죄수를 이송한 죄가 있다고 하더라도 이송된 관사에서 죄수가 도착하는 즉시 가두고 심문하지 않으면 또한 날짜를 헤아려 그 죄를 정하는데, 1항에서 기한을 어기고 보내지 않은 죄와 같다. 율에서 죄수를 붙들어 두고 판결하지 않는 것을 징계하는 것이다.〔違法移囚 雖有罪 然當處官司 遇囚到不卽收問 則亦計日以定其罪 與違限不發之罪同 蓋律之惡停囚不斷也〕《전석 권8 12장》

른 주·현에서 사건이 발각되어 옥에 갇혀 있으면, 죄가 가벼운 수인(囚人)을 죄가 무거운 수인이 있는 곳으로 보내며, 수가 적은 수인을 수가 많은 수인이 있는 곳으로 보낸다. 수인의 수가 서로 같으면, 나중에 발각되어 붙잡힌 수인을 먼저 발각되어 추고(推考) 중인 관사에 보내 한곳에서 조사하도록 한다. 두 현의 거리가 300리이면 애초에 사건이 발각된 곳으로 보내어 결단한다. 이를 어기면 태 50이다. 죄가 무거운 수인을 죄가 가벼운 수인이 있는 곳으로 보내거나 수가 많은 수인을 수가 적은 수인이 있는 곳으로 보내면, 소재 관사에서 즉시 일의 실상을 추고하여 소속된 상급 관사에 문서로 보고하고, 그 상급 관사의 관원이 법에 어긋나게 수인을 옮긴 죄를 추문한다. 수인이 도착하였는데 옥에 가두지 않으면, 1일이면 태 20이고 1일마다 1등급을 더하되 장 60을 한도로 한다.

해설

국문(鞫問)에서의 대질 심문 절차를 규정한 조문이다. 대질 심문을 위해서 죄수를 이송하는 기준을 죄가 무거운 쪽, 옥수가 많은 곳, 사건이 먼저 발생한 곳 등의 순서로 나누었다.

430
고발장에 따라 옥사를 심리함
依告狀鞫獄

옥사(獄事)의 심리는 반드시 본래의 고발장에 따라 추문(推問)한다.[1] 고발장 외에 별도로 다른 일을 찾아내어 타인의 죄를 들추어내면 고의로 타인의 죄를 무겁게 한 죄[2]로 논한다.[3] 동료[4]가 문안에 서명하지 않았으면 처벌하지 않는다.[5] 그 고발장으로 인하거나 또는 체포하거나 수색하여 검사하다가 이로 인하여 별도의 죄를 조사해 찾아냈는데 사안이 추문하여 심리하는 데 합당하면[6] 이 규정을 적용하지 않는다.

직해 옥수(獄囚)를 추문할 때에는 고소장의 내용으로써 추문한다. 고소장 외의 다른 일로 남의 죄를 찾아내면 고의로 다른 사람의 죄를 무겁게 한 예

1 옥사(獄事)의……추문(推問)한다 : 사람들이 소장을 올릴 때 무고하는 경우는 있어도 그 실정을 버려두고 아뢰지 않는 경우는 없다. 그러므로 국옥(鞫獄)은 그 본래의 소장에 의거하여 추문해야 한다.〔凡人告狀 誣者有之 未有舍其實情不告者也 故鞫獄當依其本狀推問〕《석의 권28 12장》

2 고의로……죄 : ④ 433 官司出入人罪

3 고발장……논한다 : 별도로 다른 일을 찾아내거나 타인의 죄를 들추어내는 것은 법조문을 왜곡하여 무고한 사람을 죄로 얽어 없는 죄를 꾸며 만드는 것으로 의도가 있어서 그렇게 한 것이다. 그러므로 고의로 타인의 죄를 무겁게 한 죄로 논한다.〔曰別求 曰摭拾 是文致羅織 有意而爲之也 故以故入人罪論〕《집주(하) 1010쪽》

4 동료 : ① 28 同僚犯公罪

5 동료가……않는다 : 동료가 문안에 함께 서명하는 법이 있으므로 같이 서명하면 공범의 실정이 있게 된다. 그러므로 함께 서명하지 않으면 죄로 처벌하지 않는다.〔同僚有同署文案之法 同署則有共犯之情 故不同署者 不坐罪〕《석의 권28 12장》

6 체포하거나……합당하면 : 피고가 죄인을 숨겨 두었는데 체포할 때 또 다른 숨겨 둔 강도를 찾아내거나, 가령 피고가 실정을 알면서도 도둑의 장물을 샀는데 이를 수색하여 검사할 때 또다시 위조한 인신을 얻는 것 따위가 모두 추문하여 심리하는 데 합당한 것이다.〔別罪事合推理者 如被告藏匿罪人 而掩捕時又得窩隱强盜 又如被告知情買盜贓 而搜檢時又得僞造印信之類 皆合推理者也〕《집주(하) 1010쪽》

로 논하되 동료 관원이 문안에 서명하지 않았으면 처벌하지 않는다. 고소장으로써 죄인을 붙잡았는데 별도의 죄가 드러나 이치상 추고(推考)가 합당한 일은 이 규정을 적용하지 않는다.

431
일이 끝났는데도 원고를 석방하여 돌려보내지 않음
元告人事畢不放回

고소하여 소송할 때, 대질하여 사실이 밝혀지고[1] 피고가 이미 죄를 자복하여 원고에게 별도로 대질을 기다릴 사안이 없으면 원고를 즉시 석방하여 돌려보낸다.[2] 정당한 이유 없이 잡아 두고 지체하여 3일이 되도록 풀어 주지 않으면 태 20이고, 3일마다 1등급을 더하되 죄는 태 40에 그친다.

1 사실이 밝혀지고 : 원고 석방을 위해서는 고소 내용이 사실로 밝혀지는 것〔得實〕, 즉 무고가 아니라는 것이 중요한 전제 조건이다. 고소 내용이 사실로 밝혀지지 않는다면 부당하게 고소한 원고에게도 죄가 있고 피고 역시 틀림없이 자복하지 않을 것이다. 첫째 득실(得實), 둘째 피고초복(被告招服), 셋째 원고별무대대사리(原告別無待對事理) 이 세 조건이 충족되면 원고를 돌려보낸다.〔要看得實二字 蓋不得實 則原告不能無罪 而被告亦未必招服 故凡告訐一應詞訟 曾經拘提對問得實 被告已經招承服罪 其原告人別無待對未盡事理 鞫獄官司自當隨卽省放寧家〕《전석 권28 14장》

직해에서는 득실을 번역에 반영하지 않고 '대문(對問)할 때 둘째와 셋째의 조건이 충족되면'과 같이 파악하였으나, 이는 《전석》에서 중시한 득실을 무시하였다는 점에서 문제가 있고, 《GMC》·《언해》·《집주》 등을 보면 이 세 가지를 원고 석방을 위한 조건으로 파악하는 것이 타당하다.〔In all cases of {handling} proceedings based on complaints, when the facts have been obtained at the interrogation and the defendants have admitted their crimes, if there are no other matters requiring the complaints to wait for confrontation, {the complaints} shall be immediately released.〕《GMC 232쪽》〔凡ソ詞訟ヲ告テ官司ニ出ル者アレバ告ケラルル犯人ヲ執テ兩人相對セシメ其情狀ヲ問ヒ究ルニ告ル所ノ事實ヲ得テ誣告ニアラズ告ケラルル人已ニ自所犯ヲ白狀シテ罪ニ服シ畢テ原告ノ人別ニ對問ヲ待ツ事理モナクンハ事畢ルニ隨テ卽チ放回セヨ〕《언해 권28 52장》〔此條稽留之罪 在於無故 曰對問行實 曰已招服罪 曰別無待對事理 皆無故之罪案也〕《집주(하) 1011쪽》

《전석》에서도 증경구제대문득실(曾經拘提對問得實)이라고 하여, 대문득실(對問得實)을 일반적인 원칙이나 상황 기술로 보지 않고, 원고 석방의 전제 조건으로 보았다.

2 즉시 석방하여 돌려보낸다 : 원고를 잡아 두어 지체하였을 때에 관한 규정이다. 수도(囚徒)를 즉시 압송하지 않고 잡아 두어 지체해도 처벌 규정(④415 稽留囚徒)이 있으므로, 원고가 무함하지도 않았는데 잡아 두고 풀어 주지 않으면 잡아 둔 날을 계산하여 처벌하는 것이다.〔此條專爲稽留原告者設 稽留囚徒 法且有罪 而況原告不誣者 顧可稽留不放乎 計日而坐之宜矣〕《집설 권8 57~58장》

직해 쟁송하는 일에 대해 고소장을 제출하면 양쪽을 대질하여 논란하되, 피고인이 이미 문초에 승복함으로써 원고인에게 다시 대질하여 변론하게 할 것이 없으면 즉시 놓아주어 돌아가게 한다. 타당한 이유 없이 붙잡아 두어 3일이 되도록 놓아주지 않으면 태 20이고, 3일마다 1등급을 더하되 태 40을 한도로 한다.

해설

송사가 끝났는데도 원고를 놓아주지 않는 국옥(鞫獄) 관리의 행위에 대한 처벌 규정이다. 이유 없이 원고를 잡아 두고 지체하면 원고의 생업에도 지장이 생기고 송사 담당 관리에게도 불필요한 업무 부담이 생기기 때문에 처벌한다. 그러나 석방이 지체되었을 뿐이므로 태형으로 가볍게 처벌한다.

432
옥수가 평인을 무함하여 지목함
獄囚誣指平人

432-1 옥수(獄囚)가 갇혀 있으면서 평인(平人)[1]을 무함하여 지목하면[2] 타인을 무고한 죄[3]로 논한다. 본래 범한 죄가 무거우면 무거운 쪽으로 논한다.

432-2 관리가 옥수를 국문(鞫問)[4]할 때 법에 맞지 않게 고신(拷訊)[5]하면서, 고의로 평인을 무함하여 지목하게 하면 고의로 타인의 죄를 무겁게 한 죄[6]로 논한다.

432-3 전량(錢糧)을 추징할 때 평인을 무함하여 지목해서 대납하게 하면[7] 법을 굽혀 추징한 재물을 계산하여 좌장(坐贓)으로 논하고[8] 그 재물은 주인에게 돌려준다.

1 평인(平人) : ④ 420 故禁故勘平人

2 옥수(獄囚)가……지목하면 : 옥수는 갇혀 있으면서 옥관이나 옥졸에게 도리에 어긋나게 능멸이나 학대를 당하면 그 부당함을 호소할 수 있고 또 갇혀 있으면서 국문을 당해 다시 별도의 사건을 자수할 수는 있다. 그러나 그것 외에는 다른 사건을 고발할 수 없다. ④ 363 見囚禁不得告擧他事

3 타인을 무고한 죄 : ④ 359 誣告

4 국문(鞫問) : ④ 420 故禁故勘平人

5 고신(拷訊) : ④ 420 故禁故勘平人

6 고의로……죄 : ④ 433 官司出入人罪

7 전량(錢糧)을……하면 : 관사가 포흠(逋欠) 전량을 추징하려고 세를 납부할 호(戶)를 핍박하여 죄 없는 평인(平人)을 무함하게 하여 그 평인이 대납하게 하면 초과하는 재물을 부당하게 징수한 수량을 계산하여 좌장(坐贓)으로 논한다.〔若官司追徵逋欠錢糧 而逼領納戶誣指無干平人代納者 計枉徵過平人財物 坐贓論〕《전석 권28 15장》 포흠한 전량을 관사에서 추징할 때 완납하지 못하는 포흠한 호를 핍박하여 죄 없는 사람을 무함하여 지목하도록 해서 대납하게 하는 것이다.〔若官司追征逋欠錢糧 因欠戶不能完納 逼令其誣指無干平人代納〕《집주(하) 1012쪽》

8 법을……논하고 : ④ 368 坐贓致罪

432-4 무함당한 사람을 정당한 이유 없이 잡아 두고 지체하여 3일 동안 석방하여 돌려보내지 않으면 태 20이고, 3일마다 1등급을 더하되 죄는 장 60에 그친다.

432-5 옥수를 국문할 때 증인이 실정을 말하지 않고 고의로 거짓 증언을 하거나, 화외인(化外人)[9]이 죄가 있는데도 통역인이 번방(蕃邦)의 언어를 통역하면서 사실대로 통역하지 않아서, 죄를 가볍게 하거나 무겁게 하면 증인은 죄인의 죄에서 2등급을 줄인다.

직해 죄수가 옥에 갇혀 있으면서 거짓 일로 죄 없는 평인을 끌어들이면 다른 사람을 무고한 예로 논한다. 지은 본죄가 무거우면 무거운 쪽으로 논한다.

(○) 관리가 옥수를 법에 어긋나게 고문하고 때려 추문(推問)하거나 고의로 죄수를 꾀어 평인을 거짓 일로써 끌어들이게 하면, 고의로 다른 사람의 죄를 무겁게 한 예로 논한다.

(○) 전량을 추징할 때 죄수를 핍박하여 평인을 거짓 일로 끌어들여 대납하게 하면, 법에 어긋나게 추징한 재물의 수효로써 좌장으로 논죄하고 그 재물은 주인에게 준다.

(○) 거짓 일을 고발당하게 된 평인을 타당한 이유 없이 붙잡아 두고 3일이 되도록 놓아주지 않으면 태 20이고, 3일마다 1등급을 더하되 장 60을 한도로 한다.

(○) 죄수를 추고할 때 증인들이 사실은 말하지 않고 일부러 거짓 일로 보증하거나, 다른 나라 사람이 죄가 있는데 통역인이 번역하여 말을 전할 때 사실대로 하지 않아 다른 사람의 죄를 가볍게 하거나 무겁게 하면, 증인은 죄인의 죄에서 2등급을 줄인다.

9 화외인(化外人) : 전근대 중국에서는 중국의 통치권이 미치지 않는 지역을 화외(化外) 혹은 번(蕃)이라 불렀고 화외에 사는 사람을 화외인 혹은 번인(蕃人)이라 하고, 화외인이 쓰는 언어를 번어(蕃語)라고 지칭하였다. 그들은 중국의 통치권이 미치면 정령(政令)이 시행되고 교화가 행해진다고 생각하였고 이에 반하여 교화가 미치지 못하는 상황이나 지역을 화외로 여겼다. 중화 민족이 아닌 대외족(對外族)이나 이국인(異國人)이 대표적인 화외인이었다. ① 36 化外人有犯

-이를테면 증인이 실정을 말하지 않아서 범인의 전죄(全罪)[10]를 벗겨 주면 증인은 죄인의 전죄에서 2등급을 줄이고, 그 죄를 늘리거나 줄이면 역시 범인이 받는 늘거나 준 죄에서 2등급을 줄이는 따위이다.-

직해 증인이 실정을 말하지 않아 범인의 본죄를 벗어나게 하면 증인은 범인의 전죄에서 2등급을 줄인다. 범한 사람의 죄를 더하거나 줄이면, 범죄인이 범한 바에 더하거나 줄어든 만큼의 죄에서 2등급을 줄이는 것이다.

통역인은 더불어 같은 죄이다.-이를테면 다음과 같다. 화외인에게 본래 죄가 있는데 통역인이 한통속이 되어 통역하여 전죄를 벗겨 주면, 통역인은 범인과 더불어 똑같이 전죄를 받는다. 화외인의 죄명을 늘리거나 줄여 통역하면 그 늘리거나 줄인 만큼의 죄로 통역인을 처벌한다. 예를 들어 가령 화외인이 본래 장 60의 죄를 자백하였는데 통역인이 통역하면서 장 100의 죄로 늘리면 통역인을 장 40으로 처벌한다. 또 가령 화외인이 본래 장 100의 죄를 자백하였는데 통역인이 통역하면서 태 50의 죄로 줄이면 통역인은 장 50으로 처벌하는 따위이다.-

직해 이를테면 다른 나라 사람이 본래 죄가 있는데 통사(通事)가 뜻을 같이하여 말을 전하면서 전죄를 벗어나게 하면, 통사는 범인의 전죄와 같게 논한다. 다른 나라 사람의 죄상을 더하거나 줄여서 말을 전하면, 그가 가볍게 하거나 무겁게 한 만큼의 죄로 통사를 처벌한다. 다른 나라 사람이 이미 문초에 승복한 장 60의 죄를 통사가 번역하여 장 100의 죄로 늘리면 통사는 장 40이다. 다른 나라 사람이 이미 문초에 승복한 장 100의 죄를 통사가 번역하여 태 50으로 줄이면 통사를 장 50으로 처벌한다.

해설

갇혀 있는 수인(囚人)이 평인을 무함하여 지목하지 못하도록 하기 위한 규정으로, 자신의 죄를 죄 없는 타인에게 전가하거나 타인을 공범으로 끌어

10 전죄(全罪) : ④ 433 官司出入人罪

들일 우려가 있기 때문이다. 359조 무고(誣告), 363조 현수금부득고거타사(見囚禁不得告擧他事)와 대조하여 살펴볼 필요가 있다.

433
관사에서 타인의 죄를 가볍게 하거나 무겁게 함
官司出入人罪

433-1 관사에서 고의로[1] 타인의 죄를 가볍게 하거나 무겁게 하는 경우, 완전히 가볍게 하거나 완전히 무겁게 하면 전죄(全罪)로 논한다.[2]

직해 관사에서 다른 사람의 죄를 고의로 무겁게 하거나 가볍게 하였는데, 완전히 가볍게 하거나 완전히 무겁게 하면 전죄의 예로 논한다.

-이를테면 관리가 타인의 재물을 받거나 법에 규정되지 않은 형벌을 써서, 본래 응당 죄가 없는 사람인데 고의로 죄를 더하거나, 응당 죄가 있는 사람인데 고의로 죄를 벗겨 주면, 두 경우 모두 관리를 그 전죄로 처벌하는 것이다. 법에 규정되지 않은 형벌을 쓴다는 것은 불에 달군 쇠로 사람을 지지거나 겨울에 차가운 물을 사람 몸에 뿌리는 따위이다.-

직해 이를테면 관리가 남의 재물을 받거나 법률 외의 형벌을 써서 본래 무죄인 사람에게 고의로 죄를 더하거나, 본래 유죄인 사람에게 고의로 죄를 면하게 하면, 모두 전죄로 처벌한다. 법률 외의 형벌을 쓴다는 것은, 예를 들어 불을 써서 지지거나 쇠를 써서 지지거나 혹 겨울에 찬물을 죄인의 몸에 붓는 것을 말한다.

1 고의로 : 마음먹고 일부러 하는 것이다. 형벌을 혹독하게 하거나 재물을 탐하여, 타인의 죄를 가볍게 하거나 무겁게 하는 것 모두 이에 해당한다.〔故者 有心故爲 或酷或貪 以出入之者皆是〕《집설 권8 60장》

2 완전히 가볍게……논한다 : 완전히 가볍게 한다는 것은 유죄를 무죄로 하는 것이며, 완전히 무겁게 한다는 것은 무죄를 유죄로 하는 것이다. 전죄로 논하는 것은 무죄로 만들기 전의 원래의 죄, 무죄에서 유죄로 만들어 낸 죄의 형량대로 부가형을 포함하여 온전히 과죄한다는 뜻이다. 전죄로 논하면 도형을 장형으로 낮추거나 유형을 도형으로 낮추는 절산(折算)을 하지 않는다.〔徒不折杖 流不折徒〕《집주(하) 1013쪽》

가벼운 죄를 늘려 무겁게 하거나 무거운 죄를 줄여 가볍게 하면 늘리거나 줄인 만큼의 죄로 논하며, 사죄(死罪)에 이르면 사죄로 처벌한다.[3]

직해 가벼운 죄를 무거운 죄라 하거나 무거운 죄를 가벼운 죄라 하면, 그 죄인의 늘거나 줄어든 만큼의 죄로 논한다. 사죄에 이르게 하면 사죄로 처벌한다.

-이를테면 다음과 같다. 그 사람이 범한 죄가 태 10을 쳐야 하는데 늘려 태 20으로 하는 따위를 가벼운 죄를 늘려 무겁게 하는 것이라 이르며, 늘린 태 10의 죄로 처벌한다. 그 사람에게 태 50을 쳐야 하는데 줄여 태 30으로 하는 따위를 무거운 죄를 줄여 가볍게 하는 것이라 이르며, 줄인 태 20의 죄로 처벌한다. 나머지도 이에 준한다. 가벼운 죄를 늘려 무겁게 하여 도죄(徒罪)에 이르면 도형 1등급마다 장 20으로 절산(折算)하고,[4] 유죄(流罪)에 이르면 유형 1등급마다 도형 반년으로 절산하며,[5] 사죄(死罪)에 이르러 이미 집행하였으면 사죄로 처벌한다. 무거운 죄를 줄여 가볍게 하면 또한 이와 같다.[6]-

3 사죄(死罪)에……처벌한다 : 사람 목숨은 관계되는 바가 가볍지 않으므로 지은 죄에 상응하는 징벌로 온전히 처벌해야 한다.〔蓋人命所係匪輕 又當全抵之也〕《집설 권8 60장》

4 가벼운 죄를 늘려 무겁게 하여……절산(折算)하고 : 만약 그 사람이 본래 태 20인데 죄를 늘려 장 70 도 1년 반에 이르면, 그 도형의 두 번째 등급인 장 70 도 1년 반을 장 40으로 절산한다. 아울러 다섯 가지 도형에 들면 원래 장 100을 포함하므로 통틀어 장 140인데 이미 시행한 태 20을 제하고 관사는 마땅히 남은 장 120을 온전히 처결해야 한다.〔如其人本笞二十 增至杖七十徒一年半 則以其二等之徒 折杖四十 併入五徒 原包杖一百 通作一百四十 於內除訖笞二十 官司合坐剩杖一百二十全決之也〕《집해 1997~1998쪽》

5 유죄(流罪)에……절산하며 : 가령 그 사람이 본래 장 60인데 늘려 장 100 유 3000리에 이르면, 그 유형의 세 번째 등급인 장 100 유 3000리는 도형 1년 반으로 절산한다. 먼저 삼류(三流)에 원래 오도(五徒)가 포함되므로 통틀어 장 200으로 절산하는 가운데 집행한 장 60을 제하고 관사는 마땅히 장 140 도 1년 반을 온전히 집행해야 하며, 유형은 장으로 환산하지 않는다.〔如其人本杖六十 增至杖一百流三千里 則以其三等之流 折徒一年半 先於三流 原包五徒 通折杖二百之內 除訖杖六十 官司合坐全決杖一百四十徒一年半 其流不折杖也〕《전석 권28 16~17장》

6 무거운 죄를 줄여 가볍게 하면……같다 : 율주의 약감중작경자역여지(若減重作輕者亦如之)에서 역여지(亦如之)가 구체적으로 무슨 뜻인지에 대해 주석서의 해석이 갈리는데, 《집해》

직해 이를테면 그 사람의 범죄가 태 10으로 처결할 것인데 더하여 20이라고 처결하면, 더한 10을 태형으로 처결한다. 그 사람이 태 50으로 처결할 것인데 줄여 30이라고 처결하면, 줄인 20을 태형으로 처결한다. 만일 가벼운 죄를 늘려 무거운 죄로 만들었는데 도죄에 이르면 도 1등급마다 장 20으로 계산한다. 죄를 무겁게 하여 유죄에 이르면 유 1등급마다 도 반년으로 계산한다. 죄를 무겁게 하여 사죄에 이르러 이미 집행하였으면 사죄로 처벌한다. 만일 무거운 죄를 가벼운 죄로 줄인 경우도 이와 같다.

단죄(斷罪)하는 데 실수로[7] 무겁게 하면 각각[8] 3등급을 줄이고,[9] 실수로 가볍게 하면 각각[10] 5등급을 줄인다.[11] [12]

와 《전석》은 본래 사죄(死罪)인 것을 고의로 가볍게 하여 유죄(流罪) 이하로 만들면 잉죄(剩罪)로 처벌한다고 하였다.〔其減重作輕 出至流徒杖笞者 亦如之 謂亦各以其所故減之剩罪科斷〕《집해 1998쪽》《전석 권28 17장》 반면에 《집주》는 이 구절이 입지사죄이결자좌이사죄(入至死罪已決者坐以死罪) 바로 뒤에 나오므로, 본래 사죄인 것을 고의로 가볍게 하여 유죄 이하로 만들면 역시 관리를 사죄로 처벌한다는 것, 즉 고증지사죄(故增至死罪)와 고감지사죄(故減至死罪)를 똑같이 사죄로 처벌한다고 보았다.〔故增故減至死罪 卽坐以死 如本犯流罪以下 而故增至絞斬 是法不應殺而殺之 不得以非全入而寬之也 如本犯絞斬 而故減至流罪以下 是法應殺而不殺 不得以非全出而寬之也〕《집주(하) 1014~1015쪽》〔故增故減至死者 坐以死罪 與全出全入無異 蓋死生之際 律所最嚴 如罪本應絞而減爲流 雖止減一等 而死者得生矣 罪本應流而增爲絞 雖止增一等 而生者致死矣 增至死者 應抵其命 減至死者 應抵此法 故卽坐以死也 或謂故入至死 斬絞全抵 而故出者收贖 非也 按名例故出入人罪 謂之眞犯 常赦不原 故出者 豈得收贖耶〕《집주(하) 1020쪽》

7 실수로 : 무심코 그르친 것으로, 소홀히 하거나 잘못하여 죄를 가볍게 하거나 무겁게 한 것이 모두 이에 해당한다.〔失者 無心失誤 或疎或謬 以出入之者 皆是〕《집설 권8 60장》

8 각각 : 실수로 타인의 본죄를 완전히 무겁게 하거나 늘려 무겁게 한 경우를 가리킨다.〔斷罪失於入者各減三等節 各字通指出入增減說〕《집해 1994~1995쪽》

9 실수로……줄이고 : 고의로 무겁게 한 것과 비교하면 큰 차이가 있으므로 각각 실수로 타인의 죄를 완전히 무겁게 하거나 늘려 무겁게 한 중죄에서 3등급을 줄인다.〔較之故入 大有間矣 各減其所失全入人之重罪三等〕《집설 권8 60장》

10 각각 : 실수로 타인의 본죄를 완전히 가볍게 하거나 줄여 가볍게 한 경우를 가리킨다.〔兩各字 通指出入增減言〕《집주(하) 1015쪽》

11 실수로 가볍게……줄인다 : 실입(失入)은 3등급을 줄이고 실출(失出)은 5등급을 줄인다고 할 때 형량을 줄이는 기준점은 관리가 잘못 의단(擬斷)하여 늘리거나 줄인 결과 산출된 형량이다.〔若笞杖徒流死罪之囚 其官司失於全入 及增輕作重者 各減所入全罪或所增之罪三等

직해 단죄할 때 알지 못하고 죄를 무겁게 하면 각각 3등급을 줄이고, 알지 못하고 죄를 가볍게 하면 각각 5등급을 줄인다.

-이를테면 죄수를 국문하는 데 혹은 증인이 무함하여 지목하거나, 혹은 법에 따라 고신하여 자백을 받거나 죄를 심의하여 형벌을 결정할 때 소견에 착오가 있었을 뿐, 장(贓)을 받아 폐단을 일으키거나 법에 규정되지 않은 형벌을 써서 죄가 가벼워지거나 무거워진 일이 특별히 없는데, 만약 가벼운 죄를 실수로 무겁게 하거나 무거운 죄를 실수로 가볍게 하면 또한 잉죄(剩罪)[13]로 논하는 것이다.-

직해 이를테면 죄수를 추고(推考)할 때 혹 증인이 거짓으로 지목하거나, 혹 법에 따라 추문(推問)하여 자복을 받거나 형벌을 의논할 때 소견의 착오일 뿐이고 장물을 받은 정상이 없고 법률 외의 형벌을 써서 죄상을 가볍게 하거나 무겁게 한 것이 없는데, 가벼운 죄를 실수로 더하여 무겁게 하거나 무거운 죄를 실수로 줄여서 가볍게 하면 각각 잉죄로 논한다.

모두 이전(吏典)을 수범으로 하고,[14] 수령관(首領官)은 이전에서 1등급을 줄이고, 좌이관(佐貳官)은 수령관에서 1등급을 줄이고, 장관(長官)은 좌이관에서 1등급을 줄여 과죄(科罪)한다.[15]

失於全出 及減重作輕者 各減所出全罪或所減之罪五等〕《전석 권28 17장》〔若官司審斷罪名將笞杖徒流死罪 失於全入 及增輕作重者 各減失入全罪及所失增罪三等 失於全出 及減重作輕者 各減失出全罪及所失減罪五等〕《집주(하) 1015쪽》

12 단죄(斷罪)하는……줄인다 : 관사가 죄수의 죄를 가볍게 하거나 무겁게 하여, 이미 처결하였거나 이미 석방한 경우 그렇게 하는 것이다.〔凡此皆謂官司出入囚罪已決已放者然也〕《집해 1999쪽》

13 잉죄(剩罪) : ④ 359 誣告

14 모두……하고 : 오로지 실수로 죄를 가볍게 하거나 실수로 죄를 무겁게 하는 것으로 말하였다. 만약 고의로 죄를 가볍게 하거나 고의로 무겁게 하면 원래 심문한 관리를 처벌하는 데 그친다. 그 좌이관이 함께 문안에 서명하였으나 실정을 모르면, 실수로 죄를 가볍게 하거나 무겁게 한 것으로 논하여 이전(吏典)을 수범으로 삼고 차례로 줄인다. 서명하지 않은 사람은 처벌하지 않는다.〔竝以吏典爲首 專以失出失入者言 若故出故入者 止坐原問官吏 其佐貳同署文案 不知情者 以失論 吏典爲首 遞減之 不署者 不坐〕《석의 권28 15장》

433-2 옥수(獄囚)를 아직 처결하지 않았거나, 석방하지 않았거나, 석방하였다가 도로 잡아들이거나, 옥수가 죽으면 각각 1등급을 줄이도록 한다.[16]

직해 모두 영사(令史)·색원(色員)을 우선 논죄하고 낭청(郎廳)은 영사·색원의 죄에서 1등급을 줄인다. 지차원(之次員)은 낭청의 죄에서 1등급을

15 이전(吏典)을……과죄(科罪)한다 : 4등급 관원 중에 궐원이 있어도 4등급에 따라 차례로 줄인다. 본 아문이 설치한 것에 4등급 관원이 없으면 현재 설치한 인원수에 따라 차례로 줄여 과죄하는 데 그친다.〔四等官內 如有闕員 亦依四等遞減 如本衙門所設無四等官者 止準見設員數遞減科之〕《전석 권28 17장》 가령 장 80의 죄를 실수로 늘려 장 100 유 3000리로 하였다면, 이전은 장 100 유 3000리에서 3등급을 줄인 장 80 도 2년인데, 장으로 절산하면 장 160이므로 장 80을 제하고 늘린 장 80으로 처벌한다. 수령은 장 100 유 3000리에서 또 1등급을 줄여 총 4등급을 줄인 장 70 도 1년 반인데, 장으로 절산하면 140이므로 장 80을 제하고 늘린 장 60으로 처벌한다. 좌이관과 장관은 또 차례로 줄인다. 또 가령 교죄를 실수로 줄여 장 100으로 하였다면, 이전은 교죄에서 5등급을 줄인 장 70 도 1년 반인데, 장으로 절산하면 140이므로 장 100을 제하고 줄인 장 40으로 처벌한다. 수령은 교죄에서 또 1등급을 줄여 총 4등급을 줄인 장 60 도 1년인데, 장으로 절산하면 장 120이므로 장 100을 제하고 줄인 장 20으로 처벌한다. 좌이관과 장관은 줄이는 것이 다하여 과죄할 것이 없다. 나머지도 이에 따라 유추할 수 있다.〔如杖八十罪 失增爲杖一百流三千里 吏典減三等 應杖八十徒二年 折杖一百六十 除杖八十 合坐增杖八十 首領又減一等 應杖七十徒年半 折杖一百四十 除杖八十 合坐增杖六十 佐貳長官 又遞減之 又如將絞罪失減爲杖一百 吏典減五等 應杖七十徒年半 折杖一百四十 除杖一百 合坐減杖四十 首領又減一等 應杖六十徒一年 折杖一百二十 除杖一百 合坐減杖二十 佐貳長官則減盡無科矣 餘倣此類推〕《집주(하) 1016쪽》

16 옥수(獄囚)를……한다 : 옥수를 처결하지 않았거나 석방하지 않았으면 진술을 바꾸어 받을 수 있고, 석방하였으나 도로 잡으면 처벌할 수 있으며, 옥수가 무겁게 하거나 늘린 법 때문에 죽은 것이 아니면 관리가 타인의 죄를 고의나 실수로 무겁게 하여 늘린 죄가 성립되지 않으므로 각각 1등급을 줄이는 것이다.〔囚未決放 可以改招 放而還獲 可以貼斷 囚自死 不死於所入所增之法 則官吏故失入增人罪之罪 猶未成也 故各聽減一等〕《전석 권28 17~18장》 1등급을 줄이는 것과 앞서의 3등급·5등급을 줄이는 것은 모두 먼저 줄이고 뒤에 그 남은 죄를 절산하여 처벌한다. 그러지 않으면 실수로 늘린 것과 실수로 줄인 것의 잉죄(剩罪)의 장(杖)·도(徒)가 유죄를 무죄로 만들거나 무죄를 유죄로 만든 것보다 도리어 무겁게 된다.〔其減一等與上減三等五等 幷先減而後算 折其剩罪以坐 不然 則其失增失減 剩杖剩徒之罪 反有重於全出全入者矣〕《집주(하) 1014쪽》 가령 태 20을 범하였는데 늘려 장 100 유 3000리가 되었으나 아직 형 집행이나 석방을 하지 않았으면, 먼저 1등급을 줄인 후에 장 100 도 3년을 장 200으로 절산하여 과죄해야지 먼저 유형을 도형으로 절산한 후에 1등급을 줄여서는 안 된다. 실수로 죄를 늘리거나 실수로 죄를 줄였을 때의 잉죄의 장(杖)이 유죄를 무죄로 만들거나 무죄를 유죄로 만든 것보다 도리어 무거운 경우가 생길 수 있어서 그렇게 하는 것이다.〔如犯笞二十 增至杖一百流三千里 未決放 先減去一等 然後以杖一百徒三年折杖二百科之 不得先以流折徒然後減一等 蓋恐失增失減剩杖之罪 反重於全出全入者矣〕《집해 1995쪽》

줄인다. 장관은 지차원의 죄에서 1등급을 줄여서 과죄한다.

○ 수인(囚人)에 대해 형 집행이나 석방을 하지 않았거나, 놓아주었다가 다시 붙잡거나, 수인이 스스로 죽으면 1등급을 줄인다.

-이를테면 타인의 태죄・장죄・도죄・유죄・사죄를 고의로 무겁게 하거나 실수로 무겁게 하였는데 아직 처결하지 않았거나, 타인의 태죄・장죄・도죄・유죄・사죄를 고의로 가볍게 하거나 실수로 가볍게 하였는데 아직 석방하지 않았거나, 석방하였다가 도로 잡아들이거나, 수인이 스스로 죽으면, 타인의 죄를 고의로 가볍게 하거나 무겁게 한 죄, 또는 실수로 가볍게 하거나 무겁게 한 죄에서 각각 1등급을 줄이도록 한다.-

직해 이를테면 수인의 태죄・장죄나 도죄・유죄나 사죄를 고의로 무겁게 하거나 알지 못하고 무겁게 하였으나 집행하지 않은 경우, 또 다른 사람의 태죄・장죄・도죄・유죄・사죄 등을 고의로 가볍게 하거나 알지 못하고 가볍게 하였으나 내보내지 않은 경우, 이미 내보냈다가 다시 붙잡은 경우, 수인이 스스로 죽은 경우는, 남의 죄를 고의나 실수로 가볍게 하거나 무겁게 한 죄에서 각각 1등급을 줄인다.

해설

타인의 죄를 늘리거나 줄이는 것을 금지하기 위해 마련한 규정이다. 관사에서의 단옥(斷獄)은 실정에 의거해야 하며, 타인의 죄를 늘리거나 줄여서는 안 된다. 고의건 실수건 모두 올바른 법 집행이 아니므로 처벌하여 금지하는 것이다. 관리가 재물을 받거나 법에 허용되지 않는 형벌을 써서, 본래 죄가 있는데 고의로 완전히 감면하거나, 본래 죄가 없는데 고의로 완전히 무겁게 하면, 사사로움을 좇아 법을 굽힌 것이므로 더하거나 줄인 전죄(全罪)로 과단한다. 본래 가벼운 죄를 고의로 늘려 무겁게 하거나 본래 무거운 죄를 고의로 줄여 가볍게 하면, 모두 그 늘리거나 줄인 죄로 논한다. 실수로 타인의 죄를 무겁게 하였으면 무겁게 한 죄에서 3등급을 줄이며, 실수로 가볍게 하였으면 가볍게 한 죄에서 5등급을 줄이는데, 착오이기 때문이다.

434
억울함을 변별하여 밝힘
辯明冤枉

434-1 감찰 어사나 안찰사[1]가 억울함[2]을 변별하여 밝힐 때,[3] 반드시 법을 굽힌 자취를 자세히 기록해서 밀봉하여 주문(奏聞)한다. 위관(委官)이 추문(追問)하여 사실을 밝혀내면 무함당한 사람의 억울함은 해당 율[4]에 따라 고쳐 바로잡고, 원고와 원래 심문한 관리를 처벌한다.[5]

434-2 사건에 억울한 것이 없는데 모호하게 변별하여 밝히면[6] 장 100 도

1 감찰 어사나 안찰사 : 직임이 풍헌(風憲)을 맡고 있으므로 억울함을 변별하여 밝히는 것은 그 책임상 마땅히 해야 할 일이다.〔監察御史按察司 職司風憲 辨明冤枉 乃其責任所應爲者〕《집주(하) 1028쪽》

2 억울함 : 허물이 없는 사람이 무고를 당해 죄가 있다고 지목되거나, 과실이나 착오가 없는 사람이 거꾸로 책임을 지는 것이다. 이치에 맞지 않는 형벌을 당하여 그 죄에 자복하지 않고 관사의 부당한 억압을 원망하고 탄식하는 것을 원왕(冤枉)이라고 한다.〔無理ナル刑法ニ當ラレテ其罪ニ服セズ官司ノ曲ケ抑ヘタル所ヲ怨ミ嗟クヲ冤枉ト云〕《언해 권29 8장》

3 변별하여 밝힐 때 : 원문은 변명(辨明)으로 곡직을 분변하여 실정을 명백하게 하는 것이다.〔曲直ヲ分辯シテ實情ヲ明白ニスル也〕《언해 권29 8장》

4 해당 율 : ④ 359 誣告

5 무함당한……처벌한다 : 무함당한 사람의 억울함은 율에 따라 고쳐 바로잡고, 그 무함당한 죄로 원고를 처벌하여 무고율로 논하며, 원래 심문한 관리는 고의나 실수로 타인의 죄를 무겁게 한 것으로 논한다. 실수이면 실수로 무겁게 한 죄로 처벌하고, 고의이면 고의로 무겁게 한 죄로 처벌한다.〔被誣之人 依律改正 仍將其所誣之罪 坐原告 以誣告律論 原問官吏 以故失入人罪論〕《집해 2002쪽》〔原問官吏 以出入人罪論 係失者 坐失罪 係故者 坐故罪〕《집주(하) 1028쪽》

6 사건에……밝히면 : 만약 죄수가 죄를 범한 것에 본래 억울함이 없는데 어사나 안찰사가 사사로움을 좇아 모호하게 그를 위해 변별하여 밝히면 이는 일을 아뢸 때 사실대로 하지 않고 거짓으로 하는 것과 같기 때문에 그 죄가 같다. 모호하게 변별하여 밝힌 어사와 안찰사에게는 세 가지의 죄명이 있다. 모호하게 변별하여 밝힌 그 본죄는 장 100 도 3년이고, 죄인을 모호하게 변별하여 밝혀서 고의로 죄를 가볍게 한 죄가 있고, 원고나 원래 심문한 관리가 무함을 당하였으니 고의로 죄를 무겁게 한 죄가 있다. 마땅히 장 100 도 3년에 견주

3년이다. 무함한 죄[7]가 무거우면 고의로 타인의 죄를 가볍게 하거나 무겁게 한 죄[8]로 논한다.[9] 변호받은 사람[10]이 실정을 알았으면 더불어 같은 죄이고, 몰랐으면 처벌하지 않는다.[11]

직해 사헌부・안렴사가 억울한 일을 변별하여 밝힐 때, 반드시 억울한 일

어 무거운 쪽으로 논해야 한다.〔若罪囚所犯 本無冤枉 而御史按察司 循私朦朧 爲其辨明者〕《집해 2002쪽》〔曰朦朧辨明 必有循私之情 是猶奏事詐不以實也 故其罪同 朦朧辨明 御史按察有三項罪名 本罪 則杖一百徒三年 罪人辨明 則有故出之罪 原告原問官吏被誣 則有故入之罪 當從其重者論之也〕《집주(하) 1028쪽》

7 무함한 죄 : 사실과 다르게 변별하였으므로 원고와 원래 추문한 관원은 무함당한 것이 된다.〔旣曰朦朧 則原告原問官爲其誣矣〕《집주(하) 1028쪽》

8 고의로……죄 : ④ 433 官司出入人罪

9 무함한……논한다 : 무함한 죄가 장 100 도 3년보다 무거우면 고의로 타인의 죄를 무겁게 하거나 가볍게 한 것으로 논한다. 위관이 원래 추문한 관리나 원고를 무함한 죄가 장 100 도 3년보다 무거우면 고의로 타인의 죄를 무겁게 한 것으로 논하고, 위관이 범인의 죄를 가볍게 한 죄가 장 100 도 3년보다 무거우면 고의로 타인의 죄를 가볍게 한 것으로 논한다.〔所誣之罪 若重於杖一百徒三年者 以故出入人罪論 誣原問原告罪重者 以故入論 如出本犯罪重者 以故出論〕《집해 2003쪽》

10 변호받은 사람 : 원문의 소변지인(所辯之人)을 《부례》에서는 위관(委官)으로 보고, 위관이 변명을 아뢴 사정을 분명히 알고도 각찰(覺察)하지 않으면 변명을 아뢴 자와 더불어 도 3년으로 같게 처벌한다고 하였다.〔所辯之人 卽是委官 明知奏辯之情 而不擧 則與奏辯者同坐滿徒〕《부례(하) 525쪽》 반면 《집해》는 소변지인이 범죄인을 가리킨다고 하면서, 위관을 가리킨다고 한 혹자의 설을 비판하였다.〔所辯之人指犯罪人 或謂指委官言 不通〕《집해 2001쪽》 여기서는 집해의 설을 따랐다.

11 실정을……않는다 : 실정을 알았는지 몰랐는지에 대해 주석서들은 모두 죄인이 호소하자 어사나 안찰사가 이로 인하여 변명하면 이는 실정을 안 것이고, 호소하지도 않았는데 어사나 안찰사가 스스로 변명하면 이는 실정을 모른 것이라고 하였으나, 《집주》는 이를 비판하고 있다. 죄인이 억울함이 없는데도 죄에서 벗어나려고 애쓰는 것은 인지상정이므로, 호소하였다고 해서 이를 실정을 알았다는 근거로 삼을 수는 없으며, 다른 조문의 실정을 알았다는 뜻과도 부합하지 않는다는 것이다. 죄인이 청탁하고 어사・안찰사가 화동(和同)해야 비로소 실정을 알았다고 할 수 있으며, 죄인이 실정을 알지 못하는 것은 어사・안찰사가 자기 견해를 고집하는 경우라고 보았다.〔知情不知情 解者皆謂罪人申訴 御史按察因爲辨明是知情 不曾申訴 御史按察自爲辨明 是不知情 夫無冤稱冤 極意求脫 罪人常情 豈得以申訴之詞卽爲知情之據 且與各條內知情之義不合也 必罪人夤緣關節 御史按察聽從和同 始可謂之知情 不然 風憲執法衙門 若無私情 豈肯爲人朦朧奏辨 至於聽囑犯贓 各有本律 故此不言耳 罪人不知情應是御史按察偏執己見所爲 蓋有偏見 因卽曲爲之說 是亦朦朧也〕《집주(하) 1028～1029쪽》

의 정황을 낱낱이 기록하고 밀봉하여 임금에게 아뢰면 위관을 뽑아 보내어 추문하게 한다. 일의 정황이 확실하면, 거짓 일로 고소당한 사람은 율에 따라 고쳐 바로잡고, 처음에 고소한 사람과 처음에 추문한 관리를 처벌한다. ○ 억울한 일이 없는데 억울함이 있는 것처럼 모호하게 변별하여 밝힌 사람은 장 100 도 3년이다. 무고한 죄가 무거우면 고의로 다른 사람의 죄를 가볍게 하거나 무겁게 한 예로 논한다. 담당 변정인(辯正人)[12]이 실정을 알았으면 죄가 같다. 몰랐으면 처벌하지 않는다.

12 담당 변정인(辯正人) : 내용상 위관(委官)을 가리키는 것으로 보인다.

435
유사가 옥수를 처결함[1]
有司決囚

435-1 옥수(獄囚)를 국문(鞫問)[2]하여 죄가 명백하고 추가 심문[3]이 완전히 끝나면, 도죄(徒罪)나 유죄(流罪) 이하는 각 부(府)·주(州)·현(縣)에서 결배(決配)한다.[4] 사죄(死罪)에 이르면, 중앙은 감찰 어사가, 지방은 제형안찰사가 기록을 다시 살펴서[5] 억울함이 없으면 율에 따라 의의(議擬)하여[6] 형부로 보내게 한다. 형부에서 정의(定擬)[7]하여 주문(奏聞)하고 회보(回報)[8]

1 유사가 옥수를 처결함 : 대부분의 주석서에는 유사결수등제(有司決囚等第)로 되어 있다. 등제(等第)는 등급, 순서 또는 절차, 즉 단계별 사법 절차의 뜻이다. 《GMC》에서는 이를 'degrees of competence'라 하였다.

2 국문(鞫問) : ④ 432 獄囚誣指平人

3 추가 심문 : 원문은 추감(追勘)으로, 일이 이미 이루어진 뒤에 그 자취를 추적하여 조사·규명하는 것이다.〔凡ソ已ニ事ヲ作テ過キ去タル跡追尋テ推シ窮ルヲ追勘ト云〕《언해 권29 19장》

4 결배(決配)한다 : 태죄나 장죄는 태나 장을 집행하는 것을 의미하고, 도죄는 역장(役場)으로, 유죄는 배소(配所)로 보내는 것을 의미한다.〔決配笞杖ノ罪ヲ決打シ徒流ノ罪ヲ配當スル也〕《언해 권29 55장》 도죄나 유죄 이하에서 태죄까지는 그 죄가 가벼우므로 각기 부·주·현의 유사(有司)가 스스로 결배한다.〔徒流以下至笞罪者 其罪輕 故各從府州縣有司 自行斷決編配〕《집해 2009쪽》

5 다시 살펴서 : 처음에 묻는 것을 문(問)이라 하는데 유사가 할 일이며, 다시 살피는 것을 심(審)이라고 하는데 어사나 안찰사가 할 일이다.〔初鞫曰問 有司事也 再錄曰審 御史按察事也〕《집주(하) 1031쪽》

6 사죄(死罪)에……의의(議擬)하여 : 사죄는 지극히 중하므로 한번 사형을 집행하면 다시 살릴 수 없다. 그러므로 중앙은 감찰 어사에게 지방은 제형안찰사에게 기록을 다시 살피도록 하고 과연 억울함이 없으면 율에 따라 그 죄를 의의한다.〔惟死罪至重 一斷不可復生 故在內聽監察御史 在外聽提刑按察司 審錄果無冤枉 依律議擬其罪〕《집해 2009쪽》

7 정의(定擬)하여 : ① 37 斷罪無正條

8 회보(回報) : 주문(奏聞)하여 받든 성지(聖旨)를 가지고 회보하는 것이다.〔奏聞シテ奉リタル旨ヲ以テ回報スル也〕《언해 권29 19장》

하면, 직례(直隷)[9]는 형부의 위관(委官)과 감찰 어사가, 지방은 포정사(布政司) 위관과 안찰사 관원이 함께 심리하여 처결한다.

435-2 범인이 진술을 번복하거나[10] 그 가속(家屬)이 억울하다고 하면 즉시 범인을 국문하여, 일이 과연 위왕(違枉)[11]되었으면 처음 추문한 관리와 처음 심리한 관리를 심문하여 고쳐 바로잡는다.[12]

435-3 기록을 다시 살펴보니 억울함이 없는데도 고의로 지연시켜 처결하지 않으면 장 60이다. 원통하고 억울한 사실을 명백하게 말하였는데도 법에 따라 처리하지 않으면 고의나 실수로 타인의 죄를 무겁게 한 것[13]으로 논한다.

직해 옥수를 추문(推問)한 것이 명백하며 일의 정황을 추고(推考)한 것이 완비되면, 도죄·유죄 이하의 죄인은 각 주(州), 부(府), 군(郡), 현(縣)에서 임의로 결단하고 유배 보낸다. 사죄에 이르면 중앙에서는 사헌부가, 지방에서는 안렴사가 자세히 추문하여 억울함이 없으면 율에 따라 죄를 의논하며, 도평의사 및 형조에 전달하여 죄를 헤아린 후에 임금에게 아뢰고, 도평의사 및 형조 등이 사헌부·안렴사에게 회답 문서를 보낸다. 경기(京畿)에 직속된 각처에서는 도평의사·사헌부·형조가, 지방의 각 촌에서는

9 직례(直隷) : 명대의 직례는 오늘날의 강소(江蘇)와 안휘(安徽)인 남직례(南直隷)와 오늘날의 하북(河北)인 북직례(北直隷)이며, 중앙 정부의 직할 지역으로 포정사와 안찰사 등 상급 관청이 없다.

10 진술을 번복하거나 : 원문의 반이(反異)는 이미 범죄 사실을 자백하고 그 앞서의 진술을 번복하는 것이다.〔反異 謂已招承 而又反其前說也〕《전석 권28 7장》

11 위왕(違枉) : 형사 사건을 꼭 알맞은 율문에 의거하여 처리하지 않는 것이다.〔刑名不依正律 曰違枉〕《집해 508쪽》

12 범인을……바로잡는다 : 감찰 어사 혹은 안찰사의 관이 공동으로 처음 추문한 관리 및 처음 심문한 관리와 통틀어 추문하여 율에 따라 개정(改正)한다.〔卽チ監察御史或ハ按察司ノ官ト公同ニ元問ノ官吏ト元審ノ官吏トヲ以テ通シテ倶ニ追問ヲ行ヒ律ニ依テ改正セシムル也〕《언해 권29 21장》 재심(再審)한 관리는 처음 추문한 관리 및 처음 심문한 관리와 만나서 함께 사건을 재심하여 판결을 바로잡는다.《GMC 236쪽》

13 고의나……것 : ④ 433 官司出入人罪

안렴사가 함께[14] 자세히 추문하여 결단한다.

○ 범죄인이 도리어 다른 명목으로 고소하거나 그의 가속이 억울한 일을 슬피 고하면 즉시 추문한다. 일의 정황이 정녕코 어긋나고 잘못되었으면, 처음에 추문한 관원 및 심문한 관리를 한곳에서 자세히 캐묻고 고쳐 바로잡는다.

(○) 심문하고 변정(辯正)하여 억울함이 없는 일을 고의로 지연시켜 집행하지 않으면 장 60이다. 원통하고 억울한 일을 명백히 일컬어 말하였는데 분명하게 들추어 결단하지 않으면, 다른 사람의 죄를 무겁게 한 예 및 고의나 실수로 한 예로 논한다.

●●●

명대 사법 기관

명 초의 중앙 사법 기관은 형부(刑部), 대리시(大理寺), 도찰원(都察院), 응천부(應天府) 등이며, 지방 사법 기관은 제형안찰사사(提刑按察使司), 주(州), 부(府), 현(縣) 등이었는데 대리시는 재심(再審)을 전담하였다. 죄인에 대한 조사 및 심리는 형부, 응천부, 안찰사, 주, 부, 현 등이 담당하는데, 태죄(笞罪)·장죄(杖罪)는 해당 법사에서 처결하지만 도죄(徒罪)·유죄(流罪)는 상급 기관에 보고하여 처결하였으며, 사죄(死罪)는 형부까지 보고하면 형부에서 대리시로 보내 황제에게 보고하여 재결을 받아 시행하였다.

1373년(홍무6) 유사(有司)의 결옥(決獄)에 있어 태 50까지는 현에서 처결하고, 장 80까지는 주에서 처결하며, 장 100까지는 부에서 처결하고, 도죄 이상은 행성(行省)으로 보내어 처결하도록 하였다. 중하게 법을 농락한 범죄는 중서성(中書省)과 어사대(御史臺)가 상의하여 황제에게 보고하고 처결하도록 하였다.

14 함께 : 율문의 공동(公同)을 직해에서는 공도(公道)로 하였다. 38조 처결반군(處決叛軍)에서는 동의(同議)로 하기도 하였다.

1384년(홍무17) 홍무제는 예부(禮部)로 하여금 주・현의 관원이 힘써야 하는 팔사(八事)를 천하에 공포하도록 하였다. 이 가운데 형옥(刑獄)에 관련된 내용이 있는데, 백성이 태죄나 장죄를 범하면 현에서 스스로 처결하고 상급 기관에 보고하였으며, 도죄나 유죄를 범하면 현에서 그 죄를 조사하여 주, 부, 포정사(布政司)에 보고하면 포정사에서 의율(擬律)하여 죄명을 정하였다. 만약 사죄(死罪)를 범하면 현에서 조사하여 주, 부, 포정사에 보고하고, 포정사에서 형부에 보고하여 형부에서 의율하여 죄명을 정하였다. 기타 잡범은 진범을 상급 기관에 보고하면 상급 기관에서 형법 관원을 파견하여 심리・판결하였다. 제사(諸司)의 옥송(獄訟)은 반드시 상세히 심리하였지만, 민간의 사송(詞訟)은 아래에서 위로 소송을 하되 월소(越訴)는 금지하였다.

명대의 핵심 법사는 형부였는데, 명 초 홍무 연간 형부는 헌과부(憲科部), 비과부(比科部), 사문과부(司門科部), 도관과부(都官科部)의 4부로 구성되었다. 형부는 심판을 주관하였고, 심판 업무의 과다로 인해 13청리사(淸吏司)로 확대되어 지방의 상소 안건, 중대 안건, 중앙 관리에 관한 안건 등을 심리하였다. 형부는 유형 이하의 안건은 판결할 수 있었지만, 사형 안건은 황제의 비준을 받아 처리하였다. 형부에서 판결하는 모든 안건은 대리시로 보내 심사를 받았다. 대리시는 형부, 도찰원 등에서 올라온 형사 재판을 심사하여 황제에게 상주할 안건과 기각할 안건을 분별하였는데, 이를 조박(照駁)이라 하였다. 또한 1384년에는 중대 안건을 형부, 대리시, 도찰원의 삼법사에서 모여 심리하도록 하였다. 기타 군인에 관련한 형사 재판은 도독부(都督府)에 단사관(斷事官)을 설치하여 처리하였다.

436
시신의 상처 검험을 사실대로 하지 않음

檢驗屍傷不以實

436-1 시신의 상처를 검험(檢驗)[1]하는 경우, 첩문(牒文)[2]이 도착하였는데도 핑계를 대고 즉시 검험하지 않아 시신이 변질되도록 하거나, 직접 가서 살펴보지 않고 이졸(吏卒)에게 떠넘기거나,[3] 초검(初檢) 관리와 복검(復檢) 관리가 서로 만나 시신의 상태에 대해 담합하거나, 검험에 마음을 쓰지 않아서 시신의 상처 부위를 바꾸거나[4] 가볍게 하거나 무겁게 하거나[5] 더하거나 줄여[6] 사실대로 하지 않아 죽음에 이르게 한 근본 원인을 확정하는 것이 분명하지 않게 되면, 정관(正官)은 장 60, 수령관(首領官)은 장 70, 이전(吏典)은 장 80이다. 오작(仵作)・항인(行人)[7]이 검험을 사실대로 하지

1 검험(檢驗) : 시신의 상처를 검사하고 살피는 것이다.〔檢驗 檢查驗看尸傷也〕《육부 104쪽》

2 첩문(牒文) : 첩(牒)은 하급 관서 간의 평행 문서이다.

3 첩문(牒文)이……떠넘기거나 : 초검할 때에는 죽은 지 오래지 않아 상처가 매우 선명하지만 오래되면 상흔이 변하고 문드러져서 사인을 단정하기가 어렵다. 그러므로 초검할 때 반드시 정관이 이졸에게 떠맡겨 상처에 더하거나 줄이는 폐단이 있게 해서는 안 된다.〔惟初檢之時 其死未久 其傷甚明 若久則發變潰爛 將難定執 故初檢必須正官不可轉委吏卒 致有扶同增減之弊〕《전석 권28 25장》

4 상처 부위를 바꾸거나 : 뇌의 상처를 머리의 상처로 바꾸고 넓적다리의 상처를 갈빗대의 상처로 바꾸어 상처를 입은 것은 같으나 상처 입은 곳이 다른 것이다.〔移易者 如腦傷移作頭腿傷移作肋 傷同而受傷之處不同也〕《전석 권28 25장》

5 가볍게……하거나 : 붉은 색깔은 본래 중한 상처인데 옅은 홍색(紅色)이라 보고하거나 담색(淡色)은 본래 경미한 상처인데 자흑(紫黑)으로 보고하여 상처 입은 곳은 같지만 상처의 경중이 같지 않은 것이다.〔輕重者 如赤色本重 報作微紅 淡色本輕 報作紫黑 受傷之處同 而傷之輕重不同也〕《전석 권28 25장》

6 더하거나 줄여 : 상처가 있는데 줄여서 상처가 없다고 하거나 상처가 조금 있는데 늘려서 상처가 많다고 하는 따위이다.〔增減者 如有傷而減作無傷 少傷而增作多傷之類 是也〕《전석 권28 25장》

7 오작(仵作)・항인(行人) : 오작은 검시・매장을 하는 사람이고 항인은 검시하는 사명(使

않고, 시신의 상태에 대해 담합하면 죄가 또한 같다.[8] 이로 인하여 범인의 죄가 늘거나 줄면, 실수로 타인의 죄를 가볍게 하거나 무겁게 한 죄로 논한다.[9]

436-2 재물을 받고[10] 고의로 검험을 사실대로 하지 않으면 고의로 타인의 죄를 가볍게 하거나 무겁게 한 죄로 논한다.[11] 장(贓)이 무거우면 장을 계산하여 왕법(枉法)으로 보되, 각각 무거운 쪽으로 논한다.

직해 시체의 상처를 검사하고 살필 때, 문서가 도착하였는데 핑계를 대고 미루며 즉시 검사하고 살피지 않아 시체의 색이 변하게 하거나, 직접 살펴보지 않고 영사(令史)나 색원(色員)에게 검시를 떠맡기거나, 처음에 검시

命)의 통칭이다. 도살인을 오작항인으로 삼는 일이 많기 때문에 도항(屠行)이라고도 한다.〔仵作 檢屍及埋葬之人 行人 檢屍使命之通稱 仵作行人 多以屠宰之家爲之 故或稱屠行〕《언해 권29 26장》 오작이란 살인 사건이 발생하였을 때 사시(死屍)를 검험하던 법의(法醫)이고 항은 그를 보조하는 인력으로 보인다. 명대에 사용된 법의학 서적인《세원록(洗冤錄)》에서는 오작을 언급할 때 항상 오작항인을 붙여 사용하였다. 조선 후기에 사용된《증수무원록(增修無冤錄)》에서는 오작을 우리나라 옥쇄장의 부류, 항인을 우리나라 사령의 부류라고 설명하였다.《GMC》에서는 오작과 항인을 별도로 보지 않고 검시관〔the coroners〕이라고 하여 하나로 보았다.〔If the coroners do not examine correctly but harmonize their statements regarding the conditions of the corpses together with {the examining officials of functionaries}, they shall be punished the same.〕《GMC 236쪽》

8 죄가 또한 같다 : 이전(吏典)과 마찬가지로 장 80이다.《부례(하) 531쪽》

9 이로……논한다 : 시체의 상처를 검험하는 데 핑계를 대고 즉시 검험하지 않거나, 직접 시체를 살펴보지 않고 이졸에게 떠넘기거나, 시신의 상태에 대해 초검관과 복검관이 담합하거나, 검험에 마음을 쓰지 않아 시신의 상처 부위를 바꾸거나 상처를 가볍게 하거나 무겁게 하거나 더하거나 줄였을 경우, 따로 사사로운 정을 따른 것이 없으면 공죄(公罪)로 의단하고, 이로 인하여 범인의 죄에 증감이 있으면 정관, 수령관, 이전, 오작, 항인을 실수로 다른 사람의 죄를 가볍게 하거나 무겁게 한 죄로 논한다는 것이다.〔因而罪有增減 以失出入人罪論 謂檢驗屍傷托故 及不親臨監視 符同屍狀 不爲用心檢驗等項 別無循私之情者 亦作公罪擬斷 因而罪有增減者 以失出入人罪論〕《강해 498~499쪽》

10 재물을 받고 : 초복검 관리나 오작이 재물을 받는 것이다.〔若 初復檢官吏 仵作 受財〕《부례(하) 531쪽》

11 재물을……논한다 : 비록 재물을 받지 않았더라도 사사로이 왜곡하여 고의로 검험을 사실대로 하지 않았으면 역시 고의로 타인의 죄를 가볍게 하거나 무겁게 한 죄로 논한다.〔雖不受財 若循私曲 故檢驗不以實者 亦以故出入人罪論〕《강해 499쪽》

한 관리와 두 번째 검시한 관리가 서로 만나 시체의 상태에 대해 뜻을 맞추고, 마음을 써서 검사하고 살피지 않고 경중(輕重)을 바꾸거나 시체의 상처를 더하거나 줄여 사실과 다르게 하면서 죽게 된 사정을 명백히 변별하고 살피지 않으면, 장관은 장 60이고 낭청이면 장 70이고 영사·색원은 장 80이다. 원래 소속되어 검시를 하는 오작인(仵作人)이 시체를 검사하고 살필 때, 사실대로 하지 않은 시체의 상태에 대해 뜻을 같이하면 죄가 같다. 이로 인하여 범죄인의 죄상을 더하거나 줄이면, 실수로 다른 사람의 죄를 가볍게 하거나 무겁게 한 예로 논한다.

(○) 재물을 받고 검시를 사실대로 하지 않으면 고의로 다른 사람의 죄를 가볍게 하거나 무겁게 한 예로 논한다. 장물이 많으면 장물의 수를 계산하여 왕법의 예로 보되, 무거운 쪽으로 논한다.

해설

시체의 상처를 검험하는 자가 소홀히 하지 않고 진심을 다하도록 규정한 조문이다. 핑계를 대고 즉시 검험하지 않거나, 정관이 직접 검험하지 않고 이졸에게 떠맡기거나, 초검 후에 복검 관리가 세심히 살펴보지 않고 시체의 상태를 초검과 동일하다고 기록하거나, 정성을 다하여 검험하지 않아 상처 부위를 다르게 기록하거나, 경중이 바뀌게 하거나, 증감이 있게 하는 폐단을 생기게 하거나, 죽게 된 원인을 명백히 밝히지 못하면 처벌하였다.

437
형벌을 집행할 때 법대로 하지 않음
決罰不如法

437-1 관사에서 사람에게 형벌을 집행할 때 법[1]대로 하지 않으면 태 40이다. 이로 인하여 죽게 되면 장 100이며, 매장은(埋葬銀) 10냥을 고르게 징수한다.[2] 매를 치는 사람은 각각 1등급을 줄인다.[3]

1 법 : 〈오형옥구도(五刑獄具圖)〉에 태, 장, 신장은 정해진 규격이 있다. 형벌 집행 시 가는 쪽 끝을 쓸지 굵은 쪽 끝을 쓸지, 매를 맞는 부위가 볼기인지 볼기와 넓적다리인지 정해진 규례가 있는데 이 모두가 이른바 법이다.〔五刑獄具圖內 笞杖訊 有一定之制 決用小頭大頭 有一定之例 或臀受 或臀腿受 有一定之所 皆所謂法也〕《집주(하) 1036쪽》

2 매장은(埋葬銀)……징수한다 : 몇 가지 쟁점에 대해 주석서에 따라 이설(異說)이 있다. 첫째, 매장은을 누구로부터 징수하는가에 대해 《부례》·《전석》·《집주》는 주사관(主使官) 및 문안(文案)에 함께 서명한 관원이라고 보는 반면에, 《소의》는 여기에 행장인(行杖人)까지 포함된다고 본다. 《전석》과 《집주》는 《소의》의 이 견해에 대해 균(均) 자에 구애되어 잘못 해석한 것이라고 비판하였다.〔主使官與行杖之人〕《소의(하) 657쪽》〔主使 及同署文案之官〕《부례(하) 533쪽》〔均徵埋葬銀 謂當該官吏與同僚官同署押者 疎議諸書 俱謂官與行杖之人 蓋泥均字而失之也〕《전석 권28 31장》〔均徵埋葬 疏議諸書 皆謂官與行杖之人 箋釋謂 止言官吏與同僚之共署文案者 註有當該官吏四字 是應於官吏均徵 不及行杖之人也〕《집주(하) 1037쪽》 둘째, 균징(均徵)의 뜻에 대해 《전석》은 균(均)을 개(皆)와 같은 뜻으로 보아 각자로부터 10냥씩 징수한다고 본 반면에, 《집주》는 총액 10냥을 각자에게 균등하게 나누어 내게 한다는 뜻으로 보았다.〔均字義同皆 正如姦黨律均給充賞之均耳 不然 後聽使下手之人 亦當追埋葬矣 而律何不言均耶 後追埋葬銀 專就監臨官說 不得連及同僚 故不言均耳〕《전석 권28 31장》〔均者 均攤之義 謂於當該官吏名下 均攤共出 非謂每人皆徵一十兩也〕《집주(하) 1036쪽》 셋째, 관원은 형벌 집행을 지시할 때 위법 사항이 없었고 행장인이 규정을 어겨 집행하였을 경우에는 죄좌소유(罪坐所由)라는 율문 규정에 따라 관원의 신체형에서 1등급을 줄여 태 40이나 장 90을 행장인에게 부과하는 것은 분명하나, 수인(囚人)이 죽었을 때 매장은을 누구로부터 징수하는가의 문제이다. 《전석》은 이 경우에도 해당 관리들에게 징수한다고 보았으나, 《집주》는 행장인에게 징수한다고 보았다.〔箋釋……但後云 并罪坐所由 如由行杖之人不如法 則致死之罪 應坐行杖人 豈罪坐行杖人 而埋葬則均徵官吏耶 蓋均字雖指官吏 而追徵埋葬之法 則本致死之罪而來也 竊謂 罪坐官吏 則均徵官吏 罪坐行杖人 則追征行杖人 次節監臨與下手人亦然 俟考〕《집주(하) 1037~1038쪽》

3 매를……줄인다 : 매를 치는 사람이 법대로 하지 않으면, 관리에 비해 1등급을 줄인다. 법

직해 관사에서 사람의 죄를 결단할 때 법대로 하지 않으면 태 40이다. 이로 인하여 죽으면 장 100이고, 장례 비용으로 은 10냥을 별도로 추징한다. 매를 치는 사람은 각각 1등급을 줄인다.

–법대로 하지 않는다는 것은, 태(笞)를 써야 하는데 장(杖)을 쓰거나, 장을 써야 하는데 신장(訊杖)을 쓰거나, 볼기를 쳐야 하는데 허리를 치거나, 넓적다리를 쳐야 하는데 채찍으로 등을 치는 것 등을 이른다.–[4]

직해 법대로 하지 않는다는 것은, 이를테면 태를 치는 것이 합당한데 장을 쓰거나, 장을 쓰는 것이 합당한 사람에게 난장(亂杖)[5]을 치거나, 볼기를 치는 것이 합당한 사람에게 허리를 치거나, 넓적다리를 치는 것이 합당한 사람에게 등을 치는 따위이다.

매를 치는 사람이 형벌을 집행할 때 매가 살갗에 닿지 않으면,[6] 집행한 수[7]를 확인하여 그 수대로 죄를 준다. 모두 소유(所由)를 처벌한다.[8] 재물을 받

대로 하지 않으면 태 30이고, 죽음에 이르게 하면 장 90이다.〔行杖之人 自不如法決人 比官吏各減一等 不如法笞三十 致死杖九十〕《집주(하) 1036쪽》

4 법대로……이른다 : ① 1 五刑

5 난장(亂杖) : 고려·조선 시대에 신체의 부위를 가리지 않고 마구 매로 치던 형벌이라는 설명도 있으나 구체적으로는 발에 가하였던 형벌이다. 이익(李瀷)은 난장이 도적을 다스릴 때 시행하던 형벌로 두 엄지발가락을 묶은 다음 나무를 두 정강이 사이에 세워 발을 위로 매달아 놓고 발끝을 때리는데 발가락 열 개가 다 빠지기도 한다고 하였다.《星湖僿說 卷13 人事門 刑》 정약용(丁若鏞) 역시 난장은 발가락을 뽑아 버리는 형벌이라고 설명하였다.《牧民心書 卷9 刑典 愼刑》 성종 대와 연산군 대에도 발을 난장하여 발가락이 떨어지고 무릎이 썩어 문드러진 자가 매우 많다거나, 발가락이 모두 빠졌다는 기사가 있다.《成宗實錄 20年 12月 24日》《燕山君日記 3年 8月 3日》 1511년(중종6) 본래 국법이 아니라 하여 난장형을 금하고 형신(刑訊)할 때에는 교정장(校正杖)만 쓰도록 하였으며, 1770년(영조46)에는 포도청의 난장형을 없앴다.

6 매를……않으면 : 때리는 것이 너무 가벼운 것이니, 옷을 치거나 땅을 치는 따위이다.〔決不及膚 是打太輕 如打衣打地之類〕《전석 권28 31장》

7 집행한 수 : 살갗에 닿지 않은 수이다.〔所決之數 謂不及膚之數〕《전석 권28 31장》

8 모두 소유(所由)를 처벌한다 : 사람에게 형벌을 집행할 때 법대로 하지 않거나 이로 말미암아 죽음에 이르렀을 때, 비록 함께 문안에 서명한 관리의 수가 많더라도 원래 주사(主使)

으면,[9] 장(贓)을 계산하여 왕법(枉法)[10]으로 보되, 무거운 쪽으로 논한다.
437-2 감림관(監臨官)[11]이 공무로 말미암아 사람의 약한 부위[12]를 법에 맞지 않게 때리거나,[13] 자신이 큰 매 또는 쇠붙이나 손발로 사람을 때려서

한 사람만 처벌한다는 것이다. 또한 매를 치는 사람이 형벌을 집행할 때 형구가 살갗에 닿지 않아 매의 수를 확인하여 죄를 주는 경우, 그것이 관사의 관리가 시켰으면 관사의 관리를 처벌하고, 예졸 자신이 형벌을 집행할 때 살갗에 닿지 않게 하였으면 예졸을 처벌하는 것이다.〔罪坐所由者 謂決人不如法 及因而致死 雖同僉文案官吏數多 止坐原主使之人 又如行杖之人 決不及膚者 驗數抵罪 若係官司主使 罪坐官司 如隸卒自行決 不及膚 罪坐隸卒〕《소의(하) 657쪽》

9 재물을 받으면 : 형벌을 받는 사람이 형구가 살갗에 닿지 않도록 청탁하면서 주는 재물을 받거나, 형벌을 받는 자에게 원한이 있는 집에서 법대로 하지 않도록 청탁하면서 주는 재물을 받는 두 가지 경우가 있다.〔受財有兩項 有被決之人行求決不及膚者 有被決怨家行求決不如法者〕《집주(하) 1038쪽》

10 왕법(枉法) : ④ 367 官吏受財

11 감림관(監臨官) : 부・주・현의 지부・지주・지현 등과 같은 관원이 감림이 되지만, 위(衛)・소(所)의 유사에서 군인을 관할하는 군직도 지칭한다.〔監臨之官 兼有司管軍官言〕《집주(하) 1037쪽》

12 사람의 약한 부위 : 척추, 등, 허리, 옆구리 등 형장을 감당할 수 없는 부위이다.〔虛怯去處謂脊背腰脇等 不勝刑杖之所也〕《집주(하) 1038쪽》

13 감림관(監臨官)이……때리거나 : 1항의 결인(決人)은 단옥(斷獄)에 대해서 말한 것이고, 2항의 인공(因公)은 단옥만을 가리켜 말한 것이 아니다.〔此節決人 專爲斷獄言 下節因公毆打 因公二字 所包者廣 不專指斷獄言〕《전석 권28 32장》〔若監臨官以下 非有罪應決之人〕《전석 권28 31장》 결(決)은 사람의 죄가 정해져서 처벌해야 할 태・장으로 집행하는 것이고, 타(打)는 아직 죄가 정해지지 않은 상태에서 신장(訊杖)으로 견책하는 것이다. 그러므로 1항에서는 결인불여법(決人不如法)이라 하고 행장지인(行杖之人)이라 한 반면에, 2항에서는 비법구타(非法毆打)라 하고 하수지인(下手之人)이라 하였다. 관사(官司)에 대해서는 불여법(不如法)이라 하였으므로 법을 조금 따르지 않은 것이고, 결(決)한 대상은 이미 죄가 정해진 사람이지만, 감림에 대해서는 비법(非法)이라 하였으므로 법을 전혀 따르지 않은 것이고, 타(打)한 대상은 공무에 관련된 사람일 따름이다. 그러므로 관사의 죄는 가볍고 감림의 죄는 무겁다.〔決者 人已定罪 而以應坐之笞杖斷之 打者 人未定罪 而以應行之訊杖責之 故首節曰決人不如法 卽曰行杖之人 次節曰非法毆打 卽曰下手之人 其文義自別 在官司謂之不如法 但於法稍有不依 而所決者又已經定罪之人也 在監臨謂之非法 則於法全然不依 而所打者又止爲公事之人也 故官司之罪輕 而監臨之罪重〕《집주(하) 1039쪽》 바로 뒷부분에는 자(自) 자가 있는 데 비해 비법구타에는 자 자가 없으므로 비법구타는 남을 시켜서 때린 것이라고 해석할 수도 있겠으나, 율문에 사역을 나타내는 명시적인 표지가 없으므로 사람의 약한 부위를 감림관이 직접 때릴 수도 있고 남을 시켜서 때릴 수도 있는 것으로 파악하였다.

절상(折傷) 이상에 이르면[14] 범투상죄(凡鬪傷罪)[15]에서 3등급을 줄이고,[16] 죽음에 이르면[17] 장 100 도 3년에 매장은 10냥을 추징한다.[18] 지시를 받아 직접 때린 사람은 각각[19] 1등급을 줄인다.[20] 모두 소유를 처벌한다.[21]

14 감림관(監臨官)이……이르면 : 감림관이 타인을 시켜서 때리든 자신이 때리든 반드시 절상 이상에 이르러야 처벌하며, 절상에 이르지 않으면 논하지 않는다. 그러나 관사에서 형을 집행할 때에는 법대로 하지 않기만 해도 태 40으로 처벌한다. 이는 관사의 경우 예(例)에 어긋남을 경계하기 때문이고, 감림관은 절상 이상이어야 처벌하는데 이는 감림의 난폭함과 패려(悖戾)함을 미워하기 때문이다.〔監臨官 或令人打 或自毆 必至折傷以上 方坐罪 若未至折傷 卽勿論矣 而官司決人 但不如法 卽坐笞四十 蓋在官司戒其違例 在監臨惡其暴戾也〕《집주(하) 1038쪽》

15 범투상죄(凡鬪傷罪) : ③ 325 鬪毆

16 3등급을 줄이고 : 처벌을 줄이는 정도는 주석서에 따라 다른데, 홍무30년율을 반영하는 주석서들은 2등급을 줄인다.

17 죽음에 이르면 : 감림관이 타인을 시켰는지 자신이 직접 때렸는지 따지지 않는다.〔不問 令人及自毆打〕《소의(하) 658쪽》

18 감림관(監臨官)이……추징한다 : 평인(平人)을 공사(公事)로 말미암아 관에 데려와 심문하다가 절상에 이르거나 죽게 한 경우를 다루고 있다는 점에서 본 2항은 420조 고금고감평인(故禁故勘平人)과 유사한 점이 있다. 420조에서는 평인을 고의로 심문하여 절상 이상이면 범투상(凡鬪傷)(③ 325 鬪毆)에 따라 논하고, 이로 말미암아 죽음에 이르게 하면 참형이다. 《전석》에서는 둘의 차이를 다음과 같이 설명하고 있다. 고감(故勘)은 공법을 차용하였다는 점에서 이 조문 2항의 인공(因公)과 비슷한 점이 있고, 이 인공이 법에 맞지 않는 데에 이르면 고감과 유사한 점이 있다. 그런데도 따로 법규를 만든 것은 그 정상이 다르기 때문인데, 고감은 공법을 빌려 사적인 원한을 씻은 것이니 비록 법대로 고신(拷訊)하였더라도 법을 농단한 죄를 용서할 수 없고, 이 조문 2항은 포악한 분노로 말미암아 지나침에 이른 것이니 비록 법에 맞지 않게 구타하였더라도 공무로 말미암은 정상을 용서할 수 있기 때문이다. 이 점이 처벌이 다른 이유라고 보았다.〔蓋重之於斷獄也 然雖與決獄不同 而亦與故勘有異 故勘平人 折傷以上 依凡鬪傷論 因而致死者斬 自不知者觀之 故勘 所借者公法 有似於因公 因公至逞於非法 有類於故勘 而自立法者 窮其情 則借公法以泄私忿者 雖依法拷訊 而舞法之罪 不可赦也 因暴怒而致過差者 雖非法毆打 而因公之情 則可原也 此所以不同也〕《전석 권28 32장》

19 각각 : 절상 이상과 죽음에 이르게 한 경우이다.〔各字 指折傷以上與致死而言〕《소의(하) 659쪽》

20 지시를……줄인다 : 지시를 받아 직접 때린 사람은 각각 감림관의 죄에서 1등급을 줄인다. 맞은 죄인이 절상이면 범투상죄(凡鬪傷罪)(③ 325 鬪毆)에서 3등급을 줄이고 죽음에 이르면 장 90 도 2년 반이다.〔其聽使下手之人 各減監臨官罪一等 傷者 減凡鬪傷三等 至死者 杖九

직해 장(杖)을 치는 사람이 살갗에 닿지 않게 하면 장을 친 수만큼 죄를 돌려주고, 재물을 받은 자는 장물을 계산하여 왕법의 예로 보되, 무거운 쪽으로 논한다.

○ 감림 관원이 공무로 인하여 사람의 몸의 중요한 부위를 법에 어긋나게 때리거나, 큰 장(杖)・칼날・손발 등의 물건으로 때려 절상을 입히면, 일반적인 싸움에서 상해한 죄에서 3등급을 줄인다. 죽음에 이르면 장 100 도 3년이고, 장례 비용으로 은 10냥을 추징하여 지급한다. 지시를 받아 직접 때린 사람은 각각 1등급을 줄이고, 죄는 일을 일으킨 사람에게 있다.

十徒二年半〕《전석 권28 32장》 청사(聽使)의 사(使)는 감림관이 사람을 때리도록 지시한 것일 뿐 법에 맞지 않게 때릴 것을 지시한 것은 아니다. 만약 법에 맞지 않게 때리도록 한 감림관의 지시를 하수인이 따랐다면 하수인은 처벌하지 않는다.〔聽使之使 謂監臨使令打人 非使令其非法打也 若聽使非法 則事由監臨 下手之人勿論矣 何減一等之有〕《집주(하) 1038쪽》〔其聽使下手之人 若係官司威逼事 不由己者 止坐官司 聽使之人不坐〕《소의(하) 659쪽》

21 모두 소유를 처벌한다 : 주사(主使)한 사람을 처벌하고, 문서에 함께 서명한 동료가 비록 많아도 연좌할 수 없다.〔竝罪坐所由者 其罪亦坐主使之人 同僚雖多 不得連坐〕《소의(하) 659쪽》 책임이 관리에게 있기 때문에 매장은은 행장인・하수인에게 징수하지 않는다.〔竝罪坐所由 由監臨官 坐監臨 同僚雖多 不得連坐 由下手重者 坐下手之人 兩追埋葬 俱不及行杖下手之人 責在官吏故也〕《전석 권28 32장》 1항과 2항에서 모두 소유를 처벌한다고 하였으므로 관사나 감림으로 말미암으면 행장인이나 하수인은 처벌하지 않고, 행장인이나 하수인으로 말미암으면 관사나 감림은 처벌하지 않는다. 이에 대해《집주》에서는 한 가지 문제점을 제시하였다. 420조 고금고감평인(故禁故勘平人)에서 옥졸이 실정을 알았으면 더불어 죄가 같고, 422조 능학죄수(陵虐罪囚)에서 제뢰관(提牢官)이 알고도 적발하지 않으면 더불어 죄가 같다. 그런데 본 조에서 만약 관사나 감림으로 말미암으면 행장인이나 하수인이 몰랐다고 하기 어렵고, 행장인이나 하수인으로 말미암으면 관사나 감림이 또한 적발하지 않을 수 없을 것이다. 그러나 행장인이나 하수인은 모두 관사나 감림에게 지시를 받으므로 시키면 따르지 않기 어려우니 관사나 감림으로 말미암으면 행장인이나 하수인은 그래도 죄를 논하지 않을 수 있지만 행장인이나 하수인으로 말미암았는데 관사나 감림이 그 작폐(作弊)를 보고도 그 죄를 묻지 않았다면 끝내 관사나 감림의 죄를 논하지 않을 수 없다는 것이다. 즉 행장인이나 하수인으로 말미암으면 관사나 감림은 처벌하지 않는다는 규정이 옳은지 고찰해 볼 필요가 있다는 입장이다.〔兩節俱有罪坐所由之文 則由官司監臨者 行杖下手之人卽不坐 由行杖下手之人者 官司監臨卽不坐矣 按故勘平人內 獄卒知情與同罪 凌虐罪囚內 提牢官知而不擧與同罪 今此條若由官司監臨 則行杖下手之人 亦難言不知 若由行杖下手之人 則官司監臨 又何可不擧 然行杖下手之人 皆聽命於官司監臨者 有所主使 勢難不遵 則由於官司監臨者 行杖下手之人 猶可勿論 由於行杖下手之人 而官司監臨視其作弊而不問 亦竟勿論乎 俟考〕《집주(하) 1038～1039쪽》

-공무로 말미암았다는 것은 사사로운 마음을 품은 것이 아니고, 자신과 관련된 일이 아닌 것을 이른다.[22] 예컨대 유사 관원이 전량(錢糧)을 독촉하여 징수하거나 공사(公事)[23]에 대해 국문하거나 제작을 관리하거나 공정(工程)을 감독할 때 소속 관리·인부(人夫)·장인(匠人)을 때리는 따위, 그리고 군대를 관리하는 관원이 군마를 조련하거나 무예를 연습시키거나 군대를 독려하여 정벌하러 나아가거나 성지(城池)를 수리할 때 총기(摠旗)·소기(小旗)·군인(軍人)을 때리는 따위이다.[24]-

직해 이를테면 정황상 사사로운 마음을 품지 않고 사적인 일이 아닌 바로써, 일을 맡은 관원이 전량을 재촉하여 징수하거나 공사를 추문(推問)하거나 맡아서 만들도록 시키는 공무를 감독하는 등의 일로 관리나 공장(工匠) 등을 때려 상해하거나, 군을 관리하는 관원이 군마를 조련하거나 무예를 연습시키거나 행군을 재촉하거나 성곽을 수리하는 등의 일로 백호(百戶)·통주(統主)·군인 등을 때려 상해하는 따위이다.

사람의 볼기·넓적다리 등 형벌을 받는 부위를 법대로 때리다가 뜻하지 않게 죽게 되거나, 자진(自盡)하면 모두 논하지 않는다.[25]

22 사사로운……이른다 : 사적인 원한을 품은 것이 아니고, 자기의 이해관계에 관련된 것도 아니며, 단지 공무에 관련될 따름인 것을 이른다.〔梯ハ木階也 事可級而上者 亦曰梯 又凭也 情ニ於テ私ノ讐ヲ挾ムニアラス事ニ於テ自己ノ利害ニ梯コトアルニモ非ス只公務ノ事ニノミカカリタル者ヲ謂フ也〕《언해 권29 32장》 만약 자기의 이해관계에 관련된 것이거나 사적인 감정을 품고 공무를 빙자하여 평인을 구타하면 고감(故勘)의 본율(④ 420 故禁故勘平人)로 논한다.〔若梯己事 挾私借公 毆打平人 自有故勘本律〕《전석 권28 32장》〔若非公事 以故勘平人論〕《집주(하) 1036쪽》

23 공사(公事) : 여기서는 형사 사건을 가리킨다. ④ 420 故禁故勘平人

24 예컨대……따위이다 : 일체 행해야 하는 공무로서 실정에 있어 사사로운 마음을 가진 것이 아니고, 일이 자기와 관련된 것이 아니면 모두 이에 해당한다. 공무에서 잘못되거나 늦어지는 일이 있으면 비록 매질하지 않을 수 없으나 본래 지켜야 하는 법이 있다.〔凡一切應行公務 但情不涉私 事非梯己者 皆是也 於公事而有違誤遲緩 雖不能廢鞭朴 然固有法也〕《집주(하) 1037쪽》

25 사람의……않는다 : 1항의 관사에서 형벌을 집행하는 일과 2항의 감림관이 공무로 말미암아 타인을 견책하는 일을 통틀어 받아서 말한 것이다.〔統承官司決罰監臨因公事責人言〕《집주(하) 1037쪽》 율문에서는 비록 논하지 않는다고 하였으나, 인명과 관련된 일이므로 반드시 410조 불응위의 장죄로 물어야 한다.〔律雖勿論 但干人命 須問不應杖〕《부례(하) 535쪽》

직해 사람이 규정에 의해 형벌을 받는 부위인 볼기, 넓적다리를 법대로 때렸는데 우연히 죽게 되거나 자진하여 죽으면 각각 논하지 않는다.

해설

범죄자에 대한 처벌이 정해진 뒤, 신체형의 집행을 규정대로 하지 않는 행위에 대한 처벌 규정이다. 감림관이 공무와 관련하여 범죄자가 아닌 사람, 즉 소속 관리·군인·장인 등에게 절상 이상의 상해를 입힌 경우도 다루고 있다.

438
장관이나 사신이 죄를 범함
長官使人有犯

지방에 있는 각 아문의 장관[1]이나 사신(使臣)으로 나간 인원[2]이 현재 있는 곳에서 죄를 범하면[3] 관할하에 있는 소속 관원 등이 멋대로 추문(推問)할 수 없고, 모두 반드시 상급 관사에 보고한 뒤에 구처(區處)[4]한다. 사죄(死罪)를 범하면 신병을 확보한 뒤 회보(回報)를 기다린다. 맡아 가지고 있는 인신(印信)과 자물쇠·열쇠는 차관(次官)[5]에게 넘겨주어 간수해 두고 관리하게 한다. 장관이 없어서 차관이 인신을 맡고 있을 때에도 역시 장관의 경우와 같게 처리한다. 어기면 태 40이다.

직해 각 관사나 주·현의 장관, 또는 사신으로 나간 관원이 소재지의 거처에서 죄를 범하면, 그 아래에 있는 소속관이 즉시 추문할 일이 아니므로, 서울이면 도평의사(都評議使)에게, 지방이면 안렴사(按廉使)에게 반드시 보고하여 재결을 받는다. 사죄를 범하면 소재 관사에서 맡아 지키면서 재결을 기다리고, 맡고 있던 인신·문서·자물쇠 등은 차관에게 전하여 맡게 한다. 장관이 없어서 차관이 인신을 관리하는 경우도 장관과 같게 처리한다. 이를 어긴 자는 태 40이다.

1 지방에……장관 : 포정사, 안찰사, 지부, 지주, 지현 따위이다.〔凡在外各衙門之長官 如布政按察使知府知州知縣之類〕《집해 2026쪽》

2 인원 : ② 193 公差人員欺陵長官

3 지방에……범하면 : 임소에서 죄를 범하거나 중앙의 관원이 명을 받아 사신으로 나간 곳에서 죄를 범한 경우이다.〔於任所有犯 及在京官奉命 於出使去處有犯〕《집해 2026쪽》

4 구처(區處) : 구(區)는 사정을 분별하는 것이고, 처(處)는 그 죄를 결단하는 것이다.〔區是分別事情 處是決斷其罪〕《집해 194쪽》

5 차관(次官) : 《집해》는 차좌이관(次佐貳官), 좌이관으로 해석하였다. 《집해 2027쪽》 한편, 《소의》에서는 참정이나 동지와 같은 부류라고 하였다.〔如參政同知之類〕《소의(하) 661쪽》

해설

장관은 아문의 우두머리이고 사신은 황제의 명을 받든 자이므로 장관과 사신이 현지에서 신병 구속 등 욕을 당하는 것을 최소화하고 예우하기 위해 마련한 규정이다. 그러나 장관과 사신이 사죄(死罪)를 범하면 이 예우를 받을 수 없다.

439
단죄할 때 율령을 인용함

斷罪引律令

439-1 단죄(斷罪)[1]할 때에는 모두 반드시 율령(律令)[2]을 온전히 갖추어 인용한다.[3] 어기면[4] 태 30이다. 여러 사안이 같은 조문에 있으면 범한 죄에 해당하는 율문만 인용하도록 한다.[5]

1 단죄(斷罪) : 죄수를 판결할 때 적합한 죄명을 논의하여 적용하는 것이다.〔科斷罪囚 議擬罪名〕《전석 권28 33장》

2 율령(律令) : 대명률과 대명령이다.《언해 권29 37장》 청률에서는 율령을 율례(律例)로 보았다.《집주(하) 1040쪽》

3 율령(律令)을……인용한다 : 죄명을 의의(擬議)할 때 반드시 율령의 이치를 관통해 꿰어 인용하는 것을 구인(具引)이라 이른다.〔議擬罪名 須摘律令之理貫串 謂之具引〕《부례(하) 537쪽》 구인은 율문 전체를 구체적으로 기재하는 것이다.〔具引者 備載也〕《집주(하) 1040쪽》 가령 강도가 재물을 얻으면 '강도를 행하여 재물을 얻기만 하면 모두 참형이다.'라고 구인해야지 단지 '강도는 마땅히 참형이다.'라고 해서는 안 된다는 것이다.〔具引者 如强盜得財則具引强盜已行而但得財者皆斬 不得但曰强盜應斬也〕《집주(하) 1041쪽》 또 다투다 때려서 사람을 죽이면 '다투다 때려서 사람을 죽이면 손발, 다른 물건, 쇠붙이, 칼날을 사용하였는지 따지지 않는다.'(③ 313 鬪毆及故殺人)라는 율문을 구인해야 한다.〔鬪毆殺人 具引鬪毆殺人者 不問手足他物金刃之文〕《전석 권28 33장》

4 어기면 : 만약 태형, 장형, 도형, 유형, 교형, 참형을 말하는 데 그치고 율령을 구인하지 않으면 위(違)이다.〔若止言笞杖徒流絞斬 而不具引律令者 謂之違〕《부례(하) 537쪽》 율문을 부분만 떼어 내거나 인용하여 율례의 뜻에 부합하지 않아 간교한 폐해를 일으키게 될 것을 염려한 것이다.〔恐割裂摘引 不合律例之意 而爲姦弊之地也〕《집주(하) 1040쪽》

5 여러……한다 : 가령 어떤 사람이 제기(祭器)를 훔쳤으면 280조 도대사신어물(盜大祀神御物)에서 제기의 율문만 인용하고, 훔친 제기가 완성되지 못한 것이면 영조미성(營造未成)의 율문만 인용하며, 아직 진배(進排)하지 않은 신령이 사용하는 물건, 제사에 올리는 옥백(玉帛)·생뢰(牲牢)·찬구(饌具)나 이미 바쳐서 제사를 마친 뒤의 물건이면 각각 그 율문을 인용하도록 한다.〔設有人盜祭器 卽合止引祭器之文 若祭器營造未成 卽合引營造未成之文 或未進伸{神}御玉帛牲牢饌具 已奉祭訖之物 卽合各引其文〕《전석 권28 33장》 여러 가지 사안이 같은 조문에 있다는 것은, 297조 사기관사취재(詐欺官私取財)를 예로 들면 모인(冒認), 광잠(誆賺), 국편(局騙), 괴대(拐帶) 이 네 가지 사안이 이 한 조문 안에 들어 있는데, 범한 것이 모인이면 모인을 인용하는 데 그치는 것이다.〔數事共條者 如冒認誆賺局騙拐

439-2 특지(特旨)로 단죄한 것은 임시로 처치한 것이어서 율로 정할 수 없으니 인비(引比)[6]하여 율로 삼을 수 없다.[7] 멋대로 인비하여 죄를 가볍게 하거나 무겁게 하면, 고의나 실수로 타인의 죄를 가볍게 하거나 무겁게 한 것으로 논한다.[8]

직해 죄인은 반드시 율령에 견주어서 인용하여 결단한다. 이를 어기면 태 30이다. 율문에 견주어 보아 여러 조(條)가 있으면, 범한 바에 가장 들어맞는 조를 따른다.

(○) 왕지(王旨)로 결단하여 정해진 율로 적용할 수 없는 죄수는 감히 율에 견주어 끌어다 쓸 수 없으니, 곧 자기 마음대로 율에 견주어 죄수의 죄

帶四事一條 犯係冒認 則止引冒認也 餘可類推〕《집주(하) 1041쪽》

6 인비(引比) : 인율비부(引律比附)로, 어떤 죄에 대해 율문에 꼭 맞는 조문이 없을 때에는 사정을 고려하여 비슷한 조문에서 유추하여 적절히 가감해서 죄를 정하는 것을 말한다. 가령 도성 문의 자물쇠를 문을 지키는 사람이 유실할 경우, 율문에는 잘못하여 도성 문을 잠그지 않은 것에 대한 규정(③ 219 門禁鎖鑰)만 있지, 자물쇠를 유실한 죄는 따로 없다. 이것이 '기재한 것이 사정을 다 포괄할 수는 없다.'라는 것이므로 이치를 따져 미루어 보아야 한다. 성문의 자물쇠는 인신(印信), 동패(銅牌)와 함께 모두 관방(關防)하는 물건이므로 이를 유실하면 인신이나 동패를 유실한 데 대한 율문(① 65 棄毁制書印信)을 비부(比附)하여 의단(擬斷)하는 것이다.〔如京城門鎖鑰 守門者失之 于律止有誤不下鎖鑰者 別無遺失之罪 是該載不盡也 卽宜以理推之 城門鎖鑰與印信銅牌 俱爲關防之物 今旣遺失 則比附遺失印信銅牌之律 擬斷是也〕《집설 권1 71장》

7 특지(特旨)로……없다 : 임시로 처치한 것은 한때 변통한 법으로 상률이 아니다. 그러므로 인비하여 율문으로 삼아서는 안 된다.〔臨時處治 一時變通之法 非常律也 故不得引比爲律〕《석의 권28 21장》 율례는 두루 행하여 영원히 지켜야 할 법이다. 특지를 받들어 죄를 판단하는 것은 혹은 가볍게 혹은 무겁게 하여 임시적인 편의에 따라 처치하는 것이어서 율로 삼도록 정한 것이 아니다. 두루 행하여 영원히 지켜야 하는 율에 비할 바가 아니므로 특지로 인한 것을 율로 삼아 비의(比擬)하여 단죄해서는 안 된다.〔律例乃通行永遵之法 其奉特旨斷罪 或輕或重 係臨時權宜處治 不定爲律者 則非通行永遵之比 不得因此特旨 比擬爲律以斷罪〕《집주(하) 1041쪽》

8 고의나……논한다 : 고의로 인비(引比)하였으면, 고의로 타인의 죄를 무겁게 하거나 가볍게 한 전죄(全罪), 또는 늘리거나 줄인 만큼의 죄로 처벌한다. 실수로 인비하였으면 타인의 죄를 실수로 가볍게 한 만큼의 형량에서 5등급, 실수로 무겁게 한 만큼의 형량에서 3등급을 줄여 처벌한다.〔故行引比者 以故出入人全罪 及所增減坐之 失行引比者 以失出入人罪減等坐之〕《집주(하) 1040쪽》〔有意徇私引比 則坐故出入 不諳錯誤引比 則坐失出入也〕《집주(하) 1041쪽》

를 무겁게 하거나 가볍게 하면 고의 또는 실수로 한 예로 논한다.

해설

관사에서 죄수를 과단(科斷)하여 죄명을 의의(擬議)할 때에는 모두 반드시 율령 전문을 구체적이면서도 자세히 인용하도록 한 규정이다. 관사에서 죄를 의단(擬斷)할 때 율문을 온전히 갖추어 인용해야 하며, 율문의 합당하지 않은 부분을 떼어 내거나 가려내어 인용해서는 안 된다. 다만 율문 내에 여러 가지 사안이 한 조문에 있는데 의단하는 죄가 단지 한 가지 사안에 합당하면 한 가지 사안만을 인용하여 의단한다. 황제의 특지를 받들어 의단하는 경우는 임시로 편의상 처벌하는 것으로, 영원히 준수해야 할 법률이 될 수 없기 때문에 이를 인비(引比)하여 율문으로 삼을 수는 없다. 율문을 온전히 갖추어 인용하는 것은 상도(常道)이며, 율문으로 정하지 않은 특지를 받드는 것은 권도(權道)이므로 상도와 권도를 아울러 쓰도록 한 것이다.

440
옥수에게 승복하거나 변론하는 문서를 받음
獄囚取服辯

440-1 옥수(獄囚)의 죄가 도죄(徒罪), 유죄(流罪), 사죄(死罪)이면 각각 옥수 및 그의 가속(家屬)을 불러[1] 의단(擬斷)한 죄명을 자세히 알려 주고, 이어 옥수에게 승복하거나 변론하는 문서[2]를 받는다. 승복하지 않으면 죄수 자신이 변론하게 하고 다시 자세히 심리한다. 어길 경우 도죄나 유죄이면 태 40, 사죄이면 장 60이다.

440-2 옥수의 가속이 300리 밖에 있으면 옥수에게 승복하거나 변론하는 문서만 받고, 가속에게 죄명을 자세히 알려 주는 규정은 적용하지 않는다.

직해 수인(囚人)의 도죄·유죄·사죄 등을 결단할 때 수인을 부르고, 그의 처자식 등을 모두 한곳으로 오게 하여 결단한 죄명을 일러 주고서 수인에게 명백히 승복한 문서를 받는다. 승복하지 않으면 스스로 변론하도록 허락하고 다시 자세히 철저하게 심문한다. 이를 어길 경우 도죄, 유죄이면 태 40이고 사죄이면 장 60이다.

(○) 수인의 처자식이 300리 밖에 멀리 있으면 오직 수인의 승복하는 문서만 받고, 멀리 있는 처자식에게는 죄명을 일러 주는 규정을 적용하지 않는다.

1 가속(家屬)을 불러 : 억울한 점이 있는데도 옥수가 우매하여 스스로 변론하지 못할 경우 가속이 그를 대신하여 변론할 수 있게 하기 위한 것이다.〔又必喚囚之家屬 具告所斷罪名者 恐囚愚昧 雖有冤情 不能自直 家屬中或有爲之代理者也〕《집주(하) 1042쪽》 동거하는 유복친이 모두 가속이다.〔家屬 同居有服之親 皆是〕《집해 2030쪽》

2 승복하거나 변론하는 문서 : 원문의 복(服)은 마음으로 승복하는 것이고, 변(辯)은 변론하고 따지는 것이다. 의단한 죄가 타당하면 수인(囚人)이 이에 승복하고, 의단한 죄가 부당하면 수인이 이에 불복하고 억울한 점을 변론하여 따진다.〔服者心服 辯者辯理 不當則辯 當則服〕《집주(하) 1041쪽》〔服ハ心服也所斷ノ罪情法相當テ囚人己カ罪ニ服スル也辯ハ辯理也所斷ノ罪情法相當ラサレハ囚心不服シテ詞アリテ其枉曲ナルコトヲ辯シ理リテ自ラ其冤ヲ訴フ〕《언해 권29 39~40장》

441
사면 전에 단죄를 부당하게 함
赦前斷罪不當

사면(赦免) 전에 형사 사건을 처리하였는데 단죄(斷罪)에 부당함이 있을 경우, 만약 가벼운 죄를 무거운 죄로 처리하였으면 고쳐 바로잡아 가벼운 죄를 따라야 하고, 무거운 죄를 가벼운 죄로 처리하였는데 무거운 죄가 일반적인 사면으로는 용서받지 못하는 죄이면[1] 율에 따라서 추가로 단죄한다.[2][3] 관리가 고의로 타인의 죄를 가볍게 하거나 무겁게 하였으면 비록 사

1 일반적인……죄이면 : ① 16 常赦所不原

2 추가로 단죄한다 : 원문은 첩단(貼斷)으로, 첩(貼)은 덧붙이는 것이다. 장 100으로 단죄해야 하는데 장 60으로 처결하면 부족분 장 40을 덧붙여서 합계 장 100으로 삼는 것을 첩단이라 한다.〔貼ハ增益也杖一百ヲ斷スヘキヲ已ニ六十ヲ決ス猶四十ノ不足アリ追テ杖四十ヲ以テ六十ノ上ニ增益シテ一百トナスヲ貼斷ト云〕《언해 권29 42장》

3 사면(赦免)……단죄한다 : 사면 전에 처단한 형사 사건이 본래 범한 죄보다 가볍거나 무거워 부당하고 아직 논결하기 전인데, 사면 이후에 이러한 상황이 드러나면 죄의 경중을 다시 조정하여 본래 범한 죄를 치르도록 하는 것이다. 즉, 가벼운 죄를 무겁게 하였으면 부당하게 무겁게 한 죄를 바로잡아서 본래 범한 가벼운 죄에 따라 사면에 응하여 면죄하고, 무거운 죄를 가볍게 하였는데 그 무거운 죄가 일반적인 사면으로는 용서받지 못하는 죄이면 추가로 단죄하는 율에 따른다. 본래 범한 죄를 치르도록 해서 요행히 면하지 못하게 하는 것이다.〔赦前處斷過刑名 於所犯本罪輕重不當 尙未論決 至赦後發露 若處輕罪爲重 則改正其不當之重罪 以從本犯之輕罪 應赦則免 若處重罪爲輕 其重罪若係常赦所不免者 則依貼斷之律 仍盡本犯之罪 不令倖免也〕《집주(하) 1042쪽》〔赦宥以前處斷刑名 而罪有不當者 若其情輕該宥 却處作重罪 使遇赦不得宥者 則當改輕而宥之 其情本重 却處作輕罪 則詳其原犯之重罪應赦宥者 亦宥之 若係常赦所不免之罪 則依律貼斷〕《집해 2031쪽》

《전석》 등의 여러 주석서는 가벼운 죄를 무겁게 한 것은 모두 사면하고 무거운 죄를 가볍게 한 것은 모두 사면하지 않는다고 보았으나, 《집주》는 경죄에도 일반적인 사면령으로 사면할 죄와 사면하지 못할 죄가 있고 중죄에도 이 구별이 있으므로 일률적으로 말할 수 없다고 하였다.〔常赦所不原內 亦有輕罪不赦 重罪得赦者 蓋以犯事之情由爲憑 不限輕重也……故處輕爲重者 但言改正從輕 不言應否赦免 以輕罪內亦有不應赦免者也 處重爲輕者 則曰其常赦所不免者依律貼斷 觀其字之義 則知重罪內有常赦應原而不貼斷者矣 律文簡密 精嚴如此 箋釋諸家 皆謂輕罪當赦 重罪不赦 殊非律意〕《집주(하) 1043쪽》

면을 만나더라도 모두 용서하지 않는다.[4]

직해 사면 전에 형사 사건을 결단할 때, 죄상에 딱 맞게 하지 못하고 가벼운 죄를 무거운 죄로 결단하였으면 다시 바로잡아 가벼운 죄로 하며, 무거운 죄를 가벼운 죄로 결단하였으면 비록 사면의 교지가 내려도 사면받지 못하는 경우는 율에 따라 그에 준하여 결단한다. 관리가 고의로 죄를 가볍게 하거나 무겁게 한 것은 마침 사면의 교지가 내려도 사면하지 않는다.

해설

사면에서 감형될 것을 예상하여 본죄의 형량을 임의로 바꾸어 단죄하는 것을 방지하기 위한 규정이다.

4 관리가……않는다 : 원래 추문한 관리가 당초 실수로 죄를 무겁게 하거나 가볍게 하였으면 처벌하지 않으나,〔其原問官吏 原係失於出入者 免科〕《전석 권38 34장》 고의로 하였으면 사면을 만나도 모두 용서하지 않고 관사고출입인죄(官司故出入人罪)로 논한다.〔此輕出重入 處斷官吏係無心之失 亦得赦免 若故出入 則雖會赦并不原宥 仍依故出入論罪〕《집주(하) 1042쪽》 ④ 433 官司出入人罪

442
은사가 있을 것을 듣고 고의로 죄를 범함
聞有恩赦而故犯

442-1 은사(恩赦)[1]가 있을 것을 들어 알고 고의로 죄를 범하면 일반적인 범죄[2]에 1등급을 더한다. 비록 사면을 만나더라도 모두 용서하지 않는다.
442-2 관사에서 은사가 있을 것을 들어 알고 고의로 수인(囚人)의 죄를 논죄하여 처결하면[3] 고의로 타인의 죄를 무겁게 한 죄[4]로 논한다.[5]
직해 가까운 시일에 사면의 교지가 있을 것을 들어서 알고 고의로 죄를 범하면, 일반적인 범죄의 예에 1등급을 더하되 비록 사면이 있어도 모두 사면하지 않는다.

1 은사(恩赦) : 성인(聖人)이 호생(好生)하는 마음으로 백성이 범한 죄를 용서해 주어 개과천선하게 하려는 뜻이다.〔聖人ノ好生ノ心ニテ民ノ罪ヲ犯ス者宥メラルルコトヲ得テ前ノ愆ニ徵テ善ニ遷ルヤウニトノ意也〕《언해 권29 43장》

2 일반적인 범죄 : 사면이 있을 것을 예상하지 않은 상태에서 저지른 범죄를 가리킨다.

3 논죄하여 처결하면 : 이를테면 사형과 태형·장형을 이미 집행하였거나 유죄(流罪)인 죄수가 배소에 이르거나, 도죄(徒罪)인 죄수가 이미 노역을 마치면 이들은 모두 이미 논결한 것이다.〔謂死罪及笞杖已決訖 流罪已致配所 徒罪已役訖 此等竝爲已行論決〕① 29 公事失錯
반면《집설》에서는 도죄의 경우 죄수가 노역에 처해지는 것, 유죄의 경우 죄수가 배소를 향해 출발하는 것을 논결한 것으로 보고 있다.〔已經論決 謂笞杖已決 徒已役 流已配〕《집설 권1 50장》

4 고의로……죄 : ④ 433 官司出入人罪

5 관사에서……논한다 : 사면이 있을 것을 듣고 고의로 논결하는 것은 차마 해서는 안 될 일일 뿐 아니라 죄수로 하여금 은사를 만나 사면받지 못하게 하는 것이다. 그중에는 재물을 받고 청탁을 들어주거나 사사로운 정을 끼고 원한을 품고서 하는 자도 있을 것이므로 그 법을 엄하게 하는 것이다. 이전에 죄를 범하였다고 하더라도 뒤에 사면을 받으면 죄가 없는 것과 같은데, 고의로 먼저 논결한다면 은사를 받지 못하도록 하는 것이므로, 고의로 타인의 죄를 무겁게 하는 것과 같다.〔聞赦故論決 不特深刻殘忍 使罪囚不得邀恩宥免 其中恐有受財聽囑挾私銜怨而爲之者 故嚴其法也 先雖犯罪 後已應赦 則猶無罪者矣 而故先論決 非故入而何〕《집주(하) 1044쪽》

(○) 관사에서 가까운 시일에 사면의 교지가 있을 것을 들어서 알고 고의로 죄수를 논결하면 고의로 다른 사람의 죄를 무겁게 한 예로 논한다.

해설

사면한다는 사실을 알고 죄를 범하거나 죄수를 논결(論決)하는 것을 방지하기 위해 만든 규정으로, 간사한 백성과 혹리(酷吏)를 경계하는 조문이다.

443
도죄수가 역에 응하지 않음
徒囚不應役

443-1 염장(鹽場)이나 야철장(冶鐵場)에서 복역하는 도죄수(徒罪囚)가 역(役)을 시작해야 하는데 시작하지 않거나, 도죄수에게 병으로 인해 휴가를 주었다가 병이 이미 나았는데도 날수를 계산하여 추가로 역을 더 지게[1] 하지 않을 경우,[2] 3일이 지나면 태 20이고 3일마다 1등급을 더하되 죄는 장 100에 그친다.[3]

443-2 도죄수의 도역 연한이 차지 않았는데 감림(監臨)·주수(主守)가 고의로 놓아주어 도망하여 돌아가게 하거나 타인을 고용하여 대체하도록 하면, 도죄수가 역을 져야 하는 날수를 헤아려 그 날수만큼 도역을 지게 한다.[4] 모두 소유(所由)를 처벌한다.[5] 재물을 받으면 장(贓)을 계산하여 왕법

1 추가로……지게 : 역(役)을 쉰 일수를 계산하여 보충해서 복역(服役) 기간을 늘리는 것이다. 본래 도역의 날수를 계산할 때는 1년을 360일로 하는데 도죄수가 50일간 아파서 역을 쉬면 병이 나은 뒤 추가로 50일간 역을 져야 하므로 총 410일이 되어야 석방된다.〔貼役假ノ間役ヲ欠タル日數ヲ計テ補ナヒ足シテ日ヲ增スヲ貼役トイフ一年三百六十日役使滿テ免シ放ツヘキ徒囚病ムコト五十日ナレハ痊可ノ後ニ五十日ヲ補役シ訖テ又本役ノ日ヲ計リテ三百六十日ニ滿ツルトキハ貼役ヲ併セテ四百一十日ニシテ限ノ日滿テ免シ放ツナリ是ヲ貼役トイフ〕《언해 권29 45장》

2 염장(鹽場)이나……경우 : 역을 시작해야 하는데 시작하지 않는 경우는 배소에 새로 오는 도죄수를 가리켜 말한 것이고, 도죄수가 병을 앓았다가 나아서 쉰 기간만큼 역을 더 지게 해야 하는데 하지 않는 경우는 이미 역을 지고 있는 도죄수를 가리켜 말한 것이다.〔應入役而不入役 指徒囚新到配所者言 徒囚患病至貼役 指見在徒囚言〕《전석 권28 35장》〔應入役而不入役 言新到之囚 病痊不貼役 言現役之囚〕《집주(하) 1045쪽》

3 3일이……그친다 : 역을 시작해야 하는데 시작하지 않는 것과 날수를 계산하여 추가로 역을 더 지게 하지 않는 것 양쪽을 다 받아서 말한 것이다.〔過三日以下 總承應入役不入役不令計日貼役二項而言〕《전석 권28 35장》

4 도죄수의……한다 : 감림·주수가 도죄수를 포획하지 못한 경우에 대한 처벌을 말한 것이다. 도죄수를 포획하였다면 도죄수는 도망한 죄(④ 414 徒流人逃 1항)를 물어 복역 기간을

(枉法)으로 보되, 무거운 쪽으로 논한다.[6] 이어 도죄수를 붙잡아 율에 따라 죄를 논하고, 역을 추가로 부과한다.[7]

직해 염장이나 취련소(炊鍊所)에서 부역할 도죄수들에 대해 부역(赴役)이

새로 기산(起算)하고, 주수는 죄수를 놓친 죄(④ 414 徒流人逃 3항)만 처벌받으며 역의 결손 기간을 도역(徒役)으로 채우는 처벌은 받지 않는다.〔謂以囚人未滿之月日 坐監守之人抵充也 此爲未獲徒囚者言 若獲囚 則囚問在逃之罪 從新拘役 主守止問縱囚之罪 亦不抵數徒役矣〕《전석 권28 35장》 414조 도류인도에서는 주수나 압해인(押解人)이 도류인(徒流人)을 고의로 놓아주면 도류인과 같은 죄로 처벌하는 데 비해, 여기서는 감림·주수가 도죄수로 하여금 역장(役場)에서 도망하여 집으로 돌아갈 수 있게 고의로 놓아주었을 때 빠진 날수만큼 역을 지게 하여 처벌이 훨씬 가볍다.〔按 徒流人逃律故縱者同罪 此亦故縱而科罪不同 蓋彼曰逃 是縱之使去而不返也 此曰逃回 是縱之回家以歇役耳〕《집주(하) 1046쪽》

5 모두 소유(所由)를 처벌한다 : 도죄수를 관장하는 감림·주수가 여럿일 때 모두 처벌하는 것이 아니라 고의로 놓아주거나 타인을 고용하여 대체하도록 한 자만 처벌하는 것이다.〔【其監守雖多】竝罪坐所由【縱容之人】〕《청률 徒囚不應役》《집주(하) 1044쪽》

6 재물을……논한다 : 《전석》은 이 부분이 1항의 추가로 역을 더 지게 하지 않는 것과 2항의 고의로 놓아주어 도망하여 돌아가게 하거나 타인을 고용하여 대체하도록 하는 것을 모두 받아서 말한 것으로 보았으나,〔受財上無圈 則似單指本條 然病痊不令貼役者 安知無受財事 而囚罪亦未及言 則又以總承不令貼役 故縱逃回 容令雇替三項而言之爲當也〕《전석 권28 35~36장》 《집주》는 수재(受財) 앞에 권점(圈點)이 없으므로 2항만 받는 것으로 보았다. 도죄수의 병이 다 나았는데도 감림·주수가 쉰 일수만큼 역을 추가로 부과하지 않은 경우에, 감림·주수가 도죄수의 뇌물을 받는 일이 있을 수 있다는 《전석》의 주장에 동의하기는 하나, 율문의 수재 앞에 권점이 없으므로 구조상 수재 이하는 2항에만 걸린다고 본 것이다.〔受財上無圈 是止承本節故縱容令者言 箋釋云統承上言 謂病痊不令補役 安知無受財之事 所見亦是 但律文則不然也〕《집주(하) 1046쪽》

7 율에……부과한다 : 율에 따라 논죄한다는 것은 414조 도류인도(徒流人逃)를 말한다. 도망 기간에 따라 태(笞)·장(杖)을 칠 뿐 아니라 복역 기간을 새로 기산(起算)하고, 고용된 자는 처벌하지 않는다. 타인을 고용하여 대체하도록 하는 것은 비록 자기가 직접 역을 지지는 않았으나 역에 결손이 생기지는 않으므로 도망하여 돌아가는 것보다는 낫다. 그래서 도망하여 돌아가는 경우는 414조로 논죄도 하고 역을 추가로 부과하기도 하나, 타인을 고용하여 대체한 경우는 논죄는 하지 않고 역을 추가로 부과하기만 한다. 논죄는 도회(逃回) 한 가지만 받아서 말한 것이고, 첩역(貼役)은 도회와 고체(雇替) 두 가지를 받아서 말한 것이다.〔依律論罪 卽依徒流人逃律也 雇替者無罪可論 雖不自役 已有代替之人 本犯仍在 非逃回歇役之比 則止令貼役耳 論罪承逃回一項言 貼役兼承逃回雇替二項言〕《집주(하) 1046쪽》 그러나 이러한 《집주》의 설명과는 달리, 고체의 경우도 본 조문의 응입역이불입역(應入役而不入役)으로 논죄도 하고 첩역도 한다고 보는 견해도 있다.〔會解云 依律論罪者 論其在逃及雇代之罪 如徒囚在逃 則依徒流遷徙人逃律 杖一百 從新拘役 雇人代役者 依此不應役律 仍照未滿年限貼役〕《언해 권29 48장》

합당한데 부역하지 않게 하거나, 도죄수가 병으로 인하여 휴가를 얻었다가 병이 나았는데 휴가 날수를 계산하여 다시 부역하지 않을 경우, 3일이 넘으면 태 20이고 3일마다 1등급을 더하되 장 100을 한도로 한다.

○ 도죄수들의 연한이 차지 않았는데 감림하는 관원이 고의로 놓아주어 도망하게 하거나 공전(工錢)을 받는 대역인(代役人)을 써서 대신 역을 지게 하면, 그 수인(囚人)이 규정에 따라 부역할 날수를 계산하여 같은 날수만큼 마땅히 역을 져야 할 사람의 몸에 충당하게 한다. 재물을 받으면 장물의 수를 계산하여 왕법장의 예로 보되, 무거운 쪽으로 논한다. 연한이 찬 도죄수를 그대로 잡아 두고 부역을 시키면, 율에 따라 논죄하고 역을 추가로 부과한다.

해설

도형수(徒刑囚)가 역(役)에 불성실하게 임하는 행위 및 도형수를 관리하는 감림・주수의 관리 소홀 행위에 대한 처벌 규정이다. 도형수가 역을 져야 할 날수를 다 채우지 않은 것은 전자의 예이고, 연한이 차지 않은 도형수를 놓아주거나 타인으로 대체하는 것을 허용하는 것은 후자의 예이다.

444
부인이 죄를 범함
婦人犯罪

444-1 부인이 죄를 범하면, 범간(犯姦)[1]이나 사죄(死罪)로 수금(收禁)하는 경우를 제외하고, 그 밖의 잡범은 본남편에게 맡겨 거두어 관리하게 한다. 남편이 없으면 유복 친속(有服親屬)이나 가까운 이웃에게 맡겨 보증[2]하게 하고 관청의 지시를 기다린다.[3] 일률적으로 감금하는 것은 허락하지 않는다.[4] 어기면 태 40이다.

1 범간(犯姦) : ④ 390 犯姦~399 買良爲娼

2 보증 : 원문의 보관(保管)은 죄인의 보증인이 되어 맡아 지키면서 관사의 판단을 기다리는 것을 말한다.〔保管ウケニ立テアツカリ守ルヲ云也手前ニ安養シテタシカニアツカリ官司ノ判斷スルヲマツノ意也〕《언해 권29 49장》 정식으로 수금(囚禁)하기 곤란한 죄수 등의 신병을 처리하는 방안의 하나이다. 병자나 부녀의 신병을 민간인에게 맡기되 그가 도망가면 그 민간인을 대신 처벌하거나 구금하는 방식으로 도망 방지의 실효를 달성하였다. 조선에서는 민간인에게 맡기는 것을 보수(保授), 신원을 인수한 민간인을 보수인(保授人), 관청이 죄수의 신병을 보수인에게 맡기고 석방하는 것을 보방(保放)이라 불렀다. 현대의 신원보증인이 보수인과 유사하다. 보수, 보수인, 보방을 합리적으로 제도화한 것이 근현대의 보석(保釋)이다.

3 관청의 지시를 기다린다 : 관사에서 소환하여 대질 심문을 할 것에 대비하여 대기하는 것이다.〔隨衙聽候 吏學指南云 隨衙謂日逐守其公衙聽對 律條疏議云 跟隨在官 聽候呼喚 保管ノ人每日犯罪ノ婦人ニ隨テ官司ノ衙門ニ在テ守リ居テ官吏ヨリ喚ヒ出シテ對問セラルルヲ聽キ候ヲ{ト}云也〕《언해 권29 49장》

4 부인이……않는다 : 부인은 실절(失節)이 수치가 되므로 죄를 범하면 그 남편이나 친속이 부인의 신병을 인수하는 것을 허용하며, 일률적으로 감금하지 못하게 하고, 오직 사죄의 혐의가 있거나 간음죄를 범해야 감금한다. 부인은 출산 후 100일이 지나야 혈기가 온전해지므로 임신한 부인의 죄는 반드시 출산 후 100일을 기다려 고신(拷訊)을 집행한다. 비록 사죄라 할지라도 반드시 산파가 들어와 살피도록 하고, 출산 후 100일을 기다린 후에 집행한다. 태아와 몸이 상할까 염려되기 때문이다.〔婦人 以失節爲恥 故犯罪 聽令其夫及親屬保管 不許一槪監禁 惟死罪不得不禁 犯姦者 亦失身之人 故亦禁之 婦人產後一百日 血氣方全 故凡孕婦罪 必待產後百日 拷決 雖死罪 亦聽穩婆入視 亦待產後百日乃刑 蓋恐傷其胎與軀也〕《집해 2037쪽》

444-2 부인이 임신 중 죄를 범해 고신(拷訊)하거나 처결[5]해야 하면 1항에 따라 보증하게 하고, 모두 출산 후 100일을 기다려 고신하거나 처결한다. 출산 전에 고신하거나 처결하다가 이로 인하여 낙태하면 관리는 범투상죄(凡鬪傷罪)[6]에서 3등급을 줄이고,[7] 죽게 되면 장 100 도 3년이다. 출산 후 100일이 되기 전에 고신하거나 처결하면 1등급을 줄인다.[8]

444-3 사죄를 범하면 산파로 하여금 감옥에 들어가 돌보게 하고, 역시 출산 후 100일이 지나야 비로소 형을 집행하게 한다.[9] 출산하기 전에 처결하면 장 80, 출산 후 100일 전에 처결하면 장 70, 출산 후 100일이 지났는데도 처결하지 않으면 장 60이다.

444-4 과실이면 각각 3등급을 줄인다.[10]

5 고신(拷訊)하거나 처결 : 원문의 고(拷)는 고신이고 결(決)은 형을 집행하는 것이다.〔拷者 鞫問時 用刑拷訊 決者 發落時 決罰所問罪名也〕《집주(하) 1047쪽》

6 범투상죄(凡鬪傷罪) : ③ 325 鬪毆

7 범투상죄(凡鬪傷罪)에서……줄이고 : 다투다가 타인의 태아를 낙태시키면 장 80 도 2년(③ 325 鬪毆)이므로, 여기서 3등급을 줄이면 장 100이다. 325조의 규정에 따라, 낙태로 인정하려면 태아가 90일 이상 되어야 하며, 출산 후 보고 기한(③ 326 保辜限期) 내에 아기가 죽어도 낙태로 인정한다.

8 출산 전에……줄인다 : 출산하기 전에 고신하거나 처결하였지만 낙태하지 않거나, 출산 후 100일의 기한을 다 채우지 않고 고신하였는데 죽음에 이르지 않았으면 모두 410조 불응위(不應爲)의 장 80이다.〔未産而拷決不墮胎 産限未滿而拷 不至死 竝依不應杖〕《부례(하) 542쪽》

9 출산……한다 : 부인이 사죄를 범하였어도 자식은 죄가 없으니, 그 자식에게 젖을 먹이게 하려는 것이다. 100일이 지난 후에는 젖 대신 음식을 먹일 수 있으므로 100일을 기한으로 한다.〔婦犯死罪 子則無辜 欲聽其乳所生之子 至百日以後 乃可哺食續命〕《집주(하) 1047쪽》

10 과실이면……줄인다 : 위 1~3항을 겸하여 말한 것이다. 감금하지 말아야 하는데 과실로 감금하면 태 40에서 3등급을 줄인 태 10, 임신하면 고신하거나 처결할 수 없는데 과실로 고신하거나 처결해서 낙태하면 장 80 도 2년에서 6등급을 줄인 장 70, 죽게 하면 장 100 도 3년에서 3등급을 줄인 장 70 도 1년 반, 출산 후 100일 전에 과실로 고신하여 처결해서 죽게 하면 장 100 도 3년에서 4등급을 줄인 장 60 도 1년, 부인이 사죄를 범하였지만 산후 100일이 안 되어 처결해서는 안 되는데 과실로 처결하거나 출산 전에 과실로 처결하면 장 80에서 3등급을 줄인 태 50, 출산 후 100일 전에 과실로 처결하면 장 70에서 3등급을 줄인 태 40, 출산 후 100일이 지났는데도 과실로 처결하지 않으면 장 60에서 3등급을 줄인 태 30이다.〔失者 各減三等 兼上文諸款而言 如不應禁而禁 笞一十 懷孕不應拷決而拷決 墮胎 杖

직해 부인이 죄를 지으면, 간범(姦犯)과 사죄(死罪)는 옥에 가두고 다른 나머지 잡범죄는 본남편에게 단단히 확인을 받는다. 남편이 없으면 유복친이나 가까운 이웃을 보증인으로 세워 확인을 받았다가 관원의 근무일에 맞춰 보고하여 지휘를 기다리고, 옥에 가두는 것은 허락하지 않는다. 이를 어긴 자는 태 40이다.

○ 임신한 부인이 죄를 지었는데 때려서 추문(推問)함이 합당하면, 앞에서와 같이 보증인에게 확인받았다가 출산 후 100일째까지 기다려서 규정에 따라 추문한다. 출산 전에 추문하고 이로 인하여 낙태하면, 관리를 일반적인 싸움에서 상해한 예에서 2등급을 줄인다. 죽으면 장 100 도 3년이다. 산후 기한이 차지 않았는데 때려서 처결하면 1등급을 줄인다.

(○) 사죄를 범하였으면 간호할 여인을 옥에 들어가 돌보게 하였다가 산후 100일이 되면 규정에 따라 형을 집행하고, 아직 출산하기 전에 결단하면 장 80이다. 출산 후라도 기한이 차지 않았는데 결단한 자는 장 70이다. 기한이 이미 지나도록 결단하지 않으면 장 60이다.

(○) 실수로 한 경우는 각각 3등급을 줄인다.

해설

본 조문은 19조 공악호급부인범죄(工樂戶及婦人犯罪)와 더불어 생리적·윤리적 견지에서 죄를 범한 부인에 대한 특별 규정이다. 부인을 특별 대우하는 것이 의리에 맞고 어진 처사이기 때문이다.

七十 致死者 杖七十徒一年半 產限未滿而拷決 致死者 杖六十徒一年 及犯死罪不應刑而刑 未產而決者 笞五十 未滿限而決者 笞四十 限過不決者 笞三十〕《집해 2038~2039쪽》

445
사죄수에 대해 복주하고 회보를 기다림
死囚覆奏待報

445-1 사죄수(死罪囚)의 경우, 복주(覆奏)에 대한 회보(回報)를 기다리지 않고 멋대로 처결하면 장 80이다.[1] 복주에 대한 회보를 받고 처결해야 하면 3일이 되어야 형을 집행한다.[2] 기한이 차지 않았는데 형을 집행하거나 기한이 지났는데도 형을 집행하지 않으면 각각 장 60이다.[3]
445-2 입춘 이후 추분 이전에 사형을 집행하면 장 80이다.[4]
445-3 십악(十惡)의 죄를 범해 응당 죽여야 할 경우나 강도인 경우, 비록

1 사죄수(死罪囚)의……80이다 : 사람의 목숨은 매우 중요하므로 비록 사형에 의의(擬議)한 죄수라 할지라도 신하가 멋대로 집행해서는 안 되고 반드시 복주(覆奏)하여 재가(裁可)를 받아야 한다.〔人命至重 雖已擬議死刑之罪囚 臣下亦不得自專 必覆奏以取上裁〕《집주(하) 1049쪽》 회보를 기다려 집행하는 것은 황제에게 재가를 받음으로써 신하가 감히 전횡하지 않음을 보이는 것이다.〔夫待報而決 取裁於上 示不敢專也〕《부례(하) 543~544쪽》

2 3일이……집행한다 : 회보를 받고 또 3일을 기다리는 것은 조정에서 사면이 있지 않을까 해서이다.〔得報又待三日者 恐朝廷猶有宥者〕《부례(하) 544쪽》 차마 죽이지 못하는 뜻을 보인 것이다.〔所以示不忍殺之之意也〕《석의 권29 25장》

3 기한이 차지……60이다 : 3일이 되지 않았는데 형을 집행하는 것은 너무 빠른 것이고, 기한이 지났는데 형을 집행하지 않는 것은 명령을 태만히 하는 것이다.〔未及三日 而行刑者 則傷於迫近 過限不刑者 則失於慢令也〕《부례(하) 544쪽》

4 입춘……80이다 : 조정에서 형벌을 제정할 때 반드시 천시(天時)에 순응하여 기후를 살펴 천지의 만물을 죽이고 살리는 마음에 합치하도록 힘쓴다. 입춘 이후는 양기(陽氣)가 왕성해지는 때이므로 사형 집행을 허락하지 않으며, 추분 이후를 기다리는 것은 천지의 매섭고 살벌한 기운을 받으려 하기 때문이다. 그러므로 입춘 이후 생기가 발동할 때나 추분 이전 살기가 삼엄하지 않은 절후에 사형을 집행하면 이는 천시의 운행·천지 생물의 조화를 어그러뜨리는 것이기 때문에 원래 심문한 관리는 장 80이다.〔朝廷制刑 必順天時 審氣候 務合天地生殺萬物之心 若立春之後 生氣發動之時 秋分以前 殺氣未肅之候 而處決死刑 則悖天時之運矣 故原問官吏 杖八十〕《소의(하) 675쪽》〔若聽決罪囚 不于秋後處決 而于立春以後秋分以前 決死刑者 是干天地生物之和矣 杖八十〕《집설 권8 84장》〔若立春以後秋分以前 則陽氣方盛之時 故不許處決〕《석의 권29 25장》〔必待秋後 所以承天地肅殺之氣也〕《집설 권8 83장》

부대시(不待時)로 처결[5]하더라도 만약 금형일(禁刑日)[6]에 처결하면 태 40이다.[7]

직해 사죄(死罪)의 수인(囚人)을, 복주에 대한 회신을 기다리지 않고 곧바로 결단하면 장 80이다. 비록 복주에 대한 회신이 있어 이치상 결단함이 합당하여도 3일째에야 형을 집행한다. 기한일이 차지 않았는데 형을 집행하거나 기한일이 이미 지나도록 형을 집행하지 않으면 각각 장 60이다.

○ 입춘 이후 추분 이전에 사죄를 결단하면 장 80이다.

(○) 사죄에 해당하는 십악과 강도는 비록 부대시로 결단하더라도, 금형일[8]에 결단하면 태 40이다.

5 부대시(不待時)로 처결 : 죄질이 중한 사형수는 가을이 되기를 기다리지 않고 즉시 형을 집행하는 것을 이른다. 일반 사형수는 가을 이후에 형을 집행하였다.

6 금형일(禁刑日) : 당률에 규정된 금형일은 매달 1일・8일・14일・15일・16일・23일・24일・28일・29일・30일이다. 명대의 금형일은 1월, 5월, 9월, 윤달의 8일・9일・22일・23일이며, 24절기의 날이 개지 않았거나 날이 밝기 전, 그리고 대제(大祭)를 지내는 날도 금하였다.〔禁刑日 每月初一初八十四十五十六二十三二十四二十八二十九三十日 出唐律 今正五九月閏月上下弦日 二十四氣日 雨未霽天未明 大祭享日 亦禁〕《집해 2041쪽》

7 비록……40이다 : 부대시일지라도 금형일을 피하는 것은 형벌을 마지못해 쓰는 것임을 보여 주는 것이다.〔卽決不待時 亦避禁刑之日 皆以示刑非得已而用之耳〕《집설 권8 83~84장》

8 금형일 : 《경국대전》에서는 금형일에 대해 "중앙과 지방의 각 아문에서 매번 대전과 왕비의 탄일, 왕세자의 생신, 대제사와 치재(致齋), 삭망(朔望), 상하현(上下弦), 정조시일(停朝市日)을 당하면 고신(拷訊)과 결벌(決罰)을 행하지 않는다. 대전 탄일이면 모두 전후 각 1일을 아울러 행하지 않으며 이상 각 항의 당일과 24절기의 비가 개지 않고 날이 밝지 않을 때에는 사형을 행하지 않는다."라고 하였다.〔京外各衙門 每遇大殿王妃誕日 王世子生辰 大祭祀及致齋 朔望上下弦 停朝市日 勿行拷訊決罰 大殿誕日則竝前後各一日 上項各日及二十四氣雨未晴夜未明 勿行死刑〕《經國大典 刑典 禁刑日》 한편 《속대전》에서는 "죄인을 행형(行刑)하는 것은 대제의 재계일을 제외하고 중사(中祀) 이하에 친행하는 재계일이 아니면 구애받지 않는다. 대사・중사의 재계는 예전(禮典)에 자세하게 보인다. 날이 어두워졌을 때 행형하는 것은 법의에 어그러지므로 날이 밝기 전에 사형을 행하지 않는 예에 따라 아침을 기다려서 행형한다."라고 하였다.〔罪人行刑 除大祭齋戒日 中祀以下非親行齋戒日則勿拘 大祀中祀齋戒 詳見禮典 ○ 薄昏行刑 有乖法意 依夜未明例 待朝行刑〕《續大典 刑典 禁刑日》

해설

사죄수의 처결 절차를 규정한 조문이다. 삼복오주(三覆五奏)를 거친 후에 형을 집행하는 것은 죽이는 것을 가볍게 하지 않는 것이고, 복주하여 회보를 기다린 후에야 집행하는 것은 형벌을 감히 전횡하지 않는 것이다. 이미 회보를 받은 뒤에도 반드시 3일이 지나야 비로소 집행하는 것은 차마 죽이지 못하는 뜻을 보이는 것이다. 집행은 반드시 서리가 내린 후 하늘의 매섭고 살벌한 기운을 받는 추분 이후에 해야 하며, 비록 부대시(不待時)로 처형해야 하는 경우라도 금형일을 만나면 형을 집행해서는 안 된다.

446
단죄가 부당함
斷罪不當

446-1 단죄(斷罪)할 때, 결배(決配)[1]해야 하는데 속전을 받거나 속전을 받아야 하는데 결배하면 각각 타인의 죄를 가볍게 하거나 무겁게 한 죄[2]에 따라, 고의나 실수로 죄를 가볍게 하거나 무겁게 한 죄에서 1등급을 줄인다.[3]

446-2 교형으로 결단해야 하는데 참형으로 결단하거나 참형으로 결단해야 하는데 교형으로 결단하면 장 60이다. 실수이면 3등급을 줄인다. 이미 처결이 끝났는데 죽은 시신이 별도로 잔혹하게 훼손되면[4] 태 50이다.

446-3 반역(反逆)에 연좌된 사람[5]을 관에 들여야 하는데 방면(放免)하거나, 관에 들이지 않아야 하는데 관에 들이면, 각각 고의나 실수로 유죄(流罪)를 가볍게 하거나 무겁게 한 죄로 논한다.[6]

1 결배(決配) : 태죄·장죄는 태·장을 치고 도죄·유죄는 역장(役場)·배소(配所)에 보내는 것이다.〔決配笞杖ノ罪ヲ決打シ徒流ノ罪ヲ配當スル也〕《언해 권29 55장》

2 타인의……죄 : ④ 433 官司出入人罪

3 고의나……줄인다 : 단죄(斷罪)가 고의이면 고의로 타인의 죄를 무겁게 하거나 가볍게 한 죄에서 1등급을 줄이고, 고의가 아니면 실수로 타인의 죄를 무겁게 하거나 가볍게 한 죄에서 1등급을 줄인다.〔出於有意 則減故出入人罪一等 出於無意 則減失出入人罪一等〕《집해 2042쪽》

4 이미……훼손되면 : 이미 처결이 끝났다는 것은 교형·참형에 착오가 없음을 말한다. 잔훼(殘毁)는 관사가 그렇게 한 것이 아니라 친속이 시신을 수습하지 않아서 원수나 가축이 시신을 훼손한 것이다.〔此已決訖 是絞斬無錯者也 殘毁 必非官司之事 乃無親屬收掩 爲讎家或牲畜所殘毁耳〕《집주(하) 1051쪽》

5 반역(反逆)에 연좌된 사람 : 단지 처·첩·자·손만을 말한다.〔人口 止妻妾子孫也〕《집주(상) 44쪽》

6 고의나……논한다 : 연좌인은 죄를 무겁게 하거나 가볍게 하는 것을 논할 때 기준이 되는 죄가 없다. 그래서 유죄를 기준으로 삼는다고 명시한 것이다. 연좌인 중 천사(遷徙)해야

직해 단죄할 때에 이치상 유배가 합당한데 속전을 받거나, 이치상 속전을 받는 것이 합당한데 유배하면, 다른 사람의 죄를 가볍게 하거나 무겁게 한 예에 따라 그에 준하여 고의나 실수로 그리한 예에서 1등급을 줄인다. ○ 이치상 교형으로 죽임이 합당한데 참하거나 이치상 참형이 합당한데 교형으로 죽이면 장 60이다. 알지 못하고 실수나 착오가 있었으면 3등급을 줄인다. 이미 결단한 후에 다시 시체를 잔혹하게 훼손하면 태 50이다. ○ 반역 죄인의 처벌에 연좌된 관련인을 이치상 관에 몰수함이 합당한데 놓아주거나, 관에 들이는 것이 이치에 합당하지 않은데 관에 들이면, 각각 유죄(流罪)를 가볍게 하거나 무겁게 한 예 및 고의나 실수로 그리한 예로 논한다.

해설

부당하게 단죄하는 것을 막기 위한 규정으로 433조 관사출입인죄(官司出入人罪)에 따라 고의인지 실수인지를 구별하여 처벌하도록 하였다. 유배로 결단해야 할 것을 속전을 받는 것으로 결단하거나 그 반대일 경우, 교형을 참형으로 결단하거나 참형을 교형으로 결단하는 경우, 반역 죄인과 관계된 사람을 관노비로 삼아야 하는데 방면하거나 방면해야 하는데 관노비로 삼는 경우에 대해 규정하였다.

하는 사람도 있으므로, 견주어 헤아려서 형을 정해야 한다.〔緣坐人無罪可論其出入 故曰以流罪也 緣坐人有應遷徙者 故比擬定之〕《집주(하) 1051쪽》 관에 들여야 할 연좌인을 방면하면 유죄를 온전히 가볍게 한 것으로 논하고, 관에 들이지 말아야 할 연좌인을 관에 들이면 죄 없는 사람을 유죄로 온전히 무겁게 한 것으로 논한다.〔they shall be punished on the basis of deliberately or negligently exonerating those who are guilty of crimes punishable by life exile or increasing penalties to life exile〕《GMC 241쪽》〔人ヲ流罪ヨリ出スノ律ヲ以テ罪ヲ論ス……人ヲ流罪ニ入ルノ律ヲ以テ罪ヲ論ス〕《언해 권29 57장》

447
이전이 진술 기록을 대신 씀
吏典代寫招草

여러 아문에서 형사 사건 등을 국문(鞫問)할 때 만약 이전(吏典) 등[1]이 타인을 위해서[2] 진술 기록[3]을 고쳐 쓰거나 대신 써서 실정을 더하거나 줄여 죄가 가볍거나 무겁게 되면 고의로 타인의 죄를 가볍게 하거나 무겁게 한 죄[4]로 논한다.[5] 범인이 실제 문자를 알지 못하면 사건과 관련이 없는 사람으로 하여금 대신 쓰게 한다.[6]

1 이전(吏典) 등 : 등이라고 하였으므로 관에 있는 사람 모두에게 해당된다.〔曰吏典人等 則凡在官之人 皆不許也〕《집주(하) 1051쪽》

2 타인을 위해서 : 범인을 위해서 고쳐 쓰거나 대신 씀으로써 그 실정을 증감하여 죄를 가볍게 하거나 무겁게 하면 이전은 고의로 타인의 죄를 무겁게 하거나 가볍게 한 죄로 논하되 관사고출입인죄(官司故出入人罪)의 전죄(仝罪)로 논한다. 가벼운 죄를 무거운 죄로 만들거나 무거운 죄를 가벼운 죄로 만들면 각기 상응하는 잉죄(剩罪)로 갚게 한다.〔若爲犯人改寫代寫 增減其情節 以致罪有出入者 吏典以故出入人罪論之 故出入仝罪論 增輕作重 減重作輕 亦各抵剩罪〕《집해 2044쪽》 전죄는 유죄를 무죄로 만들거나 무죄를 유죄로 만들 때 적용한다. ④ 433 官司出入人罪

3 진술 기록 : 범인을 체포하여 관사에서 국문하여 범인이 자신의 죄를 자복하여 그 죄상을 기록한 것이 초(招)이고, 초(草)는 문서의 초안이다. 문초하고 형벌을 가하여 죄를 정하는 것은 반드시 진술한 기록에 근거한다. 자신의 죄를 자복하는 문서는 죄인 스스로 쓰게 해야 하는데 이전이 대신 쓰면 죄를 증감하기 쉽기 때문이다.〔招草ハ凡ソ犯人ヲ拘テ官司ニ於テ鞫問スルニ犯人自ラ其罪ニ服シテ辨理スル所ナク所服ノ罪情ヲ明白ニ文狀ニ書寫スル詞ヲ招ト云草ハ文書ノシタガキ也犯人罪ニ服スルノ詞ハ自ラ其實情ヲ寫サシムヘシ吏典代リテ寫ストキハ增減シ易シ〕《언해 권29 58장》〔問刑定罪 必憑招草 而服罪招草 必令犯人自寫〕《집주(하) 1051쪽》

4 고의로……죄 : ④ 433 官司出入人罪

5 실정을……논한다 : 이전이 정당한 이유 없이 실정을 증감하였는데 만약 재물을 아직 받지 않았으면 왕법(枉法)으로 논하되, 무거운 쪽을 따른다.〔吏典 未有無故而爲之增減者 若有受財者 應以枉法 從重論〕《집주(하) 1052쪽》

6 사건과……한다 : 범인이 글자를 모르면 사건과 관련되지 않은 사람으로 하여금 대신 쓰게

해설

국문할 때 문초 기록에서 자복(自服)은 반드시 범인 스스로 작성하도록 한 규정이다. 220조 현대관방패면(懸帶關防牌面)과 함께 만송문고본에는 수록되지 않고 후대에 추가되었다.

하고 이전 등에게는 허락하지 않는다.〔若犯人不識字 則令於事無所干涉之人代寫 吏典人等則不許也〕《집주(하) 1051쪽》 이전이 고쳐 쓰거나 대신 썼더라도 실정을 증감함이 없고 죄를 가볍게 하거나 무겁게 하지 않았으면 410조의 불응위죄만 묻는다.〔吏典 改寫代寫 情無增減 罪無出入者 止問不應〕《집해 2044쪽》《전석 권28 38장》 또한 《회해(會解)》도 《집해》·《전석》과 같은 견해이다. 《관견(管見)》에서는 실정에 증감이 없고 죄에 출입이 없더라도 논죄해야 한다고 하면서, 64조 제서유위(制書有違)로 처벌해야 한다고 하였다. 《빙감(氷鑑)》·《석해(釋解)》·《대청률(大清律)》 등의 주석도 《관견》과 같다.〔會解說同之 管見云 雖情無增減 罪無出入 猶當論罪 罪以違制可也 氷鑑釋解大清律等註 同于管見〕《언해 권29 59장》〔若吏典代寫 卽罪無出入 亦以違制論〕《집주(하) 1051쪽》

대명률직해

제29권 공률工律 영조營造

영조 營造

역대 공작(工作)의 일은 〈천흥(擅興)〉에 붙였는데, 소하(蕭何)가 창안하여 〈흥률(興律)〉로 삼은 이래 위(魏)에서 천사(擅事)를 붙여 〈흥천(興擅)〉이라 명명하였다. 진(晉)에서 다시 천사를 제거하고 〈흥률〉로 삼았으나, 양(梁)·제(齊)에서 모두 〈천흥〉이라 하였고, 북주(北周)에서 다시 〈흥천〉이라 하였으며, 수(隋)·당(唐)에서 또다시 〈천흥〉으로 삼았다.

당대(唐代)에는 당률 224조 천발병(擅發兵), 225조 조발공급군사(調發供給軍事), 226조 불급발병부(不給發兵符) 등 병사(兵事)에 속하는 경우와 당률 240조 흥조언상(興造言上), 241조 비법흥조(非法興造), 242조 공작불여법(工作不如法) 등 공사(工事)에 속하는 경우를 모두 합하여 〈천흥〉으로 하였다.

명대(明代)에는 〈공률(工律)〉에 별도로 편목을 세웠으며, 당률 241조 비법흥조는 448조 천조작(擅造作)에 합쳤다. 한편, 당률 243조 사유금병기(私有禁兵器)는 〈병률(兵律)〉의 235조 사장응금군기(私藏應禁軍器)로, 당률 245조 정부차견불평(丁夫差遣不平)과 246조 정부잡장계류(丁夫雜匠稽留)는 〈호율(戶律)〉의 87조 정부차견불평에 합쳤으며, 당률 247조 사사정부잡장(私使丁夫雜匠)과 같은 경우도 모두 〈호율〉로 돌렸다. 나머지는 옛것을 그대로 따랐으며, 451조 모파물료(冒破物料) 이하는 일부를 제외하고 대체로 새로운 조문이다. 이를 묶어서 〈영조〉라 명명하였다. 모두 9조이다.

448
함부로 만들거나 지음[1]
擅造作

448-1 군(軍)이나 민(民)의 관사에서 영조(營造)할 일이 있을 때,[2] 상급 기관에 보고해야 하는데 보고하지 않거나 회보(回報)를 기다려야 하는데 기다리지 않고 함부로 인부를 동원하면, 각각 사람을 부리는 데 들어간 고공전(雇工錢)을 계산하여 좌장(坐贓)[3]으로 논한다.
448-2 불법으로 영조하거나 제때가 아닌데 인부를 동원하여 영조하면 죄가 또한 같다.[4]
448-3 성벽이 허물어지거나 창고나 관사의 건물이 훼손되어 일시적으로 정부(丁夫)[5]나 군인을 동원하여 수리할 때는 이 규정을 적용하지 않는다.
448-4 영조할 때 계산하여 신청한 재물이나 인부의 많고 적음이 사실과 다르면 태 50이다. 재물을 손실하거나 인력을 허비한 경우, 각각 손실한 재물의 가격과 지출한 고공전을 모두 계산하여 죄가 무거우면 좌장으로 논한다.[6]

1 만들거나 지음 : 원문의 조작(造作)은 위조(僞造, fake)·황언(謊言) 등 여러 뜻이 있지만 여기서는 건조(建造, construction)·제작(製作, manufacture)의 뜻으로 사용되었다. 《GMC 244쪽》 조작의 대상은 모든 방옥(房屋)과 기명(器皿) 따위이다. 《집해 2049쪽》

2 영조(營造)할……때 : 사전(祀典), 신묘(神廟), 신명정(申明亭) 등을 창립하는 따위와 같은 것이다.〔有所營造 如創立祀典神廟申明亭之類〕《부례(하) 548쪽》〔凡各處軍民有司 有所營造 如創建倉庫公廨學校橋梁之類〕《전석 권29 1장》

3 좌장(坐贓) : ④ 368 坐贓致罪

4 불법으로……같다 : 원문의 비법(非法)은 법에 마땅히 영조하지 말아야 하는 것이고, 비시(非時)는 농한기가 아니거나 전쟁이나 기근이 있을 때이다. 죄가 또한 같다는 것은 인부의 고공전을 계산하여 좌장으로 논하는 것이다.〔非法 謂法所不當造 非時 謂非農隙及有兵荒之時 罪亦如之 謂亦計所役人雇工錢 坐贓論也〕《전석 권29 1장》

5 정부(丁夫) : ① 87 丁夫差遣不平

6 재물을……논한다 : 훼손된 물건 가격 및 일꾼의 고공전 등을 한데 모아 합산하여 그 죄가

직해 서울이나 지방의 군민(軍民)을 관할하는 관서에서 공공건물을 지을 때에 반드시 문서로 아뢸 일을 아뢰지 않거나 반드시 회답을 기다려야 할 일을 기다리지 않고 함부로 인부를 부리면, 부역한 사람의 매일 품삯을 계산하여 좌장의 예로 논한다.

○ 불법으로 짓거나 때가 아닌데 인부를 부려 만들면 죄가 같다.

(○) 성벽이 무너지거나 창고나 공공건물이 파괴된 것으로 인하여 일시에 민부(民夫)를 차출하여 규정에 따라 수리한 것은 이 규정을 적용하지 않는다.

(○) 짓는 데 들어간 식량이나 물품, 요청한 재물, 인부의 많고 적음 등을 사실대로 낱낱이 기록하여 자세히 보고하지 않으면 태 50이다. 이미 손실한 재물과 이미 허비한 인부의 품삯 등은 손실한 재물의 가격 및 허비한 인부의 품삯 등을 계산하여 무거우면 좌장으로 논한다.

해설

관서에서 영조할 일이 있을 때 상부에 보고하여 회보를 기다린 다음에 영조를 해야 하는데 이를 어겼을 경우 처벌하는 규정이다. 또한 불법으로 영조하거나 농번기에 인력을 동원할 수 없도록 하였으나, 성이나 관사의 건물이 훼손되었을 때는 정부나 군인을 동원할 수 있었다. 영조할 때 신청한 재물과 인력의 다소가 실제와 다른 경우의 처벌 규정도 포함하고 있다.

태 50보다 무거우면 좌장으로 논하는 것을 이른다.〔謂將所損物價及人工雇工錢 通計作一處重於笞五十者 坐贓論〕《강해 510쪽》

449
공력만 허비하고 채취한 것을 쓸 수 없게 됨
虛費功力採取不堪用

인부를 부려 나무나 돌 등의 재료를 채취하거나 벽돌이나 기와 따위를 구웠는데 공력만 허비하고 쓸 수 없게 되면 허비한 고공전(雇工錢)을 계산하여 좌장(坐贓)[1]으로 논한다.[2] 만들거나 지을 때, 헐거나 부술 때 대비하고 살피는 일[3]을 신중히 하지 않아서 잘못하여[4] 사람을 죽이면[5] 과실로 살인한 것으로 논한다.[6][7] 공장(工匠)과 제조관(提調官)은 각각 소유(所由)를 처벌

1 좌장(坐贓) : ④ 368 坐贓致罪

2 인부를……논한다 : 일을 시킨 관사의 관리와 실제로 일을 한 사람 양쪽 다 처벌한다.〔其役使之官司及工匠人役 幷〕《집주(하) 1055쪽》 허비한 고공전의 액수에 따라 태·장·도의 신체형을 부과하지만 이미 지급한 고공전을 환수하지는 않는다. 결과물이 쓸모없더라도 일을 한 사람이 관에 소속되어 있지 않고 공력을 소비한 것은 사실이기 때문이다.〔不追陪工錢還官者 其所役使之人 非在官之人也 雖不堪用 彼已費其力矣〕《전석 권29 2장》〔不言追賠還官者 以所役使之人 非係在官之人 採取燒造 雖不堪用 而彼已爲所役 實費其力也〕《집주(하) 1056쪽》

3 대비하고 살피는 일 : 원문의 비려(備慮)는 일하는 사람이 다치지 않도록 갖가지로 대비하고 조심하는 것이다. 발 디디는 곳, 수레, 끈 등을 튼튼하게 하는 따위를 말한다.〔備慮工役ノ身ヲ傷損スルコトナキヤウニカネカネノ用心ヲ謹ムヲ云アシシロヲ牢固ニコシラへ車ヲカタク絙ヲツヨクスルノ類ヲ指テ言フ〕《언해 권30 6장》

4 잘못하여 : 일시적인 착오로 실수하는 것이다.〔誤 是一時差錯失手之事〕《집주(하) 891쪽》

5 잘못하여 사람을 죽이면 : 잘못하여 사람을 다치게 한 것은 처벌하지 않는다.〔若誤傷 不坐〕《집주(하) 1056쪽》 한편 《언해》에 인용된 《주해》에서는 절상(折傷) 이상이면 불응위(不應爲)로 논한다고 보았다.〔註解云 言誤殺而不及傷 則傷人至折傷以上者 止論不應 難從過失論〕《언해 권30 7장》

6 만들거나……논한다 : 일을 시킨 관사의 관리와 실제로 일을 한 사람 양쪽 다 처벌한다.〔官司人役 幷〕《집주(하) 1055쪽》

7 과실로……논한다 : 315조 희살오살과실살상인(戲殺誤殺過失殺傷人) 3항 투구살(鬪毆殺)에 준하는 것으로 보아 신체형은 가하지 않고 속전(贖錢)으로 동전 42관을 받아 죽은 이의 집에 주어 장사 지내게 한다.〔依律準鬪毆殺罪 收贖銅錢四十二貫 給付死者之家營葬〕《전석

한다.[8]

직해 인부를 차출하여 나무, 돌, 재목을 베거나 채취하며 벽돌이나 기와를 구웠으되 공력만 허비하고 쓸 만하지 않으면 허비한 품삯을 계산하여 좌장으로 논한다. 꼭 만들어야 할 일과 꼭 부수어야 할 일을 미리 대비하여 마음을 쓰지 않았다가 잘못하여 사람을 죽이면, 과실로 사람을 죽인 예로 논죄하고, 담당 관원과 공장들은 각각 직접 잘못한 사람에게 죄를 준다.

해설

부실 공사 및 공사 현장에서의 안전 조치 미흡으로 인한 과실 치사를 처벌하는 규정이다. 당률에도 대동소이한 내용이 있는데, 명률에서 부실 공사에 대한 처벌은 강화되었고, 과실 치사에 대한 처벌은 약화되었다.

권29 2장》《만력문형조례(萬曆問刑條例)》에서는 은 12냥 4전 2푼으로 개정되었다.

8 각각 소유(所由)를 처벌한다 : 잘못된 일이 공장(工匠)으로 말미암았으면 공장을 처벌하고, 제조관으로 말미암았으면 제조관을 처벌하므로 각각 소유를 처벌한다고 한 것이다.〔謂事由工匠 罪坐工匠 事由提調官 罪坐提調官 故謂之各以所由爲罪〕《강해 510쪽》 고공전을 허비하거나 공사 현장에서 과실로 사람을 죽게 한 공장이나 제조 관원 가운데 소유만 처벌할 뿐 그곳에 함께 있었던 다른 공장이나 관원 들에게까지 죄가 미치지는 않는 것이다.〔其造作之工匠及提調官員　各以經由專管之人　坐其殺人之罪　不得將所住之處匠作官員一概通治〕《소의(하) 685~686쪽》〔其採取用ニ不堪ト備慮不謹ト或ハ工匠ニ由リ或ハ提調ノ官吏ニ由ルヲ究メ問テ其事ノ所由ノ人ヲ罪ニ坐ス各各手ヲ經テ專ラ管シタル人バカリヲ罪ヲ科シテ同ク其處ニ在ル工匠官員ニ濫リニ及シテ一概ニ盡ク治ルコトヲ不得也〕《언해 권30 7장》

450
만들거나 짓는 일을 법대로 하지 않음
造作不如法

만들거나 짓는 일을 법대로 하지 않으면[1] 태 40이다. 군기(軍器)를 만드는 데 법대로 하지 않거나 비단을 직조하는 데 거칠거나 얇게 짜면 각각 태 50이다. 쓸 수 없거나 다시 만들어야 하면 각각 손실된 재물과 허비한 고공전(雇工錢)을 모두 합쳐 계산하여 무거우면 좌장(坐贓)으로 논한다.[2] 황제가 사용하는 데 바쳐야 할 물건이면 2등급을 더한다. 공장(工匠)은 각각 소유(所由)를 처벌하고,[3] 국(局)의 관원[4]은 공장에서 1등급을 줄이며, 제조 관리[5]는 국의 관원에서 또 1등급을 줄인다. 물건 값과 고공전을 모두 균등하게 배상하게 하여 관에 돌려준다.[6]

1 법대로 하지 않으면 : 단지 도량형에 맞지 않을 뿐 그 물건은 그냥 쓸 만하여 다시 만들 필요는 없는 것이다.〔不如法 只是不中度量 其物尙堪用 不必更造也〕《전석 권29 3장》

2 무거우면 좌장(坐贓)으로 논한다 : 손실된 재물과 허비한 고공전을 합산하여 그것이 태 40 혹은 태 50보다 무거우면 좌장(④ 368 坐贓致罪)으로 논한다는 뜻이다.〔若不勘用及應改造者 計所損財物工錢 重者於罪坐贓論〕《소의(하) 688쪽》

3 공장(工匠)은……처벌하고 : 각각 제작을 담당한 사람을 처벌하고 다른 사람을 연루시킬 수 없음을 이른다.〔工匠各以所由爲罪 謂以上罪名 各以經該造作之人坐罪 不得連及也〕《집해 2050쪽》

4 국(局)의 관원 : 어떤 일을 전담하는 관원〔局官者 專司職掌之官也〕으로 중앙에서는 군기(軍器) 등을 관할하는 국, 지방에서는 잡조(雜造) 등을 관할하는 국의 대사·부사 따위이다.〔局官 如在內軍器等局 在外雜造等局 大使副使之類 是也〕《집해 2050~2051쪽》《집주(하) 1057쪽)》

5 제조 관리 : 감림하거나 감독하는 관원이다.〔提調者 監臨督理之官也〕《집주(하) 1057쪽)》

6 모두……돌려준다 : 원문의 병(竝)은 군기(軍器)·단필(段疋) 등의 사항이고, 균(均)은 공장·국의 관원·제조관이다. 손상된 재물 가격과 다시 만드는 데 소요된 공력의 비용을 통산해서 균등하게 추징해 배상하게 하여 관에 들여야 함을 이른 것이다.〔竝字 指軍器段疋等項而言 均字 指工匠局官提調官而言 謂通算所損之物價及費過之工力 而均追陪入官也〕《집해 2051쪽》

직해 물건을 만드는 데 법대로 하지 못하면 태 40이다. 군의 기물을 만드는 데 법대로 하지 않거나 비단을 직조하는 데 거칠거나 얇게 하면 각각 태 50이다. 쓸 수 없게 만들거나 쓸 수 없어서 다시 만드는 경우, 손실한 재물과 허비한 품삯의 수효를 계산하여 무거우면 좌장으로 논한다. 진상할 물건이면 1등급을 더하고,[7] 공장은 각각 담당하여 일한 사람에게 죄를 준다. 관원은 공장의 죄에서 1등급을 줄인다. 제조 관리는 관원의 예에서 1등급을 줄이고, 비용과 품삯은 모두 추징하여 관에 되돌린다.

해설

관사에서 궁실을 축조하거나 기용(器用)을 만들 때는 법제나 양식에 따라야 함을 규정한 조문이다. 454조 조작과한(造作過限)은 만들거나 지을 때 기한을 넘기는 행위인 데 비하여 이 조문의 행위는 제작을 법대로 하지 않는 것이다.

7 1등급을 더하고 : 율문에서는 2등급을 더하는 것으로 되어 있어 차이를 보인다.

451
재료의 소모량을 거짓으로 보고함
冒破物料

451-1 물건을 제조하는 국(局)이나 원(院)[1]의 두목(頭目)[2]이나 공장(工匠)이 재료를 많이 소모하였다고 하면서[3] 빼돌려 자기 것으로 삼으면 장(贓)을 계산하여 감수자도(監守自盜)[4]로 논하고,[5] 그 재료는 추징하여 관에 돌려준다.

451-2 국의 관원[6]과 사실을 재조사[7]하는 관리가 함께 실정을 알면서도 한

1 물건을……원(院) : 물건 제조를 전적으로 책임지고 맡아서 관리하는 군기국(軍器局)이나 문사원(文思院) 따위이다.〔凡專管造作或局或院 如軍器等局文思等院之類〕《소의(하) 689쪽》

2 두목(頭目) : 공장의 우두머리인 작두(作頭)나 노동력을 제공하는 인부 중 우두머리인 파총(把摠) 따위이다.〔頭目 如作頭把摠之類〕《전석 권29 4장》

3 많이 소모하였다고 하면서 : 마땅히 사용해야 할 정수(正數) 외에 거짓으로 많이 열거하여 재물을 소모하였다고 하는 것이다.〔多破者 於合用正數之外 虛冒多開 破費財物也〕《집주(하) 1058쪽》〔冒破者 假冒公用 破者 破費財物〕《집설 권29 5장》

4 감수자도(監守自盜) : ③ 287 監守自盜倉庫錢糧

5 물건을……논하고 : 두목은 물건 제조를 전적으로 책임지고 맡아서 관리하는 사람이고, 공장은 직접 물건을 제조하는 사람이다. 이들이 관아를 속이고 거짓으로 보고하여 사사로이 자기 것으로 취하면 감림·주수 자신이 재물을 훔치는 것과 다르지 않다.〔頭目乃專管造作之人 工匠乃親身造作之役 欺公冒破 如監臨主守自盜財物無異也〕《집주(하) 1058쪽》 빼돌려서 자기 몫으로 삼은 장(贓)을 계산하여 감수자도(監守自盜)로 수범과 종범을 구분하지 않고 병장(併贓)으로 논죄한다. 1관 이하는 장 80이며, 1관 이상 5관 미만은 장 90이고, 5관 이상부터는 2관 반마다 1등급을 더하여 40관에 이르면 참형이다.〔計其入己之贓 以監守自盜不分首從 從併贓論罪 一貫以下杖八十 每二貫半加一等 至二十{四十}貫 斬〕《집설 권9 5장》 이러한 행위는 영조(營造)할 때 재물과 인력을 사실대로 계산하여 신청하지 않은 것과 유사하며, 영조한 것을 망가뜨려 쓸 수 없게 하는 데에 비할 바가 아니다. 그러므로 특별히 감수자도로 그 죄를 무겁게 다스리며, 만약 자기 몫으로 챙기지 않았으면 그대로 재료의 계산을 사실대로 하지 않은 것(④ 448 擅造作)으로 처벌한다.〔此與計料不實相似 但冒破入己 則非損廢營造者比矣 故特重其罪 若不入己 仍以計料不實者 坐之〕《집설 권9 5~6장》

6 국의 관원 : 원(院)을 말하지 않은 것은 생략한 것이다.〔止言局官 不言院者 省文也〕《집주

통속이 되면 더불어 같은 죄이다.[8] 각찰(覺察)을 제대로 하지 못하면 3등급을 줄이되, 죄는 장 100에 그친다.[9]

직해 물건 만드는 일을 전담하는 선공시(繕工寺)와 공조서(供造署) 등의 담당 우두머리 장인들이 물건을 만드는 데 들어가는 재료 등을 부당하게 사용하면, 장물의 수량을 계산하여 감수자도의 예로 논하고 추징하여 관에 들인다.

○ 선공시와 공조서의 관원 및 담당 영사(令史)나 색원(色員)들이 뜻을 같이하여 속이면 죄가 같다. 알지 못하고 각찰을 소홀히 하면 3등급을 줄이고 죄는 장 100에 그친다.

해설

관청에서 물품을 제작할 때 원자재 소비량을 속여 개인적으로 착복하는 것을 방지하기 위하여 마련한 규정이다. 관청에서 제작하는 물품의 원자재를 많이 소비하였다고 거짓으로 보고하고 사취(詐取)하면 이는 사사로움을 좇는 것이므로 도죄(盜罪)로 계산하여 물건을 추징하여 관에 들인다.

(하) 1058쪽》

7 사실을 재조사 : 원문의 복실(覆實)은 실재하는 수량을 헤아려 다시 계산하는 것이다.〔覆實 按實在數目 覆算也〕《육부 65쪽》 국(局)이나 원(院)의 관원이 수입과 지출을 결산하여 상급 관청에 보고하면, 상급 관청이 또 관원을 시켜 그 보고한 수입 지출의 수가 옳은지 그른지 자세히 조사하여 실정을 알아내는 것을 이른다.〔覆實者 謂局院官報銷 又委官覆勘其報銷之數是否得實也〕《집주(하) 1058～1059쪽》

8 실정을……죄이다 : 마음대로 간사한 짓을 하는 것을 금하는 것이다.〔禁其縱姦也〕《소의(하) 690쪽》

9 각찰(覺察)을……그친다 : 엄하게 막지 못한 것을 책망할 뿐이다.〔責其不謹而已〕《소의(하) 690쪽》

452
자기 재료를 관에 가지고 들어가 비단을 직조함
帶造段疋

감림(監臨)·주수(主守) 관리가 자기 재료를 가지고 멋대로 관영 직조국(織造局)에 들어가서 비단을 직조하면[1] 장 60이다. 비단은 관에 들이며, 공장(工匠)은 태 50이다. 직조국의 관리가 알면서도 적발하지 않으면 더불어 같은 죄이며, 각찰(覺察)을 제대로 하지 못하였으면 3등급을 줄인다.[2]

직해 감림 관리들이 자신의 물건들을 관사에 가지고 와서 만들면 장 60이다. 비단은 관에 몰수하고, 장인은 태 50이다. 같은 관사의 관원이 알고도 죄를 묻지 않으면 죄가 같다. 알지 못하고 각찰을 소홀히 하면 3등급을 줄인다.

해설

관부(官府)에 필요한 천을 짜는 책임을 맡은 관리가 개인이 쓸 비단을 짜는 것을 금지하는 규정이다. 혐의를 피해야 할 감수(監守)가 이를 어기면 제대로 감수할 수 없기 때문에 장죄(杖罪)로 처벌하고, 직접 실행한 공장은 죄를 줄이지만 이를 묵인한 관리는 똑같이 처벌한다.

1 자기……직조하면 : 원문의 대조(帶造)는 공용의 관물(官物)을 짜는 곳에 자기의 사유물을 가지고 들어가 짜는 것을 말한다. 《언해 권30 17장》 관영 직조국(織造局)에서 몰래 개인용 직물을 짜는 일이다.

2 더불어……줄인다 : 감림·주수 관리와 마찬가지로 장 60이고, 제대로 각찰하지 못하였으면 3등급을 줄인 태 30이다. 〔與同罪者 謂與監臨主守官吏同杖六十 失覺察者 減三等 笞三十〕《강해 512쪽》

453
금지된 용봉 무늬 비단을 직조함

織造違禁龍鳳文段疋

453-1 민간에서 직조가 금지된 용봉(龍鳳) 무늬[1]의 저사(紵絲)나 사라(紗羅)를 직조하여 판매하면 장 100이다. 비단은 관에 들인다.

453-2 기호(機戶),[2] 도화(挑花) 공장(工匠), 만화(挽花) 공장[3]도 같은 죄이다.[4] 해당 집[5]의 처자식을 연루시켜 징발해서 서울로 보내어 국(局)의 장인(匠人)[6]으로 입적시킨다.[7]

1 용봉(龍鳳) 무늬 : 천자의 어용(御用)에 사용하는 것이다.《국자해 548쪽》

2 기호(機戶) : 기구를 설치해서 포백(布帛)을 직조하는 것을 생업으로 삼는 인호(人戶)이다.〔卽ヲリヤ也機具ヲ立置テ布帛ヲ織テ生業トスル人戶ヲ機戶ト云〕《언해 권30 19장》

3 도화(挑花)……공장 : 비단의 꽃무늬를 직조할 때 먼저 종이를 이용해서 모양을 그려 벽에 붙여 두었다가 따라서 보면서 그 모양을 단자(緞子)의 바탕에 옮기는 사람이 도화장이고, 베틀 위에서 도안과 같게 꽃무늬가 나올 수 있도록 손으로 조작하는 사람이 만화장이다.〔先ツ畵樣ヲ紙ヲ以描テ壁ニハリ付ケ置テソレヲ仰キ視テ其象ヲ緞子ノ地ニヲラルヽヤウニ考ヘテ絲ヲ挑ゲテヘイトヲカクル人ヲ挑花匠ト云機ノ上ノ棚ニアカリ居テ畵樣ノ如クニ花紋ヲ挑ゲカケテ置タルヘイトヲ手ニテ挽テ織手ニヲラスル人ヲ挽花匠ト云也〕《언해 권30 19장》 그려 놓은 원고의 꽃무늬 도안에 근거해서 씨줄과 날줄을 교차하도록 직조해서 꽃무늬를 만들어 내는데 그중 가장 중요한 순서가 도화이다.《潘吉星 譯註, 天工開物, 臺灣古籍出版有限公司, 126쪽》 도화장은 수를 놓는 장인이며, 만화장은 직물에서 실의 매듭을 제거하는 공정을 통해서 디자인을 만들어 내는 장인이다.《GMC 245쪽》 만화장은 직조 과정 중에 제화(提花) 공정을 책임지는 장인을 가리킨다.《趙豐, 中國絲綢與絲綢之路, 香港城市大學出版社, 2002, 312쪽》

4 같은 죄이다 : 기호를 운영한 호나 도화 공장은 모두 품삯을 받고 대신하여 직조한 자들로, 모두 직조하여 물품을 판매한 죄와 똑같이 장 100이다.〔其開張機戶及挑花工匠 皆受雇錢而代爲織造者 竝同織造而貨賣者之罪 亦杖一百〕《집설 권9 6장》

5 해당 집 : 원문은 당방(當房)으로, 죄를 범한 공장의 일가를 가리킨다.〔當房ハ罪ヲ犯シタル工匠ノ一家內ヲ指テ云也〕《언해 권14 67장》

6 국(局)의 장인(匠人) : 공부 직염국(織染局)에서 역에 종사하는 장인을 말한다.〔局匠ハ織染局ノ內ニ在テ役ヲツトムル者ナリ〕《언해 권14 67장》

직해 민간에서 나라가 금하는 용이나 봉황 무늬의 저사·사라 같은 비단 등을 직조하여 판매하면 장 100이고, 물건은 관에 몰수한다.
(○) 직조한 장인과 꽃무늬를 놓은 장인들은 같은 죄이다. 동거하는 처자식들은 같은 장인의 역에 충원하여 소속시킨다.

7 국(局)의 장인(匠人)으로 입적시킨다 : 장적(匠籍)에 들어가서 관국(官局)에서 직조하는 일에 충원되므로 사조(私造)가 금지되고 그 능력도 사장되지 않는다.〔籍充局匠者 收入匠籍 以充官局織造 既禁私造 亦不沒其所能也〕《집주(하) 1060쪽》

454
만들거나 지을 때 기한을 넘김
造作過限

454-1 각처에서 통상적으로 할당된 비단이나 군기(軍器)를 정해진 수량대로 만들 때, 기한이 지나도록 완납하지 못한 것이 10등분하여 1분이면 공장(工匠)은 태 20이고, 1분마다 1등급을 더하되 죄는 태 50에 그친다. 국(局)[1]의 관원[2]은 공장에서 1등급을 줄이고, 제조 관리는 다시 국의 관원에서 1등급을 줄인다.[3]

454-2 재료를 정해진 기일에 맞추어 계획대로 공급하지 않으면 국의 관원은 태 40이고, 제조 관리는 1등급을 줄인다.[4]

직해 서울과 지방 각처에서 국용(國用)으로 정해진 직조해야 할 비단이나 군의 기물 등을 정해진 날짜 안에 수량에 맞춰 상납하지 못하면, 10등분을

1 국(局) : 부류를 나누어 각각 한 가지 일을 맡게 한 관사를 말한다. 직염국(織染局), 군기국(軍器局), 보천국(寶泉局) 등이 있다.〔分曹之司有拘束之所ヲ局ト云局曹也部分也部類ヲ分テ各各一事ヲ司ル所也織染局軍器局寶泉局等ノ官也〕《언해 권6 41장》

2 국(局)의 관원 : 국의 관원이 없는 곳이면 위임받아 관장하는 관리도 국의 관원과 같다.〔若無局官去處 但委管官吏 亦與局官同〕《부례(하) 555쪽》

3 각처에서……줄인다 : 제조해야 할 액수는 정해진 수가 있고 통상적으로 부과하는 것은 한정된 기한이 있으므로 기한을 어겨서 완납하지 못하면 공장은 지체하여 태만히 한 죄가 있고 국의 관원과 제조 관리 또한 감독을 제대로 하지 못한 허물이 있는 것이다.〔額造有定數 常課有限期 過限不納齊足 則工匠遲慢之罪也……局官提調官吏 亦有不督幷之咎〕《집주(하) 1061쪽》

4 재료를……줄인다 : 재료를 정해진 기일 내에 공급하지 못하는 점에 대해 이문(移文)하여 알렸으면 재료를 관장하는 관리만 처벌하고 공장은 각각 직역에 돌려보낸다.〔若曾移文稟知不依期計撥物料 獨坐掌管物料官吏 各還職役〕《부례(하) 555쪽》 제작 기한에 따라 재료를 계획대로 제공하지 않아서 기한을 어기게 되었다면 죄가 재료 담당 관리로부터 말미암은 것이기 때문에 담당 관리는 태 40, 제조관은 1등급을 줄인 태 30이며, 공장은 처벌하지 않는다.〔不依造作之期 計算依撥物料以致過限 則罪由官吏 故局官笞四十 提調官減一等笞三十 工匠不坐〕《석의 권29 5장》

기준 삼아 1등분을 늦으면 장인은 태 20이다. 1등분마다 1등급을 더하되 죄는 태 50에 그친다. 관원은 장인보다 1등급을 줄이고, 담당한 영사(令史)와 색원(色員)은 관원의 죄에서 1등급을 줄인다.

○ 직조에 들어가는 물품을 규정에 따라 정해진 날짜에 지급하지 않으면 태 40이고, 담당 관리는 1등급을 줄인다.

해설

매년 일정한 수량을 만들어 바치도록 부과된 물건에 대해 기한을 어겼을 경우 처벌하는 규정이다. 처벌 대상은 공장(工匠)부터 담당 관원, 감독관에 이르기까지 차등 적용하는데, 물품의 재료가 제때 제공되지 않았을 때는 공장은 처벌 대상에서 제외되었다.

455
창고를 수리함
修理倉庫

각처의 청사(廳舍)·창(倉)·고(庫),[1] 국(局)·원(院), 관에 속한 건물[2]이 파손되면, 해당 관리는 곧바로 유사(有司)에게 이문(移文)하여 수리한다. 어기면 태 40이다. 이로 인하여 관물(官物)이 파손되면 율에 따라 과죄(科罪)하고[3] 파손된 물건을 배상하게 한다. 이미 유사에게 이문했는데도 유사가 잘못 처리하면 유사를 처벌한다.

직해 각처의 청사, 창고와 관사의 건물 등이 파괴되면 담당 관리가 즉시 임무를 맡은 관리에게 공문을 보내 수리한다. 이를 어긴 자는 태 40이다. 이로 인하여 관물을 파손하면 규정에 따라 과죄하고, 파손한 물건은 도로 징수한다. 임무를 맡은 관리에게 공문을 보냈는데 게을리하여 잘못 처리하면 그 관리를 처벌한다.

1 청사(廳舍)·창(倉)·고(庫) : 원문의 공해창고(公廨倉庫)를 《전석》은 각각 공관(公館), 해우(廨宇), 창오(倉廒), 고장(庫藏)으로 보았다. 《전석 권29 5장》

2 관에 속한 건물 : 신명정(申明亭)이나 급체포(急遞鋪) 같은 것들이다.〔申明亭急遞鋪之類〕《부례(하) 555쪽》

3 율에 따라 과죄(科罪)하고 : 《부례》·《언해》·《전석》 등에서는 여기서 말하는 율이 144조 손훼창고재물(損毁倉庫財物)의 "창고의 재물이나 쌓아 놓은 재물을 주수하는 사람이 법대로 안치하지 않으면……좌장(④ 368 坐贓致罪)으로 논하고 균등하게 할당하여 변상시켜 관에 들인다."라는 것을 가리킨다고 보았다.〔依戶律損壞倉庫財物律條 計所損之物價 坐贓論罪 着落官吏 陪償還官〕《전석 권29 6장》 그러나 《집주》에서는 이 설을 비판하고 태 40이라고 한 《청률》의 주석을 따라 본 조문의 앞부분을 가리킨다고 보았다.〔按 彼是主守之人 安置不如法 曬晾不以時 致有損壞 全由人事所致 故其罪重 此是不即移修 因壞房屋 而弁及官物 半由人事 半出不虞 與安置不如法曬晾不以時者有間 則止坐本律之笞 似合律意 且賠償所損之物 語意亦與彼律不類也〕《집주(하) 1062쪽》

456
유사 관리가 청사에 거주하지 않음
有司官吏不住公廨

456-1 유사 관리(有司官吏)가 청사 안의 관방(官房)에 거주하지 않고 시가(市街)[1]의 민방(民房)[2]에 거주하면 장 80이다.[3]

456-2 공용 기물(器物)[4]이 없어지면[5] 관물(官物)을 훼손하거나 잃어버린 죄[6]로 논한다.[7]

직해 실무를 담당한 관리[8]들이 관청의 처소에 살지 않고 시가의 민가에 거주하면 장 80이다.

1 시가(市街) : 상점이 집중되어 있는 거리이다. ③ 319 車馬殺傷人

2 관방(官房)에……민방(民房) : 율문에서 공해내관방(公廨內官房)과 가시민방(街市民房)이 대구로 사용되었다. 공해는 관서이므로 공해내관방은 관청 안의 거주 시설, 가시민방은 관청 밖의 민간 거주 시설이다.

3 유사 관리(有司官吏)가……80이다 : 유사 관리는 반드시 관청에 거주해야 출입을 엄격히 통제할 수 있다. 유사 관리가 관청을 버리고 관청 밖의 거주 시설에서 거주하면 방종의 가능성이 있다는 뜻이다. 《집주(하) 1062쪽》

4 공용 기물(器物) : 탁자, 의자, 평상, 걸상 따위로서 관청 안에 있는 물건이다.〔公用器物如卓椅牀凳之類 卽公廨中物也〕《집해 2060쪽》

5 없어지면 : 원문의 매몰(埋沒)은 돈이나 곡식이 간 곳이 보이지 않는 것, 즉 횡령 또는 착복으로 인해 돈이나 곡식이 흔적도 없이 사라지는 것이다.〔錢糧不見下落 曰埋沒〕《집해 508쪽》

6 관물(官物)을……죄 : ② 104 棄毁器物稼穡等

7 공용……논한다 : 유사 관리 등이 관물을 자기 것으로 삼지 않고 다른 용도의 관용에 충당하여 사용하면 매몰률(埋沒律)(④ 456 有司官吏不住公廨 ② 104 棄毁器物稼穡等)로 처벌하고, 관물을 자기 것으로 삼으면 287조 감수자도창고전량(監守自盜倉庫錢糧)이나 288조 상인도창고전량(常人盜倉庫錢糧)으로 처벌한다.〔在官人將官物匿不入己 別充官用者 依埋沒律 若入己 亦依監常盜律〕《부례(하) 556쪽》

8 실무를 담당한 관리 : 율문의 유사 관리(有司官吏)를 직해에서 색장 관리(色掌官吏)로 보았는데, 실무를 담당한 관리라는 의미이다.

○ 관사의 기물 등을 없어지게 하면 관물을 훼손하거나 잃어버린 예로 논한다.

해설

이 조문의 취지는 관청의 청사를 마련하여 관리로 하여금 거주하게 함으로써, 관리가 읍내의 백성과 쉽게 접촉하여 정사(政事)를 그르칠 우려를 차단하려는 데 있다. 청사 안의 집기를 함부로 사적 용도로 횡령하는 것을 경계하였다.

대명률직해

제30권 공률工律 하방河防

하방 河防

하방은 진(秦)·한(漢)·위(魏)·진(晉)의 경우 모두 편목이 없었고, 당(唐)도 수(隋)의 법제를 계승하였는데 역시 갖추어 수록하지 않았다.

당률에서 단지 404조 침항가천맥(侵巷街阡陌), 424조 실시불수제방(失時不修隄防), 425조 도결제방(盜決隄防) 세 조만 〈잡률(雜律)〉에 속해 있다.

명대에는 〈공률(工律)〉에 별도로 편목을 세웠는데 457조 도결하방(盜決河防), 458조 실시불수제방은 당제(唐制)를 준용하였고, 당률 404조 침항가천맥은 459조 침점가도(侵占街道)로 바꾸었다. 당률 424조 실시불수제방에서 다리나 부교를 만들거나 배나 뗏목을 만들어야 하는데 만들지 않은 뜻을 취하여 별도로 460조 수리교량도로(修理橋梁道路)를 만들었다. 이를 묶어서 〈하방〉이라 명명하였다. 모두 4조이다.

457
하천 제방을 남몰래 터 버림
盜決河防

457-1 하천 제방[1]을 남몰래[2] 터 버리면 장 100이다.[3] 물막이 둑[4]이나 저수지 둑[5]을 남몰래 터 버리면 장 80이다.[6] 인가(人家)가 훼손되거나 재물을 떠 내려보내 잃게 되거나 농작물이 잠길 경우, 물건 값을 계산하여, 무거우면[7] 좌장(坐贓)으로 논한다.[8] 이로 인하여 사람이 죽거나 상해하면 각각[9]

1 하천 제방 : 강이나 하천 근처에 둑을 쌓아 물이 범람하는 것을 막으면 모두 이에 해당한다. 오로지 조운(漕運)만을 위해 말한 것은 아니다.〔河防者 河之提岸 凡江河近處爲堤 以防泛溢者 皆是 不專爲漕運言也〕《집주(하) 1065쪽》

2 남몰래 : 원문의 도(盜)는 불시에 습격하여 트는 것으로 타인이 알지 못하도록 하는 것이다.〔按盜者 掩襲而決之 不敢使人知也〕《집주(하) 1065쪽》 물을 훔쳐 사용(私用)에 공급하는 것으로,〔謂盜水以供私用〕《당률 425조 盜決隄防》 그로 인해 고기를 잡거나 배가 지나가는 것과 같은 따위이다. 의도가 물의 이익을 훔치는 데 있을 뿐 타인을 해치려는 마음은 없는 것이다.〔盜者 如因捕漁過船之類 其意止于偸水 初無害人之心〕《집해 2062쪽》

3 하천……100이다 : 하천 제방은 관에서 쌓은 둑이므로 하천 제방을 몰래 터 버리면 피해가 관에 미친다.〔河防 係在官築防之堤……盜決河防 則害及於官〕《집주(하) 1065～1066쪽》

4 물막이 둑 : 원문의 우안(圩岸)은 수면보다 낮은 지대의 논에 쌓은 둑으로 물을 막아 전지(田地)를 만든 것이다.〔圩岸者 低田之岸 障水以作田者也〕《집주(하) 1065쪽》

5 저수지 둑 : 원문의 피당(陂塘)은 저수지나 연못 따위로 물을 저장하여 논에 물을 대는 것이다.〔陂塘者 湖蕩之類 蓄水以漑田者也〕《집주(하) 1065쪽》 피(陂)는 호수와 같은 큰 저수지이고, 당(塘)은 인공으로 수축한 작은 연못이다. 자연의 저수지에 인공 건설을 하여 관개 수리에 이용하도록 하였다.

6 물막이……80이다 : 물막이 둑이나 저수지 둑은 민간이 쌓은 수리 시설이므로 이를 몰래 트면 피해가 민간에 미친다.〔圩岸陂塘 係民間水利之業……盜決圩岸陂塘 則害及於民〕《집주(하) 1066쪽》

7 무거우면 : 손상된 재물의 값을 계산하여 좌장(坐贓)으로 과죄(科罪)하는데, 그 죄가 하천 제방을 몰래 터 버린 데 대한 장 100이나, 물막이 둑이나 저수지 둑을 몰래 터 버린 데 대한 장 80보다 무거우면 좌장으로 논한다.〔重者 謂計其所損物價 以坐贓罪科之 其罪重于杖八{十}者 則從坐贓論也〕《집해 2062～2063쪽》

투살상죄(鬪殺傷罪)[10]에서 1등급을 줄인다.[11]

457-2 하천 제방을 고의로 터 버리면[12] 장 100 도 3년이다. 물막이 둑이나 저수지 둑을 고의로 터 버리면 2등급을 줄인다. 재물을 떠 내려보내 잃게 되면[13] 장(贓)으로 보아, 무거우면[14] 절도에 준하는 것으로 논하여 자자(刺字)는 면한다. 이로 인하여 사람이 죽거나 상해하면 고살상(故殺傷)[15]으로 논한다.[16]

8 인가(人家)가……논한다 : 죄가 장 100이나 장 80보다 무거우면 손실된 재물 가격의 절반에 해당하는 죄를 주는 데 그친다.〔重於杖百杖八{十} 折半罪止〕《부례(하) 557쪽》

9 각각 : 하천 제방, 물막이 둑, 저수지 둑을 가리켜 말한 것이다.〔各字 指河防圩岸陂塘而言〕《소의(하) 701쪽》

10 투살상죄(鬪殺傷罪) : ③ 325 鬪毆

11 하천……줄인다 : 하천 제방을 남몰래 터서 사람이 죽거나 다치면 투살상죄에서 1등급을 줄인다는 것은 살상이 제방을 몰래 튼 데서 기인한 것으로 직접 살상한 것과 차이가 있음을 이른다.〔盜決殺傷 減鬪殺傷一等 謂殺傷因於盜決 而終與身自殺傷者有間也〕《집주(하) 1066쪽》

12 고의로 터 버리면 : 원문의 고(故)는 공공연히 트는 것으로 타인이 아는 것을 두려워하지 않는 것이다. 몰래 트는 것과 고의로 트는 것은 절도와 강도의 차이와 같으며, 죄의 경중을 이로써 논하여 정한다.〔故者 公然而決之 不復畏人知也 猶强竊盜之別 罪之輕重 由此論定〕《집주(하) 1065쪽》 물을 훔치려고 하는 것이 아니라, 원한을 품고 있거나 혹은 물이 흘러넘쳐 자신에게 손실이 있을까 두려워 고의로 제방을 터 버리는 것이다.〔故決隄防者 謂非因盜水 或挾嫌隙 或恐水漂流自損之類〕《당률 425조 盜決隄防》 이는 강포(强暴)에 가까우므로 몰래 트는 것에 비해 그 죄의 무거움이 이와 같다.〔若故決 則非求水利 實欲害人 且近于强矣 故罪之輕重如此〕《집해 2062쪽》

13 떠 내려보내……되면 : 인가가 훼손되는 것, 재물을 떠 내려보내 잃는 것, 농작물이 잠기는 것 세 가지를 겸하여 말한 것이다.〔漂失二字 兼毁害人家 漂失財物 渰沒田禾 三句而言 省文也〕《집주(하) 1065쪽》

14 무거우면 : 고의로 터 버린 죄보다 무거운 것이다.

15 고살상(故殺傷) : ③ 313 鬪毆及故殺人

16 이로……논한다 : 살상이 고의로 튼 것으로 말미암았으므로 고살상이다.〔故決殺傷 卽以故殺傷論 謂殺傷由於故決 則卽其故殺傷矣〕《집주(하) 1066쪽》 각각 상해의 경중을 징험하여 죄를 정하며, 사람을 죽였으면 참형이다. 만약 친속을 살상하였으면 각각 친속을 살상한 데 대한 본래의 율문(③ 307 謀殺祖父母父母 ③ 340 毆大功以下尊長 ③ 341 毆期親尊長)으로 과죄한다.〔各驗其輕重定罪 殺人者 斬 若殺傷親屬 各從殺傷親屬本律 科之〕《전석 권30 1～2장》

직해 방축(防築)의 하천 물을 은밀히 터서 흐르게 하면 장 100이다. 하천 물막이나 저수지 둑을 은밀히 터서 흐르게 하면 장 80이다. 인가를 부서지게 하거나 재물을 떠 내려보내 잃게 하거나 곡식을 물에 잠겨 잃게 하면, 그 재물의 값을 계산하여 무거우면 좌장으로 논한다. 이로 인하여 사람을 죽이거나 상해하면, 싸우다가 죽이거나 상해한 죄에서 1등급을 줄인다. ○ 고의로 남의 방축에 가두어 둔 물을 터서 흐르게 하면 장 100[17]이다. 고의로 하천 물막이나 저수지 둑을 터서 흐르게 하면 2등급을 줄인다. 떠내려가 잃은 재물이 무거우면 절도의 예에 따라 그에 준하여 논한다. 이로 인하여 사람을 죽이거나 상해하면 고의로 죽이거나 상해한 것으로 논한다.

해설

백성들이 사사로이 제방을 트는 것을 방지하기 위해 마련한 규정이다. 하천 제방은 국가가 물을 가두어 운송 등에 쓰고자 쌓은 것이며, 물막이 둑이나 저수지 둑은 민간에서 물을 가두어 가뭄이나 홍수를 막으려고 쌓은 것으로, 이들을 손괴(損壞)하는 행위에 대한 처벌을 몰래 트는 것과 고의로 트는 것으로 구분하여 논하였다. 몰래 트는 것은 하수(河水) 이용을 목적으로 제방을 손괴한 것으로 당초 타인을 해치려는 뜻이 없기에 장죄(杖罪)로 처벌하고, 이로 인해 재물에 손실을 입히면 좌장(坐贓)으로 논한다. 사람을 살상하면 투살상죄(鬪殺傷罪)에서 1등급을 줄이는데, 물로 인한 살상이며 직접 살상한 것이 아니기 때문이다. 고의로 트는 것은 타인을 위해하려는 마음에서 제방을 손괴한 것이므로 도죄(徒罪)로 처벌한다. 사람을 살상하면 고살상으로 논하는 것은 비록 물로 인한 살상이나 고의로 초래한 것이기 때문이다.

17 장 100 : 율문에는 장 100 도 3년으로 되어 있다.

458
제방을 제때에 수리하지 않음
失時不修隄防

458-1 하천의 제방을 수리하지 않았거나, 수리는 하였으나 때를 놓치면 제조 관리는 각각 태 50이다. 인가(人家)가 훼손되거나 재물을 떠 내려보내 잃게 되면 장 60이다. 이로 인하여 사람이 다치면 장 80이다.
458-2 물막이 둑을 수리하지 않았거나, 수리는 하였으나 때를 놓치면 태 30이다. 이로 인하여 농작물이 물에 잠기면 태 50이다. 단, 폭우나 여러 날 계속된 비로 제방이 파손되어 사람의 힘으로 통제할 수 없는 경우는 논하지 않는다.
직해 방축(防築)을 수리하지 않거나 수리하되 때를 놓치면 담당 관리는 각각 태 50이다. 인가를 훼손하거나 재물을 떠 내려보내 잃게 하면 장 60이다. 이로 인하여 인명(人命)을 상하게 하면 장 80이다.
○ 하천 물막이용 방축을 수리하지 않거나 수리하되 때를 놓치면 태 30이다. 이로 인하여 벼나 곡식을 물에 잠기게 하면 태 50이다. 방축이 폭우나 장마철 흙비로 망가진 경우는 인력으로 제어할 수 있는 상황이 아니므로 논하지 않는다.

해설
하천 제방 관리에 대한 담당 관리의 책임을 규정한 조문이다. 하천 제방과 물막이 둑을 제때 수리하지 않아 인명이나 재물이 손상되면 태·장으로 다스리되, 폭우나 연일 계속된 비로 인해 상황이 부득이한 경우에는 죄를 논하지 않도록 하였다.

459
가도를 침범하여 점거함
侵占街道

가항(街巷)이나 도로[1]를 침범하여 점거하고 가옥을 세우거나 원포(園圃)[2]를 만들면 장 60이고, 각각 복구하게 한다.[3] 담장을 뚫어 오물을 길거리로 내보내면 태 40이다.[4] 물을 배출하는 것은 논하지 않는다.

직해 가항이나 도로를 침범하고 점거하여 집을 짓거나, 정원이나 밭을 경계를 넘어 만들면 장 60이고, 각각 영을 내려 예전대로 하게 한다. 담장에 구멍을 뚫어 오물을 거리에 내보내면 태 40이고, 물을 내보낸 것은 논하지 않는다.

1 가항(街巷)이나 도로 : 가항은 성시(城市)에서 다닐 수 있는 곳이고, 도로는 교야(郊野)에서 다닐 수 있는 곳이다. 모두 사람이 이용하거나 왕래하는 곳이니 침범하여 점령하거나 오염시켜 훼손해서는 안 된다.〔城市可行之地曰街巷 郊野可行之地曰道路 皆人之利用往來者 可以侵占汚壞之乎〕《집설 권9 11장》《집주(하) 1068쪽》 가항의 가는 규모가 큰 것이고 항은 규모가 작은 것인데, 백성이 길가를 따라 사는 것으로 말한 것이고, 도로는 평평하고 비어 있는 것으로 말한 것이다. 그러나 실제는 가항도 도로이다.〔大曰街 小曰巷 自民居闤闠而言 道路自平曠隙地而言 其實街巷亦道路耳〕《집주(하) 1068쪽》

2 원포(園圃) : 야채나 수목을 가꾸는 곳이다.《국자해 553쪽》

3 각각 복구하게 한다 : 가항이나 도로 모두 관에 관계되므로 만약 침범하여 점거해서 가옥을 세우거나 원포를 만들면 장 60이고, 각각 수축한 것을 헐어 버리도록 하여 옛 상태로 복구시킨다.〔街巷道路 皆係官地 若侵占而蓋房屋爲園圃者 杖六十 各令折毁修築以復其舊〕《집주(하) 1068쪽》

4 담장을……40이다 : 가항은 청결하게 하여 여행에 편하게 해야 한다. 가항에 접한 자신의 건물에 벽을 뚫어서 오물을 배출하면 태 40이고, 구멍은 막도록 한다.〔街巷宜於潔淨以便行旅 若於自己臨街巷之房屋 穿墻以出穢汚之物者 笞四十 仍令塞之〕《집주(하) 1068쪽》

460
교량이나 도로를 수리함
修理橋梁道路

460-1 교량(橋梁)이나 도로는 부(府)·주(州)·현(縣)의 좌이관(佐貳官)이 담당하여 농한기에 더욱 점검하고 수리해서 견고하고 평탄하게 하는 데 힘쓴다.[1] 파손되었는데도 제대로 수리하지 않아서 통행하는 데 방해가 되면 제조 관리는 태 30이다.

460-2 나루터에 교량을 만들어야 하는데 만들지 않거나, 나룻배를 준비해 두어야 하는데 준비해 두지 않으면 태 40이다.

직해 교량이나 도로를 주·부·군·현의 지차관(之次官)이 담당하여 농한기를 틈타 항상 점검하고 수리하되 반드시 견실하고 평평하게 한다. 망가졌는데 수리하지 않아 다니는 길을 막히게 하면 담당 관리는 태 30이다. ○ 나루터 각처에 규정에 따라 만들어야 할 교량을 만들지 않거나, 규정에 따라 건너갈 배를 준비해 두지 않으면 태 40이다.

해설

관사에서 사람들이 도로를 통행하거나 나루를 건너는 것을 원활하게 하도록 하기 위해 만든 규정이다. 파손된 것을 제때에 수리하지 않아 통행을 불편하게 하거나 마땅히 만들어야 할 것들을 미리 만들지 않았을 때 담당자들에게 태형을 가하도록 하였다.

1 교량(橋梁)이나……힘쓴다 : 교량이나 도로가 파손되었는데 수리하지 않으면 통행에 방해될 뿐 아니라 넘어지거나 빠질 염려가 있다. 부·주·현의 좌이관이 그 일을 담당하여 농한기에 항상 순행하고, 공역(工役)의 수리를 점검하고 통솔하게 하되, 교량은 견고하도록, 도로는 평탄하도록 힘쓴다.〔橋梁道路 缺壞不修理 不惟阻礙經行 且有踣仆覆溺之虞 府州縣佐貳官 提調其事 於農隙之時 常加巡行 點視督率工役修理 橋梁務要堅完 道路務要平坦〕《전석 권30 4장》

발문
跋文

형(刑)은 다스림을 돕는 법이니 소홀히 할 수 없게 된 지가 오래이건만 여러 법률가가 율(律)을 제정함에 혹 지나치거나 미치지 못하는 편차가 있어 유사(有司)들이 병통으로 여겼다. 이 《대명률》의 글은 죄를 매기는 조문의 무겁고 가벼움이 각각 마땅한 바가 있어서 진실로 법을 집행하는 자에게 준칙이 된다.

우리 임금께서 이것을 전국에 반포하여 벼슬길에 나가려는 사람들에게 서로 전하여 외우고 익혀 모두 이로써 법을 익히게 하고자 하셨으나, 문자의 사용이 일상적이지 않아 사람들이 쉽게 깨닫기 어려웠다. 더욱이 우리나라에서는 삼한(三韓) 때 설총(薛聰)이 만든 방언 문자가 있어 이것을 이두라 하고 토속에서는 사람들이 나면서부터 알고 익숙하게 익혀 갑자기 없애 버릴 수 없으니, 어찌 집집마다 찾아다니며 사람들에게 일일이 깨우쳐 가르칠 수 있겠는가. 마땅히 이 책을 이두로 읽게 하여 배우지 않아도 잘하는 것으로써 그들을 인도해야 할 것이다.

정승 평양백(平壤伯) 조준(趙浚)이 검교중추원(檢校中樞院) 고사경(高士褧)과 나에게 명하여 그 일을 맡게 하였고, 우리들은 자세히 궁구하기를 거듭하며 자구에 따라 직해하였다. 아아, 우리 두 사람이 앞서서 초고를 작성하고 삼봉(三峯) 정도전(鄭道傳) 선생과 공조 전서(工曹典書) 당성(唐誠)이 나중에 윤문하였으니 이 어찌 절차탁마라 하지 않을 수 있으랴. 일이 이미 마쳤기에 이를 서적원(書籍院)에 보내 배주 지사(白州知事) 서찬(徐贊)이 깎아 만든 활자로 무려 100여 본(本)을 인출해서 우선 반포하여 시행하니 형을 신중히 하라는 임금의 뜻을 저버리지 않았다고 하겠다.

홍무 을해년(1395, 태조4) 2월 초하루에 상우재(尙友齋) 김지(金祗)가 삼가 쓰다.

부록 附錄

육장도

六贓圖

형의 종류 \ 구분	형량	감수도(監守盜)	상인도(常人盜) 왕법(枉法)	절도(竊盜) 불왕법(不枉法)	좌장(坐贓)
태(笞)	20				1관 이하
	30				1~10관
	40				20관
	50				30관
장(杖)	60			1관 이하	40관
	70		1관 이하	1~10관	50관
	80	1관 이하	1~5관	20관	60관
	90	1~2관 500문	10관	30관	70관
	100	5관	15관	40관	80관
도(徒)	1년 장 60	7관 500문	20관	50관	100관
	1년 반 장 70	10관	25관	60관	200관
	2년 장 80	12관 500문	30관	70관	300관
	2년 반 장 90	15관	35관	80관	400관
	3년 장 100	17관 500문	40관	90관	500관
유(流)	2000리 장 100	20관	45관	100관	
	2500리 장 100	22관 500문	50관	110관	
	3000리 장 100	25관	55관	120관	
사(死) 잡범(雜犯)	교(絞)		80관		
	참(斬)	40관			

본종의 구족이 입는 오복의 정복에 대한 도해

本宗九族五服正服之圖

<table>
<tr><td colspan="2" rowspan="3">고모나 자매의 딸 및 손녀가 재실(在室)이거나 혹은 출가하였다가 쫓겨나 돌아오면 복(服)은 모두 아들과 같다. 출가하였으나 남편이나 아들이 없는 사람은 형제자매나 조카를 위해 모두 부장기(不杖期)의 복을 입는다.</td><td></td><td></td><td colspan="2">고조부모-곧 고조할아버지 · 고조할머니-
: 자최 3월</td></tr>
<tr><td></td><td>족증조고모-증조의 자매, 곧 증고모할머니-
재실 : 시마
출가 : 무복</td><td colspan="2">증조부모-곧 증조할아버지 · 증조할머니-
: 자최 5월</td></tr>
<tr><td>족조고모-조의 동당자매-
재실 : 시마
출가 : 무복</td><td>종조고모-조의 친자매, 곧 고모할머니-
재실 : 소공
출가 : 시마</td><td colspan="2">조부모-곧 할아버지 · 할머니-
: 자최 부장기</td></tr>
<tr><td></td><td>족고모-부의 재종자매-
재실 : 시마
출가 : 무복</td><td>당고모-부의 백숙 자매-
재실 : 소공
출가 : 시마</td><td>고모-부의 친자매-
재실 : 기년
출가 : 대공</td><td colspan="2">부모
: 참최 3년</td></tr>
<tr><td>족자매-삼종자매, 곧 동고조 자매-
재실 : 시마
출가 : 무복</td><td>재종자매-부의 백숙 형제의 딸, 곧 동증조 자매-
재실 : 소공
출가 : 시마</td><td>당자매-동조 백숙 자매-
재실 : 대공
출가 : 소공</td><td>자매-본인의 친자매-
재실 : 기년
출가 : 대공</td><td colspan="2">본인</td></tr>
<tr><td></td><td>재종질녀-재종형제의 딸, 곧 동증조 형제의 딸-
재실 : 시마
출가 : 무복</td><td>당질녀-동조 백숙 형제의 딸-
재실 : 소공
출가 : 시마</td><td>질녀-형제의 딸-
재실 : 기년
출가 : 대공</td><td>중자
: 기년
중자부
: 대공</td><td>장자
: 기년
장자부
: 기년</td></tr>
<tr><td colspan="2" rowspan="3">같은 5대조의 족속으로 시마복(緦麻服) 밖일 때에는 모두 단문친(袒免親)이 된다. 상을 당하면 소복을 입고 삼베로 머리띠를 두른다.</td><td>당질손녀-동조 백숙 형제의 손녀-
재실 : 시마
출가 : 무복</td><td>질손녀-형제의 손녀-
재실 : 소공
출가 : 시마</td><td>중손
: 대공
중손부
: 시마</td><td>적손
: 기년
적손부
: 소공</td></tr>
<tr><td></td><td>질증손녀-형제의 증손녀-
재실 : 시마
출가 : 무복</td><td>증손부
: 무복</td><td>증손-손자의 아들-
: 시마</td></tr>
<tr><td></td><td></td><td>현손부
: 무복</td><td>현손-증손자의 아들-
: 시마</td></tr>
</table>

<table>
<tr><td></td><td></td><td colspan="2" rowspan="3">적손(嫡孫)이 아버지가 죽어 조부모를 승중(承重)하게 되면 복은 참최 3년이다. 증조부모나 고조부모를 승중하면 복이 또한 같다. 조부가 살아 있으면 조모를 위해서는 단지 장기(杖期)의 복을 입는다.</td></tr>
<tr><td>족증조부모-증조의 형제 및 처, 곧 큰증조할아버지·큰증조할머니, 작은증조할아버지·작은증조할머니-
: 시마</td><td></td></tr>
<tr><td>백숙 조부모-조의 친형제 및 처, 곧 큰할아버지·큰할머니, 작은할아버지·작은할머니-
: 소공</td><td>족백숙 조부모-조의 동당형제 및 처, 곧 조의 백숙 형제-
: 시마</td></tr>
<tr><td>백숙 부모-부의 친형제 및 처, 곧 큰아버지·큰어머니, 작은아버지·작은어머니-
: 기년</td><td>당백숙 부모-부의 백숙 형제 및 처-
: 소공</td><td>족백숙 부모-부의 재종형제 및 처, 곧 부의 동증조 형제-
: 시마</td><td></td></tr>
<tr><td>형제-본인의 친형제-
: 기년
형제처
: 소공</td><td>당형제-동조 백숙 형제-
: 대공
당형제처
: 시마</td><td>재종형제-부의 백숙 형제의 아들, 곧 동증조 형제-
: 소공
재종형제처
: 무복</td><td>족형제-삼종형제, 곧 동고조 형제-
: 시마
족형제처
: 무복</td></tr>
<tr><td>질-형제의 아들-
: 기년
질부
: 대공</td><td>당질-동조 백숙 형제의 아들-
: 소공
당질부
: 시마</td><td>재종질-재종형제의 아들, 곧 동증조 형제의 아들-
: 시마
재종질부
: 무복</td><td></td></tr>
<tr><td>질손-형제의 손자-
: 소공
질손부
: 시마</td><td>당질손-동조 백숙 형제의 손자-
: 시마
당질손부
: 무복</td><td colspan="2" rowspan="3">남자로서 남의 후사(後嗣)가 되어 본생친속(本生親屬)을 위해 상복을 입을 때 모두 1등급을 내리는데, 오직 본생부모를 위해서는 강복(降服)하되 부장기의 복이다. 부모가 남의 후사가 된 친생자(親生子)를 위해 입는 상복도 같다.</td></tr>
<tr><td>증질손-형제의 증손-
: 시마
증질손부
: 무복</td><td></td></tr>
<tr><td></td><td></td></tr>
</table>

처가 남편의 친족을 위해 입는 복의 도해

妻爲夫族服圖

<table>
<tr><td colspan="2" rowspan="2">남편이 다른 사람의 후사가 되었으면 그 처는 본생시부모(本生緦父母)를 위해 대공복(大功服)을 입는다.</td><td colspan="2"></td><td colspan="2">남편의 고조부모
: 시마</td></tr>
<tr><td></td><td>남편의 증조고
: 무복</td><td colspan="2">남편의 증조부모
: 시마</td></tr>
<tr><td></td><td></td><td>남편의 당조고
: 무복</td><td>남편의 조고-남편의 고모할머니-
재실 : 시마
출가 : 무복</td><td colspan="2">남편의 조부모
: 대공</td></tr>
<tr><td></td><td>남편의 족고
: 무복</td><td>남편의 당고
재실 : 시마
출가 : 무복</td><td>남편의 친고-남편의 고모-
: 소공</td><td colspan="2">시부모
: 참최 3년</td></tr>
<tr><td>남편의 족자매
: 무복</td><td>남편의
재종자매
: 무복</td><td>남편의 당자매
: 시마</td><td>남편의 자매-남편의 여동생-
: 소공</td><td>남편이 처에 대해
: 참최 장기
부모가 살았으면
: 부장기</td><td>처가 남편에 대해
: 참최 3년</td></tr>
<tr><td></td><td>남편의
재종질녀
재실 : 시마
출가 : 무복</td><td>남편의 당질녀
재실 : 소공
출가 : 시마</td><td>남편의 질녀
재실 : 기년
출가 : 대공</td><td>중자
: 기년
중자부
: 대공</td><td>장자
: 기년
장자부
: 기년</td></tr>
<tr><td colspan="2" rowspan="3"></td><td>남편의 당질손녀
: 시마</td><td>남편의 질손녀
재실 : 소공
출가 : 시마</td><td>손부
: 시마</td><td>손
: 대공</td></tr>
<tr><td rowspan="2"></td><td>남편의 증질손녀
: 시마</td><td colspan="2">증손
: 시마</td></tr>
<tr><td></td><td colspan="2">현손
: 시마</td></tr>
</table>

		남편이 조부모나 증조부모나 고조부모를 위해 승중한 경우 모두 남편의 복을 따른다.	
남편의 족증조부모 : 무복			
남편의 백숙 조부모-남편의 큰할아버지 · 큰할머니, 작은할아버지 · 작은할머니- : 시마	남편의 족백숙 조부모 : 무복		
남편의 백숙 부모-남편의 큰아버지 · 큰어머니, 작은아버지 · 작은어머니- : 대공	남편의 당백숙 부모 : 시마	남편의 족백숙 부모 : 무복	
남편의 형제 및 처-남편의 형을 백이라 하고 남편의 동생을 숙이라 한다.- : 소공	남편의 당형제 및 처 : 시마	남편의 재종형제 : 무복	남편의 족형제 : 무복
남편의 질 : 기년 남편의 질부 : 대공	남편의 당질 : 소공 남편의 당질부 : 시마	남편의 재종질 : 시마	
남편의 질손 : 소공 남편의 질손부 : 시마	남편의 당질손 : 시마		
남편의 증질손 : 시마			

첩이 가장의 친족을 위한 복의 도해

妾爲家長族服之圖

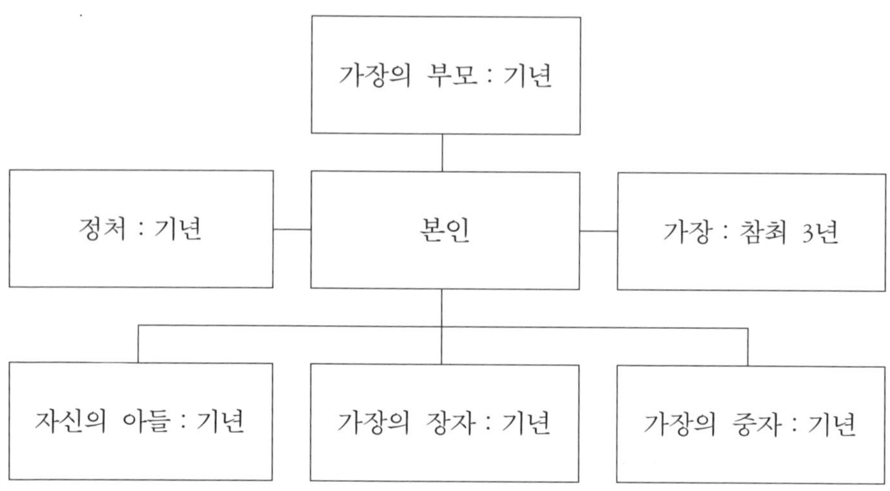

출가한 딸의 본종을 위한 강복의 도해

出嫁女爲本宗降服之圖

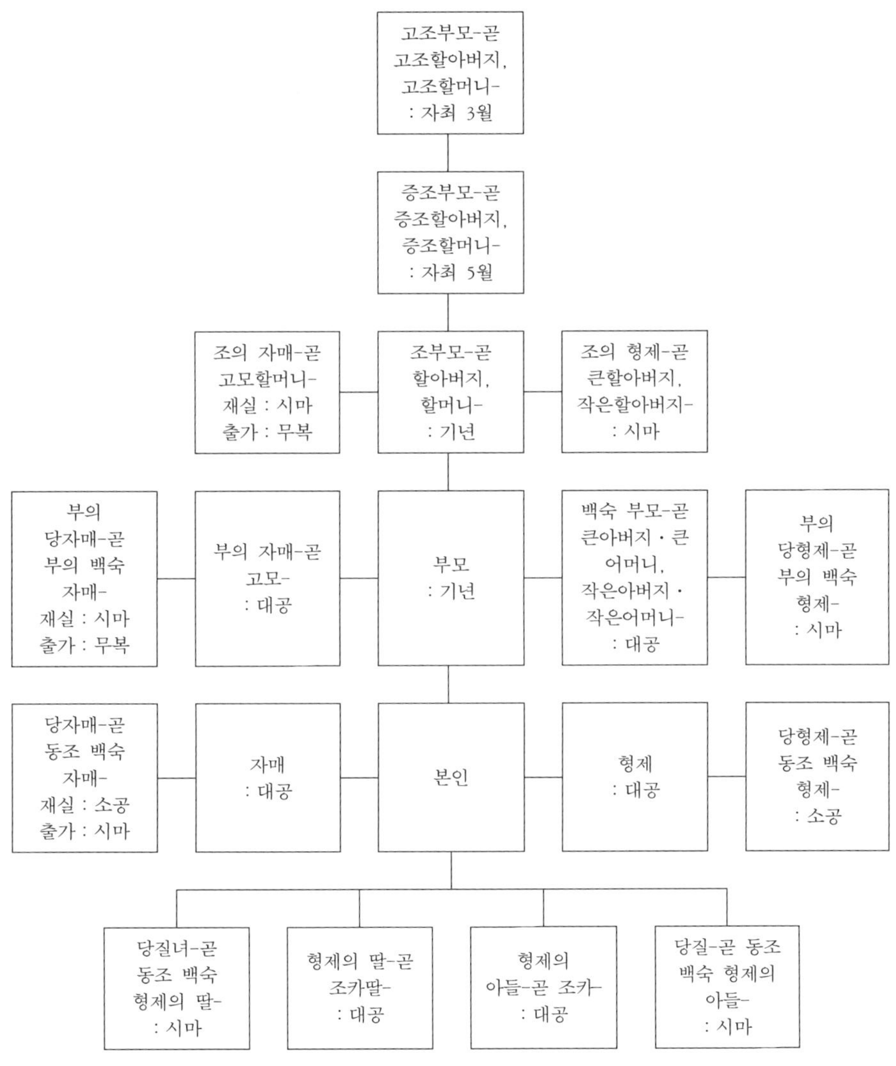

외친복도

外親服圖

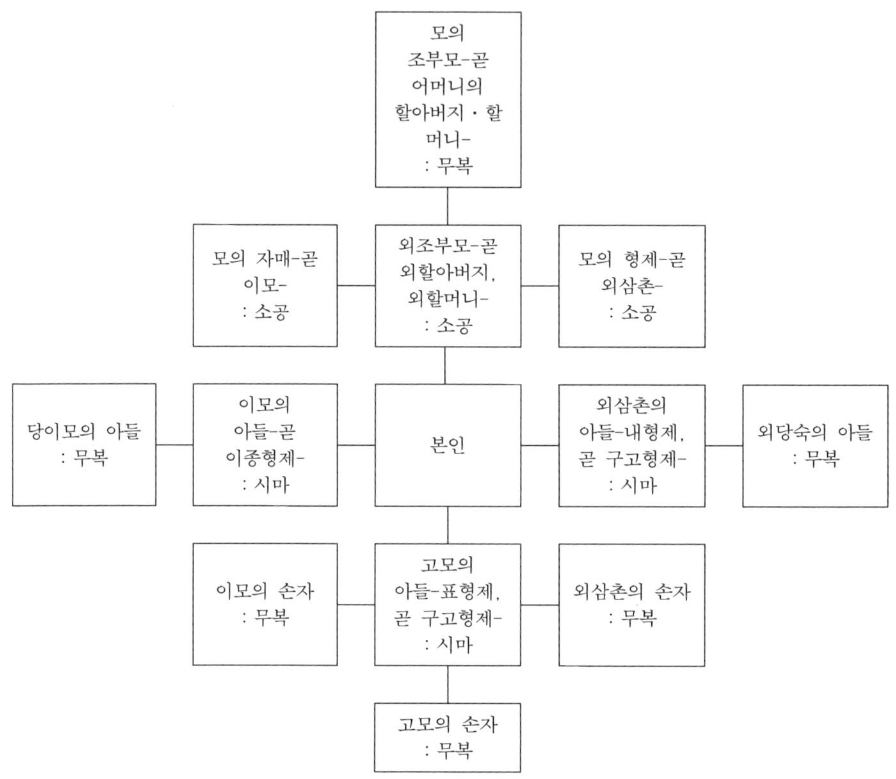

모의
조부모-곧
어머니의
할아버지·할
머니-
: 무복
모의 자매-곧
이모-
: 소공
외조부모-곧
외할아버지,
외할머니-
: 소공
모의 형제-곧
외삼촌-
: 소공
당이모의 아들
: 무복
이모의
아들-곧
이종형제-
: 시마
본인
외삼촌의
아들-내형제,
곧 구고형제-
: 시마
외당숙의 아들
: 무복
이모의 손자
: 무복
고모의
아들-표형제,
곧 구고형제-
: 시마
외삼촌의 손자
: 무복
고모의 손자
: 무복

처친복도

妻親服圖

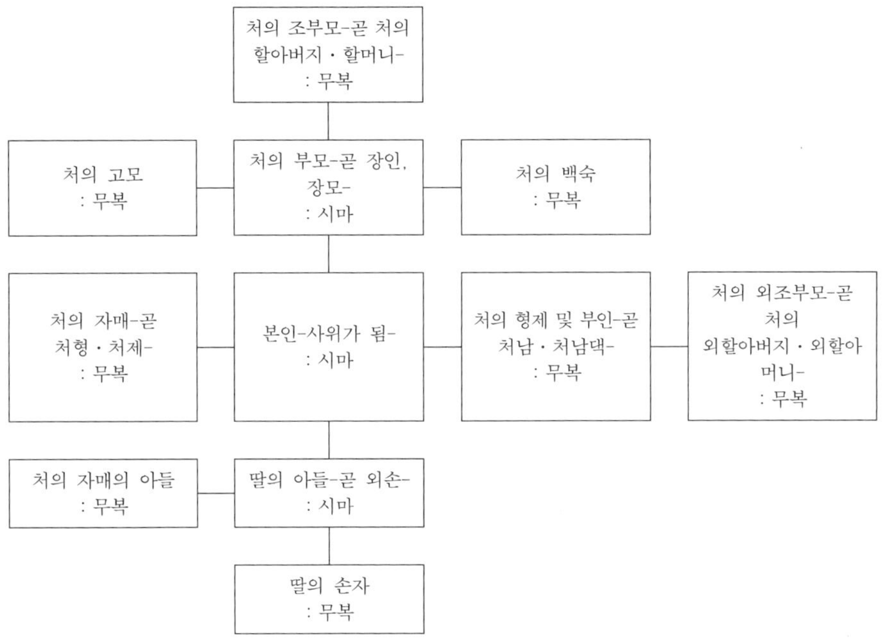

처의 조부모-곧 처의 할아버지 · 할머니- : 무복
처의 고모 : 무복
처의 부모-곧 장인, 장모- : 시마
처의 백숙 : 무복
처의 자매-곧 처형 · 처제- : 무복
본인-사위가 됨- : 시마
처의 형제 및 부인-곧 처남 · 처남댁- : 무복
처의 외조부모-곧 처의 외할아버지 · 외할아머니- : 무복
처의 자매의 아들 : 무복
딸의 아들-곧 외손- : 시마
딸의 손자 : 무복

삼부팔모복도

三父八母服圖

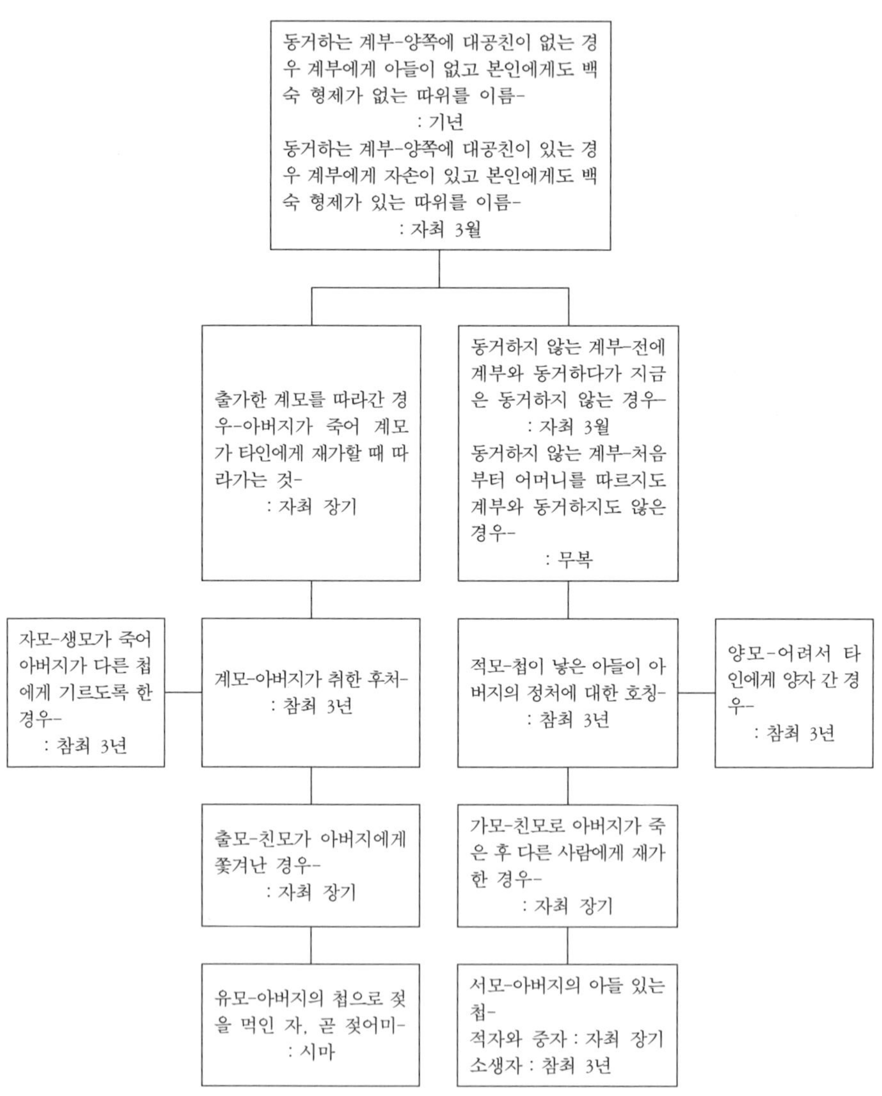

복제[1]

服制

참최(斬衰) 3년

○ 아들이 부모를 위하여 입는다. 딸이 재실(在室)[2]이거나, 혼인을 허락하였거나 출가하였다가 쫓겨나서 돌아와 재실인 경우도 같다. 아들의 처도 같다.

○ 아들이 계모(繼母)나 자모(慈母), 양모(養母)를 위하여 입는다. 아들의 처도 같다.-계모는 아버지의 후처이다. 자모는 어머니가 죽자 아버지가 다른 첩에게 명하여 자신을 기르도록 한 사람을 이른다. 양모는 어릴 때 타인에게 과방(過房)[3]된 사람 곧 타인의 후사(後嗣)가 된 사람의 소후모(所後母)를 이른다.-

○ 서자(庶子)가 소생모(所生母)나 적모(嫡母)를 위하여 입는다. 서자의 처도 같다.

○ 타인의 후사가 된 사람이 소후부모(所後父母)를 위하여 입는다. 타인의 후사가 된 사람의 처도 같다.

○ 승중(承重)한 적손(嫡孫)이 조부모를 위하여 입는다. 고조·증조를 위하여 입는 복도 같다.

○ 처가 남편을 위하여 입는다. 첩이 가장(家長)을 위하여 입는 복도 같다.

1 복제(服制) : 《집해》에 실려 있는 것을 따른다. 《집해 75~88쪽》

2 재실(在室) : 원래는 여자가 정혼하였으나 성혼하지 않은 때 혹은 이미 출가하였다가 이혼당해 친정에 돌아와 있을 때를 말한다. 그러다가 후대에는 미혼 여자를 가리키는 용어로도 사용되었다.〔已定婚而未嫁 或已嫁而被休回娘家 稱在室 後亦泛指女子未婚〕《儀禮 喪服》

3 과방(過房) : 아들이 없을 경우 형제 혹은 동종의 아들을 입양하여 대를 잇게 하는 종법(宗法)의 입양이다. 이성 입양(異姓入養)을 허용하지 않는 점에 착안하여 학계에서는 종법의 과방을 동성 입양(同姓入養) 혹은 동종 입양(同宗入養)이라고 부른다.

자최(齊衰) 장기(杖期)[4]

○ 적자(嫡子)나 중자(衆子)[5]가 서모(庶母)를 위하여 입는다. 적자나 중자의 처도 같다.-서모는 아버지의 첩으로 아들[6]이 있는 여자이다. 아버지의 첩이 아들이 없으면 모(母)라 칭할 수 없다.-[7]

○ 아들이 가모(嫁母)를 위하여 입는다.-친생모로서 아버지가 사망한 뒤 개가한 사람이다.-

○ 아들이 출모(出母)를 위하여 입는다.-친생모로서 아버지에게 쫓겨난 사람이다.-

○ 남편이 처를 위하여 입는다.-부모가 살아 있으면 부장기(不杖期)이다.-

○ 적손이 할아버지가 살아 있는데 승중한 할머니를 위하여 입는다.

자최 부장기(不杖期)

○ 할아버지가 적손을 위하여 입는다.

○ 부모가 적장자, 적장자의 처, 중자, 재실인 딸, 남의 후사가 된 아들을 위하여 입는다.

○ 계모가 장자나 중자를 위하여 입는다.

○ 전남편의 아들이, 계모가 다른 사람에게 개가할 때 따라가, 개가한 계모를 위하여 입는다.

○ 조카가 백숙 부모를 위하여 입는다.-백숙 부모는 아버지의 친형제와 아버지 친형제의 처이다.-

4 장기(杖期) : 상장(喪杖)을 짚고 일 년간 거상(居喪)하는 상복 제도의 하나로 아버지가 살아 있는 상태에서 어머니의 상을 당했을 때나 승중(承重)한 손자가 할아버지가 살아 있는 상태에서 할머니의 상을 당해 입는다. 상장을 짚지 않는 일년상은 부장기(不杖期)라 한다.

5 중자(衆子) : 적장자(嫡長子) 이외의 모든 아들을 이른다.〔昆弟爲衆子 衆子者 長子之弟及妾子〕《儀禮 喪服》

6 아들 : 아들이라고 일컬으면 딸도 포함한다.〔稱子者 男女同〕 ① 41 稱期親祖父母

7 서모는……없다 : 아버지의 첩이라 하더라도 그 첩이 자녀를 낳은 후부터 비로소 서모라고 부른다.〔庶母 自謂父妾生子者〕《朱子全書 禮2》

○ 자기의 친형제 및 친형제의 아들과 재실인 딸을 위하여 입는다.

○ 손자가 조부모를 위하여 입는다. 재실인 손녀, 출가한 손녀도 같다.

○ 타인의 후사가 된 사람이 본생부모를 위하여 입는다.

○ 출가한 딸이 본종(本宗) 부모를 위하여 입는다.

○ 재실이거나 비록 타인에게 출가하였어도 남편과 아들이 없는 딸이 자신의 형제자매, 조카, 재실인 조카딸을 위하여 입는다.

○ 타인에게 시집간 딸이 아버지의 후사가 된 형제를 위하여 입는다.

○ 부인이 남편 친형제의 아들이나 재실인 딸을 위하여 입는다.

○ 첩이 가장의 정처(正妻)를 위하여 입는다.

○ 첩이 가장의 부모를 위하여 입는다.

○ 첩이 가장의 장자·중자와 그들이 낳은 아들을 위하여 입는다.

○ 양쪽에 대공 이상의 친속이 없는[8] 동거하는 계부(繼父)를 위하여 입는다.

자최 5월

○ 증손이 증조부모를 위하여 입는다. 증손녀도 같다.

자최 3월

○ 현손(玄孫)이 고조부모를 위하여 입는다. 현손녀도 같다.

○ 전에는 동거하였으나 지금은 동거하지 않는 계부를 위해서 입는다.-원래부터 동거하지 않은 계부는 무복(無服)[9]이다.-

○ 양쪽에 대공 이상의 친속이 있는[10] 동거하는 계부를 위하여 입는다.

8 양쪽에……없는 : 계부(繼父)에게 아들이 없고, 복을 입는 본인에게도 백숙 형제가 없는 경우를 이른다. 356쪽 〈삼부팔모복도(三父八母服圖)〉 참조.

9 무복(無服) : 무복친(無服親)은 포괄하는 바가 광범위하다. 오복(五服) 외에, 족보에서 상고할 수 있으며 존비(尊卑)·장유(長幼)의 명분이 여전히 있는 자가 모두 이에 해당된다. 이른바 단문친(袒免親)이다.〔無服之親所包者廣 凡五服之外 譜係可考 尊卑長幼名分猶存者皆是 所謂袒免親也〕《집주(상) 269쪽》

10 양쪽에……있는 : 계부에게 자손이 있고, 복을 입는 본인에게도 백숙 형제가 있는 경우이다. 356쪽 〈삼부팔모복도(三父八母服圖)〉 참조.

대공(大功) 9월

○ 할아버지가 중손(衆孫)[11]을 위하여 입는다. 재실인 손녀도 같다.

○ 할머니가 중손과 적손(嫡孫)을 위하여 입는다.

○ 부모가 중자의 부인과 출가한 딸을 위하여 입는다.

○ 백숙 부모가 질부와 출가한 질녀를 위하여 입는다.-질부는 형제 아들의 처이다. 질녀는 형제의 딸이다.-

○ 처가 남편의 조부모를 위하여 입는다.

○ 처가 남편의 백숙 부모를 위하여 입는다.

○ 타인의 후사가 된 사람이 자신의 형, 고모, 재실인 자매를 위하여 입는다.-타인의 후사가 되었으면 본생친속에 대한 복은 모두 1등급을 내린다.-

○ 남편이 타인의 후사가 되었을 때, 그 처가 남편의 본생부모를 위하여 입는다.

○ 자신의 사촌 형제와 재실인 사촌 자매를 위하여 입는다.-백숙 부모의 자녀이다.-

○ 고모와 출가한 자매를 위하여 입는다.-고모는 아버지의 자매이다. 자매는 자신의 친자매이다.-

○ 자기 형제의 아들로, 타인의 후사가 된 사람을 위하여 입는다.

○ 출가한 딸이 본종 백숙 부모를 위하여 입는다.

○ 출가한 딸이 본종 형제와 형제의 아들을 위하여 입는다.

○ 출가한 딸이 본종 고모·자매 및 형제의 재실인 딸을 위하여 입는다.

소공(小功) 5월

○ 백숙 조부모를 위하여 입는다.-할아버지의 친형제이다.-

○ 당백숙 부모를 위하여 입는다.-아버지의 사촌 형제이다.-

○ 육촌 형제와 재실인 육촌 자매를 위하여 입는다.

11 중손(衆孫) : 적장손 이외의 모든 손자를 이른다.

○ 출가한 사촌 자매를 위하여 입는다.
○ 사촌 형제의 아들 및 재실인 딸을 위하여 입는다.
○ 재실인 종조고모를 위하여 입는다.-할아버지의 친자매이다.-
○ 재실인 당고모를 위하여 입는다.-아버지의 사촌 자매이다.-
○ 형제의 처를 위하여 입는다.
○ 할아버지가 적손의 부인을 위하여 입는다.
○ 형제의 손자와 형제의 재실인 손녀를 위하여 입는다.
○ 외조부모를 위하여 입는다.-어머니의 부모이다.-
○ 어머니의 형제와 자매를 위하여 입는다.-어머니의 형제는 외숙이고, 자매는 이모이다.-
○ 자매의 아들을 위하여 입는다.-외생(外甥)이다.-
○ 부인이 남편 형제의 손자-생손(甥孫)이다.-와 남편 형제의 재실인 손녀-질손녀이다.-를 위하여 입는다.
○ 부인이 남편 고모와 남편 자매를 위하여 입는다.-재실이거나 출가하였거나 같다.-
○ 부인이 남편의 형제와 남편 형제의 처를 위하여 입는다.
○ 부인이 남편 사촌 형제의 아들과 재실인 딸을 위하여 입는다.
○ 출가한 딸이 본종 사촌 형제와 재실인 사촌 자매를 위하여 입는다.
○ 타인의 후사가 된 사람이 자신의 고모와 출가한 자매를 위하여 입는다.

시마(緦麻) 3월
○ 할아버지가 중손(衆孫)의 부인을 위하여 입는다.
○ 증조부모가 증손을 위하여 입는다.-현손도 같다.-
○ 조모가 적손·중손의 부인을 위하여 입는다.
○ 유모를 위하여 입는다.
○ 족증조부모를 위하여 입는다.-증조의 형제 및 증조 형제의 처이다.-
○ 족백숙 부모를 위하여 입는다.-아버지의 육촌 형제 및 육촌 형제의 처이다.-
○ 족형제와 재실인 족자매를 위하여 입는다.-자신의 삼종형제·자매로 고조

가 같은 사람이다.-

○ 재실인 족증조고모를 위하여 입는다.-증조의 자매이다.-

○ 재실인 족조고모를 위하여 입는다.-할아버지의 사촌 자매이다.-

○ 재실인 족고모를 위하여 입는다.-아버지의 육촌 자매이다.-

○ 족백숙 조부모를 위하여 입는다.-할아버지의 사촌 형제 및 사촌 형제의 처이다.-

○ 형제의 증손이나 형제의 재실인 증손녀를 위하여 입는다.

○ 형제의 출가한 손녀를 위하여 입는다.

○ 사촌 형제의 손자 및 사촌 형제의 재실인 손녀를 위하여 입는다.

○ 육촌 형제의 아들과 재실인 딸을 위하여 입는다.

○ 종조고모, 당고모, 자신의 출가한 육촌 자매를 위하여 입는다.-종조고모는 할아버지의 친자매이고, 당고모는 아버지의 사촌 자매이다.-

○ 사촌 자매의 출가한 딸을 위하여 입는다.

○ 고모의 아들을 위하여 입는다.-아버지 자매의 아들이다.-

○ 외숙의 아들을 위하여 입는다.-어머니 형제의 아들이다.-

○ 이종형제를 위하여 입는다.-어머니 자매의 아들이다.-

○ 처의 부모를 위하여 입는다.

○ 사위를 위하여 입는다.

○ 외손을 위하여 입는다. 아들이나 딸이나 같다.-딸의 아들과 딸이다.-

○ 형제의 손자의 처를 위하여 입는다.-질손의 처이다.-

○ 사촌 형제의 아들의 처를 위하여 입는다.-당질의 처이다.-

○ 사촌 형제의 처를 위하여 입는다.

○ 부인이 남편 고조부모나 증조부모를 위하여 입는다.

○ 부인이 남편 백숙 조부모나 남편의 재실인 종조고모를 위하여 입는다.

○ 부인이 남편 백숙 부모나 남편의 재실인 당고모를 위하여 입는다.-남편의 당고모는 남편의 백숙 조부모 소생이다.-

○ 부인이 남편 사촌 형제와 자매 및 남편 사촌 형제의 처를 위하여 입는다.

○ 부인이 남편 육촌 형제의 아들을 위하여 입는다. 재실인 딸도 같다.

○ 부인이 남편 사촌 형제의 출가한 딸을 위하여 입는다.

○ 부인이 남편 사촌 형제 아들의 처를 위하여 입는다.-당질의 부인이다.-

○ 부인이 남편 사촌 형제의 손자나 재실인 손녀를 위하여 입는다.

○ 부인이 남편 형제 손자의 처를 위하여 입는다.-질손의 처이다.-

○ 부인이 남편 형제의 출가한 손녀를 위하여 입는다.

○ 부인이 남편 형제의 증손을 위하여 입는다.-증질손이다.- 증손녀도 같다.

○ 출가한 딸이 본종 백숙 조부모와 재실인 종조고모를 위하여 입는다.

○ 출가한 딸이 본종 육촌 백숙 부모와 출가한 당고모를 위하여 입는다.

○ 출가한 딸이 본종 사촌 형제의 아들을 위하여 입는다. 재실인 딸도 같다.

명 태조가 지은 《대명률》 서문

御製大明律序

짐이 천하를 얻은 후 옛 문물제도를 본받아 다스렸다. 예(禮)를 밝혀 백성들을 인도하고, 율(律)을 정하여 어리석은 자를 바로잡고, 책자를 간행하여 영(令)으로 삼아 시행한 지 이미 오래되었건만, 어찌하여 범하는 자가 끊임없이 나오는가. 이 때문에 오형(五刑)과 혹법(酷法)을 만들어 다스림으로써 백성들이 두려워 범하지 않기를 바랐고, 《대고(大誥)》[1]를 지어 백성들에게 분명히 보여 주어 따를 것과 피할 것을 알게 한 지 또 여러 해가 지났다. 그러나 법은 담당 관원에게 있을 뿐 백성들은 두루 알지 못한다. 이에 특별히 육부(六部)와 도찰원(都察院)의 관원에게 신칙하여 《대고》 안의 조목 중에서 요점을 발췌하여 《대명률》에 싣게 하고, 해마다 잇달아 반포한 일체의 방문(榜文)과 금지 조례[2]를 모두 혁파하여 없애니, 지금부터 법사(法司)는 단지 《대명률》과 《대고》만을 따라 죄를 의의(擬議)하라. 자자형(刺字刑)에 합당한 자라도, 작당하여 반역을 꾀한 자의 가속(家屬)과 율문에 자자형에 처하도록 실려 있는 것을 제외하고, 그 밖의 범죄는 모두 자자하지 말라. 잡범 사죄(雜犯死罪)[3]와 아울러 도형과 유형, 천사(遷

1 대고(大誥) : 《서경(書經)》에서 유래한 용어로 군주가 신민에게 훈계하는 말이다. 명 태조(明太祖) 주원장(朱元璋)은 원조(元朝) 실패의 원인을 조정의 권위 하락에 따른 탐관오리의 발호에서 찾았다. 그리하여 1385년(홍무18) 8월 《어제대고(御制大誥)》(74조), 1386년 3월 《어제대고속편(御制大誥續編)》(87조), 11월 《어제대고삼편(御制大誥三編)》(43조), 1387년 12월 《어제대고무신(御制大誥武臣)》(32조)을 차례로 반포하였다. 모두 236조에 달하고, 그중 무려 150조가 중앙과 지방의 탐관오리를 중형에 처하는 내용이다. 형벌이 너무 가혹하여 1397년 《대명률(大明律)》을 편찬하면서 법을 벗어난 혹형을 상당수 폐지하였다. 《전영진, 大誥를 통해 본 明 太祖의 官吏 對策, 복현사림 14권, 경북사학회, 1991》

2 방문(榜文)과 금지 조례 : 방문금례(榜文禁例) 혹은 간략히 방례(榜例)라 하기도 한다. 명초에 출현하기 시작하였는데 법률 용어로 사용되기도 하고 법률 형식으로 사용되기도 하였다. 나무판자에 금지하는 행동을 적어 백성들에게 제시하였기에 이와 같은 명칭이 붙은 것으로 보인다.

徙), 태형과 장형 등의 형벌은 모두 이제 정한 속죄(贖罪)에 대한 조례(條例)[4]에 비추어 과단(科斷)하라. 율문을 편집하여 베껴 책으로 만들어 중앙과 지방에 배포하니 백성들로 하여금 좇아서 지키는 바를 알게 하라.

홍무 30년(1397) 5월 일

3 잡범 사죄(雜犯死罪) : 1책 75쪽 주45 참조.

4 속죄(贖罪)에 대한 조례(條例) : 구체적인 내용은 1조 오형(五刑)에 규정되어 있다.

명률 조문별 일련번호

- 《대명률직해》는 1389년(홍무22) 이전의 율문을 반영, 458조 기준
- 《대명률》은 1397년(홍무30)에 반포된 율문을 반영, 460조 기준
- 《대명률직해》의 원문자는 조문 분할을 나타냄
- 《대명률》의 괄호 속 숫자는 《대명률직해》의 조문 번호임

연번(條)	율(律)	편(篇)	조문 《대명률직해》	조문 《대명률》	비고
1	名例律(권1)		五刑	五刑	동일
2			十惡	十惡	
3			八議	八議	
4			應議者犯罪	應議者犯罪	
5			職官有犯	職官有犯	
6			軍官有犯	軍官有犯	
7			文武官犯公罪	文武官犯公罪	
8			文武官犯私罪	文武官犯私罪	
9			應議者之父祖有犯	應議者之父祖有犯	
10			軍官軍人犯罪免徒流	軍官軍人犯罪免徒流	
11			犯罪得累減	犯罪得累減	
12			以理去官	以理去官	
13			無官犯罪	無官犯罪	
14			除名當差	除名當差	
15			流囚家屬	流囚家屬	
16			常赦所不原	常赦所不原	
17			徒流人在道會赦	徒流人在道會赦	
18			犯罪存留養親	犯罪存留養親	
19			工樂戶及婦人犯罪	工樂戶及婦人犯罪	

연번 (條)	율 (律)	편 (篇)	조문		비고
			《대명률직해》	《대명률》	
20	名例律 (권1)		徒流人又犯罪	徒流人又犯罪	동일
21			老小癈疾收贖	老少癈疾收贖	小와 少 통용
22			犯罪時未老疾	犯罪時未老疾	동일
23			給沒贓物	給沒贓物	
24			犯罪自首	犯罪自首	
25			二罪俱發以重論	二罪俱發以重論	
26			犯罪共逃	犯罪共逃	
27			共犯罪分首從	同僚犯公罪(28)	순서 변경
28			同僚犯公罪	公事失錯(29)	
29			公事失錯	共犯罪分首從(27)	
30			犯罪事發在逃	犯罪事發在逃	동일
31			親屬相爲容隱	親屬相爲容隱	
32			吏卒犯死罪	吏卒犯死罪	
33			在京犯罪軍民	處決叛軍(38)	순서 변경
34			本條別有罪名	殺害軍人(35)	
35			殺害軍人	在京犯罪軍民(33)	
36			化外人有犯	化外人有犯	동일
37			斷罪無正條	本條別有罪名(34)	순서 변경
38			處決叛軍	加減罪例(39)	
39			加減罪例	稱乘輿車駕(40)	
40			稱乘輿車駕	稱期親祖父母(41)	
41			稱期親祖父母	稱與同罪(42)	
42			稱與同罪	稱監臨主守(43)	
43			稱監臨主守	稱日者以百刻(44)	
44			稱日者以百刻	稱道士女冠(45)	

연번(條)	율(律)	편(篇)	조문		비고
			《대명률직해》	《대명률》	
45	名例律(권1)		稱道士女冠	斷罪依新頒律(46)	순서 변경
46			斷罪依新頒律	斷罪無正條(37)	
47			徒流遷徙地方	徒流遷徙地方	동일
48	吏律	職制(권2)	選用軍職	選用軍職	
49			大臣專擅選官	大臣專擅選官	
50			文官不許封公侯	文官不許封公侯	
51			官員襲廕	官員襲廕	廕과 廕 통용
52			濫設官吏	濫設官吏	동일
53			貢擧非其人	貢擧非其人	
54			擧用有過官吏	擧用有過官吏	
55			擅離職役	擅離職役	
56			官員赴任過限	官員赴任過限	
57			無故不朝參公座	無故不朝參公座	
58			擅勾屬官	擅勾屬官	
59			官吏給由	官吏給由	
60			姦黨	姦黨	
61			交結近侍官員	交結近侍官員	
62			上言大臣德政	上言大臣德政	
63		公式(권3)	講讀律令	講讀律令	
64			制書有違	制書有違	
65			棄毁制書印信①	棄毁制書印信①	조문 분할
66			棄毁制書印信②	棄毁制書印信②	
67			上書奏事犯諱	上書奏事犯諱	동일
68			事應奏不奏	事應奏不奏	
69			出使不復命	出使不復命	

연번(條)	율(律)	편(篇)	조문		비고
			《대명률직해》	《대명률》	
70	吏律	公式(권3)	漏泄軍情大事	漏泄軍情大事	동일
71			官文書稽程	官文書稽程	
72			照刷文卷	照刷文卷	
73			磨勘卷宗	磨勘卷宗	
74			同僚代判署文案	同僚代判署文案	
75			增減官文書	增減官文書	
76			封掌印信	封掌印信	
77			漏使印信	漏使印信	
78			漏用鈔印	漏用鈔印	
79			擅用調兵印信	擅用調兵印信	
80			信牌	信牌	
81	戶律	戶役(권4)	脫漏戶口	脫漏戶口	
82			人戶以籍爲定	人戶以籍爲定	
83			私剏庵院及私度僧道	私剏庵院及私度僧道	
84			立嫡子違法	立嫡子違法	
85			收留迷失子女	收留迷失子女	
86			賦役不均	賦役不均	
87			丁夫差遣不平	丁夫差遣不平	
88			隱蔽差役	隱蔽差役	
89			禁革主保里長	禁革主保里長	
90			逃避差役	逃避差役	
91			點差獄卒	點差獄卒	
92			私役部民夫匠	私役部民夫匠	
93			別籍異財	別籍異財	
94			卑幼私擅用財	卑幼私擅用財	

연번(條)	율(律)	편(篇)	조문		비고
			《대명률직해》	《대명률》	
95	戶律	戶役(권4)	收養孤老	收養孤老	동일
96		田宅(권5)	欺隱田糧	欺隱田糧	
97			檢踏災傷田糧	檢踏災傷田糧	
98			功臣田土	功臣田土	
99			盜賣田宅	盜賣田宅	
100			任所置買田宅	任所置買田宅	
101			典買田宅	典買田宅	
102			盜耕種官民田	盜耕種官民田	
103			荒蕪田地	荒蕪田地	
104			棄毁器物稼穡等	棄毁器物稼穡等	
105			擅食田園瓜果	擅食田園瓜果	
106			私借官車船	私借官車船	
107		婚姻(권6)	男女婚姻	男女婚姻	
108			典雇妻妾	典雇妻妾	
109			妻妾失序	妻妾失序	
110			逐壻嫁女	逐壻嫁女	
111			居喪嫁娶	居喪嫁娶	
112			父母囚禁嫁娶	父母囚禁嫁娶	
113			同姓爲婚	同姓爲婚	
114			尊卑爲婚	尊卑爲婚	
115			娶親屬妻妾	娶親屬妻妾	
116			娶部民婦女爲妻妾	娶部民婦女爲妻妾	
117			娶逃走婦女	娶逃走婦女	
118			强占良家妻女	强占良家妻女	
119			娶樂人爲妻妾	娶樂人爲妻妾	

연번(條)	율(律)	편(篇)	조문		비고
			《대명률직해》	《대명률》	
120	戶律	婚姻(권6)	僧道娶妻	僧道娶妻	동일
121			良賤爲婚姻	良賤爲婚姻	
122			蒙古色目人婚姻	蒙古色目人婚姻	
123			出妻	出妻	
124			嫁娶違律主婚媒人罪	嫁娶違律主婚媒人罪	
125		倉庫(권7)	鈔法	鈔法	
126			錢法	錢法	
127			收糧違限	收糧違限	
128			多收稅糧斛面	多收稅糧斛面	
129			隱匿費用稅糧課物	隱匿費用稅糧課物	
130			攬納稅糧	攬納稅糧	
131			虛出通關硃鈔	虛出通關硃鈔	
132			附餘錢糧私下補數	附餘錢糧私下補數	
133			私借錢糧	私借錢糧	
134			私借官物	私借官物	
135			那移出納	那移出納	
136			庫秤雇役侵欺	庫秤雇役侵欺	
137			冒支官糧	冒支官糧	
138			錢糧互相覺察	錢糧互相覺察	
139			倉庫不覺被盜	倉庫不覺被盜	
140			守支錢糧及擅開官封	守支錢糧及擅開官封	
141			出納官物有違	出納官物有違	
142			收支留難	收支留難	
143			起解金銀足色	起解金銀足色	
144			損毁倉庫財物	損壞倉庫財物	제목 변경

연번(條)	율(律)	편(篇)	조문《대명률직해》	조문《대명률》	비고
145	戶律	倉庫(권7)	轉解官物	轉解官物	동일
146			擬斷贓罰不當	擬斷贓罰不當	
147			守掌在官財物	守掌在官財物	
148			隱瞞入官家産	隱瞞入官家産	
149		課程(권8)	鹽法①	鹽法①	조문 분할 직해 없음
150			鹽法②	鹽法②	
151			鹽法③	鹽法③	
152			鹽法④	鹽法④	
153			鹽法⑤	鹽法⑤	
154			鹽法⑥	鹽法⑥	
155			鹽法⑦	鹽法⑦	
156			鹽法⑧	鹽法⑧	
157			鹽法⑨	鹽法⑨	
158			鹽法⑩	鹽法⑩	
159			鹽法⑪	鹽法⑪	
160			鹽法⑫	鹽法⑫	
161			監臨勢要中鹽	監臨勢要中鹽	동일
162			沮壞鹽法	沮壞鹽法	
163			私茶	私茶	
164			私礬	私礬	
165			匿稅	匿稅	
166			舶商匿貨	舶商匿貨	
167			人戶虧兌課程	人戶虧兌課程	
168		錢債(권9)	違禁取利	違禁取利	
169			費用受寄財産	費用受寄財産	

연번(條)	율(律)	편(篇)	조문 《대명률직해》	조문 《대명률》	비고
170	戶律	錢債(권9)	得遺失物	得遺失物	동일
171		市廛(권10)	私充牙行埠頭	私充牙行埠頭	
172			市司評物價	市司評物價	
173			把持行市	把持行市	
174			私造斛斗秤尺	私造斛斗秤尺	
175			器用布絹不如法	器用布絹不如法	
176	禮律	祭祀(권11)	祭享	祭享	
177			毁大祀丘壇	毁大祀丘壇	
178			致祭祀典神祇	致祭祀典神祇	
179			歷代帝王陵寢	歷代帝王陵寢	
180			褻瀆神明	褻瀆神明	
181			禁止師巫邪術	禁止師巫邪術	
182		儀制(권12)	合和御藥	合和御藥	
183			乘輿服御物	乘輿服御物	
184			收藏禁書及私習天文	收藏禁書及私習天文	
185			御賜衣物	御賜衣物	
186			失誤朝賀	失誤朝賀	
187			失儀	失儀	
188			奏對失序	奏對失序	
189			朝見留難	朝見留難	
190			上書陳言	上書陳言	
191			見任官輒自立碑	見任官輒自立碑	
192			禁止迎送	禁止迎送	
193			公差人員欺陵長官	公差人員欺陵長官	
194			服舍違式	服舍違式	

연번(條)	율(律)	편(篇)	조문		비고
			《대명률직해》	《대명률》	
195	禮律	儀制(권12)	僧道拜父母	僧道拜父母	동일
196			失占天象	失占天象	
197			術士妄言禍福	術士妄言禍福	
198			匿父母夫喪	匿父母夫喪	
199			棄親之任	棄親之任	
200			喪葬	喪葬	
201			鄕飮酒禮	鄕飮酒禮	
202	兵律	宮衛(권13)	太廟門擅入	太廟門擅入	
203			宮殿門擅入	宮殿門擅入	
204			宿衛守衛人私自代替	宿衛守衛人私自代替	
205			從駕稽違	從駕稽違	
206			直行御道	直行御道	
207			內府工作人匠替役	內府工作人匠替役	
208			宮殿造作罷不出	宮殿造作罷不出	
209			輒出入宮殿門	輒出入宮殿門	
210			關防內使出入	關防內使出入	
211			向宮殿射箭	向宮殿射箭	
212			宿衛人兵仗	宿衛人兵仗	
213			禁經斷人充宿衛	禁經斷人充宿衛	
214			衝突儀仗①	衝突儀仗①	조문 분할
215			衝突儀仗②	衝突儀仗②	
216			衝突儀仗③	衝突儀仗③	
217			行宮營門	行宮營門	동일
218			越城	越城	
219			門禁鎖鑰	門禁鎖鑰	

연번(條)	율(律)	편(篇)	조문		비고
			《대명률직해》	《대명률》	
220	兵律	宮衛(권13)		懸帶關防牌面	조문 추가 직해 없음
221		軍政(권14)	擅調官軍	擅調官軍	동일
222			申報軍務	申報軍務	
223			飛報軍情	飛報軍情	
224			邊境申索軍需	邊境申索軍需	
225			失誤軍事	失誤軍事	
226			從征違期	從征違期	
227			軍人替役	軍人替役	
228			主將不固守	主將不固守	
229			縱軍擄掠	縱軍擄掠	
230			不操練軍士	不操練軍士	
231			激變良民	激變良民	
232			私賣戰馬	私賣戰馬	
233			私賣軍器	私賣軍器	
234			棄毁軍器	棄毁軍器	
235			私藏應禁軍器	私藏應禁軍器	
236			縱放軍人歇役	縱放軍人歇役	
237			公侯私役官軍	公侯私役官軍	
238			從征守禦軍官逃	從征守禦官軍逃	제목 변경
239			優恤軍屬	優恤軍屬	동일
240			夜禁	夜禁	
241		關津(권15)	私越冒渡關津	私越冒渡關津	
242			詐冒給路引	詐冒給路引	
243			關津留難	關津留難	

연번(條)	율(律)	편(篇)	조문		비고
			《대명률직해》	《대명률》	
244	兵律	關津(권15)	遞送逃軍妻女出城	遞送逃軍妻女出城	동일
245			盤詰姦細	盤詰姦細	
246			私出外境及違禁下海	私出外境及違禁下海	
247			私役弓兵	私役弓兵	
248		廏牧(권16)	牧養畜産不如法	牧養畜産不如法	
249			孳生馬疋	孳生馬匹	疋과 匹 통용
250			驗畜産不以實	驗畜産不以實	동일
251			養療瘦病畜産不如法	養療瘦病畜産不如法	
252			乘官畜脊破領穿	乘官畜脊破領穿	
253			官馬不調習	官馬不調習	
254			宰殺牛馬	宰殺牛馬	
255			畜産咬踢人	畜産咬踢人	
256			隱匿孳生官畜産	隱匿孳生官畜産	
257			私借官畜産	私借官畜産	
258			公使人等索借馬匹	公使人等索借馬匹	
259		郵驛(권17)	遞送公文①	遞送公文①	조문 분할
260			遞送公文②	遞送公文②	
261			遞送公文③	遞送公文③	
262			邀取實封公文	邀取實封公文	동일
263			鋪舍損壞	鋪舍損壞	
264			私役鋪兵	私役鋪兵	
265			驛使稽程	驛使稽程	
266			多乘驛馬	多乘驛馬	
267			多支廩給	多支廩給	
268			文書應給驛而不給	文書應給驛而不給	

연번(條)	율(律)	편(篇)	조문 《대명률직해》	조문 《대명률》	비고
269	兵律	郵驛(권17)	公事應行稽程	公事應行稽程	동일
270	兵律	郵驛(권17)	占宿驛舍上房	占宿驛舍上房	동일
271	兵律	郵驛(권17)	乘驛馬齎私物	乘驛馬齎私物	동일
272	兵律	郵驛(권17)	私役民夫擡轎	私役民夫擡轎	동일
273	兵律	郵驛(권17)	病故官家屬還鄉	病故官家屬還鄉	동일
274	兵律	郵驛(권17)	承差轉雇寄人	承差轉雇寄人	동일
275	兵律	郵驛(권17)	乘官畜産車船附私物	乘官畜産車船附私物	동일
276	兵律	郵驛(권17)	私借驛馬	私借驛馬	동일
277	刑律	盜賊(권18)	謀反大逆	謀反大逆	동일
278	刑律	盜賊(권18)	謀叛	謀叛	동일
279	刑律	盜賊(권18)	造妖書妖言	造妖書妖言	동일
280	刑律	盜賊(권18)	盜大祀神御物	盜大祀神御物	동일
281	刑律	盜賊(권18)	盜制書	盜制書	동일
282	刑律	盜賊(권18)	盜印信	盜印信	동일
283	刑律	盜賊(권18)	盜內府財物	盜內府財物	동일
284	刑律	盜賊(권18)	盜城門鑰	盜城門鑰	동일
285	刑律	盜賊(권18)	盜軍器	盜軍器	동일
286	刑律	盜賊(권18)	盜園陵樹木	盜園陵樹木	동일
287	刑律	盜賊(권18)	監守自盜倉庫錢糧	監守自盜倉庫錢糧	동일
288	刑律	盜賊(권18)	常人盜倉庫錢糧	常人盜倉庫錢糧	동일
289	刑律	盜賊(권18)	强盜	强盜	동일
290	刑律	盜賊(권18)	劫囚	劫囚	동일
291	刑律	盜賊(권18)	白晝搶奪	白晝搶奪	동일
292	刑律	盜賊(권18)	竊盜	竊盜	동일
293	刑律	盜賊(권18)	盜馬牛畜産	盜馬牛畜産	동일

연번(條)	율(律)	편(篇)	조문		비고
			《대명률직해》	《대명률》	
294	刑律	盜賊(권18)	盜田野穀麥	盜田野穀麥	동일
295			親屬相盜	親屬相盜	
296			恐嚇取財	恐嚇取財	
297			詐欺官私取財	詐欺官私取財	
298			略人略賣人	略人略賣人	
299			發塚	發塚	
300			夜無故入人家	夜無故入人家	
301			盜賊窩主	盜賊窩主	
302			共謀爲盜	共謀爲盜	
303			公取竊取皆爲盜	公取竊取皆爲盜	
304			起除刺字	起除刺字	
305		人命(권19)	謀殺人	謀殺人	
306			謀殺制使及本管長官	謀殺制使及本管長官	
307			謀殺祖父母父母	謀殺祖父母父母	
308			殺死姦夫	殺死姦夫	
309			謀殺故夫父母	謀殺故夫父母	
310			殺一家三人	殺一家三人	
311			採生拆割人	採生拆割人	
312			造畜蠱毒殺人	造畜蠱毒殺人	
313			鬪毆及故殺人	鬪毆及故殺人	
314			屛去人服食	屛去人服食	
315			戲殺誤殺過失殺傷人	戲殺誤殺過失殺傷人	
316			夫毆死有罪妻妾	夫毆死有罪妻妾	
317			殺子孫及奴婢圖賴人	殺子孫及奴婢圖賴人	
318			弓箭傷人	弓箭傷人	

연번(條)	율(律)	편(篇)	조문		비고
			《대명률직해》	《대명률》	
319	刑律	人命(권19)	車馬殺傷人	車馬殺傷人	동일
320			庸醫殺傷人	庸醫殺傷人	
321			窩弓殺傷人	窩弓殺傷人	
322			威逼人致死	威逼人致死	
323			尊長爲人殺私和	尊長爲人殺私和	
324			同行知有謀害	同行知有謀害	
325		鬪毆(권20)	鬪毆	鬪毆	
326			保辜限期	保辜限期	
327			宮內忿爭	宮內忿爭	
328			皇家袒免以上親被毆	皇家袒免以上親被毆	
329			毆制使及本管長官	毆制使及本管長官	
330			佐職統屬毆長官	佐職統屬毆長官	
331			上司官與統屬官相毆	上司官與統屬官相毆	
332			九品以上官毆官長	九品以上官毆官長	
333			拒毆追攝人	拒毆追攝人	
334			毆受業師	毆受業師	
335			威力制縛人	威力制縛人	
336			良賤相毆	良賤相毆	
337			奴婢毆家長	奴婢毆家長	
338			妻妾毆夫	妻妾毆夫	
339			同姓親屬相毆	同姓親屬相毆	
340			毆大功以下尊長	毆大功以下尊長	
341			毆期親尊長	毆期親尊長	
342			毆祖父母父母	毆祖父母父母	
343			妻妾與夫親屬相毆	妻妾與夫親屬相毆	

연번(條)	율(律)	편(篇)	조문		비고
			《대명률직해》	《대명률》	
344	刑律	鬪毆(권20)	毆妻前夫之子	毆妻前夫之子	동일
345			妻妾毆故夫父母	妻妾毆故夫父母	
346			父祖被毆	父祖被毆	
347		罵詈(권21)	罵人	罵人	
348			罵制使及本管長官	罵制使及本管長官	
349			佐職統屬罵長官	佐職統屬罵長官	
350			奴婢罵家長	奴婢罵家長	
351			罵尊長	罵尊長	
352			罵祖父母父母	罵祖父母父母	
353			妻妾罵夫期親尊長	妻妾罵夫期親尊長	
354			妻妾罵故夫父母	妻妾罵故夫父母	
355		訴訟(권22)	越訴	越訴	
356			投匿名文書告人罪	投匿名文書告人罪	
357			告狀不受理	告狀不受理	
358			聽訟回避	聽訟回避	
359			誣告	誣告	
360			軍民約會詞訟	干名犯義(361)	순서 변경
361			干名犯義	子孫違犯教令(362)	
362			子孫違犯教令	見禁囚不得告舉他事(363)	순서 변경 제목 변경
363			見囚禁不得告擧他事	教唆詞訟(364)	순서 변경
364			教唆詞訟	軍民約會詞訟(360)	
365			官吏詞訟家人訴	官吏詞訟家人訴	동일
366			誣告充軍及遷徙	誣告充軍及遷徙	
367		受贓(권23)	官吏受財	官吏受財	

연번(條)	율(律)	편(篇)	조문		비고
			《대명률직해》	《대명률》	
368	刑律	受贓(권23)	坐贓致罪	坐贓致罪	동일
369			事後受財	事後受財	
370			有事以財求請	有事以財請求	제목 변경
371			在官求索借貸人財物	在官求索借貸人財物	동일
372			家人求索	家人求索	
373			風憲官吏犯贓	風憲官吏犯贓	
374			因公擅科斂	因公擅科斂	
375			私受公侯財物	私受公侯財物	
376			剋留盜贓	剋留盜贓	
377			官吏聽許財物	官吏聽許財物	
378		詐僞(권24)	詐僞制書	詐僞制書	
379			詐傳詔旨	詐傳詔旨	
380			對制上書詐不以實	對制上書詐不以實	
381			僞造寶鈔	僞造印信曆日等(389)	순서 변경
382			私鑄銅錢	僞造寶鈔(381)	
383			詐假官	私鑄銅錢(382)	
384			詐稱內使等官	詐假官(383)	
385			近侍詐稱私行	詐稱內使等官(384)	
386			詐爲瑞應	近侍詐稱私行(385)	
387			詐病死傷避事	詐爲瑞應(386)	
388			詐教誘人犯法	詐病死傷避事(387)	
389			僞造印信曆日等	詐教誘人犯法(388)	
390		犯姦(권25)	犯姦	犯姦	동일
391			縱容妻妾犯姦	縱容妻妾犯姦	
392			親屬相姦	親屬相姦	

연번(條)	율(律)	편(篇)	조문		비고
			《대명률직해》	《대명률》	
393	刑律	犯姦(권25)	誣執翁姦	誣執翁姦	동일
394			奴及雇工人姦家長妻	奴及雇工人姦家長妻	
395			姦部民妻女	姦部民妻女	
396			居喪及僧道犯姦	居喪及僧道犯姦	
397			良賤相姦	良賤相姦	
398			官吏宿娼	官吏宿娼	
399			買良爲娼	買良爲娼	
400		雜犯(권26)	拆毁申明亭	拆毁申明亭	
401			夫匠軍士病給醫藥	夫匠軍士病給醫藥	
402			賭博	賭博	
403			閹割火者	閹割火者	
404			囑託公事	囑託公事	
405			私和公事	私和公事	
406			失火	失火	
407			放火故燒人房屋	放火故燒人房屋	
408			搬做雜劇	搬做雜劇	
409			違令	違令	
410			不應爲	不應爲	
411		捕亡(권27)	應捕人追捕罪人	應捕人追捕罪人	
412			罪人拒捕	罪人拒捕	
413			獄囚脫監及反獄在逃	獄囚脫監及反獄在逃	
414			徒流人逃	徒流人逃	
415			稽留囚徒	稽留囚徒	
416			主守不覺失囚	主守不覺失囚	
417			知情藏匿罪人	知情藏匿罪人	

연번(條)	율(律)	편(篇)	조문		비고
			《대명률직해》	《대명률》	
418	刑律	捕亡(권27)	盜賊捕限	盜賊捕限	동일
419		斷獄(권28)	囚應禁而不禁	囚應禁而不禁	
420			故禁故勘平人	故禁故勘平人	
421			淹禁	淹禁	
422			陵虐罪囚	陵虐罪囚	
423			與囚金刃解脫	與囚金刃解脫	
424			主守教囚反異	主守教囚反異	
425			獄囚衣糧	獄囚衣糧	
426			功臣應禁親人入視	功臣應禁親人入視	
427			死囚令人自殺	死囚令人自殺	
428			老幼不拷訊	老幼不拷訊	
429			鞫獄停囚待對	鞫獄停囚待對	
430			依告狀鞫獄	依告狀鞫獄	
431			元告人事畢不放回	原告人事畢不放回	元과 原 통용
432			獄囚誣指平人	獄囚誣指平人	동일
433			官司出入人罪	官司出入人罪	
434			辯明冤枉	辯明冤枉	
435			有司決囚	有司決囚等第	제목 변경
436			檢驗屍傷不以實	檢驗屍傷不以實	동일
437			決罰不如法	決罰不如法	
438			長官使人有犯	長官使人有犯	
439			斷罪引律令	斷罪引律令	
440			獄囚取服辯	獄囚取服辯	
441			赦前斷罪不當	赦前斷罪不當	
442			聞有恩赦而故犯	聞有恩赦而故犯	

연번(條)	율(律)	편(篇)	조문		비고
			《대명률직해》	《대명률》	
443	刑律	斷獄(권28)	徒囚不應役	徒囚不應役	동일
444			婦人犯罪	婦人犯罪	
445			死囚覆奏待報	死囚覆奏待報	
446			斷罪不當	斷罪不當	
447				吏典代寫招草	조문 추가 직해 없음
448	工律	營造(권29)	擅造作	擅造作	동일
449			虛費功力採取不堪用	虛費功力採取不堪用	
450			造作不如法	造作不如法	
451			冒破物料	冒破物料	
452			帶造段疋	帶造段疋	
453			織造違禁龍鳳文段疋	織造違禁龍鳳文段疋	
454			造作過限	造作過限	
455			修理倉庫	修理倉庫	
456			有司官吏不住公廨	有司官吏不住公廨	
457		河防(권30)	盜決河防	盜決河防	
458			失時不修隄防	失時不修隄防	
459			侵占街道	侵占街道	
460			修理橋梁道路	修理橋梁道路	

명률과 당률의 비교

- 《대명률》은 직해의 율문을 기준으로 함
- * : 복수의 《대명률》 율문에 영향을 미친 경우

구분 / 연번	《대명률》			《당률소의》	
	율(律)	편(篇)	조문	편(篇)	조문
1	名例律 (권1)		五刑	名例	1조 笞刑五 2조 杖刑五 3조 徒刑五 4조 流刑三 5조 死刑二
2			十惡		6조 十惡
3			八議		7조 八議
4			應議者犯罪	-	-
5			職官有犯	-	-
6			軍官有犯	-	-
7			文武官犯公罪	-	-
8			文武官犯私罪	-	-
9			應議者之父祖有犯	-	-
10			軍官軍人犯罪免徒流	-	-
11			犯罪得累減	-	-
12			以理去官	名例	15조 以理去官
13			無官犯罪		16조 無官犯罪有官事發
14			除名當差		21조 除免官當敍法
15			流囚家屬	-	-
16			常赦所不原	-	-
17			徒流人在道會赦	名例	25조 流配人在道會赦
18			犯罪存留養親		26조 犯死罪應侍家期親成丁

구분 / 연번	《대명률》			《당률소의》	
	율(律)	편(篇)	조문	편(篇)	조문
19		名例律 (권1)	工樂戶及婦人犯罪	名例	28조 工樂雜戶及婦人犯流決杖
20			徒流人又犯罪	–	–
21			老小廢疾收贖	名例	30조 老小及疾有犯
22			犯罪時未老疾		31조 犯時未老疾
23			給沒贓物		32조 彼此俱罪之贓 33조 以贓入罪 34조 平贓及平供庸
24			犯罪自首		37조 犯罪未發自首
25			二罪俱發以重論		45조 二罪從重
26			犯罪共逃		38조 犯罪共亡捕首
27			共犯罪分首從	–	–
28			同僚犯公罪	名例	40조 同職犯公坐
29			公事失錯		41조 公事失錯自覺擧
30			犯罪事發在逃		44조 共犯罪有逃亡
31			親屬相爲容隱		46조 同居相爲隱
32			吏卒犯死罪	–	–
33			在京犯罪軍民	–	–
34			本條別有罪名	名例	49조 本條別有制
35			殺害軍人	–	–
36			化外人有犯	名例	48조 化外人相犯
37			斷罪無正條		50조 斷罪無正條
38			處決叛軍	–	–
39			加減罪例	名例	56조 稱加減
40			稱乘輿車駕		51조 稱乘輿車駕及制勅
41			稱期親祖父母		52조 稱期親祖父母

연번＼구분	《대명률》			《당률소의》	
	율(律)	편(篇)	조문	편(篇)	조문
42	名例律 (권1)		稱與同罪	名例	53조 稱反坐罪之
43			稱監臨主守		54조 稱監臨主守
44			稱日者以百刻		55조 稱日年及衆謀
45			稱道士女冠		57조 稱道士女官
46			斷罪依新頒律	-	-
47			徒流遷徙地方	-	-
48	吏律	職制 (권2)	選用軍職	-	-
49			大臣專擅選官	-	-
50			文官不許封公侯	-	-
51			官員襲蔭	詐僞	371조 非正嫡詐承襲
52			濫設官吏	職制	91조 官有員數
53			貢擧非其人		92조 貢擧非其人
54			擧用有過官吏	-	-
55			擅離職役	職制 捕亡	94조 在官應直不直 464조 在官無故亡
56			官員赴任過限	-	-
57			無故不朝參公座	-	-
58			擅句屬官	-	-
59			官吏給由	-	-
60			姦黨	-	-
61			交結近侍官員	-	-
62			上言大臣德政	-	-
63		公式 (권3)	講讀律令	-	-
64			制書有違	職制	111조 稽緩制書* 112조 被制書施行違者 113조 受制忘誤

연번 \ 구분	《대명률》			《당률소의》	
	율(律)	편(篇)	조문	편(篇)	조문
65	吏律	公式 (권3)	棄毁制書印信(1)	雜律	438조 棄毁亡失制書官文書 439조 私發制書官文書印封
66			棄毁制書印信(2) : 逸失制書		440조 主守官物亡失簿書 446조 亡失符印求訪
67			上書奏事犯諱	職制	115조 上書奏事犯諱 116조 上書奏事誤
68			事應奏不奏	-	-
69			出使不復命	職制	119조 受制出使不返
70			漏泄軍情大事		109조 漏泄大事
71			官文書稽程		111조 稽緩制書*
72			照刷文卷	-	-
73			磨勘卷宗	-	-
74			同僚代判署文案	職制	118조 事直代判署
75			增減官文書	詐僞	369조 詐爲官文書及增減
76			封掌印信	-	-
77			漏使印信	-	-
78			漏用鈔印	-	-
79			擅用調兵印信	-	-
80			信牌	-	-
81	戶律	戶役 (권4)	脫漏戶口	戶婚	150조 脫戶 151조 里正不覺脫漏增減 152조 州縣不覺脫漏增減 153조 里正官司妄脫漏增減 161조 相冒合戶
82			人戶以籍爲定	-	-
83			私刱庵院及私度僧道	戶婚	154조 私入道
84			立嫡子違法		157조 養子捨去 158조 立嫡違法
85			收留迷失子女	詐僞	375조 妄認良人爲奴婢部曲

구분 연번	《대명률》			《당률소의》	
	율(律)	편(篇)	조문	편(篇)	조문
86	戶律	戶役 (권4)	賦役不均	-	-
87			丁夫差遣不平	擅興	245조 丁夫差遣不平 246조 丁夫雜匠稽留
88			隱蔽差役	-	-
89			禁革主保里長	-	-
90			逃避差役	捕亡	461조 丁夫雜匠亡
91			點差獄卒	-	-
92			私役部民夫匠	擅興	247조 私使丁夫雜匠
93			別籍異財	戶婚	155조 子孫不得別籍異財
94			卑幼私擅用財		162조 卑幼私輒用財
95			收養孤老	-	-
96		田宅 (권5)	欺隱田糧	-	-
97			檢踏災傷田糧	戶婚	169조 部內旱澇霜雹
98			功臣田土	-	-
99			盜賣田宅	戶婚	166조 妄認盜賣公私田 167조 在官侵奪私田
100			任所置買田宅	-	-
101			典買田宅	-	-
102			盜耕種官民田	戶婚	165조 盜耕種公私田
103			荒蕪田地		170조 部內田疇荒蕪 171조 里正授田課農桑
104			棄毁器物稼穡等	雜律	442조 棄毁器物稼穡 443조 毁人碑碣石獸
105			擅食田園瓜果		441조 食官私田園瓜果
106			私借官車船	廏庫	208조 監主借官奴畜産*

연번＼구분	《대명률》			《당률소의》	
	율(律)	편(篇)	조문	편(篇)	조문
107	戶律	婚姻(권6)	男女婚姻	戶婚	175조 許嫁女報婚書 176조 爲婚女家妄冒 188조 尊長與卑幼定婚 193조 違律爲婚
108			典雇妻女	-	-
109			妻妾失序	戶婚	177조 有妻更娶 178조 以妻爲妾
110			逐壻嫁女	-	-
111			居喪嫁娶	戶婚	179조 居父母夫喪嫁娶 181조 居父母喪主婚 184조 夫喪守志
112			父母囚禁嫁娶		180조 父母囚禁嫁娶
113			同姓爲婚		182조 同姓爲婚
114			尊卑爲婚		183조 嘗爲袒免妻而嫁娶
115			娶親屬妻妾	-	-
116			娶部民婦女爲妻妾	戶婚	186조 監臨娶所監臨女
117			娶逃走婦女		185조 娶逃亡婦女
118			强占良家妻女	-	-
119			娶樂人爲妻妾	-	-
120			僧道娶妻	-	-
121			良賤爲婚姻	戶婚	191조 與奴娶良人女爲妻
122			蒙古色目人婚姻	-	-
123			出妻	-	-
124			嫁娶違律主婚媒人罪	-	-
125		倉庫(권7)	鈔法	-	-
126			錢法	-	-
127			收糧違限	-	-

구분 연번	《대명률》			《당률소의》	
	율(律)	편(篇)	조문	편(篇)	조문
128	戶律	倉庫 (권7)	多收稅糧斛面	–	–
129			隱匿費用稅糧課物	–	–
130			攬納稅糧	–	–
131			虛出通關硃鈔	–	–
132			附餘錢糧私下補數	–	–
133			私借錢糧	–	–
134			私借官物	–	–
135			那移出納	–	–
136			庫秤雇役侵欺	–	–
137			冒支官糧	–	–
138			錢糧互相覺察	–	–
139			倉庫不覺被盜	–	–
140			守支錢糧及擅開官封	–	–
141			出納官物有違	–	–
142			收支留難	廏庫	219조 輸給給受留難
143			起解金銀足色	–	–
144			損毀倉庫財物	–	–
145			轉解官物	–	–
146			擬斷贓罰不當	–	–
147			守掌在官財物	–	–
148			隱瞞入官家產	–	–
149		課程 (권8)	鹽法(1)	–	–
150			鹽法(2)	–	–
151			鹽法(3)	–	–
152			鹽法(4)	–	–

구분 / 연번	《대명률》			《당률소의》	
	율(律)	편(篇)	조문	편(篇)	조문
153	戶律	課程(권8)	鹽法(5)	–	–
154			鹽法(6)	–	–
155			鹽法(7)	–	–
156			鹽法(8)	–	–
157			鹽法(9)	–	–
158			鹽法(10)	–	–
159			鹽法(11)	–	–
160			鹽法(12)	–	–
161			監臨勢要中鹽	–	–
162			沮壞鹽法	–	–
163			私茶	–	–
164			私礬	–	–
165			匿稅	–	–
166			舶商匿貨	–	–
167			人戶虧兌課程	–	–
168		錢債(권9)	違禁取利	雜律	398조 負債違契不償 399조 負債强牽財物 400조 以良人爲奴婢用質債
169			費用受寄財産		397조 受寄物輒費用
170			得遺失物		447조 得宿藏物隱而不送 448조 得闌遺物不送官
171		市廛(권10)	私充牙行埠頭	–	–
172			市司評物價	雜律	419조 市司評物價不平
173			把持行市		421조 賣買不和較固
174			私造斛斗秤尺		417조 校斛斗秤度不平 420조 私作斛斗秤度

구분 연번	《대명률》			《당률소의》	
	율(律)	편(篇)	조문	편(篇)	조문
175	戶律	市廛 (권10)	器用布絹不如法	雜律	418조 造器用絹布行濫短狹而賣
176	禮律	祭祀 (권11)	祭享	職制	98조 大祀不預申期 99조 大祀散齋弔喪 101조 廟享有喪 200조 大祀犧牲養飼不如法
177			毁大祀丘壇	雜律	435조 棄毁亡失神御之物 436조 毁大祀丘壇
178			致祭祀典神祇	-	-
179			歷代帝王陵寢	-	-
180			褻瀆神明	-	-
181			禁止師巫邪術	-	-
182		儀制 (권12)	合和御藥	職制	102조 合和御藥 103조 造御膳犯食禁 107조 監當主食有犯
183			乘輿服御物		104조 御行舟船 105조 乘輿服御物 106조 主司借服御物
184			收藏禁書及私習天文		110조 玄象器物
185			御賜衣物	-	-
186			失誤朝賀	職制	100조 祭祀有事於園陵*
187			失儀		100조 祭祀有事於園陵*
188			奏對失序	-	-
189			朝見留難	-	-
190			上書陳言	-	-
191			見任官輒自立碑	職制	134조 長吏輒立碑
192			禁止迎送	-	-
193			公差人員欺陵長官	-	-
194			服舍違式	雜律	403조 舍宅車服器物違令

구분 / 연번	《대명률》			《당률소의》	
	율(律)	편(篇)	조문	편(篇)	조문
195	禮律	儀制 (권12)	僧道拜父母	-	-
196			失占天象	-	-
197			術士妄言禍福	-	-
198			匿父母夫喪	職制	120조 匿父母夫喪
				詐僞	383조 父母死詐言餘喪
199			棄親之任	-	-
200			喪葬	-	-
201			鄕飮酒禮	-	-
202	兵律	宮衛 (권13)	太廟門擅入	衛禁	58조 闌入太廟門
203			宮殿門擅入		59조 闌入宮門 60조 闌入踰閾爲限 61조 宮殿門無籍 64조 無著籍入宮殿*
204			宿衛守衛人私自代替		62조 非應宿衛自代
				捕亡	460조 宿衛人亡
205			從駕稽違	職制	97조 官人從駕稽違
206			直行御道	-	-
207			內府工作人匠替役	-	-
208			宮殿造作罷不出	衛禁	63조 因事入宮輒宿 72조 夜禁宮殿出入
209			輒出入宮殿門		64조 無著籍入宮殿*
210			關防內使出入	-	-
211			向宮殿射箭	衛禁	73조 向宮殿射
212			宿衛人兵仗		76조 宿衛兵仗
213			禁經斷人充宿衛	-	-
214			衝突儀仗(1)	衛禁	74조 車駕行衝隊*

구분 / 연번	《대명률》			《당률소의》	
	율(律)	편(篇)	조문	편(篇)	조문
215	兵律	宮衛(권13)	衝突儀仗(2)	鬪訟	358조 邀車駕撾鼓訴事 359조 越訴*
216			衝突儀仗(3)	衛禁	74조 車駕行衛隊*
217			行宮營門		77조 行宮營門
218			越城		81조 越州鎭戍等垣城
219			門禁鎖鑰		71조 奉勅夜開宮殿門
220			懸帶關防牌面	-	-
221		軍政(권14)	擅調官軍	擅興	224조 擅發兵
222			申報軍務	-	-
223			飛報軍情	-	-
224			邊境申索軍需	擅興	225조 調發供給軍事
225			失誤軍事		230조 乏軍興
226			從征違期		231조 征人稽留 236조 征人巧詐避役
227			軍人替役		228조 征人冒名相代
228			主將不固守		233조 主將守城 234조 主將臨陣先退
229			縱軍擄掠	-	-
230			不操練軍士	-	-
231			激變良民	-	-
232			私賣戰馬	-	-
233			私賣軍器	-	-
234			棄毁軍器	雜律	444조 停留請受軍器
235			私藏應禁軍器	擅興	243조 私有禁兵器
236			縱放軍人歇役	-	-
237			公侯私役官軍	-	-

구분 / 연번	《대명률》			《당률소의》	
	율(律)	편(篇)	조문	편(篇)	조문
238	兵律	軍政(권14)	從征守禦軍官逃	捕亡	457조 從軍征討亡
239			優恤軍屬	–	–
240			夜禁	雜律	406조 犯夜
241		關津(권15)	私越冒渡關津	衛禁	82조 私度關 83조 不應度關 88조 越度緣邊關塞
242			詐冒給路引	–	–
243			關津留難	衛禁	84조 關津留難
244			遞送逃軍妻女出城	–	–
245			盤詰姦細	衛禁	89조 緣邊城戍
246			私出外境及違禁下海		87조 齎禁物私度關
247			私役弓兵	–	–
248		廏牧(권16)	牧養畜産不如法	廏庫	196조 牧畜産課不充*
249			孳生馬疋		196조 牧畜産課不充*
250			驗畜産不以實		197조 驗畜産不實
251			養療瘦病畜産不如法		198조 受官羸病畜産
252			乘官畜脊破領穿		201조 乘官畜脊破領穿
253			官馬不調習		202조 官馬不調習
254			宰殺馬牛		205조 殺緦麻親馬牛 209조 官私畜損食物
255			畜産咬踢人		206조 犬傷殺畜産 207조 犬傷殺畜産抵蹹齧人
256			隱匿孳生官畜産	–	–
257			私借官畜産	–	–
258			公使人等索借馬匹	–	–
259		郵驛(권16)	遞送公文(1)	–	–

구분 / 연번	《대명률》			《당률소의》	
	율(律)	편(篇)	조문	편(篇)	조문
260	兵律	郵驛 (권17)	遞送公文(2)	-	-
261			遞送公文(3)	-	-
262			邀取實封公文	-	-
263			鋪舍損壞	-	-
264			私役鋪兵	-	-
265			驛使稽程	職制	123조 驛使稽程
266			多乘驛馬		127조 增乘驛馬 128조 乘驛馬枉道
267			多支廩給	-	-
268			文書應給驛而不給	職制	125조 文書應遣驛
269			公事應行稽程	-	-
270			占宿驛舍上房	-	-
271			乘驛馬齎私物	職制	129조 乘驛馬齎私物
272			私役民夫擡轎	-	-
273			病故官家屬還鄉	雜律	407조 從征從行身死不送還鄉
274			承差轉雇寄人	職制	133조 奉使部送雇寄人
275			乘官畜産車船附私物	廏庫	199조 乘官畜私馱物
				雜律	426조 乘官船違限私載
276			私借驛馬	廏庫	208조 監主借官奴畜産*
277	刑律	盜賊 (권18)	謀反大逆	-	-
278			謀叛	賊盜	251조 謀叛
279			造妖書妖言		268조 造祆書祆言
280			盜大祀神御物		270조 盜大祀神御物
281			盜制書		273조 盜制書
282			盜印信		272조 盜官文書印

<table>
<tr><th rowspan="2">구분
연번</th><th colspan="3">《대명률》</th><th colspan="2">《당률소의》</th></tr>
<tr><th>율(律)</th><th>편(篇)</th><th>조문</th><th>편(篇)</th><th>조문</th></tr>
<tr><td>283</td><td rowspan="23">刑律</td><td rowspan="23">盜賊
(권18)</td><td>盜內府財物</td><td>-</td><td>-</td></tr>
<tr><td>284</td><td>盜城門鑰</td><td rowspan="4">賊盜</td><td>274조 盜宮殿門符</td></tr>
<tr><td>285</td><td>盜軍器</td><td>275조 盜禁兵器</td></tr>
<tr><td>286</td><td>盜園陵樹木</td><td>278조 盜園陵內草木</td></tr>
<tr><td>287</td><td>監守自盜倉庫錢糧</td><td>283조 監臨主守自盜</td></tr>
<tr><td>288</td><td>常人盜倉庫錢糧</td><td>-</td><td>-</td></tr>
<tr><td>289</td><td>强盜</td><td rowspan="2">賊盜</td><td>281조 强盜</td></tr>
<tr><td>290</td><td>劫囚</td><td>257조 劫囚</td></tr>
<tr><td>291</td><td>白晝搶奪</td><td>-</td><td>-</td></tr>
<tr><td>292</td><td>竊盜</td><td rowspan="2">賊盜</td><td>282조 竊盜</td></tr>
<tr><td>293</td><td>盜馬牛畜産</td><td>279조 盜官私牛馬殺</td></tr>
<tr><td>294</td><td>盜田野穀麥</td><td>-</td><td>-</td></tr>
<tr><td>295</td><td>親屬相盜</td><td>-</td><td>-</td></tr>
<tr><td>296</td><td>恐嚇取財</td><td>賊盜</td><td>285조 恐喝取人財物</td></tr>
<tr><td rowspan="2">297</td><td rowspan="2">詐欺官私取財</td><td>詐僞</td><td>373조 詐欺官私取財物</td></tr>
<tr><td>雜律</td><td>401조 錯認良人爲奴婢部曲</td></tr>
<tr><td>298</td><td>略人略賣人</td><td rowspan="3">賊盜</td><td>292조 略人略賣人</td></tr>
<tr><td>299</td><td>發塚</td><td>266조 殘害死屍
267조 穿地得死人
277조 發冢</td></tr>
<tr><td>300</td><td>夜無故入人家</td><td>269조 夜無故入人家</td></tr>
<tr><td>301</td><td>盜賊窩主</td><td>-</td><td>-</td></tr>
<tr><td>302</td><td>共謀爲盜</td><td rowspan="2">賊盜</td><td>298조 共謀强竊盜</td></tr>
<tr><td>303</td><td>公取竊取皆爲盜</td><td>300조 公取竊取皆爲盜</td></tr>
<tr><td>304</td><td>起除刺字</td><td>-</td><td>-</td></tr>
</table>

구분 연번	《대명률》			《당률소의》	
	율(律)	편(篇)	조문	편(篇)	조문
305	刑律	人命 (권19)	謀殺人	賊盜	256조 謀殺人
306			謀殺制使及本管長官	-	252조 謀殺制使府主
307			謀殺祖父母父母	-	253조 謀殺期親尊長 254조 部曲奴婢謀殺主
308			殺死姦夫	-	-
309			謀殺故夫父母	賊盜	255조 謀殺故夫之父母
310			殺一家三人		259조 殺一家三人
311			採生折割人	-	-
312			造畜蠱毒殺人	賊盜	262조 造畜蠱毒 263조 以毒藥藥人 264조 憎惡造厭魅
313			鬪毆及故殺人	-	-
314			屛去人服食	賊盜	261조 以物置人耳鼻
315			戲殺誤殺過失殺傷人	鬪訟	336조 鬪毆誤殺傷傍人 338조 戲殺傷人 339조 過失殺傷人
316			夫毆死有罪妻妾	-	-
317			殺子孫及奴婢圖賴人	-	-
318			弓箭傷人	雜律	393조 向城官私宅射
319			車馬殺傷人		392조 無故於城內街巷走車馬
320			庸醫殺傷人	雜律	395조 醫合藥不如方
321			窩弓殺傷人	雜律	394조 施機槍作坑穽
322			威逼人致死	-	-
323			尊長爲人殺私和	賊盜	260조 祖父母父母夫爲人殺
324			同行知有謀害	-	-

구분 / 연번	《대명률》			《당률소의》	
	율(律)	편(篇)	조문	편(篇)	조문
325	刑律	鬪毆(권20)	鬪毆	鬪訟	302조 鬪毆手足他物傷 303조 鬪毆折齒毁耳鼻 304조 兵刃斫射人 305조 驅人折跌支體瞎目 308조 同謀不同謀毆傷人 310조 兩相毆傷論如律
326			保辜限期	鬪訟	307조 保辜
327			宮內忿爭		311조 宮內忿爭
328			皇家袒免以上親被毆		315조 毆皇家袒免以上親
329			毆制使及本管長官		312조 毆制使府主縣令
330			佐職統屬毆長官		313조 佐職統屬毆長官
331			上司官與統屬官相毆		318조 監臨官司毆統屬
332			九品以上官毆官長		317조 九品以上毆議貴
333			拒毆追攝人		319조 拒毆州縣以上使
334			毆受業師		333조 毆妻前夫子*
335			威力制縛人		309조 威力制縛人
336			良賤相毆		320조 部曲奴婢良人相毆
337			奴婢毆家長	–	–
338			妻妾毆夫	–	–
339			同姓親屬相毆	–	–
340			毆大功以下尊長	鬪訟	327조 毆緦麻兄姊
341			毆期親尊長	–	–
342			毆祖父母父母	鬪訟	329조 毆詈祖父母父母*
343			妻妾與夫親屬相毆	–	–
344			毆妻前夫之子	鬪訟	333조 毆妻前夫子*
345			妻妾毆故夫父母		331조 妻妾毆罵故夫父母* 337조 部曲奴婢詈毆舊主*

연번＼구분	《대명률》			《당률소의》	
	율(律)	편(篇)	조문	편(篇)	조문
346	刑律	鬪毆(권20)	父祖被毆	鬪訟	335조 祖父母爲人毆擊
347		罵詈(권21)	罵人	–	–
348			罵制使及本管長官	職制	122조 指斥乘輿
349			佐職統屬罵長官	–	–
350			奴婢罵家長	鬪訟	337조 部曲奴婢詈毆舊主*
351			罵尊長		328조 毆兄姊
352			罵祖父母父母		329조 毆詈祖父母父母*
353			妻妾罵夫期親尊長		326조 妻毆詈夫 334조 毆詈夫期親尊長
354			妻妾罵故夫父母		331조 妻妾毆詈故夫父母*
355		訴訟(권22)	越訴		359조 越訴*
356			投匿名文書告人罪		351조 投匿名書告人罪
357			告狀不受理	–	–
358			聽訟回避	–	–
359			誣告	鬪訟	342조 誣告反坐 343조 告小事虛 344조 誣告人流罪以下引虛
360			軍民約會詞訟	–	–
361			干名犯義	鬪訟	345조 告祖父母父母 346조 告期親尊長 347조 告緦麻卑幼 349조 部曲奴婢告主
362			子孫違犯敎令		348조 子孫違犯敎令
363			見囚禁不得告擧他事		352조 囚不得告擧他事
364			敎唆詞訟		356조 爲人作辭牒加狀 357조 敎令人告事虛
365			官吏詞訟家人訴	–	–

연번 \ 구분	《대명률》			《당률소의》	
	율(律)	편(篇)	조문	편(篇)	조문
366	刑律	訴訟(권22)	誣告充軍及遷徙	–	–
367	刑律	受贓(권23)	官吏受財	–	–
368	刑律	受贓(권23)	坐贓致罪	雜律	389조 坐贓致罪
369	刑律	受贓(권23)	事後受財	職制	139조 有事先不許財
370	刑律	受贓(권23)	有事以財求請	職制	137조 有事以財行求
371	刑律	受贓(권23)	在官求索借貸人財物	職制	140조 受所監臨財物 141조 因使受送遺 148조 因官挾勢乞索
372	刑律	受贓(권23)	家人求索	職制	146조 監臨家人乞借
373	刑律	受贓(권23)	風憲官吏犯贓	–	–
374	刑律	受贓(권23)	因公擅科斂	職制	145조 率斂監臨財物
375	刑律	受贓(권23)	私受公侯財物	–	–
376	刑律	受贓(권23)	剋留盜贓	–	–
377	刑律	受贓(권23)	官吏聽許財物	–	–
378	刑律	詐僞(권24)	詐僞制書	詐僞	367조 詐僞制書及增減 369조 詐爲官文書及增減
379	刑律	詐僞(권24)	詐傳詔旨	–	–
380	刑律	詐僞(권24)	對制上書詐不以實	詐僞	368조 對制上書不以實
381	刑律	詐僞(권24)	僞造寶鈔	–	–
382	刑律	詐僞(권24)	私鑄銅錢	雜律	391조 私鑄錢
383	刑律	詐僞(권24)	詐假官	雜律	370조 詐假官假與人官 372조 詐稱官捕人
384	刑律	詐僞(권24)	詐稱內使等官	–	–
385	刑律	詐僞(권24)	近侍詐稱私行	–	–
386	刑律	詐僞(권24)	詐爲瑞應	雜律	377조 詐爲瑞應
387	刑律	詐僞(권24)	詐病死傷避事	雜律	381조 詐疾病有所避 384조 詐病死傷檢驗不實

연번＼구분	《대명률》			《당률소의》	
	율(律)	편(篇)	조문	편(篇)	조문
388	刑律	詐僞(권24)	詐教誘人犯法	雜律	378조 詐教誘人犯法
389			僞造印信曆日等		363조 僞寫官文書印
390		犯姦(권25)	犯姦		410조 姦 415조 和姦無婦女罪名
391			縱容妻妾犯姦	–	–
392			親屬相姦	雜律	411조 姦緦麻以上親及妻 412조 姦從祖母姑 413조 姦父祖妾
393			誣執翁姦	–	–
394			奴及雇工人姦家長妻	雜律	414조 奴姦良人
395			姦部民妻女		416조 監主於監守內姦
396			居喪及僧道犯姦	–	–
397			良賤相姦	–	–
398			官吏宿娼	–	–
399			買良爲娼	–	–
400		雜犯(권26)	拆毁申明亭	–	–
401			夫匠軍士病給醫藥	雜律	396조 丁防官奴婢病不救療
402			賭博		402조 博戲賭財物
403			閹割火者	–	–
404			囑託公事	職制	135조 有所請求 136조 受人財請求
405			私和公事	–	–
406			失火	雜律	428조 山陵兆域內失火 431조 官廨倉庫失火
407			放火故燒人房屋		432조 燒官府私家舍宅
408			搬做雜劇	–	–

연번 \ 구분	《대명률》			《당률소의》	
	율(律)	편(篇)	조문	편(篇)	조문
409	刑律	雜犯 (권26)	違令	雜律	449조 違令
410			不應爲		450조 不應得爲
411		捕亡 (권27)	應捕人追捕罪人	捕亡	451조 將吏追捕罪人
412			罪人拒捕		452조 罪人持杖拒捍
413			獄囚脫監及反獄在逃		465조 被囚禁拒捍走
414			徒流人逃		459조 流徒囚役限內亡
415			稽留囚徒	-	-
416			主守不覺失囚	捕亡	466조 主守不覺失囚
417			知情藏匿罪人		468조 知情藏匿罪人
418			盜賊捕限	-	-
419		斷獄 (권28)	囚應禁而不禁	斷獄	469조 囚應禁不禁
420			故禁故勘平人		476조 訊囚察辭理
421			淹禁		492조 徒流送配稽留
422			陵虐罪囚	-	-
423			與囚金刃解脫	斷獄	470조 與囚金刃解脫
424			主守教囚反異		472조 主守導令囚翻異
425			獄囚衣糧		473조 囚應給衣食醫藥而不給
426			功臣應禁親人入視	-	-
427			死囚令人自殺	-	-
428			老幼不拷訊	斷獄	474조 議請減老小疾不合拷訊
429			鞫獄停囚待對		479조 停囚待對牒至不遣
430			依告狀鞫獄		480조 依告狀鞫獄
431			元告人事畢不放回	-	-
432			獄囚誣指平人	詐僞	387조 證不言情
				斷獄	475조 囚妄引人爲徒侶

구분 / 연번	《대명률》			《당률소의》	
	율(律)	편(篇)	조문	편(篇)	조문
433	刑律	斷獄 (권28)	官司出入人罪	-	-
434			辯明冤枉	-	-
435			有司決囚	斷獄	485조 應言上待報而輒自決斷
436			檢驗屍傷不以實	-	-
437			決罰不如法	斷獄	482조 決罰不如法
438			長官使人有犯	-	-
439			斷罪引律令	-	-
440			獄囚取服辯	斷獄	490조 獄結竟取服辯
441			赦前斷罪不當		488조 赦前斷罪不當
442			聞有恩赦而故犯		489조 聞知恩赦故犯
443			徒囚不應役	-	-
444			婦人犯罪	斷獄	494조 婦人懷孕犯死罪
445			死囚覆奏待報		497조 死囚覆奏報決
446			斷罪不當		498조 斷罪應決配而收贖
447			吏典代寫招草	-	-
448	工律	營造 (권29)	擅造作	擅興	240조 興造言上 241조 非法興造
449			虛費功力採取不堪用		244조 功力採取不任用
450			造作不如法	-	-
451			冒破物料	-	-
452			帶造段疋	-	-
453			織造違禁龍鳳文段疋	雜律	418조 造機用絹布行濫短狹而賣
454			造作過限	-	-
455			修理倉庫	-	-
456			有司官吏不住公廨	-	-

구분 / 연번	《대명률》			《당률소의》	
	율(律)	편(篇)	조문	편(篇)	조문
457	工律	河防 (권30)	盜決河防	雜律	425조 盜決隄防
458			失時不修隄防		424조 失時不修隄防*
459			侵占街道		404조 侵巷街阡陌
460			修理橋梁道路		424조 失時不修隄防*

《대명률직해》 판본 목록

계통	소장처	청구 기호
세종판	일본 봉좌문고	蓬左文庫 103-44 1-4
	일본 고마자와대학	濯足 763 1-5
공주판	일본 국립공문서관 내각문고	漢 9234 1-4
	고려대학교 만송문고	만송 B7-A118B 1-5
광주판	서울대학교 규장각한국학연구원	奎 5938
	서울대학교 규장각한국학연구원	古 5130-11-v.1-4
	연세대학교 도서관	고서 귀 675.0
	통문관	청구 기호 없음
	서울대학교 규장각한국학연구원 일사문고	一簑古 349.2-D131 v.3-12
	계명대학교 도서관	(이귀) 349.14 고사경대 1-2
진주판	고려대학교 만송문고	만송 B7-A118 2, 4
	대구가톨릭대학교 도서관	동369.12 대 34 1-4
	경상대학교 문천각	古(하남) B13IC 고51ㄷ v.2-4
낙안판	대구가톨릭대학교 석전문고	동369.12 대 34 1-4
	계명대학교 도서관	(이) 349.14 고사경ㄷ 1-4
	고려대학교 도서관	B7-A41 1-3
	경북대학교 도서관	古中 340.962 대34
	통문관	청구 기호 없음
	일본 국립국회도서관	WB23-1
	일본 대마도 역사민속자료관	宗家文庫 漢籍 朝鮮刊本 B-6 1-1, 2, 3, 4, 5, 6
	한국학중앙연구원 장서각	B131C-2

계통	소장처	청구 기호
평양판	서울대학교 규장각한국학연구원	貴 1709-v.1-4
	충남대학교 도서관	고서史 政法類 73. 1-4
	서강대학교 도서관	도서 정리 중
	서울대학교 규장각한국학연구원 일사문고	一簑古 349.2-D131 v.15-22, v.23-30
	고려대학교 만송문고	만송 B7-A118A 1-3

보충 해설 목록

대명률직해 1

대명률직해 2

대명률직해 3

대명률직해 4

역자 후기

조선은 건국과 동시에 모든 범죄에 《대명률》을 적용하도록 하였다. 이에 따라 《대명률》은 중국 법전이지만 건국 초기부터 조선의 법전으로서 기능하였고, 1395년(태조4)에는 《대명률》을 일반 관리들이 이해하기 쉽도록 이두를 이용하여 번역한 《대명률직해》를 간행하였다. 성종 대에는 《경국대전》 〈형전(刑典)〉에 '용대명률(用大明律)'이라고 명시함으로써, 《대명률》의 형률 체계는 조선 시대 형법의 기본 골격을 이루었으며, 1905년 《형법대전(刑法大全)》이 공포되기 전까지 500여 년 동안 영향력을 유지하였다. 따라서 조선 사회의 성격을 파악하려면 《대명률》에 대한 정확한 이해가 필수불가결하다고 할 수 있다.

《대명률》 최초 번역본은 1964년 법제처에서 나왔다. 이 번역서는 한국에서 불모지와 같던 법률 연구에 토대를 마련했다는 측면에서 소중한 연구성과로 평가된다. 그러나 직해문은 생략한 채 원문만 번역하였으며 번역의 오류 또한 적지 않았다. 이로부터 반세기가 지났기에 《대명률》의 온전한 이해를 위해, 법률적·국어학적 가치를 충분히 살릴 수 있도록 원문과 직해문에 대한 정확한 역주가 필요한 실정이었다. 반세기 전에 간행된 번역본의 성과를 한 단계 극복하기 위해서는 첫째, 신뢰할 만한 저본의 확정, 둘째, 역사학(한국사, 동양사), 국어학, 법학 분야 연구자의 학제 간 연구, 셋째, 다양한 주석서 확보, 넷째, 역주의 새로운 방향과 지침 설정 등이 필요하였다.

《대명률》에 대한 관심은 한국역사연구회 중세2분과의 법전연구반에서 《신보수교집록(新補受教輯錄)》(2000), 《수교집록(受教輯錄)》(2001), 《각사수교(各司受教)》(2002) 등의 법전을 역주하여 한국출판문화상을 수상하면서부터 시작되었다. 법전연구반에서 집록류(輯錄類)를 역주하는 가운데 《대명률》에 대한 이해가 절실함을 깨닫고 2003년 대명률연구반을 조직하였다.

그리고 그동안 경험을 토대로 역주본 작업 방향을 다음과 같이 잡았다.

첫째, 원문과 직해문을 각각 정확하고 이해하기 쉽게 번역함으로써 역주본 정본을 만든다. 이를 위해 현존하는 《대명률직해》 여러 판본 중에서 가장 대표성을 지닌 고려대학교 만송문고본을 저본으로 삼는다.
둘째, 조문에 해설을 덧붙여 율문의 취지와 내용을 설명한다. 이를 위해 율문이 제정된 배경과 취지 그리고 율문 상호 간의 이해를 돕기 위해 해설을 붙인다.

이러한 원칙하에 역주 작업을 시작한 지 4년이 지난 2007년에 1차 강독을 완료하였고, 2009년에 2차 강독을 끝냈다. 강독과 함께 조선 전 시기에 걸쳐 기본적 형률서로 활용된 《대명률》에 관한 연구도 진행하여, 2006년 '조선 시대 형률 운용과 《대명률》'이라는 주제로 공동 연구 발표회를 개최하였다. 조선 초기·중기·후기·말기로 나누어 조선 사회에서의 《대명률》의 수용과 변용 과정을 고찰한 이 공동 연구는 '조선 시대 형률의 운용과 《대명률》'이라는 특집으로 《역사와 현실》 65호(2007)에 수록되었다. 이어 진행한 2차 공동 연구는 '《대명률》의 적용과 집행'이라는 주제로 《역사와 현실》 75호(2010)에 발표하였다.

그러던 중 대명률연구반은 2013년 4월부터 한국고전번역원 특수고전번역실로부터 연구 활동 지원을 받게 되었다. 그리고 《대명률직해》 교점·번역·해설 작업을 위해 다음과 같이 합의하였다.

첫째, 율문 번역은 국내외 학계의 연구 성과를 반영하여 되도록 쉽게 번역한다. 이를 위해 대명률연구반 역주팀을 보강한다.
둘째, 율문 해설은 명률이라는 중국의 전통 법체계 속에서 법조문의 취지와 구속력을 설명한다. 그리고 현대인이 이해하기 쉽게 현대 법의 체계와 비교하여 설명한다.
셋째, 원문에 대한 교감과 표점이 필요한데, 이본 조사와 교감은 대명률연구반이 수행하고 결과물 수합 및 표점 작업은 한국고전번역원이 맡는다.

넷째, 원고 작성은 한국고전번역원 번역 지침에 따른다.

대명률연구반은 원고 계약을 체결한 이후 매주 화요일 저녁 한국고전번역원에 모여 공동 작업을 진행하였다. 특히 이때부터 다양한 주석서를 확보하여 율문의 내용을 보다 정확히 파악할 수 있었고, 역주 작업의 수준을 비약적으로 높일 수 있었으며, 현재 학계의 연구 성과를 최대한 반영한 최선의 번역본을 만든다는 자부심도 가지게 되었다. 대명률연구반이 활용한 주석서는 《율조소의(律條疏議)》(1467), 《대명률석의(大明律釋義)》(1543), 《대명률집설부례(大明律集說附例)》(1591), 《대명률집해부례(大明律集解附例)》(1597), 《대명률부례전석(大明律附例箋釋)》(1612), 《대명률례언해(大明律例諺解)》(1694) 등 명률에 관한 주석서, 그리고 대명률의 모법인 《당률소의(唐律疏議)》, 대명률을 계승한 《대청률례(大淸律例)》(1740)와 그 주석서인 《대청률집주(大淸律輯註)》(1715), 대명률 최초 영역본인 《The Great Ming Code》(2005) 등이다.

대명률연구반 구성원 모두가 현직에 있는 상황에서 5년 동안 매주 윤독 작업을 진행하면서 거의 한 번도 거르지 않고 지난한 시간을 쌓아 왔는데, 이는 역주 작업에 참여한 연구자들 모두에게 영원히 잊지 못할 추억이 될 것이다. 대명률연구반은 출범 이후 여러 차례 구성원의 변동이 있었는데, 한국고전번역원과 계약을 체결한 이후 역주본을 최종 출간할 때까지 함께 한 연구자는 다음과 같다.

《대명률직해》 역주 참여자

성명	소속	전공(세부 전공)
구덕회	전 경복고등학교 교사	한국사(조선시대 정치사)
김백철	계명대 교수	한국사(조선시대 법제사)
김세봉	전 단국대 동양학연구원 편찬위원	한국사(조선시대 사상사)

성명	소속	전공(세부 전공)
박진호	서울대 교수	국어학(국어사)
심희기	연세대 교수	법학(한국법제사)
장경준	고려대 교수	국어학(국어사)
조윤선	한국고전번역원 연구원	한국사(조선시대 법제사)
한상권	덕성여대 교수	한국사(한국 법사회사)

이제 15년간의 작업 끝에 마침내 역주본《대명률직해》와《교감표점 대명률직해》를 출간하게 되었다. 그동안 많은 분들께 도움을 받았다. 역주 초고를 꼼꼼히 검토하고 오류를 잡아 주신 서울대 동양사학과 구범진 교수, 역주 작업 내내 수시로 참여하여 아낌없는 조언을 주신 군사편찬연구소 김경록 선임연구원, 그리고 강독 내용을 정리해 윤독에 도움을 준 진윤정 선생께 이 자리를 빌려 감사의 마음을 전한다.

특히 한국고전번역원의 도움이 없었더라면 결코 지금과 같은 수준의 책을 독자에게 선보일 수 없었을 것이다. 처음 막연하게 출간할 계획은 세워두었지만 선뜻 나서는 출판사가 없어 거의 포기하다시피 하였다. 하지만 한국고전번역원에서 대명률연구반의 작업을 높게 평가하고 아낌없이 지원해 주었기에 다시 용기를 내 마침내 역주 작업을 마칠 수 있었다. 오랜 세월에 걸쳐 여러 사람이 작업을 하였기에 원고의 통일성이 부족하여 책으로 출간하는 데 많은 어려움이 있었지만 이 문제는 한국고전번역원 출판콘텐츠실 실장님 이하 편집 위원들의 도움으로 극복할 수 있었다. 다섯 차례에 걸친 교정 과정에서 번역 문장의 통일성을 확보할 수 있었고 불필요하거나 잘못된 번역을 바로잡을 수 있었다. 출판콘텐츠실 선생님들께 감사의 마음을 거듭 전한다.

우공(愚公)이 산을 옮길 때 자신이 마무리하지 못하면 대를 이어 언젠가는 옮겨 막힌 길을 뚫을 수 있을 것이라고 생각하였다. 우리 역시《대명률직해》를 내놓으면서 이 번역서가 앞으로 더 완성도 높은 역주본을 위한 초석이 되기를 기대해 본다. 여러모로 부족하지만 우리의 번역서가 이 방면 연구자들에게 조금이나마 도움이 된다면 더 이상 바랄 나위가 없을 것이다.

2018년 10월 10일
《대명률직해》 역자 일동

옮긴이

한상권(韓相權)
1953년 충남 홍성에서 태어났다. 서울대학교 국사학과에서 〈18세기 말~19세기 초 場市 發達에 관한 基礎 硏究 : 慶尙道 地方을 중심으로〉로 석사 학위를, 〈朝鮮 後期 社會 問題와 訴冤 制度의 發達 : 正祖代 上言·擊錚의 分析을 중심으로〉로 박사 학위를 받았다. 한국역사연구회 회장을 지냈으며, 현재 덕성여대 사학과 교수로 재직하고 있다. 《朝鮮 後期 社會와 訴冤 制度》로 제23회 월봉저작상을, 〈17세기 중엽 해남 윤씨가의 노비 소송〉으로 제5회 영산(瀛山) 법사학(法史學) 우수학술상을 수상하였다.

구덕회(具德會)
1955년 충남 태안에서 태어났다. 서울대학교 국사학과에서 학사, 석사 학위를 받고 박사 과정을 수료하였다. 주로 조선 시대 정치사를 연구하면서 서울 소재 중고등학교에서 역사 교사로 재직하다가 정년퇴직하였으며, 현재 한국역사연구회 회원으로 활동하고 있다. 저서로 《조선 중기 정치와 정책》(공저), 《신보수교집록(新補受敎輯錄)》(공역), 《수교집록(受敎輯錄)》(공역), 《각사수교(各司受敎)》(공역)가 있고, 주요 논문으로 〈宣祖代 후반(1594~1608) 政治 體制의 재편과 政局의 動向〉, 〈성종대 동반 경관직 인사 관리의 성격〉, 〈대명률과 조선 중기 형률상의 신분 차별〉 등이 있다.

심희기(沈羲基)
1956년 서울에서 태어났다. 서울대학교 대학원에서 〈조선 후기 토지 소유에 관한 연구〉로 박사 학위를 받았다. 법과사회이론학회 회장, 한국형사소송법학회 회장, 한국법사학회 회장을 역임하였고, 2017년부터 2019년까지 '조선 시대 결송입안 탈초와 역주팀'의 연구 책임을 맡고 있으며, 현재 연세대 법학전문대학원 교수로 재직하고 있다. 저서로 《한국법사연구》, 《한국법제사강의》, 《역주 흠흠신서(欽欽新書)》(공역)가 있고, 주요 논문으로 〈조선 시대 사송에서 제기되는 문서의 진정성 문제들〉, 〈一人償命 談論에 대한 再考〉, 〈율해변의·율학해이·대명률강해의 상호 관계에 관한 실증적 연구〉, 〈조선 시대 형사·민사일체형 재판 사례의 분석〉, 〈근세 조선의 민사 재판의 실태와 성격〉 등이 있다.

박진호(朴鎭浩)
1970년 서울에서 태어났다. 서울대학교 국문과에서 학사, 석사, 박사 학위를 받고, 한양대학교 국문과 전임 강사, 조교수를 거쳐, 현재 서울대학교 국문과 교수로 재직하고 있다. 한국어 문법을 일본어, 중국어 등 세계의 여러 언어와 대조하여 연구하고 있고, 차자 표기 자료를 바탕으로 고대 한국어 문법도 연구하고 있다. 저서로 《현대 한국어 동사 구문 사전》(공저), 《각필구결의 해독과 번역 1~5》(공저), 《인문학을 위한 컴퓨터》(공저), 《각사수교》(공역) 등이 있고, 주요 논문으로 〈시제, 상, 양태〉, 〈의미지도를 이용한 한국어 어휘 요소와 문법 요소의 의미 기술〉, 〈보조사의 역사적 연구〉, 〈유형론적 관점에서 본 한국어 대명사 체계의 특징〉, 〈언어에서의 전염 현상〉, 〈'-었었-'의 단절과거 용법에 대한 재고찰〉, 〈한·중·일 세 언어의 존재구문에 대한 대조 분석 : 언어유형론의 관점에서〉 등이 있다.

장경준(張景俊)
1969년 대전에서 태어났다. 연세대학교에서 수학하여 박사 과정까지 마치고 현재 고려대학교 국어국문학과 교수로 재직하고 있다. 저서로 《유가사지론 점토석독구결의 해독 방법 연구》, 《각필구결의 해독과 번역 1~5》(공저), 《유가사지론 권20의 석독구결 역주》(공역) 등이 있고, 주요 논문으로 〈대명률직해의 계통과 서지적 특징〉, 〈조선 초기 대명률의 이두 번역에 대하여〉, 〈花村美樹의 대명률직해 교정에 대하여〉, 〈大明律直解, 大明律講解, 律解辯疑와 洪武律에 대한 試論〉 등이 있다.

김세봉(金世奉)
1958년 경기도 안성에서 태어났다. 단국대학교 사학과에서 〈17세기 호서 산림 세력 연구〉로 박사 학위를 받았다. 유도회 한문연수원 장학생반을 졸업하였고, 단국대학교 동양학연구원에서 《한한대사전》 편찬에 참여하였다. 동양고전학회 회장을 역임하였고, 현재 유도회 한문연수원의 교수로 활동하고 있다. 저서로 《조선 중기 정치와 정책》(공저), 《17세기 한국 지식인의 삶과 사상》(공저), 《신보수교집록》(공역), 《수교집록》(공역), 《각사수교》(공역)가 있다.

김백철(金伯哲)
1978년 부산에서 태어났다. 부산대학교 사학과를 졸업하고, 서울대학교 국사학과에서 석사, 박사 학위를 받았다. 조선 시대 법사학 및 정치사상을 연구하고 있다. 전북대학교 HK교수, 서울대학교 규장각한국학연구원 책임연구원 등을 거쳐, 현재 계명대학교 사학과 조교수로 재직하고 있다. 저서로 《조선 후기 영조의 탕평 정치 : 속대전의 편찬과 백성의 재인식》, 《두 얼굴의 영조 : 18세기 탕평 군주상의 재검토》, 《법치 국가 조선의 탄생 : 조선 전기 국법 체계 형성사》, 《탕평 시대 법치주의 유산 : 조선 후기 국법 체계 재구축사》 등이 있다.

조윤선(趙允旋)
1963년 서울에서 태어났다. 성균관대학교에서 학사를, 고려대학교 한국사학과에서 석사, 박사 학위를 취득하였고, 서울대학교 BK21 법학연구단 한국법연구센터에서 박사후과정연구원으로 조선 시대 법제사를 공부하였다. 청주대학교를 거쳐 현재 한국고전번역원에 재직하고 있다. 저서로 《조선 후기 소송 연구》, 《조선 시대 생활사 4》(공저), 《한국유학사상대계 법사상사편》(공저), 《조선 후기사 연구의 현황과 과제》(공저), 《推案及鞫案》(공역), 《影幀摹寫都監儀軌》(공역), 《승정원일기》(공역), 《포도청등록》(공역) 등이 있고, 주요 논문으로 〈英祖代 남형·혹형 폐지 과정의 실태와 欽恤策에 대한 평가〉, 〈조선 후기 영조 31년 乙亥獄事의 추이와 정치적 의미〉, 〈조선 시대 赦免·疏決의 운영과 法制的·政治的 의의〉, 〈영조 6년(庚戌年) 모반 사건의 내용과 그 성격〉 등이 있다.

대명률직해 4

한상권 구덕회 심희기 박진호
장경준 김세봉 김백철 조윤선 옮김

2018년 12월 20일 초판 1쇄 발행

발행인 신승운 | 발행처 한국고전번역원
등록 2008. 3. 12. 제300-2008-22호
주소 (03310) 서울시 은평구 진관1로 85
전화 02-350-4886 | 팩스 02-350-4899 | 홈페이지 www.itkc.or.kr

연구총괄 이기찬 | 연구기획 이제유

책임편집 정영미 | 편집진행 박정열
편집교정 박현진 송숙희 | 조판 정효진 | 제작 김형석
디자인 은희주 | 인쇄 반디컴

값 20,000원
ISBN 978-89-284-0578-7 94910
978-89-284-0574-9 (세트)
＊이 책은 2018년도 교육부 고전번역사업비로 출간한 것임.